古典文獻研究輯刊

二四編

潘美月・杜潔祥 主編

第 27 冊

《臨川四夢》校注（四）
——邯鄲記

王學奇、李連祥　校注

國家圖書館出版品預行編目資料

《臨川四夢》校注（四）──邯鄲記／王學奇、李連祥 校注 ──
初版 ── 新北市：花木蘭文化出版社，2017〔民106〕
目 2+230 面；19×26 公分
（古典文獻研究輯刊 二四編；第 27 冊）
ISBN 978-986-485-017-4（精裝）
1. 邯鄲記 2. 注釋
011.08   106001924

ISBN-978-986-485-017-4

9 789864 850174

古典文獻研究輯刊
二四編　第二七冊   ISBN：978-986-485-017-4

《臨川四夢》校注（四）──邯鄲記

注　　者　王學奇、李連祥 校注
主　　編　潘美月　杜潔祥
總 編 輯　杜潔祥
副總編輯　楊嘉樂
編　　輯　許郁翎、王筑　美術編輯　陳逸婷
企劃出版　北京大學文化資源研究中心
出　　版　花木蘭文化出版社
社　　長　高小娟
聯絡地址　235 新北市中和區中安街七二號十三樓
　　　　　電話：02-2923-1455／傳真：02-2923-1452
網　　址　http://www.huamulan.tw 信箱 hml810518@gmail.com
印　　刷　普羅文化出版廣告事業
初　　版　2017 年 3 月
全書字數　218230 字
定　　價　二四編 32 冊（精裝）新台幣 62,000 元

《臨川四夢》校注（四）
——邯鄲記

王學奇、李連祥 校注

王學奇簡介

　　王學奇，北京密雲人，漢族，生於 1920 年，1946 年畢業於國立西北師院（北師大後身）國文系，受業於黎錦熙先生。畢業後在蘭州、蘇州、北京教過幾年中學。1950 年起，開始到大學任教，先後曾在東北工學院、東北師範大學、中央音樂學院、河北北京師院、河北師範大學任講師、副教授、教授、研究生導師。在河北師範大學階段，還曾任元曲研究所所長、河北省元曲研究會會長、關漢卿研究會會長。主講過文學概論、中國古典文學、世界文學、元明清戲曲。以教學優異，獲得國務院特殊津貼。還被母校北師大評為榮譽校友。

　　早年好詩，從上世紀五十年代中葉，轉攻戲曲語言研究，著有《元曲釋詞》《宋金元明清曲辭通釋》《關漢卿全集校注》《元曲選校注》《笠翁傳奇十種校注》《王學奇論曲》《湯顯祖〈臨川四夢〉校注》，即將出版的有《曲辭通釋》《宋金元明清曲辭通釋》增訂本）、《中華古今少數民族語》等。已出版各書，皆獲大獎，備受國內外學術界好評。

李連祥簡介

　　李連祥，1958 年 10 月生於天津，1982 年 2 月畢業於天津師範大學中文系。長期從事教學及研究工作。

　　主要著作：《唐詩常用語詞》（辭書類，125 萬字，百花文藝出版社 2009 年版）；《奈何天校注》（收錄於王學奇先生主編《笠翁傳奇十種校注》，天津古籍出版社 2009 年版）；《詩藪珠璣》（唐詩研究論集，52 萬字，與李峟合著，天津社會科學院出版社 2016 年版）；《湯顯祖〈臨川四夢〉校注》（與王學奇先生合著）。《唐詩常用語詞》一書，在美國 2015 年芝加哥圖書展及亞馬遜網站上均有介紹。

《邯鄲記》故事梗概

　　《邯鄲記》共三十齣，取材於唐·李泌《枕中記》。劇寫呂洞賓在邯鄲旅店，以磁枕使盧生入睡成夢的故事。盧生夢中與高門崔氏結婚，借行賄考取了狀元。又以河功和邊功為朝廷建立了功業，受到提拔，出將入相，榮華一時，但因官場爭權奪利，勾心鬥角，互相傾軋，歷盡風險。讒臣宇文融被誅後，得封國公，備受皇帝恩寵。一門得道，雞犬昇天，驕奢淫逸，無所不極，終染病而亡，「死」後醒來，才知是夢。此時黃粱尚未蒸熟。這種「人生如夢」的消極思想，並非湯顯祖的真實寫照。湯的「頭白未銷吳楚氣」「恩仇未盡心難死」等詩句，均可看出他「烈士暮年，壯心不已」的反腐敗政治的豪氣。本劇所以取材《枕中記》，不過是借用軀殼而已。

《邯鄲記》目次

《邯鄲記》題詞 …………………………………… 1
第一齣　標引 ……………………………………… 5
第二齣　行田 ……………………………………… 7
第三齣　度世 …………………………………… 12
第四齣　入夢 …………………………………… 30
第五齣　招賢 …………………………………… 45
第六齣　贈試 …………………………………… 50
第七齣　奪元 …………………………………… 55
第八齣　驕宴 …………………………………… 59
第九齣　虜動 …………………………………… 70
第十齣　外補 …………………………………… 74
第十一齣　鑿陝 ………………………………… 79
第十二齣　邊急 ………………………………… 86
第十三齣　望幸 ………………………………… 89
第十四齣　東巡 ………………………………… 97
第十五齣　西諜 ……………………………… 113
第十六齣　大捷 ……………………………… 120
第十七齣　勒功 ……………………………… 124
第十八齣　閨喜 ……………………………… 132
第十九齣　飛語 ……………………………… 136
第二十齣　死竄 ……………………………… 141
第二十一齣　讒快 …………………………… 154
第二十二齣　備苦 …………………………… 157
第二十三齣　織恨 …………………………… 163
第二十四齣　功白 …………………………… 171
第二十五齣　召還 …………………………… 177
第二十六齣　雜慶 …………………………… 184
第二十七齣　極欲 …………………………… 189
第二十八齣　友歎 …………………………… 200
第二十九齣　生寤 …………………………… 202
第三　十齣　合仙 …………………………… 217

《邯鄲記》[1]

湯顯祖

《邯鄲記》題詞

士方窮苦無聊，倏然[2]而與語出將入相之事，未嘗不憮然[3]太息，庶幾[4]一遇之也。及夫身都將相，飽饜濃醲[5]之奉，迫束形勢之務，倏然而語以神仙之道，清微閒曠，又未嘗不欣然而歎，悵然若有遺。譬若清泉之活其目，而涼風之拂其軀也。又況乎有不意之憂，難言之事者乎？回首神仙，蓋亦英雄之大致矣。

《邯鄲夢》記盧生遇仙旅舍，授枕而得婦遇主。因入以開元人物事勢，通漕於陝，拓地於番，讒構而流，讒亡而相[6]。於中寵辱得喪生死之情甚具，大率推廣焦湖祝枕事[7]為之耳。世傳李鄴侯泌[8]作，不可知。然史傳泌少好神仙之學，不屑婚宦，為世主所強，頗有干濟之業[9]。觀察陝、虢，鑿山通道，至三門集[10]，以便餉漕。又數經理吐蕃西事。元載[11]疾其寵，天子至不能庇之，為匿泌於魏少游[12]所。載誅，召泌。懶殘[13]所謂「勿多言，領取十年宰相」是也。枕中所記，殆泌自謂乎？

唐人高泌於魯連[14]、范蠡[15]，非止其功，亦有其意焉。獨歎枕中生於世法影中[16]，沉酣嚃噠[17]，以至於死，一哭而醒。夢死可醒，真死何及！

或曰：「按《記》則『邊功』、『河功』，蓋古今取奇之二竅矣！談者

殆不必了人〔18〕。至乃山河影跡，萬古歷然〔19〕，未應悉成夢具。」曰：既雲影跡，何容歷然？岸谷滄桑，亦豈常醒之物耶？第概云如夢，則醒復何存？所知者，知夢遊醒，必非枕孔中所能辨耳。

辛丑中秋前一日臨川居士〔20〕題於清遠樓

校 注

〔1〕毛晉《六十種曲》本無題詞，據明代天啓元年（公元 1621 年）閔光瑜刻朱墨套印本增入。

〔2〕倏（shū）然——突然。

〔3〕憮（wǔ）然——悵然失意的樣子。《孟子‧滕文公上》：「夷子憮然有間。」

〔4〕庶幾——也許可以。表示希望、但願。《史記‧秦始皇本紀》：「寡人以爲善，庶幾息兵革。」

〔5〕飽饜濃醒（chéng）——謂酒足飯飽。飽饜，吃飽。濃醒，指飲酒過量而神志不清。

〔6〕讒構而流，讒亡而相——指盧生因被人構陷而遭遇流放，又因讒言不實而登上宰相之位。

〔7〕焦湖祝枕事——見魯迅輯《古小說鉤沈》引劉義慶《幽明錄》所載。在《太平廣記》中題作《楊林》。本篇寫單父縣有一個叫楊林的商賈，到焦湖廟中祈福，廟祝授以柏枕，他在枕中夢見被當朝太尉招爲婿，生六子，皆爲秘書郎，歷數十年，夢醒悒然久之。楊林夢中歷經榮枯境界，故事類於黃粱一夢的典故。本篇對沈既濟《枕中記》、李公佐《南柯太守記》都有啓示作用。

〔8〕李鄴（yè）侯泌（mì）——即唐代李泌，封鄴侯。李泌於天寶年間以翰林供奉東宮太子，因被楊國忠所忌，隱居穎陽。肅宗即位，李泌進謁，受到賞識，入議國事，出陪輿輦，但卻遭到李輔國的排斥，泌只得又隱居於衡山。代宗即位，召泌，又爲元載、常袞所忌，泌出任楚州、杭州刺史。德宗即位，召泌赴行在，拜中書侍中，同平章事。李泌遇事多所匡救，德宗欲廢太子，感泌切諫而止。

〔9〕干濟之業——功業。干，迎合世俗，以求功名。濟，濟世。

〔10〕三門集——地名，在今河南陝縣。據《陝州志》載，「三門」指中神門、南鬼門、北人門。惟人門修廣可行舟，鬼門尤險，舟筏入者，罕得脫。三門之廣，約三十丈。

〔11〕元載——字公輔，唐天寶時考中進士，初爲新平尉。肅宗時任度支史並諸道轉運使，寶應元年（公元 762 年），升至同中書門下平章事。代宗時仍任宰相。大曆五年（公元 770 年）與代宗密謀，誅殺宦官魚朝恩。後以權勢過盛，得罪被殺。

〔12〕魏少游——唐代鉅鹿人，字少游。有幹才，曾四任京兆尹，唐大曆年間官至刑部尚書。

〔13〕懶殘——唐代高僧。天寶初居衡嶽寺為眾僧執役，食退，即收所餘，性懶而食殘，故名懶殘。李泌寓衡山，嘗夜往見之，懶殘方撥火煨芋，出半芋食之，曰：「勿多言，領取十年宰相。」懶殘圓寂後被敕賜「大明禪師」。

〔14〕魯連——即魯仲連。戰國齊人，高蹈不仕，喜為人排難解紛。嘗遊趙，秦圍趙急，魏使新垣衍請帝秦，仲連義不許，曰「彼即肆然為帝，連有蹈東海而死耳。」秦國退卻。後田單言於齊王，欲授仲連爵位，仲連逃隱於海上以終。

〔15〕范蠡——字少伯，春秋時期越國人。與文仲共事越王句踐，深謀二十餘年而滅吳。官至上將軍。蠡以為盛名之下難以久居，且句踐為人可共患難，不可共安樂，遂浮海至齊，變姓名為鴟夷子皮，治產數千萬。齊人欲相之，蠡盡散其財，去齊至陶，號陶朱公。業耕畜，歷十一年，再次致富。終卒於陶。

〔16〕世法影中——佛教語。佛教將人世間的一切生滅無常之事都叫世法，而世法如影。《華嚴經》二《世主妙嚴品》：「佛觀世法如光影。」

〔17〕唵（ān）囈——夢中語聲。此處的沉（沈）酣唵囈，是指沉浸於夢中。

〔18〕了人——聰明穎慧之人。

〔19〕歷然——清晰、分明的樣子。

〔20〕臨川居士——湯顯祖，字義仍，號海若、若士，別署清遠道人、臨川居士，晚號繭翁。

第一齣 〔1〕 標 引 〔2〕

【漁家傲】〔3〕〔末〔4〕上〕烏兔天邊纔打照〔5〕，仙翁海上驢兒叫〔6〕。一霎蟠桃〔7〕花綻了，猶難道，仙花也要閒人掃。一枕餘甜〔8〕昏又曉，憑誰撥轉通天竅〔9〕？白日殀西〔10〕還是早，回頭笑，忙忙過了邯鄲〔11〕道。

何仙姑〔12〕獨遊花下，呂洞賓三過岳陽〔13〕。

俏崔氏坐成花燭〔14〕，蠢盧生夢醒黃粱〔15〕。

校 注

〔1〕齣——傳奇劇本以情節完整的段落爲一「齣」，長者數十齣，一般三四十齣，相當於元雜劇的「折」。明·王驥德《校注古本西廂記·凡例》云：「元人從折，今或作出，又或作齣。齣既非古，齣復杜撰。」

〔2〕標引——古代戲曲開場白的引子，列於劇首，例由副末開場，用一、二支詞曲向觀眾介紹劇情梗概或創作意圖，最後以下場詩作結。傳奇第一齣亦有題爲標目、始末、家門、正傳、開場等。

〔3〕漁家傲——詞牌名，雙調六十二字，仄韻。傳奇劇本第一齣或人物上場有例用詞牌的。漁家傲也是曲牌名，南北曲均有。南曲較常見，屬中呂宮，其一爲字句格律與詞牌同，有只用半闋者，用作引子；另一爲與詞牌不同，用作過曲。《漁家傲》不見於唐、五代人詞，至北宋晏殊、歐陽修則塡此調獨多。《詞譜》卷十四云：「此調始自晏殊，因詞有『神仙一曲漁家傲』句，取以爲名。」

〔4〕末——戲曲角色名，多扮演中年男性。在元雜劇中，正末爲男主角，但在明清傳奇中，末扮演次要男性角色。傳奇劇第一齣照例由副末開場。本劇用末代替副末。其性質和作用跟副末開場一樣，說明本劇宗旨和劇情大意。

〔5〕「烏兔天邊」句——形容日月交替。古代神話傳說日中有三足烏，月中有玉兔，故以「烏」指太陽，又稱「金烏」；以「兔」指月亮，又稱「銀兔」。「烏兔」代指日月。唐·蘇拯《世迷》詩：「烏兔日夜行，與人運枯榮。」打照，打照面。

〔6〕「仙翁海上」句——道家稱神仙中的長者爲仙翁，僊人居住的地方多爲海上仙山，具有代表性的坐騎是驢和牛。

〔7〕蟠（pán）桃——古代神話傳說中的仙桃。漢·東方朔《海內十洲記》云：「東海有山名度索山，上有大桃樹，蟠曲三千里，名曰蟠木。」漢·班固《漢武帝

內傳》謂此桃三千年結實，本傳奇則謂三百年開花。蟠桃亦爲傳說中的山名，唐·柳宗元《遊南亭夜還敘志七十韻》詩：「披山窮木禾，駕海逾蟠桃。」

〔8〕餘甜——指醒後睡意未盡。「甜」字，清暉、獨深、竹林本均作「酣」。

〔9〕撥轉通天竅——意謂走入通向天門之路。撥轉，即扭轉；常用於命運轉捩的關鍵所在。通天竅，古占星術語，指占星圖中吉星所值的位置。本傳奇指磁枕的兩頭窟窿，盧生睡熟由此入夢，即實現其宏願。竅，孔、洞之意。

〔10〕白日莎（cuō）西——太陽向西偏斜，意爲太陽將要落山。莎，偏斜。《字彙補·歹部》：「莎，楊廉夫《仙遊錄》：『日莎西。』」湯顯祖《牡丹亭》二四〔尾聲〕：「一生爲客恨情多，過冷澹園林日午莎。」亦作「趖」。《花間集》卷六、歐陽炯《南鄉子》八首之七：「豆蔻花間趖晚日。」

〔11〕邯鄲——古郡名。秦始皇十九年（公元前228年）置，即今河北省邯鄲市。邯，山名；鄲，盡也。邯山至此而盡，故名。唐·沈既濟《枕中記》記呂翁度盧生事，即發生在邯鄲。

〔12〕何仙姑——傳說中的八仙之一。或謂唐代廣州增城女子，十四五歲時食雲母粉成仙。或附會是宋代永州道姑，據宋·魏泰《車軒筆錄》卷十四載：「永州有何氏女，幼遇異人，與桃食之，遂不饑無漏。自是能逆知人禍福，鄉人神之，爲構樓以居，世謂之何仙姑。」又據《續道藏·呂祖志》載，其爲零陵人趙仙姑，名何，採茶山中，爲呂洞賓所度，成爲其弟子。

〔13〕「呂洞賓」句——呂洞賓，傳說中的八仙之一。名喦，一作岩，號純陽子。其籍貫有兩種說法：一爲唐代京兆人；一作河中尉（今山西永濟縣）人。其人生經歷說法不一：一說他於唐代咸通（公元860～874年）年間進士及第，曾兩任縣令，後移家終南山修道，不知所終；一說他唐會昌（公元841～846年）中兩舉進士不第，遂浪迹江湖間，時年六十四遇鍾離權授以丹訣而成仙。宋代以來有關呂洞賓的傳說故事很多，許多小說戲曲也往往以他的故事爲題材。元代由於道教興盛，他被封爲「純陽演政警化孚祐帝君」，故世有「呂祖」、「純陽眞人」之稱，被道教全眞道尊爲北五尊之一。三過岳陽，岳陽，指岳陽樓。岳陽樓位於湖南省東北部古岳州（今岳陽市）洞庭湖畔西門城樓，古城樓之一，主樓三層，巍峨雄壯，登樓遠眺，八百里洞庭盡收眼底，是古代著名的風景名勝地。此樓始建於唐，宋代滕子京謫守巴陵郡時重修，囑范仲淹作《岳陽樓記》而著名。傳說呂洞賓曾三過岳陽樓，《全唐詩》卷858、呂岩《絕句》詩云：「朝遊北越暮蒼梧，袖有青蛇膽氣粗。三入岳陽人不識，朗吟飛過洞庭湖。」亦見宋·鄭景望《蒙齋筆談》卷下。另有元·馬致遠《呂洞賓三醉岳陽樓》雜劇，敷演其經過。

〔14〕坐成花燭——就地成就姻眷。坐成，就地而成。花燭，指拜堂成親，結成姻眷。

〔15〕黃粱——指黃粱夢。唐·沈既濟《枕中記》載：盧生在邯鄲客店遇一道士呂翁，

自歎窮困，借其磁枕，晝寢入夢，享盡榮華富貴。夢醒，店主人所蒸黃梁米飯尚未熟。後人多以黃梁夢故事，比喻虛幻不切實際之事。在後世小說戲曲中呂翁演變成了呂洞賓，而呂洞賓本人也曾經歷過黃梁一夢之事，其情節與盧生經歷幾乎相同。參見《呂純陽集》。元·馬致遠《邯鄲道醒悟黃梁夢》雜劇，敷演呂洞賓的黃梁夢故事。

「何仙姑獨遊花下」四句下場詩，爲腳色下場時念誦。明清傳奇一般用五、七言絕句，總結每齣戲的旨意或劇情大意、或勸誡人世。用於每齣戲中間腳色下場時，或四句、或二句，用於聯絡劇情，或寓以對劇中人、事的態度，啟發讀者思考。

第二齣　行　田 [1]

【破齊陣】〔生 [2] 上〕極目雲霄有路，驚心歲月無涯 [3]。白屋 [4] 三間，紅塵 [5] 一榻，放頓愁腸不下。展秋窗腐草無螢火，盼古道垂楊有暮鴉 [6]，西風吹鬢華 [7]。

【菩薩蠻倒句】[8]客驚秋色山東宅，宅東山色秋驚客。盧姓舊家儒，儒家舊姓盧。隱名何借問？問借何名隱？生小誤癡情，情癡誤小生。小生乃山東盧生是也。始祖籍貫范陽郡 [9]，土長根生 [10]；先父流移邯鄲縣，村居草食 [11]。自離母穴，生成背厚腰圓；未到師門，早已眉清目秀。眼到口到心到 [12]，於書無所不窺；時來運來命來，所事何件不曉？數什麼道理，繭絲牛毛 [13]，我筆尖頭一些些都簍 [14] 的進，挑的出；怕那家文章，龍牙鳳尾 [15]，我錦囊底一樣樣都放的去，收的來。呀，說則說了百千萬般，遇不遇分二十六歲。今日才子，明日才子，李赤 [16] 是李白之兄；這科狀元，那科狀元，梁九乃梁八 [17] 之弟。之乎者也，今文豈在我之先；亦已焉哉，前世落在人之後。衣冠欠整，稂不稂，莠不莠 [18]，人看處面目可憎 [19]：世事都知，啞則啞，聾則聾，自覺得語言無味。眞乃是人無氣勢精神減，家少衣糧應對微 [20]。所賴有數畝荒田，正直秋風禾黍。諒後進難攀先進，誰想這君子也，如用之 [21]？學老圃，混著老農，難道是小人哉 [22]，何須也？到九秋天氣 [23]，穿扮得衣無衣，褐無褐 [24]，不湊膝 [25] 短裘敝貂；往三家店 [26] 兒，乘坐著馬非馬，驢非驢，略搭腳 [27] 青駒似狗。呀 [28]，雖則如此，無之奈何？不免鞲上寒驢 [29]，散心一會。〔鞲驢 [30]、驢鳴介 [31]〕我此驢

也相伴多年了，再不能勾〔32〕駟馬高車〔33〕，年年邯鄲道上也。〔行介〕

【柳搖金】青驢緊跨，霜風漸加。克膝〔34〕的短裘，揸〔35〕不住沙塵刮。空田噪晚鴉，牛背上夕陽西下〔36〕。秋風古道，紅樹槎牙〔37〕，槎牙，唱道是〔38〕秋容如畫。

日已向晚〔39〕，且西村暫住，明日再田上去。

返照入閭巷，憂來共誰語？

古道少人行，秋風動禾黍。〔40〕

校 注

〔1〕行田——謂巡視農田。男主角盧生作爲貫穿全劇的人物出場。此齣介紹人物，揭示人物性格。

〔2〕生——傳統戲曲角色名稱。最早出現於南戲作品中，後傳奇作品加以沿用。在傳奇作品中，生角往往是扮演秀才之類的男主角。明清傳奇中的生角，相當元雜劇中的正末。清・焦循《易餘籥錄》云：「元曲無生之稱，末即生也。」晚清及近代各劇種按角色年齡、身份不同，劃分爲不同的生行，如老生、小生、武生等。

〔3〕「極目雲霄」二句——意謂放眼功名利祿之途，心爲歲月無涯而驚怕。極目，放開目力。極，盡。雲霄，喻顯達的地位或謀求高位的途徑。唐・朱慶餘《酬李處士見贈》詩：「雲霄未得路，江海作閒人。」「雲霄有路」猶謂仕宦有途。亦作「青霄有路」，元・石德玉《曲江池》楔子：「萬丈龍門則一跳，青霄有路終須到。」

〔4〕白屋——以白茅草覆蓋的房屋，即建築木材不著彩色之屋。爲古代平民所居。亦指未做官的讀書人（貧士）的居室。《漢書・吾丘壽王傳》：「或由窮巷，起白屋，裂地而封。」王先謙補注云：「士以上屋楹方許循等級用彩色，庶人則不許，是以謂之白屋。後世諸侯王及達官所居屋，皆飾以朱，故曰朱門、朱邸，言朱以別於白也。」唐・杜甫《甘林》詩：「勿矜朱門是，陋此白屋非。」古代作品中亦代指平民或寒士。唐・宋之問《傷王七秘書監寄呈揚州陸長史》詩：「白屋藩魏主，蒼生期謝公。」

〔5〕紅塵——指塵世、凡間。佛教、道教等稱人世爲紅塵。明・賈仲明《金安壽》四〔雙調・新水令〕：「你如今上丹霄，赴絳闕，步瑤臺，比紅塵中別是一重境界。」

〔6〕「展秋窗」二句——此言書生困境。化用唐・李商隱《隋宮》詩：「於今腐草無

螢火，終古垂楊有暮鴉。」取其睹景傷懷之意。《晉書・車胤傳》：「胤恭勤不倦，博學多通。家貧不常得油，夏月則練囊盛數十螢火以照書，以夜繼日焉。」因以「秋窗螢火」喻書生苦讀境況。唐・李白《塞下曲六首》詩之四：「螢飛秋窗滿，月度霜閨遲。」盧生推窗只見腐草不見螢火，困境更甚。

〔7〕鬢華——鬢髮花白。華，花白。詩詞中常以鬢霜、鬢雪、鬢華形容鬢髮花白。

〔8〕菩薩蠻倒句——菩薩蠻，唐教坊曲名。又名子夜歌、巫山一片雲、花間意、重疊金、梅花句、晚雲烘日、菩薩鬘（mán）。迴文詞體又名聯環結。據宋・王灼《碧雞漫志》載：「菩薩蠻，《南部新書》及《杜陽雜編》云：『大中初，女蠻國入貢，危髻金冠，纓絡被體，號菩薩蠻隊，遂製此曲，當時倡優李可及，作菩薩蠻隊舞，文士亦往往聲其詞。』」又據宋・孫光憲《北夢瑣言》云：「宣宗愛唱菩薩蠻詞，令狐相國假溫飛卿新撰密進之，戒以勿泄，而遽言於人，由是疏之。」倒句，即次句的文字是上句文字的倒讀，是遊戲之筆，傳奇中常見此類詞曲。

〔9〕始祖籍貫范陽郡——范陽郡，唐方鎮名；即河北幽州，後兼盧龍。唐天寶元年（公元 742 年）改名范陽（今北京市大興區）。為唐玄宗時邊防十節度使方鎮之一。范陽盧氏和第四齣的清河崔氏皆為望族。《魏書・崔浩傳》：「真君十一年六月誅浩。清河崔氏無遠近，范陽盧氏、太原郭氏、河東柳氏皆浩之姻親，盡夷其族。」盧生說家世，稱始祖。故第四齣有「崔盧舊世家」之說；崔氏亦曰「俺世代榮華，不是尋常百姓家。」按，古代另有一個地方被稱為范陽郡，是由三國時期的魏設置，治所在涿，隋代廢，故城在京兆涿縣。唐・林寶《元和姓纂》卷三，亦述有盧氏為范陽涿縣大姓。

〔10〕土長根生——猶土生土長，從小生長在某地。一般指家族數代人都生活在同一個地方。

〔11〕村居草食——以村為居，以草為食。喻寓居鄉村，生活艱苦。

〔12〕眼到口到心到——宋・朱熹《訓學齋規》：「讀書有三到，謂心到、眼到、口到。心不在此，則眼不看仔細，心眼既不專一，卻只漫浪誦讀，決不能記，記亦不能久也。三到之中，心到最急。心既到矣，眼口豈不到乎？」

〔13〕繭絲牛毛——形容細密。此處盧生自喻，事無鉅細，諸事皆通。清・黃宗羲《南雷文案》四《答萬充宗質疑書》：「吾兄經術，繭絲牛毛，不僅當今無與絕塵，即在先儒，亦豈易得哉！」

〔14〕箑（shà）——扇子。這裏用作動詞，指用扇子搧。《淮南子・精神訓》：「知多日之箑，夏日之裘，無用於己。」

〔15〕龍牙鳳尾——比喻文章寫得縱橫恣肆，富有文采。龍牙，粗樹枝上橫出的枝條如龍牙一般，比喻文章能放得開，富有氣勢。鳳尾，鳳尾上的羽毛紋絡美麗，故常被用來形容文章富有文采。

〔16〕李赤——唐代人。唐・柳宗元《李赤傳》云：「李赤，江湖浪人也。嘗曰：吾善為詩歌，詩類李白，故自號曰李赤。」

〔17〕梁八——疑為宋代梁顥，傳其八十中狀元。據《宋史・梁顥傳》，實際二十三歲登第。宋・范正敏《遁齋閒覽》誤作其八十二及第，故有此說。梁九，不詳，待考；似為與上句對仗之諢語。

〔18〕稂（láng）不稂，莠（yǒu）不莠——形容不成材、不成器。稂，狼尾草；莠，狗尾草。稂莠為害苗之草。語出《詩・小雅・大田》：「既堅既好，不稂不莠。」毛傳：「稂，童粱也；莠，似苗也。」

〔19〕面目可憎——形容面貌令人厭惡。此與後面的「語言無味」，均出自唐・韓愈《送窮文》：「凡所以使吾面目可憎，語言無味者，皆子之志也。」

〔20〕「人無氣勢」二句——宋元俗語，即人窮志短。意謂身居貧賤或地位低下，便會於外表和應答舉止中顯露出窘迫之狀。明・馮夢龍《警世通言・俞仲舉題詩遇上皇》：「人無氣勢精神減，囊無金錢應對難。」微，此處作因貧而賤解。《書・舜典序》：「虞舜側微。」唐・孔穎達疏：「不在朝廷謂之側，其人貧賤謂之微。」

〔21〕「諒後進」三句——語出《論語・先進》：「子曰：『先進於禮樂，野人也；後進於禮樂，君子也。如用之，則吾從先進。』」原意是：先進學禮樂而後出仕的人，為未有爵祿之民；先出仕後進學禮樂的人，皆世襲爵祿者。如任用人才，則我主張用前者。盧生的念白為戲說，俗解「先進」、「後進」、「君子」、「野人」的意思為：如能出仕被用，誰想當君子？

〔22〕「學老圃」三句——語出《論語・子路》：「樊遲請學稼。子曰：『吾不如老農。』請學為圃。曰：『吾不如老圃。』樊遲出。子曰：『小人哉，樊須也！』」原意是：賢者只要修禮、達義、體信、則能使民敬、民服、民用情；學稼圃是小人所為。盧生的念白亦為戲說，改「樊須」為「何須」，反問孔子：難道學種五穀、茉蔬的就是小人，何必如此說？

〔23〕九秋天氣——指深秋寒冷的天氣。唐・杜甫《月》詩：「斟酌姮娥寡，天寒奈九秋。」

〔24〕衣無衣，褐（hè）無褐——形容貧困潦倒，要穿沒穿，要戴沒戴，褐粗布衣服，以獸毛或粗麻所製的短衣，是古代貧賤者所穿的衣服。語出《詩・豳風・七月》：「無衣無褐，何以卒歲。」

〔25〕不湊膝——謂不到膝蓋，形容盧生生活窘迫。湊，挨近。

〔26〕三家店——謂鄉村小店。元・張可久《雙調・殿前歡・西溪道中》散曲：「笑掀髯，西溪風景近新添，出門便是三家店，綠柳青簾。旋挑來野荼甜，杜醞濁醪釅，整扮村姑欸（qiàn）。」明・賈仲名《蕭淑蘭》一〔寄生草〕：「想你也夢不到翔龍飛鳳五雲樓，心則在鳴雞吠犬三家店。」三家店一說為元代客店的喚名。實為一家店，兩頭兩店舍為小商下宿，中間店舍為本錢多的商人

下宿，俗稱黑石頭店。元‧無名氏《朱砂擔》二、白：「我這店喚做三家店，又喚做黑石頭店。這兩頭的兩個店，都是小本錢客商的下在裏面，那大本大利的都在我這店瑞安下。」

〔27〕略搭（dā）腳——謂勉強可以乘坐。搭，此處爲乘、坐、放置之意。

〔28〕呀——清暉、獨深、竹林本俱作「咳」。

〔29〕鞲（gōu）上蹇（jiǎn）驢——意爲給牲口加上鞍具等。「鞲」字，清暉、獨深、竹林本均作「韝」。《字彙》：「韝，服駕牛馬也。」鞲，亦指車馬上的裝備物。蹇驢，即跛驢，形容驢瘦弱有病態。蹇，跛也，行動遲緩。

〔30〕鞞（bǐng）驢——鞞，刀劍鞘。《說文》：「鞞，刀室也。」此處名詞活用爲動詞，意謂用刀劍鞘拍打。

〔31〕介——即「科」，動作也。戲曲劇本中表示動作的提示，謂科介，或用「科」，或用「介」。明傳奇一般用「介」。

〔32〕勾——取也。「不能勾」，即不能取。元‧喬吉《金錢記》三〔滿庭芳〕：「這開元通寶金錢，是聖人賜與我的，有誰人能勾？」

〔33〕駟馬高車——又稱「軒車駟馬」。是由四匹馬拉的高蓋車，古時是顯貴者的車乘。軒車，指車頂較高，且有帷帳的車子。傳漢代司馬相如西遊長安，曾題柱以明抱負。東晉‧常璩《華陽國志‧蜀志》：「城北十里有升仙橋，有送客觀。司馬相如初入長安，題市門曰：『不乘赤車駟馬，不過汝下也。』」唐‧丘爲《冬至下寄舍弟時應赴入京》詩：「莫漫憶柴扉，駟馬高車朝紫微。」

〔34〕克膝——猶言過膝，喻指盧生衣著寒酸。克，到。《玉篇》：「克，勝也。」

〔35〕揸（zhā）——遮擋。揸，原義爲張開五指。湯顯祖《牡丹亭》九〔普賢歌〕：「令史們將我揸，祇候們將我搭，狠燒刀險把我嫩盤腸生灌殺。」

〔36〕「空田噪晚鴉」二句——化用唐‧錢起《送崔十三東遊》詩：「丹鳳城頭噪晚鴉，行人馬首夕陽斜」。

〔37〕槎（chá）牙——同「杈丫」，亦作「槎枒」、「楂牙」，歧出貌。指樹木枝杈錯落不齊的樣子。宋‧蘇軾《郭祥正家醉畫竹石壁上》詩：「枯腸得酒芒角出，肝腸槎牙生竹石。」

〔38〕唱道是——猶眞的是、正是。元‧吳昌齡《東坡夢》四〔鴛鴦煞尾〕：「唱道是即色即空，無遮無障。」

〔39〕向晚——猶云傍晚。向，接近之意。唐‧李商隱《登樂遊原》詩：「向晚意不適，驅車登古原。」

〔40〕「返照入閭巷」四句——引用《全唐詩》卷 269、耿湋《秋日》詩：「反照入閭巷，憂來與誰語？古道無人行，秋風動禾黍。」「反」通「返」。閭巷，鄉里小巷。

第三齣　度　世〔1〕

〔扮呂仙〔2〕裕袱〔3〕葫蘆枕上〕【集唐】〔4〕蓬島何曾見一人〔5〕，披星帶月斬麒麟〔6〕。無緣邀得乘風去〔7〕，迴向瀛洲看日輪〔8〕。自家呂岩，字洞賓，京兆〔9〕人也，忝中文科進士〔10〕。素性飲酒任俠，曾於咸陽〔11〕市上，酒中殺人，因而亡命。久之貧落，道遇正陽子鍾離權〔12〕先生，能使飛升黃白之術〔13〕，見貧道行旅消乏〔14〕，將石子半斤，點成黃金一十八兩，分付貧道仔細收用。貧道心中有疑，叩了一頭，稟問師父：師父，此乃點石爲金〔15〕，後來仍變爲石乎？師父說，五百年後，仍化爲石。貧道立取黃金拋散，雖然一時濟我緩急，可惜誤了五百年後遇金人。師父啞然大笑：呂岩，呂岩，一點好心，可登仙界。遂將六一飛升之術〔16〕，心心密證，口口相傳。行之三十餘年，忝登了上八洞神仙〔17〕之位。只因前生道緣〔18〕深重，此生功行纏綿〔19〕。性頗混塵，心存度世。近奉東華帝〔20〕旨，新修一座蓬萊〔21〕山門，門外蟠桃一株，三百年其花纔放，時有皓劫剛風〔22〕，等閒〔23〕吹落花片，塞礙天門〔24〕。先是貧道度了一位何仙姑，來此逐日掃花。近奉東華帝旨，何姑證入仙班〔25〕，因此張果老仙尊〔26〕又著貧道駕雲騰霧，於赤縣神州〔27〕再覓一人，來供掃花之役。道猶未了，何姑笑舞而來也。〔何仙姑持箒上〕好風吹起落花也！

【賞花時】〔28〕翠鳳毛翎札箒叉〔29〕，閒踏天門掃落花。你看風起玉塵砂〔30〕，猛可的〔31〕那一層雲下，抵多少門外即天涯〔32〕。

〔見介〕洞賓先生何往？〔呂〕恭喜你領了東華帝旨，證了仙班。果老仙翁誠恐你高班已上，掃花無人。著我再往塵寰〔33〕，度取一位，敢支分殺人也〔34〕！〔何〕洞賓先生大功行〔35〕了。只此去未知何處度人？蟠桃宴可趕的上也？

【么】〔36〕你休再劍斬黃龍一線差〔37〕，再休向東老貧窮賣酒家〔38〕，你與俺高眼〔39〕向雲霞。洞賓呵，你得了人早些兒回話；遲呵，錯教人留恨碧桃花〔40〕。〔下〕

〔呂〕仙姑別去，不免將此磁枕裕袱駕雲而去也。枕是頭邊枕，磁爲心上慈。〔下、丑〔41〕上〕我這南湖秋水夜無煙，奈可乘流直上天。且

就洞庭賒月色，將船買酒白雲邊〔42〕。〔內笑介〕小二哥發誓不賒，又
賒了。〔丑〕賒的賒一月，買的買一船。小子在這岳陽樓前開張個大酒
店，因這洞庭湖水多，酒都扯淡〔43〕了，這幾日賒也沒人來。好笑，
好笑。〔內叫介〕小二哥，那不是兩個賒的來了。〔丑〕請進，請進。〔扮
二客上〕一生湖海客〔44〕，半醉洞庭秋。小二哥，買酒。〔丑應介、客
看壺介〕酒壺上怎生寫著「洞庭」二字？〔丑〕盛水哩。〔客笑介〕也
罷，拚我們海量，吞你幾個洞庭湖。〔丑〕二位較量飲〔45〕。〔一客〕小
子鄱陽湖生意〔46〕，飲八百杯罷。〔一客〕小子廬江客〔47〕，飲三百杯。
〔丑〕這等，消〔48〕我酒不去。八百鄱陽三百焦〔49〕，到不得我這把
壺一個腰。〔客〕好大壺嘴哩。〔做飲唱隨意介、丑〕又一個帶牛鼻子〔50〕
的來了。

【中呂粉蝶兒】〔呂上〕秋色蕭疏〔51〕，下的來幾重雲樹，卷滄桑半
葉淺蓬壺〔52〕。踐朝霞，乘暮靄，一步捱一步。剛則〔53〕背上葫蘆，這
淡黃生可人〔54〕衣服。

【醉春風】則為俺無掛礙的熱心腸，引下些有商量來的清肺腑〔55〕。
這些時蹬〔56〕著眼下山頭，把世界幾點兒來數數。這底是〔57〕三楚三齊
〔58〕，那底是三秦三晉〔59〕，更有找不著的三吳三蜀〔60〕。

說話中間，前面洞庭湖了，好一座岳陽樓也！

【紅繡鞋】趁江鄉落霞孤鶩〔61〕，弄瀟湘雲影蒼梧〔62〕。殘暮雨，
響菰蒲〔63〕。晴嵐山市語，煙水捕魚圖〔64〕。把世人心閒看取。

邊旁放著一座大酒店，店主有麼？〔丑應介〕請進，請進。〔作送酒介〕

【迎仙客】〔呂〕俺曾把黃鶴樓鐵笛吹〔65〕，又到這岳陽樓將村酒
〔66〕沽。好景，好景！前面漢陽江，上面瀟湘蒼梧，下面湖北江東。請了。
〔丑〕請什麼子？〔呂〕來稽首〔67〕是有禮數的洞庭君主〔68〕。〔丑〕鬼
話。〔內雁叫介、呂〕聽平沙落雁〔69〕呼，遠水孤帆出。這其中正洞庭
歸客傷心處，趕不上斜陽渡〔70〕。

〔呂作醉介〕酒是神仙造，神仙喫，你這一班兒也知道喫什麼酒？〔二

客惱介〕哎也，哎也！可不道〔71〕一品官，二品客，到不高如你？我穿的細軟羅緞，喫的細料茶食，用的細絲錁錠〔72〕。似你這般，不看你喫的，看你穿的哩，希泥希爛〔73〕的。醒眼看醉漢，你醉漢不堪扶。〔呂笑介〕

【石榴花】俺也不和他評高下，說精粗〔74〕，道俺個醉漢不堪扶，偏你那看醉人的醒眼〔75〕不模糊。則怕你村沙勢〔76〕比俺更俗，橫死眼〔77〕比俺更毒。〔二客云〕野狐騷道〔78〕，出口傷人。還不去，還不去扯破他衣服！〔呂〕爲什麼扯斷絲帶，抓破衣服，罵俺作頑涎〔79〕騷道野狐徒？

〔客〕好笑，好笑，便那葫蘆中，那討些子藥物？都是燒酒氣。

【鬥鵪鶉】〔呂〕你笑他盛酒的葫蘆。須有些不著緊的信物〔80〕。硬擎著你七尺之軀。俺老先生〔81〕看汝：〔客〕看什麼子？無過是酒色財氣〔82〕，人之本等哩。〔呂〕你說是人之本等，則見使酒的爛了脅肚〔83〕，〔客〕氣呢？〔呂〕使氣的腌破胸脯〔84〕，〔客〕財呢？〔呂〕急財的守著家兄〔85〕，〔客〕色呢？〔呂〕急色的守著院主〔86〕。

【上小樓】〔呂〕這四般兒非親者故〔87〕，四般兒爲人造畜〔88〕。〔客〕難道人有了君臣〔89〕，纔是富貴；有兒女家小，纔快活；都是酒色財氣上來的，怎生住的手？〔呂〕你道是對面君臣，一胞兒女，帖肉妻夫。則那一口氣不遂了心，來從何處來？去從何處去？俺替你愁，俺替你想，敢〔90〕四般兒那時纔住。

〔客〕一會子〔91〕先生一些陰陽晝夜不知。〔呂笑介〕你可知麼？

【么】問你個如何是畢月鳥？〔客〕月黑了就是。〔呂〕如何是房日兔〔92〕？〔客想介〕醉了房兒裏吐去。〔呂〕你道如何是三更之午〔93〕？十月之餘〔94〕？一刻之初〔95〕？〔客〕聽他什麼？只嗻酒〔96〕。〔呂笑介〕問著呵，則是一班兒嘴禿速〔97〕。難道偏則我出家人有五行攢聚〔98〕。

〔眾瞧介〕包兒裏是個磁瓦枕，打碎他的！〔呂〕怎碎的他呵？〔客〕是什麼生料〔99〕，碎不的他？

【白鶴子】〔呂〕是黃婆土〔100〕築了基，放在偃月爐〔101〕。封固的是七般泥〔102〕，用坎離〔103〕為藥物。

〔客〕怎生下火〔104〕？

【么】〔呂〕扇風囊〔105〕，隨鼓鑄〔106〕，磁汞料，寫流珠〔107〕。燒的那粉紅丹色樣殊〔108〕，全不見枕根頭一線兒絲痕路。

〔客笑介〕枕兒兩頭大窟弄〔109〕，先生害頭風〔110〕出氣的？

【么】〔呂〕這是按八風，開地戶〔111〕，憑二曜，透天樞〔112〕。〔客〕到空空的亮〔113〕。〔呂〕有甚的空籠樣枕江山，早則是〔114〕連環套通心腑。

列位都來盹上一會麼？〔客〕寡漢〔115〕睡的。〔呂笑介〕到不寡哩。

【么】半凹兒承姹女〔116〕，並枕的好妻夫。〔客〕有甚好處？〔呂〕好消息在其中，但枕著都有個迴心處。

〔客〕難道有這話？我們再也不信。〔呂〕此處無緣〔117〕，列位看官〔118〕們請了。

【快活三】不是俺袖青蛇膽氣粗〔119〕，則是俺憑長嘯海天孤。則俺朗吟飛過洞庭湖，度的是有緣人人何處？〔下〕

〔眾笑介〕那先生被我們囉唼〔120〕的去了，我們也去罷。相逢不飲空歸去，洞口桃花也笑人〔121〕。〔眾下、呂上〕好笑，好笑！一個大岳陽樓，無人可度，只索〔122〕望西北方迤邐〔123〕而去。

【鮑老兒】這是你自來的辛苦，一口氣許了師父。少不得逢人間渡，遇主尋塗。是不是口邊著道詞〔124〕，一路的做鬼妝狐〔125〕。

呀，一道清氣〔126〕，貫於燕之南，趙之北。不免掜轉〔127〕雲頭，順風而去。

【滿庭芳】非關俺妄言禍福，怎頭直上非煙非霧，腳踏下非楚非吳，眼抹裏這非赤也非烏〔128〕？莫不是青牛氣函關直豎〔129〕？莫不是蜃樓氣〔130〕東海橫鋪？沒羅鏡分金指度，打向假隨方認取〔131〕。呀，卻原

來是近清河，邯鄲全趙〔132〕那邊隅。

　　仔細看來，是邯鄲地方，此中怎得有神仙氣候也？

【耍孩兒】《史記》上單注著會歌舞邯鄲女〔133〕，俺則道〔134〕幾千年出不的個藺相如〔135〕。卻怎生〔136〕祥雲氣罩定不尋俗〔137〕，滿塵埃他別樣通疎〔138〕？知他蘆花明月人何處〔139〕？流水高山〔140〕客有無？俺到那有權術，偷鞭影看他驢橛，下探竿識得龍魚〔141〕。

【尾聲】欠一個蓬萊洞掃花人，走一片邯鄲城尋地主。但是〔142〕有緣人，俺盡把神仙許。則這熱心兒，普天下遇著他都姓呂。

　　日月秘靈洞，雲霞辭世人。〔143〕

　　為結同心侶，逍遙下碧空。

校　注

〔1〕度世——謂使人脫離塵世，擺脫生死輪迴。度，佛教語，超度、度脫之意。此齣寫何仙姑證入仙班及呂洞賓奉旨度人的原委。以一仙二客酒醉調侃，表明作者的人生觀、社會觀。此齣可看做全劇的戲眼。

〔2〕呂仙——指呂洞賓。

〔3〕褡袱——一種用綢或布縫製成兩兩相連、中間開口、兩端各可盛錢物的長方形袋子。繫在衣外作腰巾，也可肩負或手提。此處「褡袱」用作動詞。亦寫作「褡褳」、「褡聯」、「搭褳」等。

〔4〕集唐——詩歌集句體之一，是把唐詩中不同詩人的現成詩句集合在一起，組成一首新詩。一般為絕句或律詩，也有的可以僅是一聯，平仄合律。唐詩的集句，最早起於宋代王安石。「集唐」在傳奇的下場詩裏運用較為普遍。劇作者為了顯露才華，在每齣結尾概括本齣內容的四句詩，常常會選用集唐的辦法。如湯顯祖《牡丹亭》、洪昇《長生殿》兩劇的下場詩，除了第一齣以外皆是「集唐」。雖然詩極平凡，拼接也稍欠自然，但恰能概括劇中內容，可見構思良苦；表現出作者對唐詩涉獵廣博，遊刃有餘。

〔5〕「蓬島何曾」句——語見《全唐詩》卷810、靈澈《東林寺酬韋丹刺史》詩：「林下何曾見一人」。湯顯祖集句時，或人改「林下」為「蓬島」，或湯氏自改，湯氏詩作中多處見「林下」二字。蓬島，即東海之蓬萊三島，是傳說中神仙所居之地。《史記・秦始皇本紀》：「齊人徐市等上書，言海中有三神山：名蓬萊、方丈、瀛洲，遷人居之。」

〔6〕「披星帶月」句——語見《全唐詩》卷857、呂岩《七言》詩：「披星帶月折麒麟。」《全唐詩》「斬」作「折」。麒麟，古代傳說中的動物，狀如鹿，獨角，全身生鱗甲，尾像牛，多作爲吉祥的象徵。

〔7〕「無緣」句——化用唐・呂岩《渾成集》中詩句：「何緣邀得乘風去」。

〔8〕「迴向瀛洲」句——語見《全唐詩》卷857、呂岩《七言》詩：「回訪瀛洲看日輪。」《全唐詩》「迴向」作「回訪」。瀛洲，傳說中的仙山。日輪，即太陽。因太陽形如車輪，又從東到西日夜運行不止，故有「日輪」之稱。

〔9〕京兆——原指漢代京畿行政區域，在今西安以東至華縣之間，轄十二縣。後泛指京都、京城。亦爲唐府名，唐開元元年（公元713年）改雍州置，治所在長安、萬年（今西安市）。

〔10〕忝（tiǎn）中文科進士——忝，謙詞；謂有愧於。文科進士，唐代進士科以考詩賦爲主，時務策爲次，故稱文科進士；此外尙有明經科、明法科、明字科、明算科。

〔11〕咸陽——古秦地，秦孝公曾以咸陽爲都城。秦置縣，漢改名新城，又改名渭城，後廢；唐復置咸陽縣。即今陝西渭河平原中部、渭河沿岸地區。

〔12〕鍾離權——神話傳說中的八仙之一。相傳姓鍾離，名權，字雲房，號正陽子。自稱天下都散漢鍾離權。唐末京兆郡咸陽縣人。其人容貌雄偉，學通文武，身高八尺七寸，長髯過腹，目光有神。受鐵拐李的點化，上山學道。下山後飛劍斬虎，點金濟衆。後與兄簡同日昇天，度呂純陽而去。他所創立的教理教義對金元之際興起的全眞道影響極大，全眞道尊其爲祖師。道教徒稱其爲「正陽帝君」，奉其爲「北五祖」之一，與王玄甫、呂洞賓、劉海蟾、王重陽齊名。歷史上有無鍾離權其人，並無確證，其爲哪一個朝代之人，也說法不一，他成爲八仙之一，完全是後世民間的附會。

〔13〕飛升黃白之術——飛升，修道者得道成仙，飛登天界，謂之飛升。唐・鄭璧《和襲美傷顧道士》詩：「門人不睹飛升去，猶與浮生哭恨同。」黃白之術，即煉丹術；也稱爲點鐵成金之術，或點石成金之術。「黃」指黃金，「白」指白銀，丹砂煉製可成藥金（黃）藥銀（白），故稱「黃白之術」。東晉・葛洪《抱朴子內篇・黃白》，專言黃白之術。道教認爲，煉黃白，飲丹丸，可得道昇天爲神仙。

〔14〕消乏——亦寫作銷乏，意謂財物消折窘乏。清・丁耀亢《表忠記》二〔瑞鶴仙〕白：「只是長兄因家道消乏，不肯助我功名之志。」

〔15〕點石爲金——即「點鐵成金」，舊謂仙道點鐵石成黃金。漢・劉向《列仙傳》：「許遜，南昌人，晉初爲旌陽令，點石化金，以足逋賦。」宋・釋道原《景德傳燈錄・靈照禪師》：「還丹一粒，點鐵成金；至理一言，點凡成聖。」

〔16〕六一飛升之術——六一，即「六一泥」的省稱。道教外丹術煉丹時，用六一

泥固封爐鼎頂蓋。其泥用東海左顧牡蠣、戎鹽、黃丹、滑石、赤石脂、蚓螻黃土等六物，搗成細末，和苦酒極令酸釅，再搗三萬杵，故名「六一泥」。《雲笈七籤》卷六五述有六一泥法。內丹術則將人體作「爐鼎」，以體內精、氣、神爲藥物，運用「神」去燒煉，使精、氣、神凝聚成聖胎。各家說法不一，大體類同。飛升之術，指道家羽化成仙的法術。

〔17〕上八洞神仙——指傳說中的道教八仙：鐵拐李、鍾離權、張果老、何仙姑、藍采和、呂洞賓、韓湘子、曹國舅。八仙故事流傳甚早，唐代已有《八仙圖》，然說法不一。道教八仙大致產生於元代，至明代衍化成型，明·吳元泰《八仙出處東遊記傳》始固定八仙姓名。八仙中，鍾離權、張果老、呂洞賓三人，正史略有記載；韓湘子、曹國舅見於筆記；鐵拐李、何仙姑、藍采和則純爲傳說。上八洞，亦稱「上八界洞府」，道教指上天八界神仙居住的仙境；有上八洞和下八洞之說。明·康海《中山狼》四〔雙調·新水令〕：「看半林黃葉暮雲低，碧澄澄小橋流水，柴門無犬吠，古樹有鳥啼，茅舍疏離，這是個上八洞閒天地。」

〔18〕道緣——與佛、道間的因緣。唐·白居易《刑部尚書致仕》詩：「十五年來洛下居，道緣俗累兩何如？」

〔19〕功行纏綿——謂難以擺脫塵世的糾纏，不能專力於修行。功行，僧道等修行的功夫。唐·呂岩《五言》詩之十五：「二十四神清，三千功行成。」纏綿，固結不解，難以擺脫。

〔20〕東華帝——即東王公，又稱東木公、東華帝君等，是古代神話傳說中的男神。據《太平廣記》云，東王公與西王母共理二炁（qì），分別掌管男仙、女仙的名籍。漢·東方朔《神異經·東荒經》載：「東荒山中，有大石室，東王公居焉。長一丈，頭髮皓白，人形鳥面而虎尾。載一黑熊，左右顧望。」《西遊記》第七九回：「壽星笑道：『前者，東華帝君過我荒山，我留坐著棋，一局未終，這孽畜走了。』」

〔21〕蓬萊——蓬萊山的省稱。神話傳說中的東海神山。古典作品中常用來泛指仙境。《史記·封禪書》：「自威、宣、燕昭使人入海求蓬萊、方丈、瀛洲。此三神山者，其傳在渤海中，去人不遠；患且至，則舡風引而去。蓋嘗有至者，諸僊人及不死之藥皆在焉。其物禽獸盡白，而黃金銀爲闕。」唐·鮑溶《望麻姑山》詩：「自從青鳥不堪使，更得蓬萊消息無。」

〔22〕浩劫剛風——帶來災難的強風。浩劫，比喻大災難；原本作「皓劫」，誤，據文意改。剛風，指強勁的風。

〔23〕等閒——無端，平白。唐·劉禹錫《竹枝詞》九首之七：「長恨人心不如水，等閒平地起波瀾。」

〔24〕塞礙天門——阻礙天宮之門。塞礙，阻擋、阻礙之意。天門，天宮之門，是傳說中上帝所居的紫微宮門。

〔25〕何姑證入仙班——謂何仙姑進入僊人的行列。證，佛教語，指參悟，修行得道。仙班，僊人的行列。

〔26〕張果老仙尊——張果老，傳說中的八仙之一。亦名張果。原爲唐代道士，隱於恒州條山。唐武則天時，自稱已數百歲，招之，佯死不赴。常倒騎白驢，日行數萬里。唐玄宗時招入朝，授以銀青光祿大夫，賜號通玄先生。傳說天寶時，尸解昇天。唐·鄭處誨《明皇實錄》卷下：「張果者，隱於恒州條山，常往來汾晉間，時人傳有長年秘術。耆老云，爲兒童時見之，自言數百歲矣。唐太宗、高宗屢徵不起。則天召之出山，佯死於妒女廟前。時方盛熱，須臾臭爛生蟲，聞則天，信其死矣。後有人恒州山中復見之，果常乘一白驢，日行數萬里。休則重疊之，置於巾箱中，乘則以水噀之，還成驢矣。」仙尊，對神仙中的長者的稱呼。

〔27〕赤縣神州——泛指中國。《史記·孟子荀卿列傳》云：「儒者所謂中國者，於天下乃八十一分居其一耳。中國名曰赤縣神州，赤縣神州內自有九州島，禹之序九州島是也，不得爲州數。中國外，如赤縣神州者九，乃所謂九州島也。」戰國時齊人鄒衍創立「大九州島」之說，稱「中國名赤縣神州」。上古時代我國華夏族建國於黃河流域一帶，以爲居天下之中，故稱中國，而把周圍其它地區稱爲四方。故古代中國泛指中原地區。

〔28〕賞花時——葉《譜》作「仙呂賞花時」。《紅樓夢》第六三回《壽怡紅群芳開夜宴、死金丹獨豔理親喪》，芳官曾演唱此曲。

〔29〕「翠鳳」句——「翠鳳毛翎」，即「翠鳳毛」，謂竹也。明·朱存理《趙氏鐵網珊瑚》卷十四《倪雲林畫竹樹秀石》有余銓詩云：「三春雷雨蒼龍角，萬里雲霄翠鳳毛。」此句謂何仙姑手執竹帚。

〔30〕玉塵砂——因天界無塵土泥砂，只有玉屑，故稱玉塵砂。

〔31〕猛可的——意謂猛然間、忽然間。也寫作猛可地、猛可裏。可的，語助詞，無義。元·睢景臣《哨遍·高祖還鄉》套曲：「猛可裏擡頭覷，覷多時認得，險氣破我胸脯。」

〔32〕「抵多少」句——化用唐·劉禹錫《和令狐相公別牡丹》詩：「莫道兩京非遠別，春明門外即天涯。」抵多少，猶謂好比是。門外即天涯，即咫尺天涯。

〔33〕塵寰——人世、人間。唐·權德輿《送李城門罷官歸嵩陽》詩：「歸去塵寰外，春山桂樹叢。」

〔34〕「敢支分」句——猶言定要辦好此事太難爲人了。言外之意，有不堪支使之意。敢，猶言管教、定要。明·賈仲明《對玉梳》一〔混江龍〕：「和他笑一笑，敢忽的軟了四肢；將他靠一靠，管烘的走了三魂。」支分，打發、處置的意思。唐·白居易《自詠老身示諸家屬》詩：「支分閒事了，把背向陽眠。」元·高明《元本琵琶記》二四〔金瓏璁〕：「饑荒先自窘，那堪連喪雙親，身獨自，怎

支分？」殺，同「煞」，程度副詞，甚也。

〔35〕大功行——謂修煉的道行很高。功行，見本齣注〔19〕。

〔36〕么——即同前曲牌，爲曲牌迭用的形式。《九宮譜定·總論》：「篇中或么或衰，大率即是前腔。在詞即爲下闋。北曲曰么，南曲曰前腔。」

〔37〕「劍斬黃龍」句——此句責備呂洞賓做事冒失，不聽師父的囑咐。「劍斬黃龍」事有三：呂洞賓得雲房之道，又得火龍眞人天遁劍法，曾斬江淮黃龍。《道藏·呂祖志·眞人本傳》：「洞賓初遊江淮，試靈劍，遂斬長蛟之害，隱顯變化不一，迨今四百餘年矣。」或謂呂洞賓度脫黃龍寺黃龍禪師，劍斬黃龍禪師貪、嗔、癡「三毒」。洞賓劍不殺生，只斬人間之欲云云。明·馮夢龍《醒世恒言·呂洞賓飛劍斬黃龍》即敷演劍斬黃龍禪師的故事。據明·吳元泰《東遊記》，八仙過海時，東海龍王太子囚藍采和奪其玉版，呂洞賓劍斬龍王二太子，引起了一場八仙與東海龍宮諸兵將的大戰。八仙火燒東洋，推山填海，龍王表奏天庭，驚動了玉帝與佛祖。後由觀世音大士出面調解，整理山海，龍王罰俸一年，八仙謫降一等一年，才平息這場風波。此所謂「劍斬黃龍一線差」。

〔38〕「東老貧窮」句——謂何仙姑囑咐呂洞賓途中不要貪杯，以免被像「東老」那樣好客的酒家挽留而誤事。東老，宋代沈思字持正，隱於浙江東林山自號「東老」。沈思雖貧卻好飲，家中釀十八仙白酒，呂洞賓自稱回道人，與之飲，終日不醉，薄暮而去。《全唐詩》卷 858、呂岩《熙寧元年八月十九日，過湖州東林沈山，用石榴皮寫絕句於壁，自號回山人》詩云：「西鄰已富尤不足，東老雖貧樂有餘。白酒釀來緣好客，黃金散盡爲收書。」此詩另見於宋·趙令時《侯鯖錄》卷四。參見元·馬致遠《呂洞賓三醉岳陽樓》雜劇，呂洞賓度脫柳、梅二精事。

〔39〕高眼——謂把眼界擡高。

〔40〕「錯教人」句——謂白白地使人無奈地等待。錯，白白地。碧桃花，又名千葉桃。碧桃，一種供觀賞的桃樹；只開花，不結果；花多重瓣，花色豔麗無比。元·無名氏《碧桃花》雜劇，言徐碧桃鬼魂與張道南相會，一夜夫妻，遂遭分離，奈人鬼不能近，故有留恨碧桃花之說。此處借喻爲等待無奈之意。後人往往將碧桃花與男女風流之事聯繫在一起，如「碧桃花下死，做鬼也風流」、「碧桃花下鳳鸞交」；「碧桃花下」成爲男女幽會偷情的場所。元·陳克明套數《中呂·粉蝶兒·怨別》〔耍孩兒〕：「到做了三不歸離魂倩女，想當日碧桃花下鳳鸞雛，山和水阻隔著萬里程途。」

〔41〕丑——戲曲角色名。宋元南戲、元雜劇、明清傳奇皆有醜行。其得名據明·徐渭《南詞敍錄》云：「以墨粉塗面，其形甚醜。」另據清·焦循《劇說》卷一引《都城紀勝》云：「雜扮或名『雜旺』，又名『鈕元子』……今之丑腳，蓋『鈕元子』之省文。」兩種說法各有道理。現今戲曲舞臺上的丑角，往往

於鼻梁上塗白粉，俗稱「小花臉」，崑劇稱「小面」。丑角有文丑、武丑之分。

〔42〕「南湖秋水」四句——語出《全唐詩》卷179、李白《陪族叔刑部侍郎曄及中書賈舍人至遊洞庭五首》詩之二。奈，奈何、如何；可，稱、能也。原詩「奈」作「耐」；「就」一作「向」。南湖，這裏指洞庭，因詩中所寫的李白、李曄、賈至三人相遇於岳州，相約同遊洞庭湖，洞庭在岳州西南，故可稱「南湖」。洞庭湖是長江流域著名大湖，在湖南省境內，岳陽市西南。據《清一統志‧岳州府》載，每夏秋水漲，周圍八百餘里。

〔43〕扯淡——宋元以來的市井語言，原義謂漫無邊際的閒談；或謂胡說八道。明‧田汝成《西湖遊覽志餘‧委巷叢談》：「（杭人）又有諱本語而巧爲俏語者……言胡說曰『扯淡』。」《儒林外史》第二二回：「卜誠道：『沒得扯淡！就算你相與老爺，你到底不是個老爺！』」此處借用字面義，是指酒淡而無味。

〔44〕湖海客——指放浪江湖，雲遊四海之人。

〔45〕較量飲——比較著酒量飲。較量，比較、比試也。宋‧楊萬里《塹荷池水》詩：「雨中來看塹池塘，自與畦丁細較量。」

〔46〕鄱（pó）陽湖生意——謂鄱陽湖來的生意人。鄱陽湖，我國最大的淡水湖。古稱彭蠡、彭澤、彭湖、官亭湖等。在今江西省北部，富灌溉、航運之利。盛產銀魚、鱖魚等。

〔47〕廬江客——廬江來的客人。廬江，在安徽省境內。隋代設有廬江郡，唐廢。

〔48〕消——意謂消耗。「消我酒不去」，即飲不盡我的酒。唐‧王昌齡《城傍曲》詩：「邯鄲飲來酒未消，城北原平掣皂鵰。」

〔49〕焦——焦湖。在安徽中部的廬江縣，位巢湖西南岸。巢湖又稱焦湖，故簡稱「焦」。

〔50〕牛鼻子——對道士的戲稱。因道士所梳之髻高起如牛鼻形狀，故有此稱。一說道教所奉的始祖老子曾騎青牛過函谷關，故稱。元‧范康《竹葉舟》一〔天下樂〕白：「你這先生不要聽這牛鼻子說謊，我每日誦經到晚，肚裏常是餓的支支叫哩！」

〔51〕蕭疏——蕭條、淒涼。宋‧陸游《行在春晚有懷故隱》詩：「舊人零落北音少，市肆蕭疏民力殫。」

〔52〕蓬壺——即蓬萊。古代方士傳說爲僊人所居。常用來泛指仙境。舊題晉‧王嘉《拾遺記‧高辛》：「三壺則海中三山也。一曰方壺，則方丈也；二曰蓬壺，則蓬萊也；三曰瀛壺，則瀛洲也；形如壺器。」唐‧沈亞之《題海榴樹呈八叔大人》：「曾在蓬壺伴眾仙，文章枝葉五雲邊。」唐‧褚載《贈道士》：「簪星曳月下蓬壺，曾見東皋種白榆。」

〔53〕剛則——謂只有。明‧馮夢龍《警世通言‧金明池吳清逢愛愛》：「內中一位小娘子，剛則十五六歲模樣，身穿杏黃衫子。」

〔54〕淡黃生可人——淡黃，喜氣之色也。亦謂「黃氣」。宋‧蘇軾《送李公恕赴闕》詩：「忽然眉上有黃氣，吾君漸欲收英髦。」施元之注：「韓退之《鄆城晚飲》詩：『城上赤雲呈勝氣，眉間黃氣見歸期。』」馮應榴合注：「《玉管膽神書》：『黃色，喜徵。』」生可人，即謂「生喜」也。

〔55〕「有商量來」句——有商量來的，謂不情願的、不痛快的。清肺腑，與前句中的「熱心腸」相對，指冷漠，無情之人。

〔56〕蹬——此字應為「瞪」字之誤。

〔57〕這底是——猶言「這裏是」。下文的「那底是」，猶言「那裏是」。此處「底」字，為臨川方言中的助詞，相當於「裏」。

〔58〕三楚三齊——古地區名。「三楚」，《史記》、《漢書》、宋‧樂史《太平寰宇記》說法各異，取《漢書‧高帝紀》注引孟康《音義》云：舊名江陵（今江陵縣）為南楚，北起淮、漢，南包江南；吳（今蘇州）為東楚，跨江逾淮，東至於海；彭城（今徐州）為西楚，約淮水以北，泗、沂水以西。唐‧李商隱《過鄭廣文舊居》詩：「宋玉平生恨有餘，遠循三楚弔三閭。」「三齊」，相當於今山東省大部分地區。秦亡，項羽以齊國故地三封：田都為齊王，都臨淄（今淄博東北）為東齊；田市為膠東王，都即墨（今平度東南）為膠東；田安為濟北王，都博陽（今泰安東南）為濟北。

〔59〕三秦三晉——古地區名。三秦，關中地區。秦漢時，項羽三分秦故地關中，封秦降將章邯為雍王，都廢丘（今陝西中部咸陽以西和甘肅東部）；封司馬欣為塞王，都櫟陽（今陝西咸陽以東至黃河）；封董翳為翟王，都高奴（今陝西北部）。三人所居之地合稱「三秦」。唐‧李頻《岐山逢陝下故人》詩：「三秦一會面，二陝久分攜。共憶黃河北，相留白日西。」三晉，戰國末期，晉國的三卿趙、魏、韓三家分晉，各立為國，建趙國都邯鄲，建魏國都大梁（今開封西北），建韓國都鄭（今河南中、北部），是為「三晉」。唐‧張說《奉和聖製過晉陽宮應制》詩：「太原俗尚武，高皇初奮庸。星軒三晉躔，土樂二堯封。」

〔60〕三吳三蜀——古地區名。歷代「三吳」說法不一，概指長江中下游地區。北魏酈道元《水經注》曰吳郡、吳興、會稽為三吳；唐‧杜佑《通典》、《元和郡縣志》曰吳郡、吳興、丹陽為三吳；唐‧梁載言《十道四蕃志》曰吳郡、吳興、義興（今宜興）為三吳；宋‧稅安禮《歷代地理指掌圖》曰蘇州、常州、湖州為三吳。唐‧李白《送友人尋越中山水》詩：「八月枚乘筆，三吳張翰杯。此中多逸興，早晚向天台。」三蜀，西南地區。成都為蜀郡，漢初高祖分置廣漢郡，武帝又分置犍為郡，故三郡稱「三蜀」。其地相當於今四川中部、貴州北部的赤水河流域及雲南金沙江下游以東和會澤以北地區。唐‧杜甫《野望》詩：「金華山北涪水西，仲冬風日始淒淒，山連越嶲蟠三蜀，水散巴渝下五溪。」

〔61〕「趁江鄉」句——趁，追逐、追趕。落霞孤鶩，晚霞中的野鴨。語出唐‧王勃

《滕王閣序》:「落霞與孤鶩齊飛,秋水共長天一色」。鶩,古泛指野鴨。

〔62〕「弄瀟湘」句──弄,欣賞、玩賞。瀟湘,指湘江和瀟水。瀟水是湘江的一條
支流,源出南九疑山,北流人湘江。湘江水清而深,故名;源出廣西海洋山西
麓,東北流貫湖南東部,入洞庭湖。蒼梧,山名。又名九疑,在今湖南寧遠縣
境。相傳舜葬於蒼梧之野。見《禮記・檀弓》、《史記・五帝本紀》。《山海經・
海內經》載:「南方蒼梧之丘,蒼梧之淵,其中有九疑山,舜之所葬,在長沙
零陵界中。」唐・李涉《寄荊娘寫眞》詩:「蒼梧九疑在何處,斑斑竹淚連瀟
湘。」唐・劉禹錫《聽琴》詩:「秋堂境寂夜方半,雲去蒼梧湘水深。」

〔63〕響菰(gū)蒲──指菰蒲在風或雨中作聲。元・汪珍《舟過三塔寺渡雙湖》
詩:「煙寒傍城郭,風急響菰蒲。」菰蒲,淺水植物,近岸邊生長。菰即菱白,
可食用,蒲可做席子。南朝宋・謝靈運《從斤竹澗越嶺溪行》:「蘋蘋泛沉深,
菰蒲冒清淺。」

〔64〕「晴嵐(lán)山市」二句──此二句和下文的「平沙落雁呼,遠水孤帆出」,均
由元・沈和甫的《賞花時・瀟湘八景》套化出。晴嵐,晴天時山中的霧氣。唐・
白居易《代春贈》詩:「山吐晴嵐水放光,辛夷花白柳梢黃。」山市,山中的
集市。宋・王以寧《念奴嬌・淮上雪》詞:「晚煙凝碧。漸漁村山市,人歸寂
寂。」

〔65〕黃鶴樓鐵笛吹──黃鶴樓,故址在湖北武昌蛇山的黃鵠磯頭。傳說僊人子安
乘黃鶴過此,又傳費文褘登仙駕憩此。此樓始建於三國時代,歷代屢毀屢建,
歷盡滄桑。古今詩人題詠黃鶴樓者甚眾,以唐代崔顥李白所作最著名。宋《報
恩錄》云:「辛氏市酒黃鵠山頭,有道士數詣飲,辛不索賞。道士臨別,取
橘皮畫鶴於壁,曰:『客至,拍手引之,鶴當飛舞侑觴。』遂致富。逾十年,
道士復至,取所佩鐵笛數弄,須臾,白雲自空中飛來,鶴亦下舞。道士乘鶴
去。辛氏即以其地建樓,曰辛氏樓。」《全唐詩》卷 857、呂岩《題黃鶴樓
石照》詩:「黃鶴樓前吹笛時,白蘋紅蓼滿江湄。衷情慾訴誰能會,惟有清
風明月知。」另據唐・李肇《唐國史補》卷下:「李舟好事,嘗得村舍煙竹,
截以爲笛,鑒如鐵石,以遺李车。车吹笛天下第一,月夜泛江,維舟吹之,
寥亮逸發,上徹雲表。」唐・裴說《遊洞庭湖》詩:「沙頭龍叟夜歡憂,鐵
笛未響春風羞。」

〔66〕村酒──農家自釀的酒。意指味道粗劣的酒。村,粗鄙之意。唐・張南史《春
日道中寄孟侍御》詩:「昨日已嘗村酒熟,一杯思與孟嘉傾。」元・張可久《朝
天子・山中雜書》散曲:「洞口漁舟,橋邊村酒,這清閒何處有?」

〔67〕稽(qǐ)首──古代的一種跪拜禮,叩頭到地,屬九拜中最恭敬的禮節。《周
禮》疏:「稽首,稽是稽留之稽,頭至地多時,則爲稽首也。稽首,拜中最重,
臣拜君之拜。」稽首,在道教,是一種一般的舉手禮,即舉一手向人行禮。
元・馬致遠《陳摶高臥》三〔倘秀才〕:「無那舞蹈揚塵體例,只打個稽首權

充拜禮。」

〔68〕洞庭君主——《類說》卷二八引《異聞集》，有《洞庭靈姻傳》。《太平廣記》
　　　卷 419 引《異聞集》，則題曰《柳毅》，唐・李朝威撰。其中龍女之父即爲洞庭
　　　君。

〔69〕平沙落雁——古琴曲名。樂譜最早刊於明代（公元 1634 年）《古音正宗》琴譜
　　　集，又名《雁落平沙》。其曲調悠揚流暢，通過時隱時現的雁鳴，描寫雁群在
　　　空際盤旋顧盼的情景。關於此曲的作者，眾說不一，有唐代陳立昂之說，有宋
　　　代毛敏仲、田芝翁之說，又有說是明代朱權所作。

〔70〕斜陽渡——指日落時的渡口。因日落後渡船停渡，故歸客須於日落前趕上最後
　　　一趟渡船，否則不能及時回家。

〔71〕可不道——意謂豈不知、豈不聞。元・湯式《雙調・新水令・秋懷》散曲：
　　　「抹淚揉眵，看別人花底停驂，可不道多病身愁懷易感，猶兀自讀書人餓眼
　　　偏饞。」

〔72〕細絲錁錠（kè dìng）——細絲，即紋銀，是一種成色最佳的銀子，因它是用
　　　碎銀鑄成，表面有紋理，故稱紋銀。錁錠，指金塊或銀塊。古代金銀錠類型
　　　有四種：元寶、中錠、錁子、福珠。錁錠，即錁子，重一二兩至三五兩不等。
　　　《紅樓夢》第十八回：「尤氏、李紈、鳳姐等皆金銀錁四錠。」

〔73〕希泥希爛——謂穿的衣服十分破爛。

〔74〕說精粗——意謂將事理辨別得清楚明白。「精粗」與前面的「高下」相對。

〔75〕醒眼——清醒的眼光。唐・白居易《晚春酒醒尋夢得》詩：「醉心忘老易，醒
　　　眼別春難。」

〔76〕村沙勢——又作「村沙」、「村沙樣勢」，指土氣且粗俗的樣子。村沙，指體態、
　　　儀容等外形而言，意爲醜態、劣相、傖俗、難看。元・鄭廷玉《看錢奴》一
　　　〔六幺序〕：「馬兒上扭捏著身子兒詐，做出那般般樣勢，種種村沙。」元・
　　　喬吉《兩世姻緣》一〔油葫蘆〕：「情知那乾村沙怎做的玉天仙，那裏有野鴛
　　　鴦眼禿刷的在黃金殿？」宋・程大昌《續演繁露》云：「古無村名，今之村，
　　　即古之鄙也，凡地在郊外，則名之曰鄙，言質樸無文也。隋世乃有村名。唐
　　　令在田野者爲村，故世之鄙陋者，人因以村目之。」

〔77〕橫死眼——詈詞。猶言死人眼。謂有眼無珠，不識好歹。橫死，咒人不得好
　　　死。元・王實甫《西廂記》五本三折〔麻郎兒〕：「橫死眼不識好人，招禍口
　　　不知分寸。」明・賈仲名《對玉梳》二〔黃鐘煞〕：「橫死眼如何有個分豁！
　　　噴蛆口知他怎生發落！」

〔78〕野狐騷道——又稱野狐外道。野狐，又稱野狐禪，是禪宗對一些妄稱開悟而
　　　流入邪僻者的諷刺語。騷道，對道士的貶稱。騷，臭。《儒林外史》第十一回：

「若是八股文章欠講究，任你做出甚麼來，都是野狐禪，邪魔外道！」

〔79〕頑涎——猶謂讒涎、垂涎；喻強烈的貪欲。元・石德玉《曲江池》一〔鵲踏枝〕：「沒亂殺鳴珂巷亞仙，兜的又引起頑涎。」元・張可久《寨兒令・妓怨》曲：「哆著口不斷頑涎，腆著臉待吃癡拳。」

〔80〕不著緊的信物——謂不要緊的東西、對象。信物，泛指作為憑證的東西。

〔81〕老先生——也稱先生，是對道士的稱呼。唐・殷堯藩《中元日觀諸道士步虛》詩：「玄都開秘錄，白石禮先生。」

〔82〕酒色財氣——據《明史》卷二三四《雒于仁傳》，明萬曆十七年（公元 1589 年）雒于仁入選大理寺評事，曾向萬曆皇帝疏獻「酒色財氣」四箴以諫，曰：「嗜酒則腐腸，戀色別伐性，貪財則喪志，尚氣則戕生。」箴曰：「醴醁勿崇」，「內嬖勿厚」，「貨賄勿侵」，「舊怨勿藏」。結果，雒於仁因諫去官。時，湯顯祖官南京禮部祠祭司主事，或有所聞。據明・呂天成《曲品》及祁彪佳《遠山堂曲品》，湯顯祖曾作有《酒》、《色》、《財》、《氣》四劇，今佚。

〔83〕使酒的爛了脅肚——使酒，因酒而放縱性情。使，放縱之意。《三國演義》第十四回：「（張）飛醉後使酒，便發怒曰：『你違我將令該打一百！』」脅，腋下肋骨所在的部分。肚，腹部。

〔84〕使氣的腆（tiǎn）破胸脯——使氣，恣逞意氣。明・馮夢龍《警世通言・王安石三難蘇學士》：「你看如今有勢力的，不做好事，往往任性使氣，損人害人，如毒蛇猛獸，人不敢近。」腆，挺起，凸出。

〔85〕家兄——這裏指金錢。《晉書・魯褒傳》引褒著《錢神論》云：「親之曰兄，字曰孔方。失之則貧弱，得之則富昌。無翼而飛，無足而走。」因古錢中有方孔，遂稱錢的別號為孔方兄，亦稱孔方、家兄。《錢神論》又云：「雖有中人，而無家兄，何異無足欲行，無翼而欲翔。」參見第六齣崔氏語。

〔86〕院主——舊時稱官員或財主家的女兒為院主。明・西周生《醒世姻緣傳》第十六回：「一個說：『我題的此門小姐，真真閉月羞花，家比石崇還富。』一個說：『我保的這家院主，實實沉魚落雁，勢同梁冀榮華。』」此處借指坐院的娼家。

〔87〕「這四般」句——這四般兒，指酒色財氣。非親者故，猶謂不能親近的緣故。

〔88〕為人造畜——指酒色財氣改變了人的正常情性，使人喪失了人的本性，就好比把人變成了牲畜一樣。

〔89〕君臣——有了君臣關係，借指做了官。

〔90〕敢——莫非、難道，表示推測之意。

〔91〕一會子——「一」，疑為「二」字之誤。二會子，指邪魔外道，專以妖法惑人者，亦作「二襘子」。舊時多流行於淮南地區。宋・陸游《條對狀》：「惟是妖幻邪人，平時誑惑良民，結連素定，待時而發，則其為害，未易可測。伏緣此

色人處處皆有，淮南謂之二襘子，兩浙謂之牟尼教，江東謂之四果。」《宣和遺事》前集：「天子見了道：『這和尚必是二會子、左道術，使此妖法嚇朕，交金瓜簇下斬訖報來！』」此為客誣稱呂洞賓。

〔92〕畢月鳥、房日兔——畢月鳥，傳說中的二十八宿之一。古占星術名詞。畢，畢宿，屬西方白虎七宿之五。古以七曜日、月、金、木、水、火、土星配天象二十八宿，再以地上各種鳥獸動物配二十八宿，來預卜人間的吉凶禍福。故有畢月鳥、房日兔等名稱。《易》所謂「天垂象，見吉凶，聖人之象也」。下文的「房日兔」亦是。房，房宿，屬東方青龍七宿之四。「畢月鳥」、「房日兔」等說法，見南宋·陸佃《埤雅·星禽圖》。元·睢景臣《般涉調·哨遍·高祖還鄉》套曲：「一面旗白胡闌套住迎霜兔，一面旗紅曲連打著個畢月鳥。」此指皇帝出行「外仗」中的「畢宿旗」。《西遊記》第六五回：「只見那二十八宿與五門揭諦等神，雲霧騰騰，屯住山坡之下……房日兔、心月狐、尾火虎……各執兵器，一擁而上。」

〔93〕三更之午——三更為子時，三更之午，猶言「子午」。《修真辨難後編參證》云：「不必天邊尋子午，身中自有一陽生。」道教內丹術認為元氣小運隨子午，子在腎，為陽之首，午在心，為陰之首，人之一身即具天地造化。

〔94〕十月之餘——猶謂「十月胎圓」之後。道教內丹術認為「十月之餘」，煉氣化神已過「十月關」也。煉內丹在一年之中，止除卯酉二月不可行火候，故曰「十月之餘」胎圓，以世人十月懷胎取象作喻。《全唐詩》卷859、呂岩《敲爻歌》詩云：「養胎十月神丹結」，即謂內丹胎圓。

〔95〕一刻之初——猶謂「一刻之機」。元·王道淵《崔公入藥鏡注解》云：「一刻功夫，奪一年之節候也。」道教丹道功夫頗重一刻功夫，更重一刻之初。功在一刻，便能逆運天機，顛倒五行，會合八卦，功到丹成。古代一晝夜或分百刻，或分百二十刻，或分九十六刻。分九十六刻，則一刻便是今十五分鐘。

〔96〕噇（chuáng）酒——無節制地喝酒。噇，貪嘴，指沒有節制地吃喝。清·翟灝《通俗編》卷二七：「俚俗言噇嘴頭。」《張協狀元》十四〔尾聲〕白：「淨：『明日公公辦些福物，婆婆辦一張口兒。』末：『只會噇相。』」湯顯祖《南柯記》四一〔金雞叫〕白：「他不過噇些酒兒。」

〔97〕嘴禿速——罵辭，可作說歪話、胡話解。義近的有「嘴篤速」，說話嘴唇打抖，不利索；有「嘴骨都」、「嘴骨弄」，即多言多語。

〔98〕五行攢聚——道教以五行相生相剋成萬物的原理引入內丹術，五行在一身，可為天行氣。《道法會元》卷八四云：「腎屬水藏精為智，心屬火藏神為禮，肝屬木藏魂為仁，肺屬金藏魄為義，脾屬土藏意為信。」此五真氣上聚於腦，即謂五行總聚、五行攢簇、五行攢聚，亦謂五氣朝元。若五行運行，則大地七寶在矣，而成丹道。

〔99〕生料——原指未經加工，不能直接製成產品的原料。此處指材料。

〔100〕黃婆土——道教內丹術名詞。即中央戊巳土，土色黃，取陰陽溝通之意，故名，亦名「黃媒」。元・鄧玉賓《正宮・端正好・二》套曲：「甲庚會處眞無妄，戊巳門開迸電光。金鼎烹鉛，玉爐抽汞。媒合是黃婆，匹配在丹房。向那朝元路上，巡甲子玩陰陽。」清・王夫之《楚辭通釋》云：此土「乃水火金木之樞，故謂之黃婆；鈐魂映魄，專氣存神，皆此之開闔爲用，故謂之媒。」

〔101〕偃月爐——道教內丹術鼎器。乾爲心，坤爲身，內丹術以身心爲鼎爐，陽爐陰鼎也。《玉溪子丹經指要》稱玄關一竅，異名眾多，一曰神室，一曰上下釜，一曰黃房，一曰偃月爐，亦曰坎離匡廓。唐・呂岩《六么令》詩：「偃月爐中運坎離，靈砂且上飛。」

〔102〕七般泥——即指「六一泥」。以苦酒和六物，故亦稱「七般泥」。見本齣注〔16〕。這裏以七般泥形容磁瓦枕的製作非同尋常。

〔103〕坎離——比喻心腎的修煉。道教內丹術名詞。本爲八卦中的二卦，坎爲水，離爲火。內丹術指稱藥物，即先天祖氣。「坎」能全精保氣而不枯，「離」能定神煉眞而不昧。以心之元神，降於下部正中，陽入陰中而成坎；以腎之元氣，陞於上部正中，陰入陽中而成離。元神、元氣交合，即爲身之坎離也。

〔104〕下火——點火。

〔105〕風囊——傳說中行風的口袋。

〔106〕鼓鑄——鼓風扇火，進行冶煉。唐・白行簡《金在熔》詩：「堅剛由我性，鼓鑄任君心。」

〔107〕磁汞料寫流珠——此句謂磁枕是由汞料燒煉成的。流珠，即汞料。《張眞人金石丹砂論・眞錄篇》：「汞者，水銀之異名也。亦曰太陽流珠，亦曰長子，亦曰河上姹女。」「汞」字，原誤作「永」，據清暉、竹林本改。

〔108〕粉紅丹色樣殊——煉丹需用朱砂、鉛、硫磺一起燒煉。朱砂，即丹砂，爲紅色硫化汞，故如此謂。

〔109〕窟弄——意謂洞、孔。義同「窟窿」。

〔110〕害頭風——謂患頭痛病。害，猶患、染。頭風，頭痛；中醫學病症名。唐・元稹《酬李六醉後見寄口號》：「頓愈頭風疾，因吟口號詩。」「先生」二字，朱墨本作「敢是」。

〔111〕按八風開地戶——八風，即東、東南、南、西南、西、西北、北、東北八方來風。一說八風指炎風、條風、景風、巨風、涼風、飂風、麗風、寒風。見《淮南子・地形訓》。八風名目不一，皆能傷人外內致疾。道教稱人之心意以應八風，可承可禦。地戶，謂地之門戶，即地之出入口也，與天關相對。古代傳說：天門在西北，地戶在東南，因稱地之東南爲地戶。漢・袁康《越絕書・外傳記越地傳》：「天運曆紀，千歲一至，黃帝之元，執辰破巳，霸王之

氣，見於地戶。」又云：「吳、越二邦，同氣同俗，地戶之位，非吳則越，乃入越。」元·無名氏《貨郎旦》四〔五轉〕：「是誰將火焰山，移向到長安；燒地戶，燎天關，單則把凌煙閣留他世上看。」

〔112〕憑二曜（yào）透天樞——二曜，指日、月。古天象以太陽、太陰（月）與木、火、土、金、水五星爲七曜，亦稱七曜。《洞眞太上八素眞經精耀三景奴訣》云：「日月之明謂之光，星辰之精謂之耀，總曰七曜，統曰三景，景者明精之象也。」透，穿透。天樞，星名，北斗第一星。

〔113〕亮——清暉、獨深、竹林本俱作「發亮」。

〔114〕早則是——原來是。元·班惟志套曲《南呂·一枝花·秋夜聞箏》〔梁州〕：「天邊雁落，樹梢雲停。早則是字樣分明，更那堪音律關情！」

〔115〕寡漢——指單身漢，沒有配偶的男子。明·陸采《懷香記》十八〔丹鳳吟〕白：「女孩兒家不該與寡漢往來。」

〔116〕牛凹兒承姹女——牛凹兒，形容磁瓦枕的形狀，兩頭高，中間部位低。姹女，美少女。唐·張九齡《剪綵》詩：「姹女矜容色，爲花不讓春。」道家煉丹，亦稱水銀爲姹女。唐·劉禹錫《送盧處士》詩：「藥爐燒姹女，酒甕貯賢人。」

〔117〕無緣——沒有緣分。佛、道兩家往往將人的一切均納入到因果關係之中，以有緣或無緣解釋人的際遇窮通。唐·杜甫《清明》詩之一：「繡羽銜花他自得，紅顏騎竹我無緣。」

〔118〕看官——一作「看倌」，戲劇和話本小說中對聽眾和讀者的尊稱。元·羅燁《醉翁談錄》甲集卷一「小說開闢」：「舉斷模按，師表規模，靠敷演令看官清耳。」清·孔尚任《桃花扇》十、白：「看官俱未到，獨自在此，說與誰聽？」

〔119〕「袖青蛇」句——與後面的「朗吟飛」句，均見於《全唐詩》卷 858、呂岩《絕句》詩：「朝遊北越暮蒼梧，袖裏青蛇膽氣粗。三入岳陽人不識，朗吟飛過洞庭湖。」袖青蛇，猶言「袖裏青蛇」。《全唐詩》「北」一作「百」；「越」一作「岳」「鄂」。青蛇，古寶劍名。呂岩曾遇異人授劍術，乃成劍仙。《全唐詩》卷 856、呂岩《得火龍眞人劍法》詩：「昔年曾遇火龍君，一劍相傳伴此身。」

〔120〕囉唕——騷擾、吵鬧之意。《京本通俗小說·碾玉觀音》：「店中人不識劉兩府，歡呼囉唕。」

〔121〕「相逢不飲」二句——宋·吳曾《能改齋漫錄》卷八《花應解笑人無窮事有限身》條云：「世所傳『相逢不飲空歸去，洞口桃花也笑人』之句，蓋出於敬方云。」

〔122〕只索——意謂只好、只得。《水滸傳》第一零三回：「他若攞佈得我要緊，只

索逃走他處，再作道理。」

〔123〕迤逗——又寫作「迤邐」。指一路曲折而行。

〔124〕口邏（lā）著道詞——謂嘴裏念誦著道家的言詞。邏，不停念誦之意。

〔125〕做鬼妝狐——裝扮成鬼、狐的樣子。比喻裝腔作勢。

〔126〕清氣——天空中清明之氣。《楚辭·九歌·大司命》：「高飛兮安翔，乘清氣兮御陰陽。」

〔127〕捩（liè）轉——意謂掉轉。捩，扭轉。

〔128〕「怎頭直上非煙非霧」三句——頭直上，頭頂上。元·喬吉套數《南呂·梁州第七·射雁》：「迎頭，仰面，偷睛兒覷見碧天外雁行現，寫破祥雲一片箋，頭直上慢慢盤旋。」《史記·天官書》云：「若煙非煙，若雲非雲，鬱鬱紛紛，蕭索輪囷，是謂卿雲。卿雲見，喜氣也。若霧非霧，衣冠而不濡，見則其域被甲而趨。」言「非煙非霧」，雖蒙而不明，猶有喜氣。湯顯祖《南柯記》二二〔甘州歌〕：「遙遙十里前，見蔥蔥佳氣，非霧非煙。」楚、吳，指南方。「非楚非吳」，即謂非楚、吳之地；邯鄲在北。眼抹裏，眼裏。「非赤也非烏」，即非赤烏也。赤烏指南方的日光，赤烏，日也。

〔129〕青牛氣函關直豎——言老子騎青牛，辭官西行，通函谷關時，應關令尹喜之請，作《道德經》，出關而去，莫知所終。青牛氣，指仙氣。因道家所尊奉的老子曾乘青牛過函谷關，後來青牛便成為神仙道士的坐騎。

〔130〕蜃樓氣——指海上仙氣。蜃樓，蜃氣變幻形成的樓閣。蜃樓氣，本是一種大氣光學現象，古人卻認為是蜃吐氣而成，故又稱蜃氣。

〔131〕「沒羅鏡」二句——羅鏡，即「羅經」，亦即「羅盤」；分金指度，即點金引度。在此謂辨別方嚮之意。參見本齣注〔15〕及呂仙上場白中鍾離權度呂洞賓事。打向假，姑且，暫且。隨方認取，隨緣認取可度之人也。呂洞賓出世不離世，欲度盡天下有緣人。

〔132〕邯鄲全趙——戰國時期，趙國的首都是邯鄲。故以邯鄲借指趙國境地。

〔133〕「《史記》上」句——《史記》的作者為漢代司馬遷。古代邯鄲女子素以歌舞聞名。秦朝李斯《諫逐客書》曾提到趙女「佳冶窈窕」；東漢趙壹《非草書》云：「趙女善舞，行步媚蠱，學者弗獲，失節匍匐。」唐代儲光羲《同王十三維偶然作》十首之七詩中有「姿本邯鄲女，生長在叢臺……逶迤歌舞座，婉孌芙蓉閨」的描述。單注著，謂專門寫著。

〔134〕則道——只道。元·孫叔順套數《中呂·粉蝶兒》〔紅繡鞋〕：「則道洞房風月少人知，不想被紅娘先蹴破。」

〔135〕藺相如——戰國時趙國的大臣，與大將廉頗共同輔佐趙王，為一代名臣。「完璧歸趙」、「將相和」等故事，反映並歌頌了他的膽量、才識及忍辱負重的品行。詳見《史記·廉頗藺相如列傳》。

〔136〕怎生——怎麼。元·曾瑞套數《黃鐘·醉花陰·懷離》〔尾聲〕：「一擔相思自

搖撼，我和你兩家擔由自難擔，將一個擔不起擔兒卻怎生分付俺。」

〔137〕不尋俗——意為不平常、不一般。《漢書》有云：「這人物不尋俗。」可見此語，漢代已見。亦作「不塵俗」「非常俗」，或逕作「不尋常」，義並同。元・無名氏《生金閣》一〔金盞兒〕：「我則見他人馬鬧喧呼，這人物不尋俗。」元・王實甫《破窯記》一〔混江龍〕：「小則小偏和咱廝強，不塵俗模樣，穿著些打眼目衣裳。」

〔138〕通疎——即通疏，通順無阻。比喻灑脫爽朗，瀟灑自在，非同凡俗。

〔139〕「蘆花明月」句——借伍子胥事，喻可度之人藏於隱處。東漢・趙曄《吳越春秋・王僚使公子光傳》云：伍子胥逃離楚國，十分危急，幸得漁父將他渡過江去。漁父見伍面有饑色，囑伍於樹下等候，去取麥飯來。伍生疑心，就潛身於蘆葦之中。漁父持麥飯歸來，不見伍，就歌而呼曰：「蘆中人，豈非窮士乎！」

〔140〕流水高山——又稱高山流水，形容知音相遇。借伯牙、鍾子期事，喻可度之人難求。《呂氏春秋・孝行覽》：「伯牙鼓琴，鍾子期聽之。方鼓琴，而志在泰山。鍾子期曰：『善哉乎鼓琴，巍巍乎若泰山！』少選之間，而志在流水，鍾子期又曰：『善哉乎鼓琴，湯湯乎若流水！』鍾子期死，伯牙破琴絕弦，終身不復鼓琴，以為世無足復為鼓琴者。」後世因以高山流水比喻相遇知音。

〔141〕「偷鞭影」二句——化用禪家合頭語，意謂試探盧生是否繫住俗念凡心。鞭影，馬鞭的影子，佛家有良馬「見鞭影而行」語，見宋・釋道源《景德傳燈錄》卷二七。後世以鞭影喻上路、登程。驢橛，繫驢之椿。探竿，謂釣竿。龍魚，喻指非凡之人。《就郛》引辛氏《三秦記》云：「江海大魚薄集龍門下數千，不得上，上則為龍也。」

〔142〕但是——意謂只要是、凡是。唐・王建《哭孟東野》詩之二：「但是洛陽城裏客，家傳一本杏殤詩。」

〔143〕「日月秘靈洞」二句——語出《全唐詩》卷177、李白《送李青歸南葉陽川》詩：「伯陽仙家子，容色如青春。日月秘靈洞，雲霞辭世人。」

第四齣　入　夢〔1〕

〔丑上〕北地秋深帶早寒。白頭祖籍住邯鄲。開張村務〔2〕黃粱飯，是客都談處世難。小子在這趙州橋〔3〕北開一個小小飯店，這店前店後田莊，半是范陽鎮〔4〕盧家的。他家往來歇腳〔5〕，在我店中。也有遠方客商，來此打火〔6〕。目今點心時分〔7〕，看有甚人來？〔呂背褡袱枕笑上〕一粒粟中藏世界，半升鐺裏煮乾坤〔8〕。貧道打從岳陽樓上，望見一縷青氣，竟接邯鄲。迤邐尋來，原來此氣落在邯鄲縣趙州橋西盧

生之宅。貧道即從人中觀見盧生，相貌精奇古怪〔9〕，眞有半仙之分，便待引見而度之。則爲此人沈障久深〔10〕，心神難定。因他學成文武之藝，未得售於帝王之家〔11〕。以此落落〔12〕其人，悶悶而已，此非口舌所能動也。〔想介〕則除是如此如此，纔有個醒發之處。俺先到店窩兒候他也。

【鎖南枝】青蛇氣〔13〕，碧玉袍，按下了雲頭離碧霄。驀過〔14〕趙州橋，蹬上這邯鄲道。〔內雞鳴犬吠介、呂〕好一座村莊，犬吠雞鳴，頗堪消遣。〔丑見介〕客官請坐。〔呂〕俺把擔囊放，塵榻高，比那岳陽樓近多少？

〔丑〕道丈〔15〕何來？〔呂〕我乃回道人〔16〕，借坐一會。〔背介〕〔17〕那人騎一匹青驢駒來也。〔嘆訣〔18〕介〕那驢兒雞兒犬兒和那塵世中一班人物，但是精靈合用〔19〕的，都要依吾法旨聽用，不得有違。敕〔20〕。

【前腔】〔生短裘鞭驢上〕風吹帽〔21〕，裘敝貂，短禿促〔22〕青驢韝〔23〕斷了稍。〔丑〕盧大官人。〔生〕叮瞳〔24〕裏，一週遭，那轑軸〔25〕畔誰相叫？原來邸舍〔26〕中主人，我且坐一會去。驢繫這椿楓上，吃些草。〔丑〕知道了。〔生見呂介〕輕提手，當折腰〔27〕，但相逢這〔28〕面兒好。

〔生〕店主人，這位老翁何處？〔丑〕回回國〔29〕來的。〔生〕老翁容貌，不像回回。〔呂〕貧道姓回，從岳陽樓過此。足下高姓？〔生〕小子盧生是也。久聞的個岳陽樓，景致何如？〔呂〕有《岳陽樓記》〔30〕一篇，略表白幾句你聽：夫巴陵勝狀，在洞庭一湖。銜遠山，吞長江；浩浩蕩蕩〔31〕，橫無際涯〔32〕；朝暉夕陰，氣象萬千。此則岳陽樓之大觀也。北通巫峽〔33〕，南極瀟湘〔34〕，仙客騷人〔35〕，多會於此。覽物之情得無異乎〔36〕？若夫霪雨霏霏〔37〕，連月不開；陰風怒號，濁浪排空〔38〕；日星隱曜〔39〕，山嶽潛形；商旅不行，檣傾楫摧〔40〕；薄暮冥冥〔41〕，虎嘯猿啼。登斯樓也，則有去國〔42〕懷鄉，憂讒畏譏，滿目蕭然〔43〕，感極而悲者矣。至若春和景明，波瀾不驚；上下天光，一碧萬頃〔44〕；沙鷗翔集〔45〕，錦鱗〔46〕游泳；岸芷汀蘭〔47〕，鬱鬱青青。而

或長煙一空，皓月千里；浮光躍金〔48〕，靜影沉璧〔49〕；漁歌互答，此樂何極。登斯樓也，則有心曠神怡，寵辱皆忘，把酒臨風，其樂洋洋者矣。〔生〕好景致也！老翁記的恁熟〔50〕，諷誦如流，可到了幾次？〔呂〕不多，三次了。有詩爲證：朝遊碧落暮蒼梧，袖有青蛇膽氣粗。三過岳陽人不識，朗吟飛過洞庭湖〔51〕。〔生〕老翁好吟詠也。則朝遊碧落暮蒼梧，蒼梧在南楚地方，碧落在那裏？〔呂〕若論碧落路程，眼前便是。〔生笑介〕老翁哄弄莊家〔52〕哩。〔呂〕這等，且說今年莊家如何？〔生〕謝聖人在上，去秋莊家，一畝打七石八斗；今歲整整的打勾了九石九哩。〔呂〕這等你受用〔53〕哩。〔生笑介〕可是受用了。〔生忽起自看破裘歎介〕大丈夫生世不諧，而窮困如是乎？〔呂〕觀子肌膚極腴，體胖無恙，談諧方暢，而歎窮困者，何也〔54〕？

【前腔】你身無恙，生事饒〔55〕，旅舍裏相逢如故交。暢好的不妝喬〔56〕，正用歡言笑。因何恨？不自聊。歎孤窮，還待怎生好？

〔生〕老翁說我談諧得意，吾此苟生〔57〕耳，何得意之有！〔呂〕此而不得意，何等爲得意乎？〔生〕大丈夫當建功樹名，出將入相，列鼎而食〔58〕，選聲而聽〔59〕，使宗族茂盛而家用肥饒，然後可以言得意也。

【前腔】俺呵，身遊藝，心計高，試青紫〔60〕當年如拾毛。到如今呵，俺三十算齊頭，尚走這田間道。老翁，有何暢，叫俺心自聊？你道俺未稱窮，還待怎生好？

〔生作癡介〕我一時困倦起來了。〔丑〕想是饑乏了，小人炊黃粱爲君一飯。〔生〕待我榻上打個盹。〔睡介〕少個枕兒。〔呂〕盧生，盧生，你待要一生得意，我解囊中贈君一枕。〔開囊取枕與生介〕

【尾聲】看你困中人無智把精神倒，你枕此枕呵，敢著〔61〕你萬事如期意氣高。店主人，你去煮黃粱要他美甘甘清睡個飽。〔呂下、生作睡不穩介、看枕介〕

【懶畫眉】這枕呵，不是藤穿刺繡錦編牙，好則是〔62〕玉切〔63〕香雕體勢佳。呀，原來是磁州〔64〕燒出的瑩無瑕，卻怎生兩頭漏出通明罅？〔抹眼介〕莫不是睡起薔瞪眼挫花〔65〕？

〔瞧介〕有光透著房子裏，可是日光所照。

【前腔】則這半間茅屋甚光華，敢則是〔66〕落日橫穿一線斜？須不是俺神光錯摸眼麻查〔67〕。待我起來瞧著，〔起向鬼門驚介〕緣何即留即漸〔68〕的光明大，待俺跳入壺中細看他。

〔做跳入枕中、枕落去、生轉行介〕呀，怎生有這一條齊整的官道〔69〕？
〔行介〕好座紅粉高牆。

【朝天子】一徑香風軟碧沙〔70〕，粉牆低轉處有人家。門開在這裏，待我驀將進去。閃銅環呀的轉簷牙〔71〕。滿庭花，重重簾幙〔72〕鎖煙霞。甚公侯貴衙，甚公侯貴衙。

門簾以內，深院大宅了。門兒外瞧著：前面太湖石山子〔73〕，堂上古畫古琴，寶鼎銅雀，碧珊瑚，紅地衣〔74〕。

【前腔】堂院清幽擺設的佳，似有人朱戶裏，小窗紗。〔內叫介〕什麼閒人行走？快拿！快拿！〔生慌介〕急迴廊怕的惹波查〔75〕。〔內叫介〕掩上門，快拿！快拿！〔生慌介〕怎生好？門又閉了。且喜旁邊有芙蓉一架，可以躲藏。省〔76〕喧嘩，如魚失水旱蓮花。且低回首自家，且低回首自家。

〔老旦〔77〕上叫介〕那人何處也？小姐早上。

【不是路】〔78〕〔旦〔79〕引貼〔80〕上〕浪影空花，陌上香魂不住家。仙靈化，差排〔81〕門戶粉胭搽。〔旦〕奴家清河崔氏〔82〕之女是也。這兩個：一個是老媽，一個是梅香〔83〕。住這深院重門，未有夫君，誰到簾櫳〔84〕之下，走藏何處也？〔老〕影交加，那人呵多應躲在芙蓉架。〔叫介〕那漢子還不出來！拿去官司打折了他。〔生作怕慌上介〕休要拿，小生在此。〔老〕甚麼寒酸〔85〕，還不低頭。〔捉生低頭跪介、老〕俺這朱門下，**窮酸恁的無高下，敢來行踏**〔86〕！**敢來行踏**！

〔旦〕問漢子何方人氏？姓甚名誰？

【前腔】〔生〕黃卷〔87〕生涯，盧姓山東也是舊家〔88〕。閒停踏〔89〕，

偶然迷誤到尊衙。〔旦〕家中有甚麼人？〔生〕自嗟呀〔90〕，也無妻小無
爹媽，長則是〔91〕向孤燈守歲華。〔老〕你沒有妻子，在這裏狗頭狗
腦。〔生〕小生怎敢！須詳察，書生老實知刑法，敢行調達〔92〕？敢行調達？

〔旦〕叫那漢子攛頭。〔生〕不敢。〔老〕小姐恕你攛頭。〔生瞧介〕原
來是個女郎。〔老〕咄！

【前腔】〔旦〕俺世代榮華，不是尋常百姓家。你行奸詐，無端窺
竊上陽花〔93〕。〔生〕不敢。〔旦〕梅香和俺快行拿！〔貼〕沒有索子。〔旦〕
秋韆索子上高懸掛。〔貼〕沒甚麼行杖。〔旦〕搠杖鼓〔94〕的鞭兒和俺著
實的摣〔95〕。〔生〕苦也！苦也！〔老〕要饒麼？〔生〕可知道〔96〕要饒。
〔老〕這等，漢子叩頭告饒。〔旦〕非奸即盜，天條一些去不的〔97〕。老媽
媽則問他私休官休？私休不許他家去，收他在俺門下，成其夫妻；官休送他
清河縣去。〔老對生介〕替你告饒了。小姐分付：官休私休？私休不許你家
去，收留你在這裏，與小姐成其夫妻；官休送你清河縣去。〔生〕情願私休。
〔老〕一讓一個肯。〔回介〕稟小姐：秀才情願私休。〔旦〕這等，恕他起來。
〔老〕小姐放你起來。〔生起笑、旦看羞介〕老媽，快下了簾兒，俺好看他
不上。酸寒煞，你引他去，迴廊洗浴更衣罷，再來回話，再來回話。

〔老〕秀才，小姐分付：迴廊外香水堂洗澡去。〔生笑介〕好不揹〔98〕
人，既在矮簷下，怎敢不低頭〔99〕。〔下〕

【前腔】〔老引生上〕這香水渾家〔100〕，把俺滌爪修眉刷淨了牙。
〔老〕便道是你渾家，還早哩。相擡刮〔101〕，這階前跪下手兒叉。〔生拱
立、老回話介〕稟小姐：那漢子洗浴更衣了。〔旦〕那人怎麼？〔老〕儘風
華，衣冠濟楚〔102〕多文雅。〔旦低問介〕內才怎的？〔老低笑介〕便是
那話兒郎當〔103〕，你可也逗著他。〔旦笑介〕休胡哈〔104〕！梅香捲簾。
〔貼捲簾介、旦〕俺盈盈暮雨，快把這湘簾〔105〕掛。〔生跪、旦扶起
介〕男兒膝下，男兒膝下。

〔旦〕盧生，盧生，奴家〔106〕憐君之貧，收留你為伴，無媒奈何？〔老〕
老身當媒，佳期休誤。〔內鼓樂、老贊〔107〕拜介、貼〕新人新郎進合歡
之酒。〔旦把酒介〕

【賀新郎】羞殺兒家〔108〕，早蓮腮映來杯斝〔109〕，驀生春滿堂如畫。人瀟灑，為甚麼閒步天台看晚霞？拾的個阮郎門下〔110〕。低低笑，輕輕哈〔111〕，逗著文君寡〔112〕。〔合〕〔113〕雲雨事〔114〕，休驚怕。

【前腔】〔生〕三十無家，邯鄲縣偶然存箚〔115〕，坐酸寒衣衫藞苴〔116〕。妝聾啞，誰承望顛倒英雄在絳紗〔117〕，無財帛，單槍入馬。能粗細，知高下，你穩著心兒把。〔合前〕

〔老旦〕好夫妻進洞房花燭。〔行介〕

【節節高】崔盧舊世家〔118〕，兩韶華〔119〕，偶逢狹路通情話。教洗刮〔120〕，沒爭差〔121〕，無喇塌〔122〕。帽兒抹的光光乍〔123〕，燈兒照的嬌嬌姹〔124〕。崔家原有舊根牙〔125〕，盧郎也不年高大。

【前腔】天河犯客槎〔126〕，猛擒拿，無媒織女容招嫁。休計掛，沒嗟呀，多喜洽。檀郎醮眼〔127〕驚紅乍，美人帶笑吹銀蠟〔128〕。今宵同睡碧窗紗，明朝看取香羅帕〔129〕。

【尾聲】果然是春無價，盼暮雨為雲初下榻。〔旦〕盧郎呵，這是俺和你五百歲因緣到了家。

偶然高築望夫臺〔130〕，俵俵〔131〕書生走入來。

今夜不須磁作枕，輕抽玉臂枕郎腮〔132〕。

校 注

〔1〕入夢——進入夢境。此齣寫呂洞賓在邯鄲某酒店欲度盧生，送一磁枕令其入睡。夢中，盧生被崔氏坐堂招夫，開始了他的夢中發跡史。

〔2〕村務——指鄉村酒店。元·無名氏套數《仙呂·村裏迓鼓·四季樂情》〔上馬嬌〕：「村務內酒初熟，恰歸來半醉黃昏後，暮雨收，牧童兒歸去倒騎牛。」湯顯祖《牡丹亭》八〔普賢歌〕白：「且攛過一邊，村務裏磕酒去。」亦作「酒務」，元·無名氏《朱砂擔》一〔醉扶歸〕白：「這是一個小酒務兒。小二哥，有酒麼？」

〔3〕趙州橋——原名安濟橋。位於河北省趙縣城南洨河上，隋開皇大業年間（公元

590—608年）由名匠李春設計建造，是現存的古代著名石拱橋。

〔4〕范陽鎮——唐代著名藩鎮之一，在今北京及河北易縣以東一帶。

〔5〕歇腳——行路疲乏時停下來休息叫「歇腳」，猶今云「歇腿」。元・關漢卿《裴度還帶》三〔倘秀才〕白：「孩兒回家來，說在那山神廟裏歇腳避雪，將玉帶忘在那廟裏。」

〔6〕打火——亦作「打夥」；指出門人在旅途中做飯或吃飯。古時有打火店，店內來往的客人可親自做一些簡單的飯菜。《水滸傳》第五回：「且說魯智深……於路不投寺院去歇，只是客店內打火安身。」

〔7〕「目今」句——目今，亦作「目即」，猶言眼前、現時。點心，指正餐前食用的小食品。明・馮夢龍《醒世恒言・錢秀才錯占鳳凰儔》：「獻茶後，吃了茶果點心，然後定席安位。」

〔8〕「一粒粟中」二句——語出《全唐詩》卷857、呂岩《七言》之五一：「一粒粟中藏世界，二升鐺內煮山川。」鐺（chēng），古代的一種溫器，如酒鐺、茶鐺。

〔9〕精奇古怪——意謂非同尋常。

〔10〕沈障久深——指盧生被功名利祿等觀念蔽塞既久且深。沈障，也寫作「沈鄣」，意謂蔽塞。《魏書・廣陵王羽傳》：「高祖臨朝堂議政事，謂羽曰：『遷都洛陽，事格天地，但汝之迷，徒未聞沈鄣耳。』」

〔11〕「學成文武」二句——宋元俗語。源於《論語・子罕》：「子貢曰：『有美玉於斯，韞櫝而藏諸？求善賈而沽諸？』子曰：『沽之哉！沽之哉！我待賈者也。』」元・李唐賓《李雲英風送梧桐葉》楔子：「從來道：『學成文武藝，貨與帝王家。』那時稱我平生之願，腰金衣紫，蔭子封妻，榮顯鄉里。」

〔12〕落落——形容性情孤傲，與人寡合。唐・劉希夷《孤松篇》詩：「青青好顏色，落落任孤直。」

〔13〕青蛇氣——意謂劍氣。青蛇，古劍名。此句意謂呂洞賓身佩寶劍。唐・元稹《說劍》詩：「白虹坐上飛，青蛇匣中吼。」參見第三齣注〔119〕。

〔14〕驀（mò）過——意為穿越或跨過。驀，亦作「邁」、「抹」，雙聲通轉。「邁」字在今口語中仍通行。

〔15〕道丈——對老年道士的敬稱。

〔16〕回道人——呂洞賓的別稱，又稱「回老」、「回處士」。明・馮夢龍《醒世恒言・呂洞賓飛劍斬黃龍》：「後府人於鳳翔府天慶觀壁上，見詩一首，字如龍蛇之形，詩後大書『回道人』三字。詳之，知為純陽祖師也。」

〔17〕背介——戲曲表演方法之一，俗謂「打背拱」。戲中兩人或數人對話之間，要表白心事，不使對方知道，而必須讓觀眾瞭解，就用此法。

〔18〕嘿（xùn）訣——謂念誦口訣。嘿，噴口而出。

〔19〕合用——適用、合適。《水滸傳》第七一回：「仍使人收買一應香燭紙馬，花果

祭儀，素饌淨食，並合用一應對象。」

〔20〕敕（chì）——意謂命令。是道士用於符咒上的命令的常用術語。自上命下之辭，命辭末慣用一「敕」字；也多被用在皇帝的詔書上。「敕」字，朱墨本作「叱」。

〔21〕風吹帽——原爲晉代孟嘉重陽登高風吹落帽的趣事。《晉書·孟嘉傳》：「孟嘉，字萬年……少知名……後爲征西桓溫參軍，溫甚重之。九月九日，溫燕龍山，僚佐畢集。時佐吏並著戎服，有風至，吹嘉帽墮落，嘉不之覺。溫使左右勿言，欲觀其舉止。嘉良久如廁，溫令取還之，命孫盛作文嘲嘉，著嘉坐處。嘉還見，即答之，其文甚美，四坐磋歎。」此處借作盧生自嘲。

〔22〕短禿促——即「短」的意思。禿促，爲助音，無義。

〔23〕韝（gōu）——原義爲射者所著皮袖套，以便於射。《玉篇》：「射韝，臂捍也。」視文意，此處疑指策驢之鞭。

〔24〕町疃（dīng tuǎn）——村舍旁空地也。《詩·豳風·東山》：「町疃鹿場。」宋·朱熹《詩集傳》：「町疃，舍旁隙地也。」町，田間小路；疃，村舍。

〔25〕轆軸——轆軸，農具，用以平場圃或碾禾麥的圓柱形石滾。亦作碌軸、六軸、磟軸等，音近義並同。元明間·無名氏《東籬賞菊》一〔油葫蘆〕：「你灌蔬園親桔槔，種麥麻滾轆軸。」

〔26〕邸舍——客店、客棧。明·馮夢龍《喻世明言·張舜美燈宵得麗女》：「（張舜美）偶因鄉試來杭，不能中選，遂淹留邸舍中半年有餘。」

〔27〕「輕提手」二句——謂十分恭順貌。「提手」即作揖，「折腰」即屈辱。《晉書·陶潛傳》：「郡遣督郵至縣，吏白：『應束帶見之。』潛歎曰：『吾不能爲五斗米折腰，拳拳鄉里小人邪！』」陶潛爲彭澤令時，不願爲五斗米逢迎上司而折腰，慨然有去官之志；此處反用「折腰」以嘲盧生。

〔28〕這——此字上，葉《譜》有一「則」字。

〔29〕回回國——古國名。回回，指信奉伊斯蘭教的回族人。宋·周密《癸辛雜識》、《遼史》指信仰伊斯蘭教的人和國家。元、明、清三代一般指回回族和信仰伊斯蘭教的人。呂洞賓自稱回道人，故如是說。

〔30〕《岳陽樓記》——作者爲北宋文學家范仲淹。此出節取范仲淹原文，敘登樓覽物之情，寓人間悲樂之意。朱墨本附明臧晉叔批曰：「道人述一篇《岳陽樓記》，唐時僊人亦喜讀宋文鑑耶。」此處引用宋人文章，或係失誤，或爲調侃，或爲借用，表情達意，與朝代無關。

〔31〕蕩——范仲淹原文作「湯」。

〔32〕橫無際涯——形容氣勢縱橫，沒有邊際。

〔33〕通巫峽——原文作「近巫峽」；近，各本均作「通」。范仲淹原文作「通」。巫峽，長江三峽之一。西起四川省巫山縣大溪，東至湖北省巴東縣官渡口。因巫

山得名。兩岸絕壁，船行極險。

〔34〕南極瀟湘——向南到達湘江。湘江流入洞庭湖，瀟水爲湘江上游的支流，古代
　　　詩人多稱湘江爲瀟湘。極，至、盡。

〔35〕仙客騷人——仙客，指佛、道兩家的人物。騷人，指詩人。

〔36〕「覽物之情」句——觀賞自然景物而觸發的感情，怎能不有所不同呢？覽物，
　　　觀賞景物。唐·杜甫《四松》詩：「覽物歎衰謝，及茲慰淒涼。」得無，意謂
　　　能不。唐·聶夷中《飲酒樂》詩：「草木猶須老，人生得無愁？」

〔37〕霪（yín）雨霏霏——連綿的雨繁密地下著。霪，久雨。霏霏，雨飄落的樣子。

〔38〕排空——衝擊天空；形容水勢兇猛。唐·殷堯藩《襄口阻風》詩：「雪浪排空
　　　接海門，孤舟三日阻龍津。」

〔39〕隱耀——隱藏了光輝。唐·錢起《送李兵曹赴河中》詩：「驪珠難隱耀，皋鶴
　　　會長鳴。」

〔40〕檣傾楫摧——桅杆倒下，木槳斷折；喻指船隻被毀壞。檣，船的桅杆。楫，船
　　　槳。

〔41〕冥冥——昏暗不明。唐·王貞白《出自薊北門行》詩：「薊北連極塞，塞色晝
　　　冥冥。」

〔42〕去國——離開國都。國，指國都。

〔43〕蕭——原文作「瀟」。清暉、獨深、竹林本均作「蕭」。范仲淹原文作「蕭」。

〔44〕「上下天光」二句——指天上的景象倒映在湖中，天色與湖光交織在一起，無
　　　邊無際，呈現出一片碧綠的景象。萬頃，比喻範圍廣大。

〔45〕翔集——時而飛翔，時而停歇。翔，飛旋；集，棲止。唐·儲光羲《田家雜興
　　　八首》其二詩：「禽雀知我閒，翔集依我廬。」

〔46〕錦鱗——彩色的鱗。形容魚色彩斑斕，非常美麗。唐·許敬宗《奉和登陝州城
　　　樓應制》詩：「錦鱗文碧浪，繡羽絢青空。」

〔47〕岸芷汀蘭——岸上的香草，小洲上的蘭花。芷，香草；汀，水邊平地。蘭，指
　　　蘭花。

〔48〕浮光躍金——浮動的湖光閃耀著金色。此喻指湖面上有微波時的月光。金，
　　　指日光。宋·沈括《夢溪筆談》卷十四：「退之《城南聯句》曰：『竹影金鎖
　　　碎。』所謂「金鎖碎」者，乃日光耳。」

〔49〕靜影沉璧——靜靜的月影像沉入湖底的圓璧。此爲描寫無風時湖水中的月影。
　　　璧，圓形的玉。

〔50〕恁熟——如此熟悉。恁，如此，這般。

〔51〕「朝遊碧落」四句——傳爲唐呂岩詩。《道藏·呂祖志·藝文志》未錄。《全唐
　　　詩》卷858爲呂岩《絕句》之一，「碧落」作「北越」，「三過」作「三入」。《全
　　　唐詩續補遺》卷十四亦錄此詩，「碧落」作「百粵」，「三過」作「三醉」。此詩

另見宋‧鄭景望《蒙齋筆談》卷下。碧落，天上也。道教認爲，東方第一天始青天，遍佈碧霞，故稱。蒼梧，唐置蒼梧郡，今廣西梧州，故謂南楚地方。青蛇，謂劍也。

〔52〕哄弄莊家——謂耍弄莊家人。哄弄，方言，謂欺騙、耍弄。清‧鄒山《雙星圖》二七〔紅衲襖‧前腔〕白：「只恐怕又是前番哄弄俺。」莊家，指農民、莊家漢、種田的人。元‧張國賓《薛仁貴》楔子、白：「只守著這茅簷草舍做個莊家，豈不枉了一身本事！」下文的「莊家」則指穀、麥、高粱等農作物。

〔53〕受用——意謂受益、得益。元‧張養浩《中呂‧醉高歌兼喜春水‧詠玉簪》小令：「似這般閒受用，再誰想丞相府帝王宮？」

〔54〕「觀子肌膚」五句——出自《太平廣記》卷八二引唐‧陳翰《異聞集‧呂翁》。腧（shù）：人體穴位，指體態豐腴。「腧」字，清暉、竹林本均作「膩」。膩，細膩；此言「肌膚極腧」，當作「膩」通。

〔55〕生事饒——猶謂生計富饒。生事，生計也。唐‧王維《偶然作》詩：「生事不曾問，肯愧家中婦。」

〔56〕暢好的不妝喬——暢好，眞是、正是之意。亦作「暢好道」、「常好道」、「暢好是」、「常好是」、「暢好個」。「常」爲「暢」的借字。「暢」寓「好」意，「暢好」爲同義連文。元‧孟漢卿《魔合羅》四〔鮑老兒〕：「你暢好會使拖刀計。」元‧李直夫《虎頭牌》三〔慶宣和〕：「你這個關節兒，常好道來的疾。」妝喬，指裝模作樣。明‧馮夢龍《醒世恒言‧盧太學詩酒傲王侯》：「盧才趲了年餘，見這婆娘妝喬做樣，料道不能勾上鈎，也把念頭休了。」

〔57〕苟生——苟且偷生。

〔58〕列鼎而食——形容生活奢侈。《玉篇》：「鼎，所以熟食器也。」列鼎，指安排豐富的酒肴。古代以鼎器的多少，表明主人爵品的高低。《孔子家語‧致思》：「從車百乘，積粟萬鍾，累裀而坐，列鼎而食。」裀，通茵，謂褥子或床墊。

〔59〕選聲而聽——挑選優美中聽的音樂欣賞。聲，指優美的音樂。《禮記‧樂記》云：聽鐘聲則思武臣，聽磬聲則思封疆之臣，聽琴瑟之聲則思志義之臣，聽竽笙簫管之聲則思畜聚之臣，聽鼓鼙之聲則思將帥之臣。「君子之聽音，非聽其鏗鏘而已也，彼亦有所合也。」故古君子選聲而聽。

〔60〕青紫——本古時公卿服飾之色，因借指高官顯爵。《文選‧揚雄〈解嘲〉》：「紆青拖紫。」李善注引《東觀漢記》曰：「印綬：漢制，公侯紫綬，九卿青綬。」又劉良注：「青紫，並貴者服飾也。」唐‧劉餗《隋唐嘉話》中：「舊官人所服，唯黃紫二色而已，貞觀中始令三品以上服紫；四品以上朱；六品、七品綠；八品、九品以青焉。」自漢唐以來，多借指發跡或中第，如《漢書‧夏侯勝傳》：「士病不明經術，經術苟明，取青紫如俯拾地芥耳。」明‧無名氏《破窰記》十五〔香柳娘〕白：「若依我蒙正的文章，奪青紫，如拾草芥，有何難處？」

〔61〕敢著——意謂保證、肯定。

〔62〕好則是——意謂眞是、正是。

〔63〕切——此字應爲「砌」。

〔64〕磁州——隋開皇十年（公元 590 年）置慈州，唐改爲「磁」，治所在滏陽（今河北省磁縣）。因磁州西北有慈石山，出磁石，故名。磁州窯是宋代北方著名瓷器產地之一。

〔65〕瞢（méng）瞪眼挫（cuò）花——睡眼朦朧貌。瞢瞪，朦朧迷糊貌。瞢，目不明也。義同「瞢騰」，唐·韓偓《馬上見》詩：「去帶瞢騰醉，歸成困頓眠。」眼挫，指眼角、眼梢。亦作「眼眵（cuó）」「眼搓（cuō）」，音近義並同。元·張可久小令《齊天樂過紅衫兒·元夜書所見》：「紅妝邂逅花前，眼眵秋波轉。」清·嵇永仁《揚州夢》十〔鬥鵪鶉〕：「端的是珮解留仙曳絲羅，眼挫裏洛女下淩波。」

〔66〕敢則是——意謂莫非是、恐怕是；疑問詞，表示猜測。亦作「敢則」、「敢是」。元·無名氏《爭報恩》一〔勝葫蘆〕：「做甚買賣，度的昏朝，敢則是靠些賭官博。」

〔67〕「須不是」句——須不是，猶言卻不是、決不是。元·蕭德祥《小孫屠》九〔駐馬聽〕：「（末白）孫二須不是這般的人。」錯摸，猶言錯模、模糊。麻查，意謂模糊，多指目光不清；也寫作「麻茶」、「摩挲」、「麻花」、「摩娑」。元·陳草庵《中呂·山坡羊》小令：「笑喧嘩，醉麻查，悶來閒訪漁樵話，高臥綠陰清味雅。」

〔68〕即留即漸——即漸，猶言逐漸、漸漸、慢慢的。《詩·關雎序》疏：「雅見，積漸之義，故小雅先於大雅。」漢·賈誼《陳政事疏》：「安者非一日而安也，危者非一日而危也，皆以積漸然，不可不察也。」漢·王充《論衡·道虛》云：「且夫物之生長，無卒成暴起，皆有浸漸。」「浸漸」亦即漸、積漸之意也。浸、積、即、疾，皆一聲之轉。唐·白居易《戲和賈常州醉中二絕句》之一：「聞道毗陵詩酒興，近來積漸學姑蘇。」「即漸」長言之，則曰即裏漸裏、積裏漸裏、即漸漸裏、即留即漸等，乃民間口語輾轉衍化的結果，義並同。

〔69〕官道——猶大道；公家修築的道路。唐·白居易《西行》詩：「官道柳陰陰，行宮花漠漠。」

〔70〕沙——清暉、竹林本均作「紗」。

〔71〕簷牙——指房檐翹起，如牙齒般排列。明·張四維《雙烈記》十六〔海棠春〕：「喜鵲噪簷牙，好事來門下。」

〔72〕簾幙（mù）——也寫作「簾幕」，指門窗處的簾子與帷幕。

〔73〕山子——指人工堆積的假山。

〔74〕地衣——毯子、席子之類。《事物異名錄·服飾·褥毯》：「按諸說或用絁，或用錦，或用竹簟，或用毛毯，設地上者，皆名地衣。」唐·白居易《紅繡毯》

詩：「一丈毯，千兩絲。地不知寒人要暖，少奪人衣作地衣。」清．蔡應龍《紫玉記》十一〔醉羅歌．前腔〕：「鎮日薰香坐，天廚玉饌，地衣珠落。」

〔75〕波查——猶言麻煩、苦難、磨折。元．蘇彥文套數《越調．鬥鵪鶉．冬景》：「幾時捱的雞兒叫、更兒盡、點兒煞。曉鐘打罷，巴到天明，劃地波查。」又可作「口舌」解，明．徐渭《南詞敘錄》曰：「波查，猶言口舌。北音凡語畢，必以『波查』助詞，故云。」

〔76〕省——減少，引申指停止的意思。

〔77〕老旦——戲劇角色名。旦角的一種，由中老年女性扮演，是劇中次要的女性角色。

〔78〕不是路——此曲爲「賺曲」，在聯套中它可以起到曲牌音樂轉換、情緒氣氛轉變的過渡聯結作用。此處連用四支屬特例。

〔79〕旦——戲劇角色名。一般爲劇中的女主角，也稱「正旦」。

〔80〕貼——戲劇角色名，全稱貼旦。旦角的一種，擔任劇中次要女性角色。明．徐渭《南詞敘錄》云：「貼，旦之外，貼一旦也。」據此可知，貼有補充之意。

〔81〕差排——依次排列。

〔82〕清河崔氏——自漢至唐，崔氏爲名門大姓，社會地位高。據《姓名考略》云：「崔氏望出清河。」清河，古郡名。另據《隋唐嘉話》載：「蓋結婚者以得望族爲榮，而望族若太原王、范陽盧、滎陽鄭、清河博陵二崔、隴西趙郡二李等七姓，又恃其族望，恥與卑族爲婚。」

〔83〕梅香——丫鬟的代稱。古代戲曲小說中多用於稱呼年少女婢。宋．華岳《呈古洲老人》詩：「朱簾更倩梅香掛，要放銀蟾入座來。」

〔84〕簾櫳——也寫作「簾籠」。指門窗的簾子。

〔85〕寒酸——舊時喻寒士貧困潦倒及迂腐之詞。一作「酸寒」。唐．韓愈《薦士》詩：「酸寒溧陽尉，五十幾何耄。」明．孫仁孺《東郭記》四一〔鮑老催〕：「老爺扮得寒酸態，還添他賢公子妝著賽。」

〔86〕行踏——意謂走動、來往。元．亭羅御史套數《南呂．一枝花．辭官》：「利名場再不行踏，風波海其實怕他。」元．張養浩《雁兒落兼得勝令》小令：「我愛山無價，看時行踏，雲山也愛咱。」亦作「行達」、「行打」、「行道」、「行走」。

〔87〕黃卷——即書卷，書籍；這裏代指讀書。古代以黃蘗汁染紙防蠹，紙色黃，故稱黃卷。《新唐書．狄仁傑傳》云：「黃卷中方與聖賢對，何暇偶俗吏語耶？」唐．錢起《和劉七讀書》詩：「夜雨深館靜，苦心黃卷前。」

〔88〕「盧姓山東」句——山東，指戰國時期六國所在的地區，因其在秦國崤山函谷關以東，故名。盧生原籍范陽鎮，屬戰國時燕國之地。唐代時，范陽盧姓乃名門望族，是當時所謂的五姓七族之一。舊家，也稱世家。指祖輩因建立功

勳而具有顯要社會地位的家族。唐・李商隱《爲同州侍御上崔相國啓》：「此皆相國推孔李之素分，念國高之舊家。」

〔89〕停踏——義同「行踏」。

〔90〕嗟呀——猶言磋歎、歎息。元・朱凱《昊天塔》二〔紅繡鞋〕：「往常時無我處不喜歡說話，今日個見我來低著頭無語磋呀。」

〔91〕長則是——猶謂常則是，總是。「長」爲「常」的同音假借字。元・王實甫《麗春堂》三〔越調・鬥鵪鶉〕：「長則是琴一張，酒一壺，自飲自斟，自歌自舞。」

〔92〕調達——猶言引惹、挑逗。

〔93〕上陽花——喻上陽宮中的美女。上陽宮，唐高宗時建於洛陽，在禁苑之東。唐・白居易《上陽白髮人》序云：「天寶五載以後，楊貴妃專寵，後宮人無復進幸矣，六宮有美色者輒置別所，上陽其一也。」唐・羅鄴《上陽宮》詩：「春半上陽花滿樓，太平天子昔巡遊。」明・阮大鋮《燕子箋》六〔刷子帶芙蓉〕：「怎肯學毛延壽，批點壞上陽花。」此處爲崔氏自喻。

〔94〕搊（chōu）杖鼓——搊，撥彈也。《玉篇》：「手搊也。」《舊唐書・禮樂志》：「五弦如琵琶而小，舊以木撥彈，樂工裴神符以手彈……後人習爲搊琵琶。」杖鼓，古打擊樂器之一。《新唐書・禮樂志十二》：「革有杖鼓、第一鼓、第二鼓、第三鼓、腰鼓、大鼓。」宋・沈括《夢溪筆談・樂律一》：「唐之杖鼓，本謂之『兩杖鼓』，兩頭皆用杖，今之杖鼓一頭以手拊之，則唐之『漢震第二鼓』也。」《元史・禮樂志五》：「杖鼓，制以木爲匡，細腰，以皮冒之，上施五彩繡帶，右擊以杖，左拍以手。」宋・無名氏《宦門子弟錯立身》十二〔尾聲〕：「我若得妝旦色如魚似水，背杖鼓有何羞！」

〔95〕撾（zhuā）——敲、打之意。

〔96〕可知道——當然是的意思。可知，意爲當然。道，猶「是」也。清・查繼佐《續西廂》二〔迎仙客〕白：「且喜題名錄上，第一甲第三名探花，就是俺姐夫的名字，俺姐姐可尋著了人也，可知喜也。」

〔97〕「非奸即盜」二句——見清・薛允升輯《唐明律合編》卷十八「夜無故入人家」條。唐律曰：「諸夜無故入人家者，笞四十。」明律曰：「凡夜無故入人家內者，杖八十。」集解云：「夜無故入人家，決非善類，奸盜十居八九。然奸則尚未成也，即盜亦無確據也，擬以笞四十直不應輕之罪名耳，而亦實有迷誤酒亂而入；如疏議所云者，其情更輕，法宜寬恕，明律改笞罪爲杖八十，殊嫌未允。」元・王實甫《西廂記》十一〔得勝令〕：「誰教你黃昏夜入人家花園，做得個非奸即盜。」天條，天上的律令、法規。這裏泛指律法。

〔98〕掯（kèn）——此謂爲難、刁難人的意思。元・李文蔚《燕青博魚》二〔醉中天〕：「怎將俺這小本經紀來掯？」

〔99〕「既在矮簷下」二句——元明戲曲小說常用語。《水滸傳》第二八回：「在人矮簷下，怎敢不低頭。」

〔100〕香水渾家——「香水」，謂浴堂。南宋‧吳自牧《夢粱錄》卷一三「團行」云：「開浴堂者，名香水行。」渾家，宋元時稱老婆、妻子。清‧錢大昕《恒言錄》：「稱妻曰渾家，見鄭文寶《南唐近事》。」元‧湯式《正宮‧小梁州‧太眞》小令：「開元天子好奢華，太眞妃選作渾家。」

〔101〕相攛刮——此處指互相搬弄，將盧生收拾打扮的乾淨利索。攛刮，湊和、配合的意思。亦作「攛貼」、「攛帖」。元‧曾瑞《哨遍‧秋扇》套數：「最難甘遞互相攛貼，賣弄他風流蘊藉。只能驅一握掌中風，幾曾將煩暑除絕。」

〔102〕濟楚——形容穿戴整齊鮮亮。元‧高安道《般涉調‧哨遍‧嗓淡行院》小令：「尋故友，出來的衣冠濟楚，像兒端嚴，一個個特清秀，都向門前等候。」

〔103〕那話兒郎當——那話兒，隱語，指男性生殖器。郎當，又寫作「銀鐺」、「琅當」，謂不強健，疲軟無力。

〔104〕胡哈——猶胡亂瞎說。亦作「胡柴」，元‧高則誠《琵琶記》十〔北叨叨令〕：「丑：你不聞孔夫子說，有馬者借人乘之，今亡已夫！末：一口胡柴。」明‧徐渭《南詞敘錄》：「胡柴，亂說也。今人云：『被我柴倒。』即此字。」

〔105〕湘簾——用湘妃竹做的簾子。湘妃，指舜之二妃娥皇、女英。二妃沒於湘水，成爲湘水之神，湘水之竹稱湘妃竹。

〔106〕奴家——舊時女子自稱。清‧孔尚任《桃花扇》十七〔錦後拍〕白：「奴家已嫁侯郎，豈肯改志。」

〔107〕老贊——亦稱「贊」，古代婚禮相禮之人。贊禮，指結婚時由主持人唱導行禮。

〔108〕兒家——古代青年女子的自稱。清‧洪昇《長生殿》十一〔漁燈兒〕白：「娘娘不必遲疑，兒家引導，就請同行。」

〔109〕斝（jiǎ）——古代盛酒器具，青銅製，圓口，有鋬（pàn，器物上的把手）和三足，用於溫酒。

〔110〕「爲什麼閒步」二句——南朝宋‧劉義慶《幽明錄》云：漢明帝永平五年（公元 62 年），剡縣劉晨、阮肇共入天台山，迷途。後遇二女子，姿質妙絕，竟呼劉、阮其姓，似爲舊識，因邀回家。至暮，令各就一帳與二女宿，言聲清婉，令人忘憂。其處草木氣候如常春，劉、阮綿留半年返鄉，子孫已歷七世。此二句借劉阮上天台的典故崔氏自比仙女，將盧生比爲阮肇。

〔111〕低低笑輕輕哈——意謂嘻嘻哈哈，輕鬆快樂的樣子。「低低」上，葉《譜》有「看他」二字。

〔112〕逗著文君寡——指新寡的卓文君遇司馬相如事。《史記‧司馬相如列傳》云：

　　　蜀郡臨邛富豪卓王孫有女文君新寡，好音樂。司馬相如以琴心挑之，文君
　　　竊從戶內偷窺，心悅而好之。相如使人重賜文君侍者，與文君私通殷勤，
　　　文君遂夜奔相如而去。明代朱權《卓文君私奔相如》雜劇，專門敷演其故
　　　事。「逗著」上，葉《譜》增一「剛」字。獨深居本此處注有：「逗著文君
　　　寡，應六字，從葉譜增一『剛』字。」

〔113〕合——即「合頭」，爲同場合唱。下一曲的「合前」，也爲「合頭」，即同場唱
　　　　上一曲的「合頭」。

〔114〕雲雨事——指男女房事。戰國宋玉《高唐賦》述楚王夢遇神女，巫山神女自
　　　　稱「旦爲朝雲，暮爲行雨。」後因以雲雨喻帝王豔遇或男女幽合。

〔115〕存笛——意謂存身、寄身。笛，一作「札」，語助詞，無義。

〔116〕薍苴（lǎ jū）——亦寫作「薍苴」，形容衣服邋遢，不整潔。據《唐韻》，薍，
　　　　同「薍」；「薍」，不中，不像樣也。苴，麻也，履中薦也。薍苴，猶謂邋遢，
　　　　不整潔，不利落，不端莊。明·岳元聲《方言據·薍苴》：「人不端潔，賴取
　　　　人物曰薍苴。黃魯直云：『中州人謂蜀人放誕，不遵軌轍曰川薍苴。』」

〔117〕顛倒英雄在絳紗——謂愛慕英雄者反而在閨中。顛倒，本意指次序倒置，猶
　　　　反而、反倒。絳紗，指閨閣。

〔118〕世家——世祿之家；指世代顯貴的家族或大家。宋·梅堯臣《川上田家》詩：
　　　　「醉歌秋草間，頗與世家寡。」崔盧舊世家，參見第二齣注〔9〕

〔119〕韶華——美好的年華，青春；這裏借指年輕人。唐·白居易《香山居士寫眞
　　　　詩》：「勿歎韶華子，俄成旛叟仙。」

〔120〕洗刮——猶言洗滌。

〔121〕爭差——猶爭執；差錯。元·高文秀《澠池會》楔子、白：「只因這趙國玉璧
　　　　號無瑕，故教兩處起爭差。」南宋·吳自牧《夢粱錄》卷十六《米鋪》云：「船
　　　　隻各有受載舟戶，雖米市搬運混雜，皆無爭差。」

〔122〕喇塌——即邋遢；意爲骯髒、不整潔。明·陳應芳《敬止集》：「俗謂不潔曰
　　　　邋遢。」

〔123〕光光乍——形容俏麗好看。明·沈璟《義俠記》七〔光光乍〕：「終日遊坊並
　　　　串瓦，帽兒整的光光乍。」

〔124〕嬌嬌姹——美好的樣子。這裏是說崔氏在燈光照耀下顯得嬌豔美麗。

〔125〕根牙——也寫作「根芽」。元代習用語，源由、來歷之意。元·無名氏《猿聽
　　　　經》三〔石榴花〕：「太師一一問根芽，小生也曾得志貫京華。」

〔126〕天河犯客槎——此用乘槎泛天河的典故。晉·張華《博物志》卷三云：「舊
　　　　說云：天河與海通。近世有人居海渚者，年年八月有浮槎，去來不失期。人
　　　　有奇志，立飛閣於槎上，多齎糧，乘槎而去……去十餘日奄至一處，有城郭

狀，屋舍甚嚴，遙望宮中多織婦，見一丈夫牽牛渚次飲之。牽牛人乃驚問曰：『何由至此？』此人見說來意，並問是何處。答曰：『君還至蜀郡，訪嚴君平則知之。』竟不上岸，因還如期。後至蜀問君平，曰：『某年月日，有客星犯牽牛宿。』計年月，正是此人到天河時也。」《拾遺記》、《太平御覽》、《癸辛雜識》、《天中記》俱記有類似故事。客槎，昇天所乘之槎。槎，木筏。客槎，這裏比喻外來者。

〔127〕檀郎醮眼——檀郎，指情郎。晉人潘岳，美姿容，小名檀奴，故以檀郎或檀奴爲夫婿或所愛慕的男子的美稱。參見《晉書·潘岳傳》、《世說新語·容止》。唐·李賀《牡丹種曲》詩：「檀郎謝女眠何處，樓臺月明燕夜語。」醮眼，耀眼，引人注目也。清·洪昇《長生殿》二四〔南泣顏回〕：「戀香巢秋燕依人，睡銀塘鴛鴦醮眼。」

〔128〕銀蠟——即白色蠟燭。由於蠟燭多用銀製器物承托，故有「銀蠟」之稱。

〔129〕香羅帕——絲織品做的巾帕，這裏指看取新婚之夜留在香羅帕上的處女紅。元·張可久《中呂·齊天樂過紅衫兒·湖上書所見》：「可憐咱，肯承搭，羞弄香羅帕。」

〔130〕望夫臺——望夫臺、望夫山或望夫石，遍佈南北，民間傳說甚多，大同小異。《水經注·江水》載：傳說昔有人服役未回，其妻登山而望，每次登山，必用藤箱盛土，使山漸益高峻，故以爲名。南朝宋·劉義慶《幽明錄》載：「武昌北山有望夫石，狀若人立。古傳云：昔有貞婦，其夫從役，遠赴國難，攜弱子餞送北山，立望夫而化爲立石。」作品中多以此典描寫思婦。唐·李白《長干行》詩：「常存抱柱信，豈上望夫臺。」

〔131〕悵悵——迷惘不知所措貌。《荀子·修身》云：「人無法則悵悵然。唐·李商隱《贈送前劉五經映三十四韻》詩：「多岐空擾擾，幽室竟悵悵。」

〔132〕「輕抽玉臂」句——見《樂府詩集》卷二五《地驅樂歌辭》之三：「側側力力，念君無極。枕郎左臂，隨郎轉側。」

第五齣 招 賢 〔1〕

【霜天曉角】〔2〕〔外〔3〕蕭嵩〔4〕美髯〔5〕上〕江南雲樹〔6〕，冷落青門庶〔7〕。萋萋〔8〕芳草似憐予，有路長安怎去。

【集唐】千秋萬古共平原，生事蕭條空掩門。試問酒旗歌板地，有誰傾蓋待王孫〔9〕？小生蘭陵〔10〕蕭嵩，字一忠〔11〕；梁武帝蕭衍之苗裔〔12〕，宋國公蕭瑀〔13〕之曾孫。只因岸谷〔14〕遷移，滄桑變改。文武之道〔15〕頓盡，琴書之興猶存。且是美於鬚髯，儀形偉麗。有人相我，爵壽雙高

〔16〕。這不在話下了。有個異姓兄弟，叫做裴光庭〔17〕，乃金牙大總管〔18〕封聞喜縣公裴行儉之晚子〔19〕，兼是當朝武三思〔20〕之女婿。古今典故，深所諳知〔21〕。但此弟長有一點妒心，也是他平生毛病。幾日不見，想待到來。

【前腔】〔末裴光庭袖詔旨上〕插架奇書，將相吾門戶。袖中天子詔賢書，瞞著蕭郎〔22〕前赴。

自家裴光庭是也。從來飽學未遇，幸逢黃榜〔23〕招賢。自揣可中狀元，則怕蕭兄奪取。心生一計，將這紙黃榜袖下了，不等他知，一徑辭他前去。〔見介、外〕兄弟，我近來情懷耿耿〔24〕，有失款迎〔25〕。〔末〕你兄弟心事匆匆，特來告別。〔外〕呀，有何緊急至此？〔末〕天大事都可說與仁兄，只這些是小弟機密事，不敢告聞。請了。〔外〕賢弟，袖中簌簌之聲，何物也？〔末〕沒有甚的。〔外扯看介〕是黃紙。〔末笑介〕是本疏頭〔26〕。〔外扯看介〕奉天承運皇帝詔曰：天下文士，可於本年三月中旬，赴京殿試〔27〕。朕親點取，無遲。呀，原來一紙招賢詔書，為何賢弟袖著？〔末〕實不瞞兄，此榜文御史臺〔28〕行下〔29〕本學，學裏先生把與愚弟看。愚弟想來，別的罷了，仁兄才學蓋世，聽的黃榜招賢，定然要去。因此悄悄的袖了這詔旨〔30〕，瞞兄往京，單填小弟名字銷繳〔31〕了。〔外笑介〕可有此話？秀才無數，何在我一人。

【皂羅袍】〔末〕提起書生無數，俺三言兩句，壓倒其餘〔32〕。那蒼生一郡眼無珠，則你春風八面人如玉。哥，你兄弟才學，要中頭名狀元：你去之時，把我綽下〔33〕第二了。〔外笑介〕原來如此。〔末〕嫦娥所愛〔34〕，無過兩儒〔35〕。將來並比〔36〕，端然〔37〕一輪。因此上裴航要閃住你蕭郎路〔38〕。

【前腔】〔外〕不道狀元難事，但一緣二命，未委〔39〕何如？你把招賢榜作寄私書〔40〕，遮天袖掩賢門路。別的罷了，賢弟，在場屋〔41〕中，我筆尖可以饒讓些。俺把筆花高吐〔42〕，你真難展舒。俺把筆尖低舉，隨君掃除。便金階對策〔43〕也好商量做。

〔末〕這等多承了！店中飲一杯狀元紅去。

【尾聲】〔外〕狀元紅〔44〕吸不盡兩單壺，俺和你**雙雙出馬長安路**。**兄弟呵，則這些時把月宮花**〔45〕**談笑取**。

王孫公子不豪奢，雪案螢窗〔46〕守歲華。

但是學成文武藝，都堪貨與帝王家。

校　注

〔1〕招賢——此齣寫梁武帝之後蕭嵩和裴行儉之子裴光庭從學中得到朝廷的黃榜招賢書，二人雙雙走馬長安路，準備談笑間摘取月宮花。

〔2〕霜天曉角——此曲按譜應有八句，省去下面四句作人物上場引子。下曲同。這種用法在傳奇中常見。

〔3〕外——戲劇角色名。在劇中扮演次要男性角色。王國維《古劇腳色考》對「外」角的解釋爲：「於正色之外，又加某色以充之也。」在元雜劇、南戲中就有「外」，扮演中老年男性人物。至明傳奇，「外」專扮演老年男子，戴須。

〔4〕蕭嵩——唐開元十五年（公元 727 年）爲兵部尚書河西節度使。後因平吐蕃之亂有功，加同中書門下三品。十七年，又加兼中書令、集賢殿學士知院事兼修國史，進位金紫光祿大夫，後又進封徐國公。二十一年，又授尚書右丞相。據《舊唐書・蕭嵩傳》，蕭嵩與裴光庭同位數年，情頗不協。據民國・董康《曲海總目提要》載：「宇文融、蕭嵩、裴光庭同時宰相，劇言融相時，二人甫登第，亦是假託。」此是說宇文、蕭、裴三人曾同時爲宰相，並非宇文融爲相時蕭、裴二人才登第。湯顯祖爲劇情需要，對歷史有所改篡。

〔5〕美髯（rán）——鬍鬚濃密修長。髯，鬍鬚。《三國演義》中的關羽、《水滸傳》中的朱全皆有美髯公之稱。

〔6〕雲樹——雲與樹。泛指一般景物。戲文中常比喻朋友闊別而又相距遙遠。

〔7〕青門庶——漢召平，原爲秦東陵侯，秦亡後，在長安城東青門種瓜賣瓜。庶，平民也。故以「青門庶」指代原有地位後被冷落的人。青門，漢代長安城東南門，因其門爲青色，俗稱「青門」。門外有灞橋，漢人送客至此，折柳相別。唐・李隆基《送賀知章歸四明》詩：「獨有青門餞，群僚悵別深。」

〔8〕萋萋——草木茂盛貌。唐・崔顥《黃鶴樓》詩：「晴川歷歷漢陽樹，芳草萋萋鸚鵡洲。」

〔9〕「千秋萬古」四句——「千秋萬古共平原」語出《全唐詩》卷 151、劉長卿《哭陳歙州》詩，一作《哭陳使君》，「共」作「葬」。「生事蕭條空掩門」語出《全唐詩》卷 187、韋應物《寓居灃上精舍，寄于、張二舍人》詩，「條」作「疏」。「試問酒旗歌板地」語出《全唐詩》卷 392、李賀《酬答二首》詩之二，歌板

地，即歌舞地。歌板，歌唱時用以調整節奏的樂器。「有誰傾蓋待王孫」語出
《全唐詩》卷695、韋莊《柳谷道中作卻寄》詩，「傾蓋」，謂停車而語，車蓋
接近，喻初交相得，一見如故。《史記・魯仲連鄒陽列傳》云：「有白頭如新，
傾蓋如故。」

〔10〕蘭陵——即江蘇武進縣，古稱蘭陵。古蘭陵有二地：戰國時楚國置蘭陵，治所
　　　在今山東蒼山縣西南蘭陵鎮；東晉、南朝曾先後爲僑蘭陵郡及僑南蘭陵郡，治
　　　所在今江蘇常州市西北。梁武帝蕭衍，南蘭陵人，即江蘇境內蘭陵也。

〔11〕一忠——字一忠，爲後文花押張本。

〔12〕蕭衍之苗裔（yì）——蕭衍的後代。蕭衍，梁武帝蕭衍，南朝梁建立者，字叔
　　　達，南蘭陵人（今江蘇常熟西北）。蕭衍博學多通，長於文學、樂律，並擅書
　　　法。明人輯有《梁武帝御製集》。苗裔，遠代的子孫；後代。戰國楚・屈原《離
　　　騷》：「帝高陽之苗裔兮，朕皇考曰伯庸。」江西人頗重門第，故湯顯祖作傳奇
　　　爲人物備述先世。

〔13〕蕭瑀——字時文，昭明太子蕭統曾孫。自幼以孝行聞名天下，且善學能書，骨
　　　鯁正直，並深精佛理。隋煬帝初授以銀青光祿大夫內史侍郎。唐朝時深得李淵
　　　信任，授光祿大夫，封宋國公，拜民部尚書。唐太宗繼位，拜爲尚書左僕射。
　　　官至同中書門下三品。蕭嵩爲其曾侄孫。

〔14〕岸谷——指山河。岸，指河岸、江岸等。谷，指山谷等。岸谷遷移，可引申指
　　　政權更迭，滄桑之變。

〔15〕文武之道——指周文王、周武王治國修身之道和西周的禮樂文章。《論語・子
　　　張》云：「文武之道未墜於地，在人，賢者識其大者，不賢者識其小者，莫不
　　　有文武之道焉。」朱熹集注：「文武之道，謂文王、武王之謨訓功烈，與凡周
　　　之禮樂文章皆是也。」

〔16〕「美於鬚髯」四句——語出《舊唐書・蕭嵩傳》：「嵩，美鬚髯，儀形偉麗。初
　　　娶會稽賀晦女，與吳郡陸象先爲僚婿。象先時爲洛陽尉，宰相子，門望甚高。
　　　嵩尚未入仕。宣州人夏榮稱有相術，謂象先曰：『陸郎十年內位極人臣，然不
　　　及蕭郎一門盡貴，官位高而有壽。』」

〔17〕裴光庭——字連城，裴行儉之子。幼年喪父，其母庫狄氏得武則天寵信，累遷
　　　太常丞，兵部郎中。後以獻策詔封夷狄，安邊患，開元十七年（公元729年）
　　　拜中書侍郎同中書門下平章事。後從巡五陵回，又拜侍中兼吏部尚書加弘文館
　　　學士。開元二十年後，又加光祿大夫封正平男。不久病卒。在朝時，與蕭嵩爭
　　　權不協。

〔18〕金牙大總管——即洛陽大總管。金牙，古代洛陽城門名，這裏代指洛陽。

〔19〕裴行儉之晚子——裴行儉老來所生之子。裴行儉，字守約，唐絳州聞喜（今屬
　　　山西）人。歷任吏部侍郎、禮部尚書、定襄道行軍大總管等職，封聞喜縣公。
　　　善於用兵，擅長書法。裴光庭爲其少子。晚子，謂老來所生之子。

〔20〕武三思——并州文水（今山西文水東）人，唐代武則天之姪。其性乖巧，善事人，武則天秉政時受到重用，任夏官尚書、春官尚書，封梁王，監修國史，參預軍國政事。神龍三年（公元707年）中宗復位後，進開府儀同三司。後因參與宮廷政變被殺。

〔21〕諳知——熟悉、熟知。唐・白居易《和敏中洛下即事》詩：「洛中佳境應無限，若欲諳知問老兄。」

〔22〕蕭郎——古代常用作對蕭姓男子的美稱。此借指蕭嵩。

〔23〕黃榜——皇帝發佈的文告。因文告用黃紙或黃絹書寫，故名。《元史・世祖紀》：「遣呂文煥齎黃榜，安諭中外軍民。」亦作「皇榜」。

〔24〕耿耿——煩燥不安的樣子。《詩・邶風・柏舟》：「耿耿不寐，如有隱憂。」

〔25〕款迎——謂熱情接待。款，親熱。

〔26〕疏頭——僧道做場，拜懺時所焚化的向鬼神祈福的祝文。漢・王符《潛夫論・浮侈》：「或裁好繒，作爲疏頭，令工採畫，雇人書祝，虛飾巧言，欲邀多福。」明・西周生《醒世姻緣傳》第十一回：「我適才到了城隍廟叫崔道官寫了疏頭，送到衙內看過，要打七晝夜『保安祈命醮』哩。」亦指爲敬佛事向人募捐的冊子或說明募捐原由的短文。元・高則誠《琵琶記》三四、白：「今日寺中建設大會，怕有官員貴客來此遊玩，不免將著疏頭就抄化幾文香錢，添助支費。」

〔27〕殿試——科舉考試中最高一級。皇帝親臨殿廷策試。也稱廷試。源於西漢時皇帝親策賢良文學之士。始於唐武則天天授二年於洛陽殿前親策貢舉人，但尚未成定制。宋開寶八年，宋太祖於講武殿策試貢院合格舉人，並頒定名次，自此始爲常制。

〔28〕御史臺——古代中央官署名。西漢時稱御史府，東漢時稱御史臺。時稱憲臺，以御史中丞爲長官，爲朝廷的監察機構。唐一度稱蕭政臺，旋復舊稱。

〔29〕行下——即行文下達。《水滸傳》第二十回：「本州島孔目差人齎一紙公文，行下所屬鄆城縣，教守禦本境。」

〔30〕「詔旨」下，清暉、竹林本均有四格空白，當尚有一句，文字不詳。

〔31〕銷繳——繳回公文後註銷差使，是官府辦事時的一種程序。《水滸傳》第五一回：「（雷橫）齎了迴文，逕投縣裏來。拜見了知縣，回了話，銷繳公文批帖，且自歸家暫歇。」

〔32〕其餘——猶言其它、此外、剩下的。此語早見於《論語・爲政》：「多聞闕疑，愼言其餘，則寡尤；多見闕殆，愼行其餘，則寡悔。言寡尤，行寡悔，祿在其中矣！」

〔33〕綽下——謂落下。綽，音義同「抄」，抄取、抓取也。《水滸傳》第三三回：「花榮披掛，拴束了弓箭，綽槍上馬。」

〔34〕嫦娥所愛——喻指蟾宮折桂。以「嫦娥」借代月宮，月宮中有桂樹，「折桂」，即中第一。

〔35〕兩儒——蕭嵩將自己與裴光庭稱作「兩儒」。

〔36〕並比——「比併」之倒文；猶比較、比擬。元明間·無名氏《東籬賞菊》三
〔白鶴子〕白：「此菊花比併那繁花之媚，可是不同。」

〔37〕端然——果然、肯定。端，准定之意。

〔38〕裴航要閃住你蕭郎路——此處合用兩個典故：唐人小說裴鉶《裴航》云：唐長
慶年間秀才裴航，於藍橋驛與美女雲英締結良緣，同入仙府，成爲神仙伴侶。
《梁史·武帝紀上》云：蕭衍博學多通，好籌略，有文武才幹，所居室中常若
雲氣，人或遇者體輒肅然。初爲衛將軍王儉東閣祭酒，儉一見，深相器異，請
爲戶曹，屬謂廬江何憲曰：「此蕭郎三十內當作侍中，出此則貴不可言。」閃，
拋撇、躲避也。蕭嵩說裴光庭要拋開他自去殿試。

〔39〕未委——不知。元·楊果套數《仙呂·翠裙腰》〔綠窗愁〕：「有客持書至，還
喜卻磋咨。未委歸期約幾時，先拆破鴛鴦字。」

〔40〕寄私書——謂寄給私人的信件。

〔41〕場屋——又稱「科場」。即科舉考試的地方。

〔42〕筆花高吐——形容把文才充分施展出來。五代·王仁裕《開元天寶遺事·夢筆
頭生花》云：「李太白少時，夢所用之筆，頭上生花，後天才贍逸，名聞天下。」
後因以「夢筆生花」喻才情橫溢，文思豐富。

〔43〕對策——科舉考試的一種文體，即策論。

〔44〕狀元紅——酒名。據清·平步青《霞外捃屑》卷十引《通俗編》卷三十云：「狀
元紅者，重葉深紅，天姿富貴，彭人以冠花品，以其高出眾花之上，故名。或
曰：舊制，進士第一人即賜茜袍，此花如其色，故以名之。」平步青認爲：「花
鏡、牡丹、荔支、菊，皆有狀元紅之名。今越人又以名酒之醇者。」

〔45〕月宮花——古科舉登科稱蟾宮折桂，或插宮花。「笑取月宮花」，猶謂登科及
第。

〔46〕雪案螢窗——這是中國古代兩個勤學苦讀的例子。雪案，指晉代孫康夜裏映雪
讀書的故事。唐徐堅等《初學記》卷二引《宋齊語》云：「孫康家貧，常映雪
讀書。清談，交遊不雜。」螢窗，指晉代車胤囊螢事。參見第二齣注〔6〕。

第六齣　贈　試 〔1〕

【繞池遊】〔2〕〔旦上〕偶然心上，做盡風流樣，懶妝成又偎人半晌。
〔老貼笑上〕營勾〔3〕了腰肢，通籠〔4〕繡帳，聽得來愁人夜長。

　　【醜奴兒】〔旦〕紅圍粉簇清幽路，那得人遊？〔老〕天與風流，有客
窺簾動玉鉤。〔貼〕探香覓翠芙蓉架，官了私休。〔合〕此處人留，蝶夢
〔5〕迷花正起頭。〔老〕姐姐，天上弔下一個盧郎。〔貼〕不是弔下盧郎，

是個驢郎。〔旦〕蠢丫頭，説出本相。思想起我家七輩無白衣〔6〕女婿，
要打發他應舉，你道如何？〔老〕好哩，姐夫得官回，你做夫人了。

【卜算子】〔生上〕長宵清話〔7〕長，廣被〔8〕風情廣。似笑如顰在
畫堂〔9〕，費盡佳人想。

〔見介、旦〕【集唐】盧郎，你不羨名公樂此身〔10〕，〔生〕這風光別似
武陵春〔11〕。〔旦〕百花仙醒能留客〔12〕，〔生〕一面紅妝惱煞人〔13〕。

〔旦〕盧郎，自招你在此，成了夫婦。和你朝歡暮樂，百縱千隨，真
人間得意之事也。但我家七輩無白衣女婿，你功名之興，卻是何如？
〔生〕不欺娘子説，小生書史雖然得讀，儒冠〔14〕誤了多年。今日天
緣，現成受用，功名二字，再也休提。〔旦〕咳，秀才家好説這話。且
問你會過幾場來？

【朱奴兒】〔生〕我也忘記起春秋〔15〕幾場，則翰林苑〔16〕不看文
章。沒氣力頭白功名紙半張〔17〕，直〔18〕那等豪門貴黨。〔合〕高名望，
時來運當，平白地為卿相。

〔旦〕説豪門貴黨，也怪不的他。則你交遊不多，才名未廣，以致淹
遲〔19〕。奴家四門親戚，多在要津〔20〕，你去長安，都須拜在門下。〔生〕
領教了。〔旦〕還一件來，公門要路，能勾容易近他？奴家再著一家兄
〔21〕相幫引進，取狀元如反掌耳。〔生〕令兄有這樣行止。〔旦〕從來
如此了。

【前腔】〔旦〕有家兄打圓就方〔22〕，非奴家數白論黃〔23〕。少他呵，
紫閣金門〔24〕路渺茫，上天梯有了他氣長。〔合前〕

〔生〕這等，小生到不曾拜得令兄。〔旦〕你道家兄是誰？家兄者，錢
也。奴家所有金錢，儘你前途賄賂。〔生笑介〕原來如此，感謝娘子厚
意。聽的黃榜招賢，盡把所贈金資，引動朝貴，則小生之文字字〔25〕珠
玉矣。〔旦〕正當如此，梅香，取酒送行。

【雁來紅】〔送酒介〕寬金盞，瀉杜康〔26〕，緊班騅送陸郎〔27〕。他
無言覷定把杯兒倘，再四〔28〕重斟上，怕濕羅衫這淚幾行。〔合〕凝眸
望，開科這場，但泥金〔29〕早傳唱。

【前腔】〔生〕葫蘆提〔30〕，田舍郎，仗嬌妻有志綱〔31〕，贈家兄送上黃金榜。握手輕難放，少別成名恩愛長。〔合前〕

【尾聲】〔旦〔32〕拜介〕指定衣錦還鄉似阮郎〔33〕，此去呵，走章臺〔34〕再休似〔35〕前胡撞，俺留著這一對畫不了的愁眉待張敞〔36〕。

開元天子〔37〕重賢才，開元通寶〔38〕是錢財。

若道文章空使得，狀元曾值幾文來？

校 注

〔1〕贈試——此齣寫崔氏贈金，令丈夫盧生前往京城考取功名。

〔2〕繞池遊——「池」原誤爲「地」，據清暉、獨深、竹林本改。

〔3〕營勾——姦淫。謂勾引發生性關係。「姦淫」乃「勾引」「誘騙」的目的。始於勾引，終於姦淫，前後是一致的。元・白樸《牆頭馬上》二〔隔尾〕白：「兀的是不出嫁的閨女，教人營勾了身軀，可又隨著他去。」

〔4〕通籠——猶「曈曨」，光線微弱貌。南朝梁・江淹《赤虹賦》：「霞晃朗而下飛，日通籠而上度。」湯顯祖《紫釵記》四九〔黃鶯兒〕：「正好夢來時，戶通籠一覺回。」一作「通朧」，明・許三階《節俠記》二八〔南步步嬌〕：「通朧夜影懸，跋涉程途。」

〔5〕蝶夢——莊子曾夢自己爲蝴蝶，後來因稱夢爲蝴蝶夢，含有夢幻非眞之意。比喻虛幻的事物或人生變幻無常。《莊子・齊物論》云：「昔者莊周夢爲蝴蝶，栩栩然蝴蝶也，自喻適志與！不知周也。俄然覺，則蘧蘧然周也。不知周之夢爲蝴蝶與，蝴蝶之夢爲周與？周與蝴蝶，則必有分矣。此之謂物化。」

〔6〕白衣——古代平民所穿的衣服，文學作品中往往指沒有官職的士人或平民百姓。唐・顧非熊《會中賦得新年》詩：「那堪獨惆悵，猶是白衣身。」

〔7〕清話——謂閒聊、閒談。明・凌蒙初編纂《二刻拍案驚奇》卷十三：「小生從縣間至此，見天色已晚，特來投宿庵中，與師父清話。」

〔8〕廣被——此處用本義，謂寬大的被子。引申義謂遍及。如漢・張衡《東京賦》：「惠風廣被，澤自幽荒。」

〔9〕畫堂——本指古代宮中有彩繪的殿堂；亦泛指雕梁畫棟的屋宇，喻富貴人家。唐・崔顥《王家少婦》詩：「十五嫁王昌，盈盈入畫堂。」

〔10〕「不羨名公」句——語出《全唐詩》卷27、無名氏《雜曲歌辭・水調歌第三》詩：「王孫別上綠珠輪，不羨名公樂此身。戶外碧潭春洗馬，樓前紅燭夜迎人。」

〔11〕「風光別似」句——語出《全唐詩》卷650、方干《睦州呂郎中郡中環溪亭》

詩:「爲是仙才多望處,風光便似武陵春。閒花半落猶迷蝶,白鳥雙飛不避人。」
武陵春,指晉‧陶淵明《桃花源記》中描繪的武陵美景。

〔12〕「百花仙醞」句——語出《全唐詩》卷 143、王昌齡《題朱煉師山房》詩:「叩
齒焚香出世塵,齋壇鳴磬步虛人。百花仙醞能留客,一飯胡麻度幾春?」

〔13〕「一面紅妝」句——語出《全唐詩》卷 184、李白《贈段七娘》詩:「羅襪淩波
生網塵,那能得計訪情親。千杯綠酒何辭醉,一面紅妝惱殺人。」

〔14〕儒冠——指儒生未第者所戴的頭巾。這裏引申指功名。《漢書‧酈食其傳》云:
「諸客冠儒冠來者,必解其冠,溺其中。」唐‧杜甫《奉贈韋左丞丈廿二韻》
詩:「紈綺不餓死,儒冠多誤身。」

〔15〕春秋——指科舉考試。鄉試每三年一次,又稱大比,因在秋季舉行,亦稱秋
闈。考中者爲舉人,可於次年赴京會試。會試即省試,在鄉試後第二年春季
舉行,由禮部主持,故稱禮部試,亦稱禮闈、春闈。

〔16〕翰林苑——即翰林院。中央官署,唐代初置,爲翰林待詔內廷供奉之處,亦稱
學士院。

〔17〕「沒氣力」句——氣力,意爲權勢、勢力。《韓非子‧五蠹》:「事異則備變:上
古競於道德,中世逐於智謀,當今爭於氣力。」元‧王實甫《麗春堂》二〔要
孩兒〕:「這潑徒怎敢將人戲,你託賴著誰人氣力?」功名紙半張,喻功名不值
錢。宋‧楊萬里《誠齋集》卷七《燈下讀山谷詩》:「百年人物今安在?千載功
名紙半張。」

〔18〕直——遇、逢。

〔19〕淹遲——謂遲緩、延緩。

〔20〕要津——原義爲重要的渡口。此引申謂有權勢之高位,指政府的要害部門。
唐‧杜甫《奉贈蕭二十使君》詩:「昔在嚴公幕,俱爲蜀使臣。艱危參大府,
前後間清塵。起草鳴先路,乘槎動要津。」

〔21〕家兄——喻金錢。詳見第三齣注〔85〕。

〔22〕打圓就方——指用金錢打通道路。古代銅錢幣邊緣呈圓形,內中有一方孔,故
又稱孔方兄。打,鑄造之意。就,確定之意。詳見第三齣注〔85〕。

〔23〕數白論黃——即說長道短,講論是非也。明‧周楫《西湖二集‧巧妓作父成
名》云:「有家兄打圓成方,非奴家數白論黃。」

〔24〕紫閣金門——指權勢之地。紫閣,即專爲皇帝掌握機要、發佈政令的中央官署
中書省的代稱。魏晉朝始設,沿至隋唐,曾改稱西臺、鳳閣、紫微省,紫微省
亦簡稱「紫閣」。金門,即漢宮門「金馬門」,《史記‧滑稽列傳》云:「金馬門
者,宦〔者〕署門也。」被徵召來的人,才憂者待詔金馬門。金馬門與玉堂殿
被後世用以指稱翰林院。

〔25〕字字——原奪一個「字」,據各本補。

〔26〕杜康——即少康，傳說中釀酒的發明者。《說文》：「古者少康初作箕帚、秫酒。少康，杜康也。」後遂以「杜康」指代酒。

〔27〕「緊班騅（zhuī）」句——此句化用唐人詩意。唐・李商隱《對雪二首》詩之二：「關河凍合東西路，腸斷斑騅送陸郎」。唐・李賀《夜坐吟》詩：「明星爛爛東方陘，紅霞稍出東南涯，陸郎去矣乘斑騅。」宋・郭茂倩《樂府詩集》卷四七《神絃歌・明下童曲》中亦有：「陳孔驕赭白，陸郎乘斑騅」句。班，通「斑」。斑騅，謂毛色青白相雜的馬。陸郎，喻指冶遊郎，非實指。本劇中崔氏用以美稱盧生。

〔28〕再四——意謂連續多次。清・岳端《揚州夢傳奇》二〔懶畫眉〕白：「再四尋思，別無頭路。」

〔29〕泥金——用金箔和膠製成的顏料。此處指泥金帖子。唐代以來專門用做新進士登科報喜的帖子。

〔30〕葫蘆提——猶言糊裏糊塗。金・董解元《西廂記諸宮調》卷一〔般涉調・尾〕：「眼眯瞇地伴呆著，一夜葫蘆提鬧到曉。」湯顯祖《牡丹亭》五三〔北尾〕白：「老相公，葫蘆提認了罷。」

〔31〕有志綱——猶言有主張。

〔32〕此處疑奪一字，據劇情補一「旦」字。

〔33〕衣錦還鄉似阮郎——衣錦還鄉，猶言富貴後回歸故里，有炫耀之意。《史記・項羽本紀》載：「富貴不歸故鄉，如衣繡夜行，誰知之者！」阮郎，《太平廣記》卷六一《天台二女》云：劉晨、阮肇入天台採藥遇二仙女，被邀回家，酒酣作樂，留戀半年。後在詩、詞、散曲、戲曲中常以劉、阮喻指情郎。湯顯祖《牡丹亭》三二〔懶畫眉〕白：「擬託良媒亦自傷，月寒山色兩蒼蒼。不知誰唱春歸曲？又向人間魅阮郎。」參見第四齣注〔110〕。

〔34〕章臺——原是宮名，戰國時秦建，因宮內有章臺而得名，故址在長安。漢時章臺下有街名章臺街。《漢書・張敞傳》：「然敞無威儀，時罷朝會，過走馬章臺街，使御史驅，自以便面拊馬。」後泛指為娼樓妓館或遊樂場所的代稱。唐・李白《流夜郎贈辛判官》詩：「夫子紅顏我少年，章臺走馬著金鞭。」

〔35〕似——此字下，各本均有「以」字。

〔36〕張敞——字子高，漢代河東平陽（今山西臨汾西南）人，曾為豫州刺史、太中大夫、山陽太守、京兆尹等。世有張敞畫眉的故事。漢・班固《漢書・張敞傳》云：「又為婦畫眉，長安中傳張京兆眉嫵。有司以奏敞。上問之，對曰：『臣聞閨房之內，夫婦之私，有過於畫眉者。』上愛其能弗備責也。」後世以「張敞畫眉」喻夫妻感情融洽。

〔37〕開元天子——指唐玄宗李隆基。開元（公元 713—741 年）為唐玄宗李隆基登基後使用的第二個年號，共計 29 年。開元意思是開闢新紀元。開元初年，政

治穩定，史稱「開元之治」。開元年間，唐朝國力強盛，史稱開元盛世。此傳奇假託爲唐開元年間事。

〔38〕開元通寶——亦稱「開元錢」。古錢幣名。唐高祖武德四年開始鑄造。幣面有「開元通寶」四字，俗多迴環讀作「開通元寶」。爲後世銅幣以通寶或元寶爲名的由來。開元義爲開創新紀元，非指年號。參見《舊唐書·食貨志上》、宋·王楙《野客叢書·開元乾元二錢》、清·顧炎武《日知錄·開元錢》。

第七齣　奪　元〔1〕

【夜行船】〔淨〔2〕宇文融〔3〕上〕宇文後魏留支派〔4〕，猶餘霸氣遭逢聖代。號令三臺〔5〕，權衡十宰〔6〕，又領著文場氣概。

【集唐】猶得三朝託後車〔7〕，普將雷雨發萌芽〔8〕。中原駿馬搜求盡〔9〕，誰道門生隔絳紗〔10〕？下官乃唐朝左僕射〔11〕兼檢括天下租庸使〔12〕宇文融是也。性喜奸讒，材能進奉。日昨黃榜招賢，聖人可憐見，著下官看卷進呈。思想一生，專以迎合朝廷，取媚權貴。卷子中間有個蘭陵蕭嵩，奇才，奇才。雖是梁武帝之後，異代君臣，管我不著；又有個聞喜裴光庭，正是前宰相裴行儉之子，武三思之婿，才品次些，我要取他做個頭名，蕭嵩第二。早已進呈，未知聖意若何？早晚近侍到來，可以漏泄聖意。左右，門外伺候。

【粉蝶兒】〔13〕〔老旦高力士〔14〕上〕綠滿宮槐〔15〕，隨意到棘闈〔16〕簾外。

〔丑報介〕司禮監〔17〕高公公到門。〔淨慌走接介、淨〕早知老公公俯臨，下官禮合遠接。〔老〕老先〔18〕過謙了，日下看卷費神思哩。〔淨〕正要修一密啟，稟問老公公：未知御意進呈第一可點了誰？〔老〕有點了。〔淨〕是裴光庭麼？〔老〕還早。〔淨〕是蕭嵩？〔老〕再報來。〔淨〕後面姓名，下官都不記懷了。〔老〕可知道。

【一封書】都經御覽裁，看上了山東盧秀才。〔淨想介〕山東盧秀才？〔老〕名喚盧生。知他甚手策〔19〕，動龍顏，含笑孩〔20〕？〔淨〕老公公，看見當真點了他。〔老〕親看御筆題紅〔21〕在，待剪宮袍賜綠來〔22〕。〔合〕御筵排，榜花〔23〕開，也是他際會風雲〔24〕直上臺。

〔淨〕奇哉，奇哉。這等，裴、蕭二人第幾？〔老〕蕭第二，裴第三。

【前腔】〔淨背介〕卷首定蕭、裴，怎到的寒盧那狗才？〔回介〕是他命運該，遇重瞳，著眼擡〔25〕。〔老〕老先不知，也非萬歲爺一人主裁，他與滿朝勳貴相知，都保他文才第一。便是本監，也看見他字字端楷〔26〕哩。〔淨〕可知道了。他的書中有路能分拍〔27〕，則道俺眼內無珠做總裁。〔合前〕

〔老〕告別了。明日老先陪宴。

【尾聲】杏園紅〔28〕你知貢舉〔29〕的須陪待。〔淨〕還要請老公公主席纔是。〔老笑介〕我帶上了穿宮入殿牌〔30〕，則助的你外面的官兒〔31〕御道上簪花〔32〕那一聲綵。〔下〕

〔宇文弔場〔33〕〕可笑，可笑，咱看定了的狀元，誰想那盧生以鑽刺〔34〕搶去了，偏不鑽刺於我！

如此朝綱把握難，不容怒髮不衝冠〔35〕。

則這黃金買身貴〔37〕，不用文章中試官〔37〕。

校　注

〔1〕奪元——盧生通過賄賂手段，被從落卷中拔爲頭名狀元。盧生唯獨沒有賄賂負責本次科考的權臣宇文融，故而宇文融懷恨在心。此次科考，蕭嵩得中第二名，裴行儉中第三名。

〔2〕淨——戲劇角色名。後世俗稱花臉、花面。一般認爲是由宋雜劇、金院本中的副淨演變而來。在劇中多扮演次要男性角色，在元雜劇中也可扮演次要女性角色。淨角既可以是正面人物形象，也可以是反面人物形象。

〔3〕宇文融——唐大臣，京兆人。開元初累官至監察御史。開元十七年（公元 729年）任宰相，在位百日後因貪污被貶流放，卒於途中。

〔4〕宇文後魏留支派——後魏，即北魏。公元 386 年拓跋氏重建代國，旋改國號爲魏，史稱北魏，亦曰後魏。公元 398 年北魏統一北方，與南朝對峙。公元 534年北魏分裂爲東魏、西魏，東魏爲北齊所代，西魏爲北周所代。北魏冢宰宇文泰之子宇文覺爲北周孝閔帝，故謂「宇文後魏留支派」。支派，這裏是後裔之意。因祖上之「偉業」，故宇文融言詞中有一種自豪感。

〔5〕三臺——古代中央官署的總稱。漢代以尚書爲中臺，御史爲憲臺，謁者爲外臺，

合稱三臺。唐代以尚書省爲中臺，中書省爲西臺，門下省爲東臺。號令「三臺」，形容其權勢之大。

〔6〕權衡十宰——謂掌握著政府十個部門的權力；比喻權勢極大。權衡，謂掌握。十宰，古代中央官員的總稱，代指政府的各個部門。

〔7〕「猶得三朝」句——語出《全唐詩》卷 540、李商隱《宋玉》詩：「可憐庾信尋荒徑，猶得三朝託後車。」「後車」，即副車，侍從所乘之車。《詩・小雅・縣蠻》：「命彼後車，謂之載之。」鄭玄箋：「後車，倅車也。」陸德明釋文：「倅，七對反，副車。」三國魏・曹丕《與朝歌令吳質書》：「從者鳴笳以啓路，文學託乘於後車。」指後來有才能者。此處宇文融自喻爲輔助君王的賢臣。

〔8〕「普將雷雨」句——語出《全唐詩》卷 344、韓愈《次鄧州界》詩：「早晚王師收海嶽，普將雷雨發萌芽。」

〔9〕「中原駿馬」句——語出《全唐詩》卷 548、薛逢《開元後樂》詩：「中原駿馬搜求盡，沙苑年來草又芳。」

〔10〕「誰道門生」句——語出《全唐詩》卷 239、錢起《登劉賓客高齋》詩：「日陪鯉也趨文苑，誰道門生隔絳紗？」

〔11〕左僕射（yè）——僕射，官名。秦始置，漢以後因之。漢成帝建始四年，初置尚書五人，一人爲僕射，位僅次尚書令，職權漸重。漢獻帝建安四年，置左右僕射。唐宋左右僕射爲宰相之職。宋代以後廢。《漢書・百官公卿表》云：「僕射，秦官，自侍中、尚書、博士、郎皆有。古者重武官，有主射以督課之。」

〔12〕租庸使——官職名。唐代設置，始於唐玄宗，主要職責是催徵各地租稅，徵斂軍用資糧。唐德宗以後廢。唐僖宗時復置。後唐明宗時又廢。

〔13〕粉蝶兒——曲牌名。葉《譜》作「中呂粉蝶兒」。按曲譜，「粉蝶兒」應有六句，此處省四句。

〔14〕老旦高力士——老旦，戲劇角色名。旦角的一種。在劇中扮演老年次要女性角色。此處高力士本爲男性，但因他是宦官，聲音類於女性，故作者將其劃歸老旦角色。高力士，本姓馮，唐代玄宗時宦官，因善體上意，頗受玄宗賞識，累封至渤海郡公，開府儀同三司。肅宗時被流放巫州。「高力士」下，清暉、獨深、竹林本均有「引對子」三字。

〔15〕宮槐——周代於外朝種植槐、棘，以爲朝臣列班的次序，故以槐棘爲公卿之位。《周禮・秋官》云：「掌建邦外朝之法：左九棘，孤、卿、大夫位焉……右九棘，公、侯、伯、子、男位焉……面三槐，三公位焉。」此處以「宮槐」指代朝臣列班的所在。

〔16〕棘闈——科舉時代考試院的別稱。唐、五代科考爲防止作弊，考試院周圍牆上遍插棘枝，故名。亦寫作「棘圍」。宋・洪邁《夷堅甲志・胡克己夢》：「吾夢棘闈晨啓，他人未暇進，獨先入坐堂上，急茲必首選。」元・王實甫《西廂記》

　　　一本一折〔混江龍〕:「將棘圍守暖,把鐵硯磨穿。」

〔17〕司禮監——官署名。明代始設,由宦官任職。據《明史·職官志三》,凡內官
　　　監十一,其中有司禮監,正四品。自明武宗時宦官劉瑾專政以後,司禮監遂專
　　　掌機密,批閱章奏,實權往往在內閣之上,影響及一代政治。唐代稱司禮,由
　　　禮部尚書擔任,稱司禮太常伯。湯顯祖在此稱宦官高力士為司禮監高公公,是
　　　將明代制度移到了唐代。

〔18〕老先——即老先生。「先」為「先生」之簡稱。又稱老先兒。清·趙翼《陔餘
　　　叢考》卷三十七「老先生」條:「王新城謂:明朝中官稱士大夫為老先。」清
　　　·翟灝《通俗編·尊稱·老先》:「《香祖筆記》:今人稱先生,古人亦有只稱先者。
　　　漢·梅福曰:『孫叔先非不忠也。』師古注:先,猶言先生。又鄧先好奇計及
　　　張談先之類。後世中官稱士大夫為老先,非無因也。」清·孔尚任《小忽雷傳
　　　奇》三三〔畫眉序·前腔〕白:「這裏是鄭老先家,不免逕入。」

〔19〕手策——意指本領、手段、計謀。金·董解元《西廂記諸宮調》卷二〔正宮·
　　　甘草子〕:「是則是英雄臨陣披重鎧,依仗著他家有手策,欲反唐朝世界。」元·
　　　張國賓《薛仁貴》二〔後庭花〕:「絳州城顯氣概,龍門鎮施手策。」《元曲選·
　　　音釋》:「策,釵上聲。」

〔20〕含笑孩——猶言含笑也。孩,像小孩一樣的笑貌。《說文》:「孩,小孩笑也。」
　　　《老子》云:「我獨泊兮其未兆,如嬰兒之未孩。」

〔21〕題紅——封建時代科舉考試,考生的答卷用墨筆書寫,稱墨卷。謄錄者用朱筆
　　　謄寫,稱朱卷。考官的批語也用朱筆書寫,故也可稱為題紅。「御筆題紅在」,
　　　是說皇帝用朱筆題寫的紅墨迹在。

〔22〕「待剪宮袍」句——猶言進士及第後賜公服。剪,猶量體裁衣也。唐代公服色
　　　分四等:一至三品服紫,四至五品服緋,六至七品服綠,八至九品服青。唐制,
　　　新進士賜綠袍,故唐代新中進士又有「綠衣郎」之稱。

〔23〕榜花——據宋·錢易《南部新書·丙集》載,唐代大中年間以後,禮部取士放
　　　榜,每年均錄取姓氏冷僻者二、三人,謂之「榜花」,也稱「色目人」。另見清·
　　　翟灝《通俗編》卷二五「榜花」條。

〔24〕際會風雲——又稱風雲際會。《易經·乾卦》:「雲從龍,風從虎。」謂同類相
　　　感,後世喻作運順際會解。

〔25〕遇重瞳著眼攛——猶謂遇上貴人被攛舉。重瞳,謂眼中有兩個瞳人,古代認
　　　為這是一種貴相。漢·劉安《淮南子》卷十九:「舜二瞳子,是謂重明,作事
　　　成法,出言成章。」相傳舜帝眼睛是雙瞳人,龍顏大嘴,父母厭惡他,想盡
　　　辦法欲害死他,但總是不能得逞。《宋書·符瑞志》:「帝舜有虞氏,母曰握登,
　　　見大虹意感,而生舜於姚墟。目重瞳子,故名重華。龍顏大口,黑色,身長
　　　六尺一寸。舜父母憎舜,使其塗廩,自下焚之,舜服鳥工衣飛去。又使濬井,

自上填之以石，舜服龍工衣自傍而出。」《史記・項羽本紀贊》：「吾聞之周生
曰：『舜目蓋重瞳子。』又聞項羽亦重瞳子。羽豈其苗裔邪？」此處是以「重
瞳」代指唐明皇。唐・徐夤《偶書》詩：「高皇冷笑重瞳客，蓋世拔山何所爲。」
湯顯祖《牡丹亭》二一〔三學士〕：「則怕呵，重瞳有眼蒼天瞎，似波斯賞鑒
無差。」眼攛，看得起的意思。

〔26〕端楷——比喻字寫的端正、工整。

〔27〕「書中有路」句——書中有路，喻仕途有路；分拍，指對滿朝勳貴能分別對待，
即疏通關節。湯顯祖《牡丹亭》三九〔江兒水〕：「一點色情難壞，再世爲人，
話做了兩頭分拍。」此「分拍」，即謂對陰鬼陽人要分別對待。

〔28〕杏園紅——即杏園宴也。杏園，故址在今陝西西安市大雁塔南，唐代新科進士
賜宴之地。五代・王定保《唐摭言・慈恩寺遊賞賦詠雜記》：「神龍以來，杏園
宴後，皆於慈恩寺塔下題名。」後泛指新科狀元遊宴處。唐・朱慶餘《贈鳳翔
柳司錄》詩：「杏園北寺題名日，數到如今四十年。」

〔29〕知貢舉——官職名。唐宋時皇帝特派主持會試的大臣。

〔30〕穿宮入殿牌——即可自由出入宮禁的腰牌。《明史・宦官傳一・劉瑾》：「帝親
籍其家，得僞璽一、穿宮牌五百及衣甲、弓弩、袞衣、玉帶諸違禁物。」

〔31〕此句中，葉《譜》去「的」字；並去「外面的官兒」五字。

〔32〕簪花——謂插花於冠。清・陳康祺《郎潛紀聞》卷三「新進士簪花禮」載：「新
進士釋褐於國子監，祭酒、司業皆坐彝倫堂，行拜謁簪花禮。」

〔33〕弔場——戲劇術語。戲情告一段落，腳色大都下場，只留一二人在場，繼續搬
演，有承上起下的作用，叫做「弔場」。

〔34〕鑽刺——意謂鑽營、圖謀；即通過各種手段達到奪取功名利祿的目的。宋・張
瑞義《貴耳集》卷下云：「世之巧宦者，皆謂之鑽。」即指官場中的「鑽刺」
之術。清・李漁《風箏誤》十七〔字字雙・前腔〕白：「自家京師第一個會鑽
刺的媒婆，綽號李鑽天的便是。」

〔35〕「不容怒髮」句——形容怒氣之大，竟致將帽子頂起。語出《史記・廉頗藺相
如列傳》：「相如因持璧卻立，倚柱，怒髮上衝冠。」

〔36〕「則這黃金」句——化用唐・李賀《嗰少年》詩：「生來不讀半行書，只把黃金
買身貴。」

〔37〕「不用文章」句——宋元俗語。明・馮夢龍《警世通言・李謫仙醉草嚇蠻書》
有「不願文章中天下，只願文章中試官」句。

第八齣　驕　宴〔1〕

〔丑廚役頭巾插花上〕小子光祿寺〔2〕廚役，三百名中第一。刀砧使得

精細，作料下得穩實。饅頭摩的光泛，線面打得條直。千層起的潑鬆〔3〕，八珍配得整飭〔4〕。何止五肉七菜，無非喫一看十。喫了的眠思夢想，但看的垂涎咽液。休道三閣下堂餐〔5〕，便是六宮〔6〕中也是我小子尚食〔7〕。這開元皇帝〔8〕最喜我蔥花灌腸〔9〕，太真娘娘〔10〕喜我椒風扁食〔11〕。止因御湯裏抓下個蝨子，被堂上官打下小子革役。虧的過房〔12〕外甥營救，叫小子依舊更名上直〔13〕。〔內問介〕外甥是誰？〔丑〕是當今第一名小唱〔14〕，在高公公名下秉筆〔15〕，秉筆。你問我今日為何頭上插花？來做新進士瓊林宴〔16〕席。前路是半實半空案菓，後面是帶熟帶生品食。那裏有壽祭牛肉？那裏討宣州大栗〔17〕？一碟菜五六根黃薺，半瓶酒三兩盞醋滴。官廚飯一兩匙兒，邊傍放著些半夏法製〔18〕。〔內問介〕為甚來？〔丑〕你不知秀才們一個個飽病難醫，待與他燥〔19〕些脾胃。說便說了，今日天開文運，新狀元賜宴曲江池〔20〕。聖旨就著考試官宇文老爺陪宴，前面頭踏〔21〕早來也。

【謁金門前】〔淨上〕風雲定，恩賜御筵華盛。我也曾喫紅綾春宴餅〔22〕，年華堪自省〔23〕。

我宇文融，今日曲江陪宴。可奈〔24〕新科狀元乃是落後之卷，相見好沒意兒。後生意氣，且自趨奉〔25〕他一二。叫光祿寺祗候人〔26〕，筵宴可齊？〔丑叩頭介〕都齊了，只有教坊司〔27〕未到。〔旦眾上〕折桂〔28〕場中開院本〔29〕，插花筵上喚官身〔30〕。稟老爺：女妓叩頭。〔淨〕報名來。〔貼〕奴家珠簾秀〔31〕。〔旦〕奴家花嬌秀。〔老旦〕〔32〕我叫做鍋邊秀。〔淨〕怎生這般一個名字？〔丑〕小的知他命名的意兒，妓女們琵琶過手曲過嗓，家常飯到只伸掌。只這名叫做鍋邊秀，便是小的光祿寺廚役竈下養。〔淨〕原來是個火頭〔33〕哩。〔丑〕著了，來和老爺退火。〔淨〕哇！狀元已到，妓女們遠遠迎接。

【謁金門後】〔生外末引隊子上〕走馬御街遊趁〔34〕，雁塔標題名姓〔35〕。〔旦眾接介〕教坊司女妓們迎接狀元。〔生眾笑介〕起來，起來。〔生〕勞動你多嬌來直應〔36〕，繞花鶯燕〔37〕請。

〔淨迎介〕列位狀元請進。〔拜介〕應圖求駿馬，驚代得麒麟〔38〕。白日來深殿，青雲滿後塵〔39〕。〔淨〕〔40〕恭喜三公高才及第〔41〕，老夫不勝

榮仰。〔生〕叨蒙聖恩。〔外末〕皆老師相進呈之力。〔淨〕御賜曲江喜筵，真盛事也。〔生〕敢問往年直宴〔42〕，止是幾個老倒樂工，今日何當妙選。〔淨〕今日狀元乃聖天子欽取，以此加意〔43〕而來。〔生〕原來如此。〔淨〕看酒。〔丑〕花開上林苑〔44〕，酒對曲江池。

【降黃龍】〔淨送酒介〕天上文星〔45〕，唱好是金殿雲程〔46〕，玉堂〔47〕風景。皇封〔48〕御酒，玳筵〔49〕中如醉日邊紅杏〔50〕。〔生〕崢嶸〔51〕，想像平生，這一舉成名天幸。〔外末〕拚〔52〕歡娛，酒淹衫袖，帽斜花勝〔53〕。

【前腔】〔眾旦〕難明，天若無情，怎折桂人來，嫦娥送影？人間清興〔54〕，是紅裙〔55〕怎不把綠衣郎敬？低聲，我待侍枕銀屏，逗逗〔56〕的狀元紅並。但留名，平康〔57〕到處，也堪題詠。

〔淨〕狀元，這妮子要請狀元，老夫為媒。〔生笑介、淨〕官妓〔58〕，狀元處乞珠玉〔59〕。〔生〕使得，題向那裏？〔貼〕奴家有個紅汗巾兒在此。〔生題詩、淨表白介〕香飄醉墨粉紅〔60〕催，天子門生〔61〕帶笑來。自是玉皇親判與，嫦娥不用老官媒〔62〕。〔眾〕狀元好染作〔63〕也。〔淨〕則就中語句，有些奚落老夫哩。〔外〕盧年兄未必有此。〔末〕官妓再看酒。

【黃龍袞】同登學士瀛〔64〕，滿把瓊漿〔65〕領。是虎為龍，都是風雲慶〔66〕。為誰奚落？為誰倬幸〔67〕？繞雁塔，共題名，瞻清景。

〔扮報子上〕報，報，報，盧爺奉聖旨欽除翰林學士〔68〕，兼知制誥〔69〕；蕭爺、裴爺俱翰林院編修〔70〕；著教坊司送歸本院。〔淨〕恭喜了。

【前腔】詩題翰墨清，鐙撇雕鞍逞。風暖笙歌，笑語朱簾映。生成濟楚，昂然端正。便立在鳳樓〔71〕前，人索稱。〔生外末揖上馬介〕〔72〕

【尾聲】〔淨〕三公呵，御樓高接著帽簷平，撒靴尖走上頭廳〔73〕，也不枉了你誤春雷十年窗下等〔74〕。〔眾下〕

〔淨弔場笑介〕好笑，好笑，世間乃有盧生。中了狀元，爲因不出我門下，談容高傲。我好趨奉他，嫦娥有意，老夫可以爲媒，乞其珠玉。他題詩第二句天子門生帶笑來，明說不是我家門生，這也罷了；第四句嫦娥不用老官媒，呵呵，有這般一個老官媒不用麼？待我想一計打發他。他如今新除〔75〕，中了聖意，權待〔76〕他知制誥有些破綻〔77〕之時，尋個題目處置他。

書生白面好輕人，只道文章穩立身。

直待朝中難站立，始知世上有權臣〔78〕。

校 注

〔1〕驕宴——在御賜曲江宴上，盧生談容高傲在不經意間觸犯了奉旨陪宴的宇文融。宇十分惱怒，準備伺機處置盧生。盧生此次狀元及第，授官翰林學士兼知制誥。蕭嵩、裴光庭俱爲翰林院編修。

〔2〕光祿寺——主管宮內事務的機構，起於秦漢。至南北朝，始稱光祿寺，掌宮室膳食。唐代光祿寺置卿、少卿及丞二人，統珍饈、良醞、掌醢等署。《舊唐書·職官志三》：「光祿寺……品第三。龍朔改爲司膳寺正卿，光宅改爲司膳寺卿，神龍復爲光祿寺也。」

〔3〕「千層」句——千層，指千層餅。潑鬆，很鬆泛；潑，表示程度副詞，「很」的意思。

〔4〕「八珍」句——八珍，周代宮廷著名的八種食饌。《周禮》、《禮記》均有記載。其名爲：淳熬、淳母、炮豚、炮牂、擣珍、漬、熬、肝膋。實際爲烹飪之法，對後世頗有影響，食物和技法歷代有所發展變化。另，明·張九韶《群書拾唾》載：古以龍肝、鳳髓、豹胎、鯉尾、鴞炙、狸唇、熊掌、酥酪蟬爲八珍。這裏泛指珍饈美味。整飭（chì），整齊妥當。

〔5〕三閣下堂餐——三閣，唐中央內閣的簡稱。指中書、門下、尚書三個最重要的政府機構。中書省掌定策，門下省掌封駁，尚書省掌執行政令。堂餐，唐代，宰相辦公處叫政事堂，宰相的公膳，稱爲「堂食」「堂餐」或「堂饌」。唐·李肇《唐國史補》卷中：「鄭相珣瑜方上堂食，王叔文至，韋執誼遽起，延入閣內。珣瑜歎曰：『可以歸矣！』遂命駕，不終食而出，自是罷相。」明·周朝俊《紅梅記》十七〔掛眞兒〕：「才罷堂餐，又排家宴。」

〔6〕六宮——古代皇后的寢宮，泛指皇后嬪妃所住的宮室。《周禮·天官·內宰》：「以陰禮教六宮。」鄭玄注：「后之寢宮有六，正寢一，燕寢五，合爲六宮。」唐·白居易《長恨歌》：「回眸一笑百媚生，六宮粉黛無顏色。」唐·張祜《上

巳樂》詩：「卻是內人爭意切，六宮紅袖一時招。」

〔7〕尚食——官名。職掌帝王的膳食。秦始置。《漢書・惠帝紀》：「宦官尚食比郎中。」如淳注云：「主天子物曰尚。」如尚食、尚衣、尚醫、尚舍、尚乘、尚輦等皆是。尚食局，就是主管皇帝膳食的官署。北齊門下省有尚食局，置典御二人。隋改爲奉御。唐宋因之。金元尚食局隸宣徽院。明設尚膳監，由宦官掌管。清代則稱御膳房。此泛指供奉御膳。元・王實甫《麗春堂》一〔混江龍〕：「光祿寺醞江釀海，尚食局炮鳳烹龍。」

〔8〕開元皇帝——指唐玄宗李隆基。詳見第六齣注〔37〕。

〔9〕蔥花灌腸——清・翟顥《通俗編・飲食》：「《齊民要術》：有灌腸法，細剉羊肉及蔥鹽椒豉，灌而灸之，與今法了無異也。」

〔10〕太眞娘娘——指李隆基妃子楊玉環。《舊唐書・后妃傳上・玄宗楊貴妃》：「或奏玄琰女姿色冠代，宜蒙召見。時妃衣道士服，號曰『太眞』。」唐・白居易《長恨歌》：「中有一人字太眞，雪膚花貌參差是。」唐・羅隱《牡丹》詩：「日晚更將何所似，太眞無力憑欄干。」元・王實甫《西廂記》二本一折〔么篇〕：「道我眉黛青顰，蓮臉生春，恰便似傾國傾城的太眞。」

〔11〕椒風扁食——爲川椒風味的餃子之類的麵食。扁食，方言。謂水餃、鍋貼、餛飩之類的麵食。亦寫作「匾食」。《清平山堂話本・快嘴李翠蓮記》：「燒賣、匾食有何難，三湯兩割我也會。」

〔12〕過房——俗稱「過繼」。指因無子而以兄弟或同宗之子爲後嗣。

〔13〕上直——謂值日。直同「值」。

〔14〕小唱——宋代的一種唱曲伎藝。宋・張炎《詞源・音譜》：「惟慢曲、引、近則不同，名曰小唱，須得聲字清圓，以啞觱篥合之，其音甚正。」宋・耐得翁《都城紀勝・瓦舍眾伎》云：「唱叫小唱，謂執板唱慢曲、曲破。大率重起輕殺，故曰淺斟低唱。與四十大曲舞旋爲一體。」唐代歌舞興，然不見有小唱之伎。作者寫唐有小唱，與呂仙念宋文一般，戲劇何必考實也。此處指從事俚歌、小曲演唱的藝人。

〔15〕秉筆——謂執筆。明代皇帝諭旨，或批發奏章，常授命內監先寫事目，稱之爲「秉筆太監」。這裏的秉筆，是指在高力士手下工作之意。

〔16〕瓊林宴——在瓊林苑爲殿試後新科進士舉行的宴會。瓊林苑，是設在宋京汴京（今開封）城西的皇家花園。瓊林宴始於宋代。宋太祖規定，在殿試後由皇帝宣佈登科進士的名次，並賜宴慶賀。由於賜宴都是在著名的瓊林苑舉行，故名。宋徽宗政和二年（公元 1112 年）以後，又改稱「聞喜宴」。元、明、清三代，又稱「恩榮宴」。雖名稱、地點不同，其儀式內容大致不變，仍可統稱「瓊林宴」。宋・葉夢得《石林燕語》卷一：「瓊林苑，乾德中置……歲賜二府從官宴及進士聞喜宴，皆在其間。」宋・孟元老《東京夢華錄》卷七：「瓊

林苑，在順天門大街，面北，與金明池相對。」

〔17〕宣州大栗——安徽著名特產。宣州，即今安徽省宣城，唐時名宣州，該地山水甲於東南，盛產板栗。「宣州板栗」歷史悠久，品質優良，以其甜、香、糯三大特點馳名中外，在國際市場上被統稱爲「中國甘栗」。宋・蘇頌《圖經本草》云：「栗處處有之，而兗州、宣州者最佳。」古有「西湖（彭澤）鯉魚無錫酒，宣州栗子龍井（霍山）茶」之說。

〔18〕半夏法制——指御藥院半夏製法。「半夏」，中藥名；草本植物，其莖可入藥。因五月才長苗，居夏之半，故有「半夏」之稱。其功能是燥濕化痰，和胃止嘔，主治痰濕水飲、嘔吐、咳喘等症。參見明・李時珍《本草綱目》卷十七草之六「半夏」附方。

〔19〕燥——原指藥性乾熱，此作使動用法，以半夏使脾胃乾熱。明・李時珍《本草綱目・序例一・十劑》「燥劑」引金劉完素曰：「濕氣淫勝，腫滿脾濕，必燥劑以除之，桑皮之屬。」《儒林外史》第十一回：「晚生每見近日醫家嫌半夏燥，一遇炎症，就改用貝母；不知貝母療濕痰，反爲不美。」

〔20〕賜宴曲江池——唐代登科及第者，皇帝賜宴長安東南的曲江。故址在今陝西西安市東南。秦爲宜春苑，漢爲樂遊原，有河水水流曲折，故稱。隋文帝以曲名不正，更名芙蓉園。唐復名曲江，開元中更加疏鑿，成爲盛節遊賞勝地。唐・韓鄂《歲華紀麗》卷一云：「唐時春榜進士既捷，列名於慈恩寺，謂之『題名』；大宴於曲江亭子，謂之『曲江會』。」朝廷官員亦常在此宴會。

〔21〕頭踏——也作頭達；官員出行時，走在前面的儀仗隊。明・郎瑛《七修類稿》卷五十《奇謔類・不知畫》：「沈石田送蘇守《五馬行春圖》，守怒曰：『我豈無一人跟者耶？』沈知，另寫隨從者送入，守方喜。沈因戲之曰：『奈絹短，少畫前面三對頭踏耳』，守曰：『也罷，也罷。』」清・朱象賢《聞見偶錄》「今見風憲大僚出署，先放炮開門，迫行前列儀仗，元人謂之頭達也。」清・孔尚任《桃花扇》二九〔朱奴兒〕：「排頭踏青衣前走，高軒穩扇蓋交抖。」亦作「頭答」，元・王實甫《破窯起》四、白：「擺開頭答，燒香去來。」

〔22〕紅綾春宴餅——又稱紅綾餅餤、紅綾餤。是古代一種珍貴的餅餌，因以紅綾包裹，故名。宋《說郛》卷三《紀異錄・紅綾餅餡》：「僖宗食餅餡美，進士有聞，喜宴上各賜紅綾餅餡一枚。徐寅詩曰：『莫欺缺落殘牙齒，曾吃紅綾餅餡來。』」此事亦見宋・葉夢得《避暑錄話》。自唐僖宗後，遂以吃紅綾餅餡爲進士及第的代稱。

〔23〕自省——自我省察。此處是宇文融面對宴請新進士的宴席場面，感歎時光流逝。

〔24〕可奈——猶可恨。《水滸傳》第五回：「莊客道：『可奈這個和尚要打我們。』」

〔25〕趨奉——奉承，捧場。貼靠。

〔26〕祇候人——泛指舊時官府的小吏或富貴人家的僕從。元・岳伯川《鐵拐李》二、

白：「不想有個祇候人張千，問老夫要金帛。」原文爲「衹」，誤，應爲「祇」。清暉、獨深、竹林本於「人」字下俱有「役」字。

〔27〕教坊司——中國古代宮廷音樂機構。始建於唐代，稱爲教坊，專門管理宮廷俗樂的教習和演出事宜，唐代隸屬於禮部。宋元兩代亦設教坊；明代改教坊爲教坊司，隸屬於禮部，主管樂舞和戲曲。至清代雍正時改教坊司爲和聲署。

〔28〕折桂——比喻科舉及第。晉人郤詵以賢良對策中上第，自誇爲天下第一。《晉書·郤詵傳》：「（郤詵）以對策上第，拜議郎。……累遷雍州刺史。武帝於東堂會送，問詵曰：『卿自以爲何如？』詵對曰：『臣舉賢良對策，爲天下第一，猶桂林之一枝，崑山之片玉。』帝笑。」後遂將「中第」稱爲「折桂」。唐·薛業《晚秋贈張折衝》詩：「位似穿楊得，名因折桂還。」唐·溫庭筠《春日將欲東歸寄新及第苗紳先輩》詩：「猶喜故人先折桂，自憐羈客尚飄蓬。」又，傳月中有桂，附會所折桂爲月中桂，以月稱蟾宮，故登第亦謂「步蟾宮」，後文有所謂「嫦娥送影」云云。

〔29〕院本——金元時，行院（妓院）演唱用的戲曲腳本。體制與宋雜劇相同，是北方的宋雜劇向元雜劇過渡的形式。作品大都失傳，僅元·陶宗儀《輟耕錄》載有院本名目七百餘種。唐代未有院本。明清泛指雜劇、傳奇。這裏指戲劇演出。金末元初杜善夫散曲《莊家不識勾欄》首次提到院本的演出。《輟耕錄·院本名目》：「唐有傳奇，宋有戲曲、唱諢、詞說。金有院本、雜劇、諸宮調。院本、雜劇，其實一也。」清·張岱《陶庵夢憶·阮圓海戲》：「然其所打院本，又皆主人自製，筆筆勾勒，苦心盡出。」

〔30〕官身——謂官伎到官府應差。此指承應官府的藝伎和女妓。元·武漢臣《玉壺春》三、白：「有大行首李素蘭，與李玉壺作伴，有他母親板障，剪了頭髮，不出來官身。」

〔31〕珠簾秀——元代早期著名的雜劇女演員。元·夏庭芝《青樓集》云：「珠簾秀，姓朱氏，行第四。雜劇爲當今獨步，駕頭、花旦、軟末泥等，悉造其妙。」珠簾秀與元曲作家有很好的交情，諸如關漢卿、胡祇遹、盧摯、馮子振、王澗秋等相互常有詞曲贈答。關漢卿曾這樣形容她：「富貴似侯家紫帳，風流如謝府紅蓮。」又有：「十里揚州風物妍，出落著神仙。」珠簾秀現存小令一首、套數一套。其曲作語言流轉而自然，傳情執著而純眞。此處借用則爲戲謔而已。元雜劇演員名字中常帶「秀」字，故下文作「花嬌秀」、「鍋邊秀」云云。

〔32〕老旦——原誤作「老貼」，據朱墨、清暉、竹林本改。

〔33〕火頭——又稱「火頭軍」，是準備飯食的人。《宋史·食貨志上》：「差官卒充使令，置火頭，具飲膳。」清·翟灝《通俗編·藝術》：「今謂掌炊爨者曰火頭。」

〔34〕走馬御街遊趁——騎著馬在京城官道上遊賞。御街，京城中皇帝出行的官道稱御街。遊趁，遊賞、遊玩。趁，《類篇》：「走，謂之趁。」

〔35〕雁塔標題名姓——雁塔，即長安慈恩寺大雁塔。據五代・王定保《唐摭言》及宋・錢易《南部新書》，唐韋肇及第，偶於雁塔上題名，後人仿傚之，遂成故事。亦成爲進士及第的代稱。尤其是新科進士更把雁塔題名視爲莫大的榮耀。他們在曲江宴飲後，集體來到大雁塔下，推舉善書者將他們的姓名、籍貫和及第的時間用墨筆題在牆壁上。這些人中若有人日後做到了卿相，還要將姓名改爲朱筆書寫。到後來大雁塔已形成「塔院小屋四壁，皆是卿相題名」的情景，可惜北宋神宗年間一場大火毀掉了珍貴的題壁。參見明・郎瑛《七修類稿》卷二十《辨正類・雁塔題名》。

〔36〕多嬌直應——多嬌，指美女。直應，意謂伺候、照應。亦作「支應」「祗應」，義並同。清・鄭叔介《空堂話》白：「這兩人與他第一相知，想是眞個要請來一坐，你我須索小心祗應。」

〔37〕鶯燕——黃鶯和燕子。鶯善鳴，燕善舞，故以「鶯燕」比喻歌姬、舞女、妓女。

〔38〕「應圖求駿馬」二句——語出《全唐詩》卷 224、杜甫《上韋左相二十韻》詩句。三國魏・曹植《獻文帝馬表》：「臣於先武皇帝世得大宛紫騂馬一匹，形法應圖，善持頭尾，教令習拜，又能行與鼓節相應。謹以奉獻。」後以「應圖求駿馬」喻指求得堪當重任的傑出人才。

〔39〕「白日來深殿」二句——引用唐・杜甫《寄李十二白二十韻》詩句。青雲，青色的雲。古代常以青雲士、青雲器，比喻有遠大抱負，有志在仕途上一展抱負者。唐・劉長卿《湖上遇鄭田》詩：「古人青雲器，何意常窘迫？」

〔40〕淨——疑爲衍文。

〔41〕及第——科舉應試中選。因榜上題名有甲乙次第，故名。隋唐時代考中進士稱及第，明清時代殿試一甲三名稱賜進士及第，亦省稱及第。

〔42〕直宴——在宴會上當值。直，當值、值勤之意。

〔43〕加意——注重；特別注意，一定程度上給予特別關照。清・王永彬《圍爐夜話》：「聞人譽言，加意奮勉，聞人謗語，加意警惕，此君子修己之功也。」

〔44〕上林苑——宮苑名。泛指帝王苑囿。秦時所建，漢武帝又重加擴建，周圍至三百里，有離宮七十。苑中放養禽獸，供皇帝射獵。故址在長安西郊。《漢書・揚雄傳》：「武帝廣開上林，南至宜春、鼎胡、御宿、昆吾，旁南山而西，至長楊、五柞，北繞黃山，瀕渭而東，周袤數百里。」唐・李白《侍從宜春苑奉詔賦龍池柳色初青聽新鶯百囀歌》：「新鶯飛繞上林苑，願入簫韶雜鳳笙。」

〔45〕文星——星名。即文昌星，又名文曲星。是文昌宮中的第四星，古代傳說文星主文運。後世以之指有文采的人。唐・錢起《哭曹鈞》詩：「忽見江南弔鶴來，始知天上文星失。」唐・裴說《懷素臺歌》：「杜甫李白與懷素，文星酒星草書星。」

〔46〕唱好是金殿雲程——唱好是，真是；正是。元·姚燧《雙調·蟾宮曲》小令：
「唱好是會受用文章巨公，綺羅叢醉眼朦朧。」金殿雲程，喻指仕途得意、前
程遠大。金殿，宮殿名，喻指權勢之地。雲程，前程高遠。唐·熊皎《贈胥尊
師》詩：「雲程去速因風起，酒債還遲待藥成。」宋·陳著《卜算子·次韻舅
氏竺九成試黜》詞：「三歲事非遙，三捷功非遠。管取微生共此榮，聯步雲程
穩。」

〔47〕玉堂——官署名。漢侍中有玉堂署，宋以後翰林院亦稱玉堂。《漢書·李尋傳》：
「臣尋位卑術淺，過隨眾賢待詔，食太官，衣御府，久污玉堂之署。」王先謙
補注引何焯曰：「漢時待詔於玉堂殿，唐時待詔於翰林院，至宋以後，翰林遂
並蒙玉堂之號。」明·李東陽《院中即事》詩：「遙羨玉堂諸院長，酒杯能綠
火能紅。」

〔48〕皇封——舊稱皇帝賞賜的茶、酒等。外加封口，故稱。亦指封口用的羅帕。羅
帕色黃，故又稱黃封。元·馬致遠套數《中呂·粉蝶兒》〔滿庭芳〕：「皇封酒
美，簾開紫霧，香噴金猊，望楓宸八拜丹墀內。」

〔49〕玳筵——又稱玳瑁筵，謂豪華珍貴的宴席。玳瑁是形似龜的爬行動物，甲殼
呈黃褐色，常用作裝飾品。唐·尹鶚《金浮圖》詞：「繁華地，王孫富貴，玳
瑁筵開，下朝無事。」元·王實甫《西廂記》二本二折〔醉春風〕：「今日東
閣玳筵開，煞強如西廂和月等。」亦作「瑇瑁筵」。

〔50〕日邊紅杏——喻新科進士。唐新科進士，例在杏園賜宴，後去雁塔題名。杏園
故址在今陝西西安市郊大雁塔南。新科進士亦稱「杏園客」。唐·韋莊《送范
評事入關》詩：「為報明年杏園客，與留絕豔待終軍。」所謂「日邊紅杏」，則
為溢美之辭，唐·高蟾《下第後上永崇高侍郎》詩：「天上碧桃和露種，日邊
紅杏倚雲栽。」亦見《太平廣記》卷一九九《高蟾》。

〔51〕崢嶸——原義高峻貌，此謂仕宦得意。宋·黃庭堅《次韻子瞻武昌西山》詩：
「山川悠悠莫浪許，富貴崢嶸今鼎來。」

〔52〕拚（fān）——此作傾翻解。

〔53〕「酒淹衫袖」二句——元·無名氏《四季花》散曲：「醉醺醺酒淹衫袖濕，花壓
帽簷低。」花勝，古代婦女的一種首飾，以剪彩為之，故亦名「彩勝」。南朝
梁·簡文帝《眼明囊賦》：「雜花勝而成疏，依步搖而相逼。」湯顯祖《紫釵記》
五十〔江頭金桂〕：「這釵好助情添興，壓半朵棠梨風嫋擎。係玉牌花勝，翠點
絲縈，步玲瓏插端正。」

〔54〕清興——清雅的興致。清·林則徐《中秋炮臺眺月》詩：「南陽尚書清興發，
約我載酒同扁舟。」

〔55〕紅裙——指美女。此指前來支應的妓女。宋·王安石《臨津》詩：「卻憶金明
池上路，紅裙爭看綠衣郎。」進士得官後賜公服，六至七品服綠，故謂「綠衣

郎」。參見第七齣注〔22〕。

〔56〕迤逗——挑逗；引誘。金・董解元《西廂記諸宮調》卷六〔中呂調・牧羊關〕：
　　「你試尋思，早晚時分，迤逗得鶯鶯去，推探張生病。」湯顯祖《牡丹亭・驚
　　夢》十〔步步嬌〕：「沒揣菱花，偷人半面，迤逗的彩雲偏。」

〔57〕平康——唐長安丹鳳街有平康坊，爲妓女聚居之地。亦稱平康里、平康巷，
　　其中最出名的地段叫「北里」；「京都俠少」和「新科進士」常活動於此，屬
　　於極風流的地方。唐・孫棨《北里志・海論三曲中事》：「平康入北門，東回
　　三曲，即諸妓所居。」「平康」一詞，後成爲妓女所居（妓院）的代稱。宋・
　　羅燁《醉翁談錄・序平康巷陌諸曲》：「平康里者，乃東京諸妓所居之地也。
　　自城北門而入，東迴三曲，妓中最勝者，多在南曲。」

〔58〕官妓——隸籍於官府的妓女。唐宋時官場宴會應酬，有官妓侍侯。宋・周密
　　《武林舊事》卷六「酒樓」：「每庫設官妓數十人，各有金銀酒器千兩，以供
　　飲客之用。」明代官妓隸屬教坊司，不再侍候官吏，清初廢官妓制。官妓爲
　　朝庭特別設定，有大戶人家抄家後女備入妓，也有自小培養入妓的。官妓不
　　僅姿色豔麗，且詩書琴畫才藝俱佳。唐・杜牧《春末題池州弄水亭》詩：「嘉
　　賓能嘯詠，官妓巧妝梳。」魯迅《且介亭雜文・病後雜談》：「她雖然做過官
　　妓，然而究竟是一位能詩的才女。」

〔59〕珠玉——珠寶，喻指美妙的詩文。唐・杜甫《和賈至早朝》詩：「朝罷香煙攜
　　滿袖，詩成珠玉在揮毫。」

〔60〕醉墨粉紅——醉墨，醉中所作的詩歌、書畫等稱「醉墨」。唐・陸龜蒙《奉和
　　襲美醉中偶作見寄次韻》詩：「憐君醉墨風流甚，幾度題詩小謝齋。」粉紅，
　　這裏代指官妓。

〔61〕天子門生——指由皇帝親自考試錄取的或殿試第一名者。在科舉時代，士子
　　科考被錄取後，稱監考官員爲宗師，自稱學生。在殿試時皇帝往往親自充當
　　考官，故在殿試中錄取的進士自然成了天子門生。宋・岳珂《桯史・天子門
　　生》：「卿乃朕自擢，秦檜日薦士，曾無一言及卿，以此知卿不附權貴，眞天
　　子門生也。」

〔62〕官媒——又稱「官媒婆」。此處宇文融以官員身份作媒，故盧生稱其爲老官媒。
　　宋元習俗，介紹婚姻的媒人由政府選任，故凡專以做媒爲業的婦女，謂之「官
　　媒」。《元典章・戶部四・婚禮・女婿財錢定例》條，便有「今後媒灼，從合
　　屬官司社長鄉長耆老人等推舉選保信實婦人充官爲籍」的規定。這種制度，
　　明清沿用。官媒最早出現在西周。《周禮・地官・媒氏》云：「媒氏掌萬民之
　　判（即婚配）。」元・喬吉《兩世姻緣》三〔絡絲娘〕：「那裏有娶媳婦當筵廝
　　暗啞？也合倩個官媒打話。」清・李漁《風箏誤》十七〔字字雙・前腔〕白：
　　「在下是官媒，一向服事老爺座師的。」

〔63〕染作——本指給物品著色，這裏指盧生的題詠之作。

〔64〕同登學士瀛——此處借唐初「十八學士登瀛洲」的故事自詡榮耀。唐太宗李
　　　世民在長安設文學館，選入文學館者被稱爲「登瀛洲」。瀛洲爲神話中神仙所
　　　居之山名。唐太宗邀杜如晦、房玄齡、陸德明、孔穎達、虞世南、姚思廉、
　　　蔡允恭、顏相時、于志寧、許敬宗、蘇世長、李玄道、薛元敬、薛收、李守
　　　素、蓋文達、褚亮、蘇勗等十八人常討論政事、典籍，時稱「十八學士」。唐
　　　太宗命大畫家閻立本爲十八學士畫像，故有「十八學士登瀛洲」之說。「十八
　　　學士登瀛洲」不僅出現在傢具、木雕及竹刻藝術品中，在古代一些繪畫、瓷
　　　器及其它藝術品中也經常出現。

〔65〕瓊漿——比喻美酒。瓊：美玉。用美玉製成的漿液，古代傳說飲了它可以成
　　　仙。戰國楚·宋玉《招魂》：「華酌既陳，有瓊漿些。」唐·杜甫《寄韓諫議》
　　　詩：「星宮之君醉瓊漿，羽人稀少不在旁。」元·馬致遠《岳陽樓》一〔鵲踏
　　　枝〕白：「師父，我這酒賽過瓊漿玉液哩。」

〔66〕「是虎爲龍」二句——舊時考中進士，謂登「龍虎榜」。《新唐書·歐陽詹傳》：
　　　「舉進士，與韓愈、李觀、李絳、崔群、王涯、馮宿、庾承宣聯第，皆天下選，
　　　時稱龍虎榜。」

〔67〕傒（xī）幸——也寫作「傒悻」，煩惱之意。

〔68〕翰林學士——官職名。唐代設置，選有文學的朝官充任翰林學士、入直內廷，
　　　批答表疏，應和文章，隨時宣召撰擬文字。因參與機要，故被稱爲「內相」。
　　　其職責在不同朝代有相應的變化。

〔69〕知制誥——知制誥，官名。唐代設置，翰林學士加知制誥銜者，承命草擬詔令。
　　　一般由翰林學士、中書舍人擔任。《新唐書·百官志一》云：翰林學士「入院
　　　一歲，則遷知制誥，未知制誥者不作文書。」宋、明二代翰林學士或內閣學士
　　　亦常兼知制誥。制誥，皇帝的詔令。唐·元稹《制誥序》：「制誥本於《書》，《書》
　　　之誥令、訓誓，皆一時之約束也。」

〔70〕翰林院編修——編修，官名。唐玄宗開元初始置翰林院，爲各種文學技藝供奉
　　　內廷之所，翰林學士則供奉學士院，入值內廷；集賢殿書院設修撰，掌刊輯經
　　　籍，史館設修撰，領史職。至宋始稱翰林學士院，凡修國史、實錄、會要等，
　　　則隨時置編修官，樞密院亦設有編修官；史館沿唐制，設修撰、同修撰，增設
　　　檢討，無定員。至明修史、著作、圖書等歸併翰林院，史官有修撰、編修、檢
　　　討、庶吉士四職。

〔71〕鳳樓——宮廷內的樓閣。這裏泛指華美的樓閣。唐·顧況《上元夜憶長安》詩：
　　　「雲車龍闕下，火樹鳳樓前。」

〔72〕生外末揖上馬介——原本無此七字，據朱墨本補。

〔73〕走上頭廳——即謂授高官。頭廳，指中央政府的最高行政機構。唐·尚顏《將
　　　欲再遊荊渚留辭岐下司徒》詩：「今朝回去精神別，爲得頭廳宰相詩。」宋元

時稱高官謂「頭廳相」。元・王實甫《破窯記》一〔油葫蘆〕：「想韓信偷瓜手，生扭做了元戎將，傳說那築牆板，翻做了頭廳相。」

〔74〕「誤春雷」句——金・劉祁《歸潛志》卷七云：「十年寒窗無人問，一舉成名天下知。」元曲中常用之。春雷，本指春天的雷聲，這裏引申指考中科舉，有如春雷一鳴驚人。

〔75〕新除——謂新拜官職。除，拜官、授職。

〔76〕權待——權且等待，表示審時度勢之意。權，權宜、變通。

〔77〕破綻——本義是指衣服破裂、綻開。如元・方回《登屋東山作》詩：「壞屋如敝衣，隨意補破綻。」引申凡有破裂痕迹、不完整者，皆謂之破綻，如元・馬致遠《漢宮秋》一〔醉扶歸〕：「便宜的八百姻嬌比併他，也未必強如俺娘娘帶破賺丹青畫。」破賺，與「破綻」音近義同。引申上意，凡言行、思路不謹嚴者，也叫破綻，猶今云「漏洞」，本劇即此義；元・白樸《梧桐雨》一、白：「不期我哥哥楊國忠，看出破綻，奏准天子，封他爲漁陽節度使，送上邊庭。」

〔78〕權臣——有權而專橫的大臣。明・陳與郊《義犬記》一〔榴花泣〕：「我受本朝顧託，親見權臣，將謀不軌，安能剪此仇讎。」

第九齣　虜　動〔1〕

【北點絳唇】〔淨末番將相上〕沙塞茫茫〔2〕，天山直上〔3〕，三千丈。龍虎班行〔4〕，出將還留相。

〔末〕吾乃吐番〔5〕丞相悉那邏〔6〕是也。〔淨〕吾乃吐番大將熱龍莽〔7〕是也。贊普〔8〕升帳，在此伺候。

【前腔】〔9〕〔外番王引衆上〕白草黃羊〔10〕，千廬萬帳，歸吾掌。氣不降唐，穩坐在泥金炕〔11〕。

〔見介〕青海〔12〕灣西駕駱駝，白蘭山〔13〕外雪風多。一枝金箭催兵馬，佔斷兒家綠玉河〔14〕。自家吐番贊普是也。我國始祖禿髮烏孤〔15〕，曾爲南涼〔16〕皇帝。家母金城公主〔17〕，來作西番贊婆〔18〕。種類繁昌，部落強盛。與唐朝原以金鵝爲誓〔19〕，奈邊將長以鐵馬相加。正待宣你兩人，商量起兵一事。〔末淨〕我國東接松、涼，西連河、鄯，南吞婆羅，北抵突厥〔20〕；勝兵〔21〕十萬，壯馬千群。〔末〕臣那邏調度國中。〔淨〕臣龍莽攻略境外。逢城則取，遇將而擒。唐朝不足慮也。〔外〕進兵何地爲先？〔末〕先取河西，後圖隴右〔22〕。〔外〕這等，就著龍莽

將軍徑取瓜、沙〔23〕，丞相從後策應。眾把都們〔24〕，聽令而行。〔眾應介〕

【清江引】普天西，出落的番回將，大將熱龍莽。番鼓兒緊緊幫，番鐃的點點當，汗呼呼海螺蛳吹的響。

【前腔】倒〔25〕天山，靠定了那邏相，就裏〔26〕機謀廣。令旗兒打著羌〔27〕，刀尖兒點著唐，錦繡樣江山做一會子搶。

十萬生兵〔29〕不可當，**剗騎單馬射黃羊**〔29〕。

陰山一片紅塵起，先取涼州作戰場。

校 注

〔1〕虜動——此齣寫吐蕃國國主與宰相悉那邏和大將熱龍莽，商議出兵唐朝邊地之事。

〔2〕沙塞茫茫——沙漠邊塞茫茫一片。茫茫，形容沙漠廣大無邊之意。唐·李白《秋思》詩：「胡兵沙塞合，漢使玉關回。」

〔3〕天山直上——形容天山高聳，直插雲天。天山，本指祁連山，匈奴稱山爲祁連。這裏泛指少數民族所居之地。

〔4〕龍虎班行——龍虎，比喻英雄俊傑之士。班行，指朝班的行列；朝官的位次。宋·黃庭堅《次韻宋楙宗僦居甘泉坊雪後書懷》詩：「漢家太史宋公孫，漫逐班行謁帝閽。」

〔5〕吐番（bō）——古代西藏地方政權，公元七世紀至九世紀時在青藏高原建立。泛圍包括西藏地區，強盛時其勢力到達西域、河隴地區。吐番是唐人對它的稱謂。番，古代用以稱呼少數民族和外國的用語。

〔6〕悉那邏——公元八世紀唐玄宗年間吐番的大將，據《新唐書》、《舊唐書》，應是「悉諾邏」。他曾於唐開元十五年（公元 727 年）大舉入寇，攻佔瓜州，後被王君㚟所敗。

〔7〕熱龍莽——公元八世紀唐玄宗年間吐番的大將，據《舊唐書》，應是「燭龍莽」。他曾於唐開元十五年，奉悉諾邏之命攻陷瓜州常樂縣。

〔8〕贊普——吐番國國王的稱號。贊，雄強之意，普，男子。藏語意謂「男子」、「丈夫」。《新唐書·吐番傳上》曰：「其俗謂強雄曰贊，丈夫曰普，故號君長曰贊普。」吐番分裂後，吐番各部的酋長也稱讚普。「贊普」二字上應有〔合〕字，「贊普升帳，在此伺候。」爲末、淨云。

〔9〕前腔——葉《譜》作「么篇」。下「清江引」、「前腔」同。

〔10〕白草黃羊——白草，西域牧草，乾熟時呈白色，故名。《漢書・西域傳上・鄯
善國》：「地沙鹵，少田，寄田仰穀旁國。國出玉，多葭葦、檉柳、胡桐、白草。」
唐・顏師古注：「白草似莠而細，無芒，其乾熟時正白色，牛馬所嗜也。」唐・
岑參《過燕支寄杜位》詩：「燕支山西酒泉道，北風吹沙卷白草。」黃羊，草
原和沙漠地帶的野生羊之一種，毛黃白色，腹下帶黃色，故名。明・李時珍《本
草綱目・獸一・黃羊》：「黃羊出關西、西番及桂林諸處。」

〔11〕泥金炕——摻有金箔的炕，借指主人身份高貴。泥金，用金箔和膠水混合在
一起製成的一種金色顏料。清・李寶嘉《官場現形記》第二四回：「你們沒瞧
見，運翁新近送他八張泥金炕屏，都是楷書，足足寫了兩天工夫，另外還有
一副對子，都是他一手報效的。」

〔12〕青海——此二字上應有「〔外〕」字。

〔13〕白蘭山——白蘭，古族名，屬羌人的一支。因其分佈於青海南部及四川西部山
地，故稱其居地為白蘭山。《周書・西域傳上・白蘭》云：「白蘭者，羌之別種
也。其地東北接吐谷渾，西北至利模徒，南界那鄂。」唐初，白蘭為吐番所併。
唐・武平一《送金城公主適西蕃》詩：「聖念飛玄藻，仙儀下白蘭。」

〔14〕綠玉河——即哈什河，是伊犁河的東北源；為西域古于闐國居地。據明・陳誠
《西域番國志》「別失八里」載：「于闐有河，中產玉石。」《新五代史》卷七
四《四夷附錄第三・于闐》：「其河源所出，至於闐分為三：東曰白玉河，西
曰綠玉河，又西曰烏玉河。三河皆有玉而色異，每歲秋水涸，國王撈玉於河，
然後國人得撈玉。自靈州渡黃河至於闐，往往見吐番族帳，而于闐常與吐番
相攻劫。」綠玉河，疑為吐番所居之綠洲。

〔15〕禿髮烏孤——人名，十六國時期南涼的建立者，鮮卑人。禿髮烏孤雄勇有大
志，在涼州建立政權，晉隆安初自稱大單于、西平王，後又稱威武王，在位
三年（公元397～399年），因醉酒墜馬而死。《晉書》卷一二六有傳。南涼政
權的統治中心在樂都，即今甘肅樂都縣。

〔16〕南涼——即禿髮烏孤建立的古國，東晉時列國之一。其地為今甘肅西部和青
海一部分。公元414年為西秦所滅。據《晉書》中《安帝紀》和《地理志（上）》
載，公元397年禿髮烏孤稱西平王，據廣武。後其弟禿髮傉（nù）檀掌權，
稱涼王。

〔17〕金城公主——唐中宗所養雍王守禮之女。唐景龍四年（公元710年）出嫁吐
蕃贊普棄隸縮贊。《舊唐書・中宗本紀》：「嗣聖三年……夏四月辛巳，以嗣雍
王守禮女為金城公主，出降吐蕃贊普。」又云：「景龍四年春正月……丁丑，
命左驍衛大將軍河源軍使楊矩為送金城公主入吐蕃使。己卯，幸始平，送金
城公主歸吐蕃。」

〔18〕西番贊婆——西番，也寫作「西藩」、「西蕃」。是中國古代對西域及西部邊境地區的泛稱。有時亦特指吐蕃。贊婆，贊普的妻子。

〔19〕金鵝為誓——以獻金鵝盟誓。金鵝，金製的鵝形酒器。據《舊唐書》：唐貞觀十五年（公元 641 年），文成公主嫁吐番贊普松贊干布，吐番婿唐。後唐太宗伐遼東高麗歸國，吐番鑄金鵝以獻賀。奉表云：「陛下發駕，少進之間，已聞歸國。雁飛迅越，不及陛下速疾。奴忝預子婿，喜百常夷。夫鵝猶雁也，故作金鵝奉獻。其鵝黃金鑄成，其高七尺，中可實酒三斛。」貞觀二十二年（公元 648 年），右衛率長史王玄策使往西域，為中天竺所掠。吐番發兵與玄策大破天竺，遣使來獻捷。後高宗即位，吐番致書長孫無忌等，云「天子初即位，若臣下自有不忠之心者，當勒兵以赴國除討。」此即謂「金鵝發誓」的故事（見《舊唐書·吐番傳》）。明·馮夢龍《警世通言·李謫仙醉草嚇蠻書》云：「頡利背盟而被擒，弄贊鑄鵝而納誓。」

〔20〕「東接松涼」四句——唐時吐番的疆域。松，松州（今四川松潘）；涼，涼州，公元八世紀後期至九世紀中葉曾屬吐番。河，河州（今甘肅臨夏東北），唐寶應初地入吐番；鄯，鄯州（今青海西寧、湟中、樂都等地），安史之亂後地屬吐番。婆羅，即古印度。突厥，古族名，游牧於今阿爾泰山一帶。

〔21〕勝兵——猶精兵、雄兵。

〔22〕河西、隴右——均為唐方鎮名。河西，治所在涼州，安史之亂後地入吐番。隴右，治所在鄯州，安史之亂後地入吐番。即今甘肅隴坻（又名隴山）以西，新疆烏魯木齊以東及青海東北部地區，因其在隴山之右，故名。

〔23〕瓜沙——即瓜州和沙州，皆為敦煌古名。《左傳·昭公九年》云：「先王居檮杌于四裔，以禦魑魅，故允姓之姦，居于瓜州。」杜預注：「瓜州，今敦煌。」是唐代兩個相連的西北邊防要塞。公元八世紀末至九世紀中葉，地屬吐番。

〔24〕把都們——蒙古語，即勇士、武士。亦作「把都兒」、「巴都兒」、「把阿禿兒」、「霸都魯」、「八都兒」、「拔睹兒」、「霸突」、「拔都」、「巴圖魯」等，皆為對音異譯。元·馬致遠《漢宮秋》三〔鴛鴦煞〕白：「把都兒！將毛延壽拿下，解送漢朝處治。」湯顯祖《紫釵記》三十〔倘秀才〕白：「把都們且搶殺他一番。」

〔25〕倒——此字上，清暉本有「〔外〕」字。

〔26〕就裏——作內中、內情、原因解。元·無名氏《宦門子弟錯立身》二〔七精令〕白：「相公常使喚，凡事知就裏。」《京本通俗小說·錯斬崔寧》：「便問：『老兄下顧，有何見教？』劉官人一一說知就裏。」

〔27〕羌——古族名。主要分佈在今甘肅、青海、四川一帶。曾助唐破月氏及吐谷渾。這裏指羌族部落的旗幟。

〔28〕生兵——指戰力勇猛的軍隊。宋《宣和遺事》後集云：「張浚恐兀朮增益生兵，

是夜遁去。」《續資治通鑑・宋高宗紹興三十一年》：「葉義問讀錡捷報，至金
兵又添生兵，顧謂侍吏曰：『生兵是何物？』聞者皆笑。」明清後泛指番兵。

〔29〕「剗（chǎn）騎單馬」句——化用唐・令狐楚《年少行四首》詩之一：「少小邊
州慣放狂，驏騎蕃馬射黃羊。」剗騎，即無鞍之騎也。剗，光著也。

第十齣　外　補〔1〕

【七娘子】〔旦引貼上〕狀元郎拜滿〔2〕了三年限，猛思量那日雕
鞍。又早春風一半，展妝臺獨自撚花枝歎。

【好事近】〔3〕無路入天門〔4〕，買斷〔5〕金錢誰說？〔貼〕逗得〔6〕翰
林人去，送等閒花月〔7〕。〔旦〕夢回鴛枕翠生寒，始悔前輕別。〔貼〕
一種崔徽〔8〕情緒，爲斷鴻〔9〕愁絕。〔旦〕梅香，我家深居獨院，天賜
一位夫君，歡心正濃，忽動功名〔10〕之興，我將家資打發他上京取應〔11〕，
一口氣得中頭名狀元，果中奴之願矣。只爲聖恩留他，單掌制誥，三年
之外，方許還鄉。奴家相思，好不苦呵！

【針線箱】沒意中成就嬌歡，儘意底團笙弄盞〔12〕。問章臺人〔13〕
去也如天遠，小樓外幾曾拋眼。早則是〔14〕一簾粉絮〔15〕鴛梢斷，十
里紅香〔16〕燕語殘。纔凝盼，閒愁閒悶被東風吹上眉山〔17〕。

〔丑報子上〕報，報，報，狀元到。〔下、旦驚喜介〕兒夫錦旋，快安
排酒筵。

【望吾鄉】〔生引隊子上〕翠蓋紅茵〔18〕，香風染細塵。花枝笑插宜
春鬢〔19〕，驕驄〔20〕上路人偏俊。盼望吾鄉近，揮鞭緊，問路頻，崔家
正在這清河郡〔21〕。

〔見介、旦〕盧郎，榮歸了！〔生〕夫人喜也！一鞭紅雨〔22〕促歸程，
〔旦〕不忿朝來喜鵲聲〔23〕。〔生〕官誥五花〔24〕叨聖寵，〔旦〕名揚
四海動奴情。〔旦〕聞的你中了狀元，留你中書〔25〕三年掌制誥，因何
便得錦旋？〔生〕你不知，小生因掌制誥，偷寫下了夫人誥命一通，
混在眾人誥命內，朦朧進呈，僥倖聖旨都准行了。小生星夜親手捧著
五花封誥，送上賢妻，瞞過了聖上來也。〔旦〕費心了！盧郎，你因何

得中了頭名狀元？〔生〕多謝賢卿將金賮廣交朝貴，諫動〔26〕了君王，在落卷中番出做個第一。〔旦〕哎也，險些第二了。

【玉芙蓉】〔生〕文章一色新，要得君王認。插宮花〔27〕，酒生袍袖春雲。春風馬上有珠簾問：這夫婿是誰家第一人？你夫人分，有花冠告身〔28〕。記當初伴題橋捧硯〔29〕虧殺卓文君。

【前腔】〔旦〕你天生巧步雲〔30〕，早得嫦娥近。乍相逢，門兒掩著成親。秋波得似掩花前俊，暗裏絲鞭〔31〕打著人。俺行夫運，夫人縣君〔32〕。只這些時爲思夫長是翠眉〔33〕顰。

〔內〕報，報，報，差官到。〔淨官上〕東邊跑的去，西頭走得來，常差官見。〔見介〕稟老爺，蹺蹊〔34〕了，原來老爺朦朧取旨，馳驛而回，被宇文老爺看破了奏上，聖旨寬恩免究。此去華陰〔35〕山外，東京〔36〕路上，有座陝州城〔37〕，運道二百八十里，石路不通。聖旨就著老爺去做知州〔38〕之職，鑿石開河。欽限走馬到任，不許停留。〔生旦〕有這等事，快備夫馬，夫妻們陝州去也。

【尾聲】則道〔39〕咱書生祿米幾粒太倉〔40〕陳，要平白地支管著〔41〕河陽〔42〕運。兩人呵，也則索〔43〕寶馬香車〔44〕一路兒引。

三載暮登天子堂〔45〕，一朝衣錦畫還鄉〔46〕。

催官後命開河路，食祿前生有地方。

校　注

〔1〕外補——盧生利用自己知制誥的便利，爲妻子崔氏偷寫誥命一通，得皇帝批准。此事被宇文融看破，他上奏皇帝，將盧生貶爲陝州知州，命其在此開河。盧生只得攜妻即刻前往陝州。

〔2〕拜滿——謂任職期限滿。

〔3〕好事近——詞牌名。又名釣船笛、翠園枝等，調見宋·蘇軾《東坡詞》。

〔4〕天門——天宮之門，這裏指皇宮之門，仕進之門。唐·劉希夷《餞李秀才赴舉》詩：「日月天門近，風煙夜路長。」

〔5〕買斷——指用金錢了斷一件事，這裏是指用金錢買一條通向仕途的路。

〔6〕逗得——謂引逗、招惹、撩撥。

〔7〕等閒花月——喻指美好時光在尋常中度過。等閒，尋常、平常。元·關漢卿《仙呂·一半兒·題情》小令：「不比等閒牆外花，罵你個俏冤家，一半兒難當，一半兒耍。」花月，花和月，指美好的景色。元·馮子振《正宮·鸚鵡曲·都門感舊》小令：「都門花月蹉跎住，恰做了白髮傖父。」

〔8〕崔徽——唐時河中倡女。據宋·曾慥《類說》卷二九載，裴敬中以興元幕使河中，與徽相從數月。敬中使還，徽不能從。情懷怨抑，因思成疾。「後數月，敬中密友知退至蒲，有丘夏善寫人形，知退為徽致意於夏，果得絕筆。徽捧書謂知退曰：『為妾謝敬中，崔徽一旦不及畫中人，徽且為郎死矣。』明日發狂，自是稱疾，不復見客而卒。」「崔徽情緒」，猶謂思念之深切。《全唐詩》卷 422 元稹作有《崔徽歌》詠其事。湯顯祖《牡丹亭》十四〔尾犯序〕白：「秦宮一生花裏活，崔徽不似卷中人。」

〔9〕斷鴻——不見書信往來，喻指音信中斷。鴻，大雁，古代有鴻雁傳書之說。

〔10〕功名——原指功業和名聲，此指科舉稱號和官職名位。金·董解元《西廂記諸宮調》卷三〔中呂調·棹孤舟纏令〕：「不以功名為念，五經三史何曾想。」

〔11〕取應——即應舉。參加朝廷考試，以取得功名。清·李漁《風箏誤》十四〔憶秦娥〕：「今當大比之年，要打發他上京取應。」亦倒作「應取」，如《京本通俗小說·錯斬崔寧》：「只因春榜動，選場開，魏生別了妻子，收拾行囊，上京應取。」

〔12〕團笙弄盞——比喻夫妻恩愛，如膠似漆。團笙，喻以手圓笙之狀，指吹奏笙。弄盞，在一起飲酒、品茶。

〔13〕章臺人——謂官府之人，這裏指盧生。章臺，即章華臺，春秋時楚國離宮，在此引申指朝廷或官府。參見第六齣注〔34〕。

〔14〕早則是——猶言早已是、已經是。亦作「早則麼」。元·無名氏《雙調·鴛鴦煞》：「唱道真至蓬萊閬苑，做下部自然集，早則是虛無篇，願心滿。」元·無名氏《千里獨行》二〔採茶歌〕：「叔叔你早則麼皺著眉頭，休記冤仇。」

〔15〕粉絮——指柳絮。宋·方千里《浣溪沙》詞：「先自樓臺飛粉絮，可堪簾幕卷金泥。」

〔16〕紅香——色紅而味香，這裏指春天的花草。唐·王周《問春》詩：「遊絲垂幄雨依依，枝上紅香片片飛。」

〔17〕眉山——形容女子秀麗的雙眉。晉·葛洪《西京雜記》卷二：「文君姣好，眉色如望遠山，臉際常若芙蓉，肌膚柔滑如脂。」唐·韓偓《半睡》詩：「眉山暗澹向殘燈，一半雲鬟墜枕棱。」清·朱彝尊《詞綜》卷七引宋·王觀《慶清朝慢·踏青》詞：「東風巧，盡收翠綠，吹上眉山。」

〔18〕翠蓋紅茵——翠蓋，裝飾翠羽的車蓋。形容車輛的華美。紅茵，紅色墊褥。說

明車輛裝飾豪華。唐·元稹《夢遊春七十韻》詩:「鋪設繡紅茵,施張鈿妝具。」

〔19〕春鬢——古時年青人所梳理的髮鬢,稱「春鬢」。此指盧生的髮鬢。唐·溫庭筠《禁火日》詩:「舞衫萱草綠,春鬢杏花紅。」

〔20〕驕驄——謂駿馬。唐·孟賓于《公子行》詩:「不識農夫辛苦力,驕驄蹋爛麥青青。」

〔21〕清河郡——漢代設置。即今河北清河、南宮、棗強、冠縣等地。

〔22〕紅雨——比喻落花。唐·李賀《將進酒》詩:「況是青春日將暮,桃花亂落如紅雨。」

〔23〕「不忿朝來」句——語出《全唐詩》卷286、李端《閨情》詩:「披衣更向門前望,不忿朝來鵲喜聲。」

〔24〕官誥五花——又稱「五花官誥」。是古代帝王封贈官員妻室的詔書,因以五色金花綾紙製作,故稱。皇帝給官員的妻、父母、祖先的賜封制度始於晉代。一品官賜封曾祖父母以下;三品以上賜封祖父母以下;七品以上賜封父母以下。一品至五品由皇帝詔令賜封,稱「誥命」、「誥封」;五品以下有敕命賜封,稱「敕封」。受封的貴婦,稱「誥命夫人」、「命婦」。元·鄭光祖《倩女離魂》四〔水仙子〕白:「今日是吉日良辰,與你兩口兒成其親事。小姐,你受五花官誥,做了夫人縣君也。」亦作「五花誥」。元·無名氏《玉壺春》三〔二煞〕:「我將著五花誥,與他開除了那面煙月牌。」下文「誥命」、「五花封誥」、「縣君」與此義同。

〔25〕中書——官署名。即唐代中書省,省稱「中書」。

〔26〕竦(sǒng)動——驚動、震動。《後漢書·南匈奴列傳》:「昭君豐容靚飾,光明漢宮,顧景裴回,竦動左右。」

〔27〕宮花——科舉時代考試中選的士子在皇帝賜宴時所戴的花。絹類織物製作,戴在頭上作飾物,宮廷裏常作為賞賜品,舊小說中考中狀元就有披紅簪花,即是此物。元·盧摯《雙調·沉醉東風·舉子》:「今日男兒得志秋,會受用宮花御酒。」

〔28〕花冠告身——指崔氏有官府授予「夫人」稱號的文書。花冠,裝飾美麗的帽子。告身,古代授予官職的文憑,猶今之委任狀。《新唐書·選舉志下》:「視品與流,則刊補。皆給以符,謂之告身。」「告」,通「誥」。凡授官者自各種途徑出身者以至公卿皆給以憑信,加蓋文為「尚書吏部告身之印」印信,稱為告身,武官由兵部授給。唐時以後,官爵冗濫,有空白告身,隨時可填人名。宋告身視所授官職高低,以各色綾紙書寫,盛以錦囊,由官告院授給。明·王世貞《委宛餘編》:「唐時將相告身用金花五色綾紙,至宋則用織成花綾,以品次有差。」明·張鳳翼《紅拂記》二七〔步蟾宮〕白:「這空頭告身,許你選用人才,竟拜官職,然後奏聞。」

〔29〕題橋捧硯——漢代司馬相如離蜀赴長安，題句於升仙橋柱，自述致身通顯之志。《太平御覽》卷七三引晉·常璩《華陽國志·蜀志》載：「城北十里有升仙橋，有送客觀。司馬相如初入長安，題市門曰：『不乘赤車駟馬，不過汝下也。』」時妻子卓文君在旁捧硯侍墨。後人多用「題柱」、「題橋柱」、「題橋」，比喻立志求取功名富貴。此處盧生以司馬相如題橋自比。

〔30〕巧步雲——在仕進之路上善於鑽營，會走關係。

〔31〕絲鞭——絲製的鞭子，即馬策。古代男女締結婚姻的信物。古俗招親的一種儀式，即女方送給男方絲鞭，男方如接了就表示同意。元劇中之常規，乃女遞男接。但也有男遞女接者，明·邱濬《伍倫全備忠孝記》第十齣：皇帝賜絲鞭給狀元、榜眼，女家允婚，男則將絲鞭遞與女家接收。湯顯祖《牡丹亭》五三〔沽美酒〕：「則待列笙歌畫堂中，搶絲鞭御街攔縱。」清·李漁《凰求鳳》二〔臨江仙〕白：「引得人家女子個個傾心，人人注念。不但明央媒灼，顯送絲鞭，要與小生聯姻締好。」

〔32〕夫人縣君——古代婦女封號。唐代三品以上官員之母、妻封為郡夫人，五品官員之母、妻稱「縣君」。此處概言因丈夫做了官，自己才有了朝廷給予的封號。

〔33〕翠眉——古代女子用青黛畫眉，故稱。唐·盧仝《宴席賦得姚美人拍箏歌》：「微收皓腕纏紅袖，深遏朱弦低翠眉。」

〔34〕蹻蹊（qiāo qi）——又稱「蹊蹺」，謂事情奇怪、可疑。《京本通俗小說·錯斬崔寧》：「笑娘子與那後生看見趕得蹺蹊，都立住了腳。」

〔35〕華陰——縣名。在今陝西東部，渭河下游。縣南有華山，故稱「華陰」。

〔36〕東京——即洛陽，亦稱「東都」。東漢、隋、唐以洛陽在漢舊都長安以東，故稱「東京」或「東都」。

〔37〕陝州城——陝州，州名，後魏設置。漢代時稱為弘農郡，唐時復名陝州，設置節度使、觀察使和防禦使，治所在河南陝縣（今陝縣西南）。

〔38〕知州——官職名。在宋為州一級地方長官，在唐則稱太守。始於宋代，全稱為「參知州事」，省稱「知州」。主管一州的軍政事務。

〔39〕則道——猶只道。元·商挺《雙調·潘妃曲》小令：「驀聽得門外地皮兒踏，則道是冤家，原來風動荼蘼架。」

〔40〕太倉——古代京師儲糧的大倉。明·王鏊《送袁環中郎中奉使寧遠餉軍序》：「借箸戎募之中，其以犒士養銳也，固其職也，豈可濫費太倉之需歟？」

〔41〕支管——管理。「著」字，原文為「看」，據朱墨本改。

〔42〕河陽——縣名。漢置，治所在今河南孟縣西。隋移治今孟縣南。南臨黃河，故稱「河陽」。為洛陽周邊重鎮，唐置河陽三城節度使。

〔43〕則索——只好、須得。元·關漢卿《雙調·新水令·喬牌兒》套曲：「不敢將小名呼咱，則索等候他。」

〔44〕寶馬香車——珍貴的馬匹，華麗的車子。指考究的車騎。喻指權勢富貴人物出
行時很有排場。唐·韋應物《長安道》詩：「寶馬橫來下建章，香車卻轉避馳
道。」元·馬致遠套數《仙呂·青哥兒·十二月》〔二月〕：「寶馬香車陌上塵，
兩兩三三見遊人。」

〔45〕暮登天子堂——語出宋·汪洙《神童詩》：「朝爲田舍郎，暮登天子堂。將相本
無種，男兒當自強。」爲元曲中常用。元·尚仲賢《單鞭奪槊》二、白：「朝
爲田舍郎，暮登天子堂。出的朝陽門，便是大黃莊。」

〔46〕「一朝衣錦」句——引用唐·宋之問《送姚侍御出使江東》詩句。衣錦晝還鄉，
指穿了錦繡衣裳白天回到故鄉，可誇耀鄉里。典出《史記·項羽本紀》：「項王
見秦宮室皆以燒殘破，又心懷思，欲東歸，曰：『富貴不歸故鄉，如衣繡夜行，
誰知之者！』」《三國志·魏志·張既傳》云：「魏國既建，爲尙書，出爲雍州
刺史。太祖謂既曰：『還君本州島，可謂衣繡晝行矣。』」太祖，即曹操。

第十一齣　鑿　陝〔1〕

【普賢歌】〔淨委官上〕陝州城下水波波〔2〕，運道上乾焦石落硌〔3〕。
州官來開河，工程一月多，點包兒〔4〕今朝該到我。

小子麻哈〔5〕人氏，考中京營識字〔6〕。偶遇疏通事宜，加納〔7〕陝州幕
職。陝州一條官路〔8〕，二百八十八里頑石。東京運米西京〔9〕，費盡人
牛腳力。轉搬多有折耗〔10〕，顛倒〔11〕剋減顧直〔12〕。人戶告理〔13〕難
當，上官議開河驛。州裏盧爺詳允，動支無礙工食。工程一月有餘，並
不見些兒涓滴〔14〕。小子當蒙鈞委〔15〕，特來點比工役。諸餘作手〔16〕
都可，到是甲頭〔17〕老賊。推呆賣老不來，來時打的他一直〔18〕。

【字字雙】〔丑扮甲頭拿紙錢上〕我做甲長管十家，十甲。開河人
役暗分花，點閘〔19〕。排門常例〔20〕有些些，喇雜〔21〕。管工官又把甲
頭揸〔22〕，沒法。

〔見介、淨惱介〕這咱時狗傸子孩兒〔23〕還不來伺候！〔丑叩頭介〕
小的不敢。〔淨〕工程一月有餘，還不見你一點水〔24〕。〔丑〕不敢哩。
水是地下的血，難道小的身上尿？〔淨〕狗奴！管水喫水，你推的沒
有？〔丑〕小人有罪，權送一分紙錢。〔淨惱介〕狗才！紙錢是這紙錢？
〔丑〕這是盧大爺因水道不通，領了眾夫甲〔25〕三步一拜，將次〔26〕

到這禹王廟〔27〕來了。這紙錢是禹王老爺用的，難道老爺到用不的？
〔淨慌介〕哎也，原來大爺行香〔28〕，這狗才不早通報。快去點香鋪席。

【縷縷金】〔生領眾上〕山磊磊，石崖崖〔29〕。鍬鋤流汗血，工食費民財。〔淨接介、生〕〔30〕灑掃神王廟，親行禮拜。要他疏通泉眼度船簰〔31〕，再把靈官賽〔32〕。

〔淨〕香紙齊備。〔生拜介〕

【古江兒水】〔33〕禹王如在，吏民瞻拜。石頭路滑倒把糧車兒礙，要鑿空河道引江淮。〔合〕叫山神早開，河神早來，國泰民安似海。

【前腔】〔眾拜介〕長途石塊，轉搬難耐。領官錢上役眞尷尬，偷工買懶一樣費錢財。〔合前〕

〔生〕祭完了。分付十家牌〔34〕：一人管十，十人管百。擂鼓儹工〔35〕，不許懈怠。〔眾應介、內鼓外作介〕

【桂枝香】〔生〕則爲呵太原倉〔36〕窄，臨潼關隘〔37〕。未說到砥柱、三門〔38〕。且掘斷蘆根〔39〕一帶。看泥沙石髓，看泥沙石髓，便陰陽違礙，也無如之奈！好傷懷，〔眾〕這辛苦男女們〔40〕當得的。〔生〕滴水能消得，民間費血財。

〔內鼓介、眾驚介〕好了，好了。稟老爺：東頭水來了。〔生喜介〕眞個洞洞〔41〕的水聲哩。

【前腔】〔眾〕黃河過脈〔42〕，灘池分派〔43〕。自從公主河〔44〕西，直引到太陽橋〔45〕外。看涓涓碧水，看涓涓碧水，此時蒙昧〔46〕，定然滂沛〔47〕。好開懷，〔生〕還有前山未開哩。〔眾〕望梅且止三軍渴，逢靖權消一滴災〔48〕。

〔眾作鍬鑿不動介〕呀，怎的來下不得銑〔49〕？〔看介〕稟老爺：前面開的山是土山石皮，這兩座山透底石，一座喚名雞腳山〔50〕，一座熊耳山〔51〕。銑他不入的。〔生背想介〕雞腳山熊耳山麼？昔禹鑿三門〔52〕，五行〔53〕並用。〔回介〕雞腳和熊耳，你道鐵打不入。俺待鹽蒸醋煮了他。〔眾笑介〕怕沒這等大鍋？〔生〕不用的鍋，州裏取幾百擔鹽醋來。

〔眾應下、扛鹽上介〔54〕〕鹽醋在此。〔生〕取乾柴百萬束,連燒此山,然後以醋澆之,著以鍬椎,自然頑石籽裂〔55〕而起;後用鹽花投之,石都成水。〔眾笑介〕有這等事。〔放火介〕

【大迓鼓】〔56〕**燒空盡費柴,起南方火電**〔57〕**,霹靂摧崖。**呀,山色燒煤〔58〕了。〔生〕快取醋來。〔眾鼓醋介〕**料想山神前身為措大**〔59〕**。又逢酸子措他來。這樣神通**〔60〕**教人怎猜。**

〔眾笑介〕怪哉,怪哉,看這雞腳跟熊耳朵,都著酸醋煮籽了。〔生〕快下鍬斧,成其河道。〔眾鼓鋤介〕

【前腔】〔生〕**鸛嘴啄紅崖**〔61〕**,似鱗皴甲綻**〔62〕**,粉裂煙開,**一面撒鹽生水也。〔眾鼓撒鹽介〕**知他火盡青山在,好似雪消春水來。**〔鑿介、驚介〕河頭水流接來了。〔眾笑介〕**水鳥初飛。通船引幡。**

〔生〕百姓們,功已成矣,河已通矣,當鑄鐵牛於河岸之上,以挽重舟,頭向河南,尾向河北;一面催攢〔63〕入關糧運,兼以招引四方商賈奇貨,聚於此州;一面奏知聖上,東遊觀覽勝景;也不枉陝州百姓之勞。〔眾〕多謝老爺!男女們插柳沿河。以添勝景。

【尾聲】〔生〕〔64〕**還把清陰垂柳兩邊栽,奏明主東遊氣概。**〔眾〕**大河頭鑄一個鐵牛兒千萬載。**

省盡人牛力,恩波鑄鐵牛。

傳聞聖天子,為此欲東遊。

校　注

〔1〕鑿陝——此齣寫盧生帶領陝州官民鑿石開河成功。盧生一面招引四方商賈奇貨,聚於陝州,一面奏知聖上,請其東遊,觀覽勝景。希望藉此獲得皇帝的賞識。

〔2〕波波——寒顫聲。《楞嚴經》卷八:「二習相陵,故有吒吒、波波、羅羅。」子璿(xuán)義疏:「吒、波、羅等,忍寒聲也。」

〔3〕落硌(luò)——亦作「砟硌」,山石不齊貌。

〔4〕點包兒——即點檢包工工程,與下文「點比工役」義同。「點包兒」時,自有油

水可榨。

〔5〕麻哈——在四川冕寧縣，產金。另外，貴州有麻哈縣，屬貴州都勻府，即今麻江縣。

〔6〕京營識字——謂住守京師軍隊中負責文字事宜者。京營，指駐防京師的衛戍軍營，在明代，京營長官爲提督。識字，指明代京營中的官職「識字軍」。《明實錄·宣宗》「宣德四年十二月甲申」條云：「……又各倉文籍皆識字軍掌行，歷久弊多。」

〔7〕加納——晉升。

〔8〕官路——謂大路。通常指由官府主持修建的道路，道路上修有驛站，供往來官員歇宿。參見第四齣注〔69〕。

〔9〕西京——指古都長安。唐代顯慶二年，以洛陽爲東都，長安爲西都，天寶元年將西都定稱「西京」。見《舊唐書·地理志一》。

〔10〕折耗——損失、消耗。《後漢書·馮緄傳》：「前後所遣將帥，宦官輒陷以折耗軍資，往往抵罪。」清·李漁《奈何天》二六〔北朝天子〕：「窮兵死戰，把便宜暗銷，怎似俺得贏頭，無折耗。」

〔11〕顛倒——作反而解。元·鄭廷玉《看錢奴》一〔鵲踏枝〕白：「我爺娘在時，也還奉養他媽媽的；從亡化以後，不知甚麼緣故，顛倒一日窮一日了。」元·高則誠《琵琶記》二十〔雁過沙〕白：「那公婆不知道，顛倒把他埋冤。」

〔12〕雇直——雇傭人力、物力的價錢。直，通「值」。《明史·河渠志四·運河下》：「成化中，漕運總兵官楊茂言：『每歲自張家灣舍舟，車轉至都下，雇值不貲。』」

〔13〕告理——告狀，請求官府處理。《清平山堂話本·合同文字記》：「孩兒，明日去開封府包府尹處，告理被晚伯母、親伯父打傷事。」《清史稿·睿忠親王多爾袞傳》：「鬥毆、田、婚細故，就有司告理。」

〔14〕涓滴——點點滴滴，這裏指銀錢。

〔15〕鈞委——對上級或尊長任命的敬稱。鈞，敬辭。

〔16〕作手——原指作詩文或工藝的能手，這裏指工役人員。

〔17〕甲頭——宋時管領夫役的頭目。宋·吳自牧《夢粱錄》卷一六「米鋪」云：「肩駝腳夫，亦有甲頭管領。」亦作「甲首」，猶甲長。《宋史·食貨志上五》：「司農戶乙廢戶長、坊正，令州縣坊郭擇相鄰戶三二十家，排比成甲，疊爲甲頭，督輸稅賦苗役，一稅一替。」蒙元入主中原，爲嚴密統治南方人民，建立里甲制度，以二十家編爲一甲，以蒙古人、色目人任甲主，一切都要聽從甲主的命令（見元·城北遺民、徐大焯撰《燼餘錄》乙編）。明代也設有甲首。《明史·食貨志一·戶口》：「洪武十四年詔……甲凡十人……甲首一人。」元明間·無名氏《岳飛精忠》楔子·白：「老子當甲首，姑夫做總甲。」

〔18〕打的他一直——意謂打他一頓。一直，謂一頓；的，語中襯字，無義。

〔19〕點閘——即查點。元·無名氏《馮玉蘭》四、白：「左右，你與我一一點閘，再等老夫親自看驗。」明·馮夢龍編纂《古今小說·葛令公生遣弄珠兒》云：「限一年內務要完工，每日差廳頭去點閘兩次。」

〔20〕排門常例——指各家各戶所送銀兩。排門，謂家家戶戶、指挨家逐戶。元·睢景臣《哨遍·高祖還鄉》套曲：「社長排門告示，但有的差使無推故。」常例，猶言「慣例」，後來演變爲「常例銀」的略稱；即按慣例送的錢。舊時官員、吏役向人勒索的名目之一。清·李漁《奈何天》十〔菊花新〕白：「錢糧無著落，常例不曾虧。」

〔21〕喇雜——拉拉雜雜，謂瑣碎之意。

〔22〕揸（zhā）——抓取。這裏指向甲頭索要錢物。《水滸傳》第三八回：「李逵見了，也不謙讓，大把價擄來只顧吃，撚指間把這二斤羊肉都吃了。」

〔23〕狗傢子孩兒——宋元時稱小孩爲「傢」，本指供使喚的小廝，這裏用作詈詞，表示對甲頭的蔑稱。明·周朝俊《紅梅記》十六〔五交枝〕白：「（摸介）狗傢子孩兒，該死了，門開在這的等我。」

〔24〕一點水——此語雙關。謂既不見挖河來水，又沒有孝敬的「油水」。這裏重點指後者。

〔25〕夫甲——即甲夫、甲頭。

〔26〕將次——將要。宋·周密《謁金門》詞：「屈指一春將次盡，歸期猶未穩。」

〔27〕禹王廟——紀念大禹治水的祠宇，在今河南省開封縣東南。原爲師曠吹臺遺址，由於人們思念大禹治水功德，故建廟於此。大禹在遠古歷史特別是在水事活動中，具有保護神的地位，禹王廟和關帝廟一樣，在民眾心理中佔據重要位置。全國各地許多地方都建有禹王廟，或稱禹王宮。

〔28〕行香——古代官員禮拜神佛的一種儀式，以祈求神靈的庇護。行香儀式始於南北朝，行香者燃香薰手，向神佛禮拜。唐代官員則持香爐巡行道場，或遊街示眾，以示對神佛的敬重。唐·張籍《送令狐尚書赴東都留守》詩：「行香暫出天橋上，巡禮常過禁殿中。」

〔29〕山磊磊，石崖崖——山石不齊貌。磊磊，比喻山突兀高大的樣子。崖崖，形容山石瘦削裸露，高低錯落。

〔30〕淨接介、生——原本作「〔淨接生介〕」，據文意改。

〔31〕船簰（pái）——縛竹木以當渡船的船筏。簰，音義同「箄」，大筏。

〔32〕靈官賽——古代民間娛神活動之一，靈官是道教的護法天神。道教有五百靈官的說法，其中最著名的是「王靈官」。很多道家宮觀的第一各大殿中，鎮守道觀山門的靈官一般都是這位王靈官。《正一修眞略義》云：「靈官，主治外以守衛人身形、舍宇、治邑、四壚所至也。」賽，祭祀也。祈求靈官，助其鑿石開

河。

〔33〕古江兒水——原作「雙調江兒水」，據葉《譜》改。

〔34〕十家牌——爲宋元以來的牌甲制度，負責交納官府的賦税，應徵工役等事項。據《宋史・兵志》、《元史・兵志》，宋王安石改募兵制爲保甲制，十户爲一牌，「置牌以書其户數姓名」；元軍伍編制，「十人爲一牌，設牌頭」，上馬則戰，下馬則屯。「一人管十，十人管百」，故謂「十家牌」。明代王陽明亦推行「十家牌」制度。

〔35〕儧（zǎn）工——謂趕快開工。儧，通「趲」，加快、趕快。

〔36〕太原倉——唐時的著名糧倉。唐・李吉甫《元和郡縣志》卷七「陝縣」條云：「太原倉在縣西南四里。隋開皇二年置。以其北臨焦水，西俯大河，地勢高平，故謂之太原。今倉實中周回六里。」

〔37〕臨潼關隘——陝西通往河南等地的關口。臨潼，縣名；在陝西渭河平原東，南依驪山，北跨渭河。隘，險要也。

〔38〕砥柱、三門——又稱砥柱山、三門山。原在河南三門峽，今已炸毀。係黄河急流中的石島，以山在水中若柱，故名。砥柱，又寫作「砥砫」。北魏・酈道元《水經注・河水注》：「砥柱，山名也。夏禹治洪水，山陵當水者鑿之，故破山以通河。河水分流包山而過，山見水中若柱然，故曰：砥柱也。」「河水東過砥柱間，昔禹治洪水，破山以通河，三穿即決，水流疏分，指狀表目，亦謂之三門。」三門，即中神門、南鬼門、北人門。

〔39〕掘斷蘆根——借典故喻開鑿水道。宋樂史《太平寰宇記》卷一百《連江縣・荻蘆山》：「秦始皇令掘斷山脊，乃見蘆根一莖，長數丈，斷之有血，因曰荻蘆山。」

〔40〕男女們——即謂我們。男女，爲宋元以來地位低下的人的自稱，也用作對别人的蔑稱。《張協狀元》四、白：「先生拜揖！……那張介元特遣男女請先生員一夢。」

〔41〕洞洞——象聲詞。指水流聲。

〔42〕過脈——謂溝通水道。脈，水脈、水道。

〔43〕澠池分派——澠池，縣名。在河南西北，黄河南岸，鄰接山西。據《水經注》載，熊耳山際有池，世謂之澠池。分派，分成幾支較小的水流。唐・李商隱《哭劉司户二首》詩之二：「溢浦應分派，荆江有會源。」

〔44〕公主河——水名，在河南陝縣東北四十里三門山左。唐代開元年間鑿河通槽，以避三門之險，流經百丈許復入黄河。

〔45〕太陽橋——唐貞觀年間，在河南陝縣東北三里，所營造的黄河之橋。唐・李吉甫《元和郡縣志・陝縣》：「太陽橋長七十六丈，廣二丈，架黄河爲之，在縣東北三里。貞觀十一年，太宗東巡，遣武侯將軍丘行恭營造。」

〔46〕蒙昧——這裏形容水勢弱小。

〔47〕滂沛——形容水流聲勢浩大。

〔48〕「望梅且止」二句——南朝宋・劉義慶《世說新語・假譎》:「魏武行役失汲道,軍皆渴,乃令曰:『前有大梅林,饒子,甘酸可以解渴。』士卒聞之,口皆出水,乘此得及前源。」此望梅止渴的故事,借喻爲不能實現的希望。據唐・李復言《續幽怪錄》卷四《李衛公靖》,唐衛國公李靖未顯達時,曾射獵霍山迷路,竟入龍王之宅。應門爲一老婦,二子外出未歸。夜半,有天命,須由大郎行雨,救天下旱情。因素未歸,老婦權請李靖代爲行雨,命備青驄馬,取一小瓶繫於鞍前,囑咐李靖取一滴水滴馬尾即可行雨消災。此則借喻有滴水便有成功的希望。靖,安定、平定,此謂人心安定。

〔49〕銑——《說文》:「銑,一曰小鑿。」

〔50〕雞腳山——又名雞足山,位於河南陝縣西南,山上有虎岩洞及明萬曆石碑一座,鐫漢文帝迎河上公駐蹕處。

〔51〕熊耳山——山名,爲河南宜陽縣秦嶺東段支脈。《書・禹貢》:「導洛自熊耳。」孔傳注:「在宜陽西。」北魏・酈道元《水經注・洛水》:「洛水之北有熊耳,雙巒竞舉,狀同熊耳,在宜陽也。」又,《山海經・中山經》云:「又西二百里曰熊耳之山……,浮濠之水出焉,而西流注於洛,其中多水玉,多人魚。」

〔52〕禹鑿三門——傳說大禹治水,開鑿黃河三門以分流,北爲「人門」,中爲「神安門」,南爲「鬼門」,故稱「三門峽」。三門之中惟人門修廣可行舟,鬼門尤險,舟筏入者,罕得脫。三門之廣,約三十丈。參見本齣注〔38〕。

〔53〕五行——指金、木、水、火、土五種物質。言行者,取爲天行氣之義。最早流行於春秋,戰國時形成陰陽五行學說。主要內容爲五行相生、相剋,以成萬物。這裏是指利用五種物質相生相剋的道理治理山河。古代人們往往用這五種物質說明萬物的起源,因而五行之說被運用到許多領域。

〔54〕扛鹽上介——似應爲「扛鹽醋上介」,疑少一「醋」字。

〔55〕秕裂——像穀物的皮一樣被剝裂開。秕,原指穀物等碾碎後的皮,這裏借指山石開裂像麩皮一樣。

〔56〕大迓鼓——葉《譜》作「南呂大迓鼓」。迓鼓,宋元間民間舞曲名。官府有衙鼓,民間藝人效其節奏,遂訛作「迓鼓」。迓又訛爲呀、砑,鼓又訛爲古,故又有「迓古」「呀鼓」「砑鼓」等寫法。清・俞樾《茶香室續鈔・村裏迓鼓》:「元人樂府有《村裏迓鼓》之名,宋人樂苑有迓鼓格,圖官衙嚴鼓之節也。衙,訛爲迓。曲名《村裏迓鼓》者,以村裏而效官衙,其衣冠聲節,必多可笑者,以是名之。」後用以指俚俗的曲調。南曲曲牌有《大迓鼓》。這種民間雜藝,由宋元一直傳到近代。元・張可久小令《蟾宮曲・幽居次韻》:「攛頓著小丫鬟,舞元宵《迓鼓》。」

〔57〕南方火電——火電，即閃電，這裏是指火。作者之所以稱「起南方火電」，是因爲火神祝融是一位南方神。據《管子·五行》載：「得奢龍而辯於東方，得祝融而辯於南方。」另據《漢書·揚雄傳》引揚雄《河東賦》云：「麗鈎芒與駿蓐收兮，服玄冥及祝融。」顏師古注曰：「祝融，南方神。」

〔58〕燒煤——意爲如同煤燒紅一般。

〔59〕措大——亦作「醋大」，稱貧寒的讀書人，謂窮酸，含輕慢之意。其來源說法不一，唐·李匡乂《資暇集》卷下、張鷟《朝野僉載》、明·胡應麟《莊嶽委談》、謝肇淛《五雜俎·物三》等，對「措大」一詞均有解釋。下文的「措」字，係動詞，施加於的意思。

〔60〕神通——神奇高超的本領。

〔61〕鸛嘴啄紅崖——此句比喻人們一鍬一鍬地挖掘籽裂的山崖，好似長嘴鸛啄紅色山崖一樣。

〔62〕似鱗皴（cūn）甲綻——此句形容籽裂的山石，似魚鱗和龜甲般開裂。皴，皮膚受凍而開裂。

〔63〕催攢——也寫作「催趲」，督促、驅趕之意。《西遊記》第六七回：「眾人不捨，催趲騾馬進胡同，連夜趲至，次日方才趲上。」

〔64〕生——根據語意，此句應由「生」唱。據朱墨本補「生」字。

第十二齣　邊　急 〔1〕

【西地錦】〔外扮老將引眾上〕踏破冰淩 〔2〕 海浪，撞開積石河梁 〔3〕。馬到擒王，旗開斬將，袍花點盡風霜 〔4〕。

坐擁貔貅 〔5〕 膽氣豪，玉門關 〔6〕 外陣雲高。白頭未掛封侯印 〔7〕，腰下長懸帶血刀 〔8〕。自家涼州都督羽林大將軍王君㚟 〔9〕 是也。瓜州常樂 〔10〕 縣人氏；平生驍勇，善騎射。蒙聖恩以戰功累陞今職。隴右、河西 〔11〕 聽吾節制。長城一線 〔12〕，控隔 〔13〕 吐番。近聞番兵大舉入寇，兵鋒頗銳。不知他大將爲誰？待俺當頭出馬，俺好不粗雄 〔14〕 也！

【山花子】老河魁 〔15〕 福國安邦將，羽林軍個個精芒 〔16〕。按星宮頓開旗五方，陣團花太歲中央 〔17〕。〔內鼓介、合〕鼓轟天如雷震，張槍刀甲盔如日光，馬噴秋如雲飛戰場 〔18〕。倚洪福如天，大展邊疆。

〔扮報子上〕報，報，報，吐番有個大將熱龍莽殺過來了。〔外〕快整兵前去。〔行介〕

【清江引】大唐家有的是驍雄〔19〕將，出馬休攔擋。軍兒走的慌，陣兒擺的長。定西番〔20〕早擒下先鋒熱龍莽。〔下〕

〔淨扮龍莽領眾上、唱前〔21〕清江引普天西出落的云云、外眾上打話介、淨〕吾乃番將熱龍莽是也。你是何小將，敢來迎戰？〔外〕吾乃大將王君奐是也。出馬在此，早降，早降。〔戰介番將佯敗、外眾追下介、末扮那邏領眾、唱前清江引倒天山靠定了云云上〔22〕〕吾乃吐番丞相悉那邏是也。領兵策應龍莽將軍，日前有書教他佯輸詐敗，唐兵必追，吾以生兵〔23〕繞出其後，破之必矣。把都們，一齊殺過關南轉西，以擒唐將。〔眾應下、淨上、外追戰介、末眾上叫介〕王君奐，王君奐，且歇一馬，咱吐番丞相救兵在此。〔外慌介〕呀，中計了，中計了。三軍死戰！〔淨末夾戰、外敗被殺介、淨末相見介、淨〕多承國相遠來，得此全勝。〔末〕唐軍戰敗，大將陣亡，便乘此威風，搶進玉門關去，不可有遲。

加鞭哨馬〔24〕走如龍，斬將長驅要立功。

假饒一國〔25〕長空闊，盡在吾家掌握中。

校 注

〔1〕邊急——唐隴右、河西節度使王君奐（chuò）出兵阻擋吐蕃的入侵，戰敗而死。番兵搶入玉門關，形勢十分危急。

〔2〕冰凌——冰面上突兀起的冰柱、冰磧。

〔3〕積石河梁——積石，即積石山。史有大、小積石山之說。大積石山在青海南境，又名紫山，蒙古語曰木素鄂拉，番名阿木奈瑪勒占木遜山，悶摩黎山等。據北魏·酈道元《水經注》載：「高誘云：『河（河源）出崑崙山，伏流地中萬三千里，禹導而通之，出積石山。積石，為河始入中國之處。故禹導河施功所及，始於積石也』。」小積石山，在甘肅臨夏縣西北，又名唐述山。唐代於積石山設有積石軍。這裏的積石，應是頑石之意。河梁，橋梁。《列子·說符》：「孔子自衛返魯，息架乎河梁而觀焉。」晉·陸雲《答兄平原》詩：「南津有絕濟，北渚無河梁。」

〔4〕「袍花」句——謂袍袖上沾染了許多風霜，比喻戍邊征戰於塞外的辛苦。袍花，指錦袍上的紋飾。

〔5〕貔貅（pí xiū）——亦稱「貔」。古代傳說中的豹屬猛獸。《書·牧誓》：「如虎如

貔，如熊如羆。」清・徐珂《清稗類鈔・動物・貔貅》云：「貔貅，形似虎，或曰似熊，毛色灰白，遼東人謂之白熊。雄者曰貔，雌者曰貅。」後多用以喻指勇猛的戰士或軍隊。《禮記・曲禮上》：「前有士師，則載虎皮。前有摯獸，則載貔貅。」貔貅常被畫在古代軍隊中的旗幟上，古行軍，前有猛獸，則舉畫有貔貅的旗幟以警。唐・劉禹錫《送唐舍人出鎮閩中》詩：「暫辭鴛鴦出蓬瀛，忽擁貔貅鎮粵城。」

〔6〕玉門關——關名。漢武帝時設置。因西域向內地輸入玉石取道於此而得名。故址在今甘肅敦煌西北小方盤城，距長安三千六百里。玉門關曾是漢代時期重要的軍事關隘和絲路交通要道。

〔7〕「白頭」句——漢代李廣與匈奴進行了大小七十餘戰，匈奴稱其爲「飛將軍」，但功高卻未封侯。見《史記・李將軍列傳》。後人常以此作爲賞罰不明的典故。

〔8〕「腰下長懸」句——古有「年少未掛封侯印，腰下常懸帶血刀」的詩句。元・張國賓《薛仁貴榮歸故里》楔子、白：「馬掛征鞍將掛袍，柳梢門外月兒高。男兒要佩封侯印，腰下長懸帶血刀。」

〔9〕羽林大將軍王君㚟——羽林大將軍，官職名。羽林，即皇家禁衛軍，始設於漢代。唐代高宗龍朔二年，「取府兵越騎、步射，置左右羽林軍，大朝會則執仗以衛階陛，行幸則夾馳道爲內仗。」見《新唐書・兵志》。王君㚟，字威明，唐代瓜州常樂人，驍勇善騎射，唐代開元年間爲河西、隴右節度使，以擊破吐蕃功，拜爲大將軍，封晉昌縣伯。後迴紇四部反叛，君㚟遭伏擊而死。見《舊唐書・王君㚟傳》。

〔10〕常樂——古縣名。漢置冥安縣，隋改置常樂縣。唐改名爲晉昌，別置常樂縣，後陷於吐番。故址在今甘肅安西縣西。

〔11〕隴右、河西——詳見第九齣注〔22〕。

〔12〕長城一線——這裏的長城，應指長城的西北部段，在與吐蕃接壤的甘肅、寧夏境內。

〔13〕控隔——控制、阻隔。

〔14〕粗雄——粗獷、雄壯。

〔15〕河魁——軍中主將，這裏代指王君㚟。魁，頭領也。王君㚟自開元二年（公元714年）至開元十五年官河西節度使，任上十三年，故自稱「老河魁」。唐・楊炯《出塞》詩：「二月河魁將，三千太乙軍。」

〔16〕精芒——猶謂精銳。芒，指兵器上放射出的光芒，形容刀光閃閃。

〔17〕「按星宮」二句——猶謂按天上星宿位置排布五方陣，東西南北中，主將居中。星宮，天宮。五方，指東、西、南、北、中五個方位。太歲，值歲神名，喻主將。此處「太歲」一詞，應代指王君㚟及其軍隊，他們是敵方的凶星。

〔18〕「馬噴秋」句——戰馬在秋風中奮叱、騰驤的樣子如烏雲翻飛於戰場之上；形

容戰馬很多，聲勢很大。嗔，指馬怒叱。《全唐詩》卷 419、元稹《望雲騅馬歌》：「上前嗔吼如有意，耳尖卓立節蹄奇。」嗔秋，指馬奮叱、騰驤貌。

〔19〕驍雄——勇猛威武。《西遊記》第十五回：「他兩個在澗邊前這一場賭鬥，果是驍雄。」

〔20〕西番——又寫作「西蕃」。指川、康一帶的少數民族。即今青海南境及西康一帶的羌族、吐蕃族人，史稱西番。「番」，通「蕃」。元·周致中《異域志·七番》：「耕山種田，出駝牛，類北胡，即西番種，俗謂野西番是也。」

〔21〕唱前——指唱第九齣「虜動」之「清江引」「普天西」曲。

〔22〕上——據上文，此字應前移至「末扮那邏領眾」後，下接「唱前清江引倒天山靠定了云云」。

〔23〕生兵——指戰力勇猛的軍隊。詳見第九齣注〔28〕。

〔24〕哨馬——鞭馬前進。哨，應為「梢」，鞭梢，作動詞用。

〔25〕「假饒一國」句——謂既使國家很大。假饒，即使、縱使也。饒，亦作假定之辭；假饒，同義迭用。元·蕭德祥《小孫屠》十五〔憶多嬌〕白：「假饒人心似鐵，怎逃官法如爐？」

第十三齣　望　幸〔1〕

【梨花兒】〔淨扮驛丞〔2〕上〕陝州喏大的新河驛〔3〕，老宰今年六十七。承差〔4〕之時二十一，喋，巴到尚書還要百個十。

小子陝州新河驛驛丞，生來祖代心靈。幼年充縣門役〔5〕，選去察院祗承〔6〕。也是其年近貴，那一位察院爺有情，有情。賞我背褡〔7〕一個，與我承差一名。差到東西兩廣，不說南北二京。承差的威風休論，役滿赴考銓衡〔8〕。選中了吏部火房〔9〕幹事，又犯了些不了事情。三年飛天過海〔10〕，偷選了陝州新河驛驛丞。驛係潼關〔11〕出口，錢糧津貼豐盈。幾領轎，幾擡扛，幾匹驢頭，律令般〔12〕的紙牌勘合〔13〕；十斤肉，十鍾酒，十個雞子，膿血食〔14〕樣的中火下程〔15〕。本等應付少，也要落〔16〕幾段；折色分例〔17〕多，則是沒一成。因此往來公役，常被他嚇唬〔18〕欺凌。真乃一報還了一報，承差慣打驛丞。幾番要逃要死，貪些狗苟蠅營〔19〕。各處送來徒犯〔20〕，便是送我幾個門生〔21〕。入門有拜見之禮，著禁〔22〕有賣免之情。不完月錢打死，費一張白紙超申〔23〕。縱有查盤點視，除了刺字替身。日久上司官到，搖船擺站缺人。到頭天樣

大事，撞著一個老太歲遊神〔24〕。〔內介〕老爺，是那位過往官到？〔淨〕
哎也，你道是誰？當今開元皇帝，不安本分閒行。又不用男丁擺櫓，要
一千個裙釵唱著《採菱》〔25〕。本州太爺親選了九百九十八個，少了的是
押殿腳的頭稍〔26〕二名。老驛丞無妻少女，尋不出逼出了人的眼睛。遲
誤了欽依〔27〕當要，小子有計了，西頭梁斷處一條性命爛繩。〔弔頸介、
貼丑扮囚婦出救介〕怎麼了？本官老爺縱不為螻蟻前程〔28〕，也為這條
狗性命麼？〔淨醒介〕便是這條狗命，說甚麼蟻役前程？〔叩頭介〕你
二位不是乾娘義妹，怎生這救苦難觀世音〔29〕？〔貼丑〕奴家兩人，都
是本驛囚婦。〔淨〕哎，有這等姿色的囚婦，一向躲在那裏？不來參見
本官。且問你丈夫那裏去了？〔貼〕我丈夫叫短包兒，剪絡〔30〕去了。
〔淨〕怎麼說？〔貼〕是老爺放他去，好還月錢。〔淨〕多承〔31〕了。〔丑〕
我丈夫是胡哈兒，弔雞〔32〕去了。〔淨〕好生意哩。〔丑〕也是老爺教他
去。〔淨〕我要雞怎麼？〔丑〕下程中火呢。〔淨〕罷了，早是不曾選著
你搖九龍舟去。若見老皇帝，說知此事，那皇帝連我的雞都怕吃了。話
分兩頭，且問二位仙鄉〔33〕何處？〔貼丑〕江南人氏。〔淨〕會打歌〔34〕
兒哩。〔貼丑〕也去的。〔淨〕一發妙！如今萬歲爺到來，九龍舟選下一
千名殿腳菱歌女，止欠二名，恰好你二人運到，勞你打個歌兒，將月兒
起興〔35〕，歌出船上事體，每句要「彎彎」二字，中兩句要打入「帝王」
二字，要個尾聲兒有趣。〔貼〕使得。〔貼歌介〕月兒彎彎貼子天〔36〕，
新河兒彎彎住子眠。手兒彎彎抱子帝王頸，腳頭彎彎搭子帝王肩。帝王
肩，笑子言，這樣的金蓮〔37〕大似船。〔淨〕歌的好，歌的好，中了〔38〕
君王之意。〔向丑介〕你要四個「尖尖」。中間兩句也要「帝王」二字，
也要個悄尾聲兒。〔丑〕污耳了。〔歌介〕月兒尖尖照見子舒，鐵釘兒尖
尖纂子篙。嘴兒尖尖好貫子帝王耳，手兒尖尖摸子個帝王腰。帝王腰，
著甚麼喬〔39〕？天上船兒也要俺地下搖。〔淨〕妙，妙，妙，就將你兩
人答應〔40〕老皇帝，則怕生當些〔41〕觸誤了聖體，要演習演習纔好。〔貼
丑〕沒個演習所在。〔淨〕便把我當老皇帝演一演何如？〔丑笑介〕使
得。〔淨〕我唱口號二句，你二人湊成。〔歌介〕俺驛丞老的似個破船形，
抹入新河子聽水聲。〔貼丑歌介〕一櫓搖時一櫓子睡，則怕掘篙子撐不
的到大天明。〔內響道〔42〕介、淨〕快走，快走，州裏太爺來了。

【西地錦】〔生引隊子上〕峽石翻搖翠浪〔43〕，茅津〔44〕細吐金沙。打排公館似仙家〔45〕，晝夜瞻迎鸞駕〔46〕。

〔淨見生介〕【西江月】〔47〕〔生〕鸞駕即時巡幸〔48〕，新河喜得完成。東都〔49〕留守報分明，祗候都須齊整。〔淨〕一要錢糧協濟，諸般答應精靈。普天之下一人行，怎敢因而失敬？稟爺：萬歲爺爺若起岸〔50〕而行，住何宮館？〔生〕原有先年造下繡嶺宮〔51〕，三宮六院〔52〕，見成齊備；扈從〔53〕文武，俱有公館；賬房人役錢糧，也有東京七十四州縣津分帖濟〔54〕。則有一千名棹歌〔55〕女子，急切〔56〕難全，怎生是好？〔淨〕止欠二名，驛丞星夜家中搬取嫡親姊妹二名，教他打歌搖櫓，已勾一千之數。〔生〕驛丞費心了。〔眾稟介〕驛官謊爺，是兩名囚婦。〔生〕好打！〔淨叩頭介〕雖則囚婦，頗有姿色，又能唱歌，急忙難討這等一對。〔生〕也說得是。驛丞聽我分付：

【一封書】東來是翠華〔57〕，要曲柄紅羅傘〔58〕一把。〔淨〕驛裏到沒有這一件。〔生〕繡嶺宮鸞駕庫裏借來。御筵排怎麼？繞龍盤盡插花。〔淨〕則怕珍羞不齊，老皇帝也只得隨鄉入俗了。〔生〕我自有象牙盤〔59〕上膳千品，外間所獻，預備賞賜而已。〔淨〕還怕扈駕文武老爺管接不週。文武官員猶自可。有那等勢焰的中貂〔60〕怎奈他？〔生〕不妨，有個頭。有個頭兒高公公，我已差人送禮，他自能約束。則我這裏要精細哩，休當要，莫爭差〔61〕，喫不盡直駕將軍一個瓜〔62〕。

還一事，分付各路糧貨船千百餘艘，著以五方旗色，編齊綱運〔63〕。逐隊寫著某路白糧，某州奇貨，每船上焚香，奏其本地之樂。〔淨應介、官走上報介〕稟爺：掌頭行〔64〕的老公公到了，聖駕已駐三百里之外。〔生忙介〕快看馬來，迎駕去。

地脈三河〔65〕接，天臨萬乘通。

有星皆拱北，無水不朝東。〔66〕

校 注

〔1〕望幸──此齣寫盧生開河成功，請御駕親臨，以觀勝景。盧生考慮周詳，做了

−91−

充分準備，營造出一派繁榮景象。幸，帝王駕臨謂「幸」。

〔2〕驛丞——明清時代設置的掌管驛站的官。主郵傳迎送之事；各府、州、縣多寡有無不一；品級爲未入流。明‧無名氏《鳴鳳記》十一〔玩仙燈〕白：「貶我爲口外邊城典史，又被當道不容，改爲廣西宜山驛丞。」清‧孔尚任《桃花扇》二二、白：「才關後戶，又開前庭；迎官接客，卑職驛丞。」《清史稿‧職官志三‧驛》載：「驛丞，掌郵傳迎送。凡舟車夫馬，廩糧庖饌，視使客品秩爲差，支直於府、州、縣，籍其出入。」

〔3〕陝州喏大的新河驛——據《明會典》卷一二零《驛傳二》，陝西山丹衛有山丹驛、新河驛、石峽口驛。同卷，河南陝州有陝石馬驛。新河驛不在陝州，而在陝西。新河驛，曾是明清時期的古驛站，驛站坐落於明長城腳下，規模宏大。雖站內設施已化爲烏有，但圍牆保留完好，爲一正方形土堡，邊長 70 米，黃土夯築。站內向有一口乾涸了 400 多年的驛井。

〔4〕承差——指承辦差務的小吏。《明律‧職制‧濫設官吏》：「若吏典、知印、承差、祗候、禁子、弓兵人等額外濫充者，杖一百。」《清會典‧吏部》：「外吏之別四：一曰書吏，二曰承差，三曰典吏，四曰攢典，皆選於民而充之。」注：「總督、巡撫於書吏之外，復設承差。」明‧馮夢龍《警世通言‧蘇知縣羅衫再合》：「次日開門，將家書分付承差，送到儀眞五壩街上老爺親拆。」清‧洪昇《長生殿》四二〔梨花兒〕白：「怕的是公吏承差，嚇的是徒犯驛卒。」

〔5〕門役——看門的人，此指官府中的雜役。《三國演義》第二回：「玄德幾番自往求免，俱被門役阻住，不肯放參。」

〔6〕察院祗承——察院中的吏役。察院，即都察院，明清時期官署名，由前代的御史臺發展而來，主掌監察、彈劾及建議。都察院巡視在外的衙署、都察院長官亦可稱「察院」。明‧馮夢龍編纂《警世通言‧玉堂春落難逢夫》：「玉姐披枷帶鎖，眼淚紛紛，隨解子到了察院門首，伺候開門。」祗承，應承、服務。

〔7〕背搭——無袖之短衣，僅能遮胸背，故名；亦稱背心、馬甲、坎肩；即古之兩當、半臂。亦作「被搭」，倒作「搭背」，義並同。元‧秦簡夫《趙禮讓肥》一〔後庭花〕：「我則見他番穿著綿納甲，斜披著一片破背搭。」

〔8〕銓衡——指主管選拔官吏的職位；亦指主管選拔官吏的部門之長。《晉書‧吳隱之傳》云：「汝若居銓衡，當舉如此輩人。」《資治通鑑‧晉哀帝興寧二年》云：「辟召非其人者，悉降爵爲侯，自令國官皆委之銓衡。」胡三省注：「銓衡，謂吏部尚書也。」此處引申謂考察、考覈。

〔9〕吏部火房——吏部，古代中央政府的六部之一，主管官員的任免、考覈、陞降、調動事宜。火房，據明《神宗實錄》卷四三零，似爲吏部堂後書吏製作文書之處。

〔10〕飛天過海——亦即瞞天過海。通過僞裝方式哄騙對方，背地裏偷偷地行動。

〔11〕潼關——關隘名。古稱桃林塞。東漢建安年間設置，故址在今陝西潼關縣東
　　　南，處陝西、山西、河南三省要衝，素稱險要。唐・杜甫《北征》詩：「潼關
　　　百萬師，往者散何卒。」

〔12〕律令般——律令，應爲「如律令」，原爲漢公文末的例用語，意謂按律令辦。
　　　後被道教借用爲法術用語，咒云：「太上老君，急急如律令。敕！」據《北斗
　　　七元金玄羽章》，謂太上之敕，天神地祇，無不尊奉。「令」字下，各本均有「敕」
　　　字。

〔13〕勘合——驗對符契。古代文書上蓋有印信，分爲兩半，當事雙方各執一半。
　　　用時將二符契相併，驗對騎縫印信，作爲憑證。凡調遣軍隊、車駕出入皇城、
　　　官吏馳驛等，均需勘合。

〔14〕食——原文無此字，據各本補。

〔15〕中火下程——指途中吃飯、歇息。中火，亦作「打中火」，謂途中吃午飯。《京
　　　本通俗小說・拗相公》云：「約行四十餘里，日光將午……稟道：『相公，該打
　　　中火了。』」上路曰上程，停車曰下程，停車則人馬進食。下程，謂旅途中休
　　　息、歇宿。宋・楊萬里《題羅溪李店》詩：「下程長是無佳店，佳店偏當未下
　　　程。」

〔16〕落——剋落、從中剋扣。

〔17〕折色分例——折色，指用銀子折納稅糧賦役。《明史・食貨志・賦役》：「十七
　　　年，雲南以金、銀、貝、布、漆、丹砂、水銀代秋租。於是謂米麥爲本色，而
　　　諸折納稅糧者，謂之折色。」分例，指按定例發放的錢物。官員旅行在驛舍休
　　　息或住宿時，所供應之食物，亦謂之「分例」。《明會典》卷三一《戶部十六・
　　　廩祿三・明令》云：「凡經過使客，正官一名支分例米三升，從人一名支米二
　　　升。宿頓使客，正官支米五升，從人支米三升。水陸俱支經過分例。」清・楊
　　　潮觀《吟風閣雜劇・汲長孺矯詔發倉》驛丞白：「暗中得了折色分例，還來要
　　　嘎程津貼。」

〔18〕唬嚇——一作「虎嚇」，又作「嚇唬」，謂使害怕也。今北語仍多用之。元・
　　　無名氏《獨角牛》三〔伴讀書〕「打這廝自誇自獎自豐鑒，休想道虎嚇的咱家
　　　善。」

〔19〕狗苟蠅營——亦作「蠅營狗苟」。意爲如蠅一樣營營往來，似狗一般苟且求
　　　生；喻不顧廉恥，到處鑽營。唐・韓愈《送窮文》云：「蠅營狗苟，驅去復
　　　來。」

〔20〕徒犯——囚犯，或流放之人。

〔21〕門生——本指學生、門徒。這裏是指盤剝、敲榨的對象。

〔22〕著禁——即犯禁、違禁。此處謂關押、拘禁。賣免，通過花錢免除處罰。

〔23〕超申——佛教語。超度、超昇。謂人死後經佛法超度，靈魂可昇往極樂世界。

〔24〕太歲遊神——這裏喻指巡察、巡視的官員。太歲，古人以木星爲太歲，用以紀年。陰陽家又以太歲所在的方位爲凶方。北魏始祭太歲，後成爲值歲的神名，一般視爲凶神。民間亦稱惡人爲「太歲」。遊神，「遊奕神」的省稱。道教認爲有遊奕神遊奕人間，伺察善惡；有「日遊神」、「夜遊神」之稱。清・尤侗《西堂雜俎・瑤宮花史小傳》：「王母聞其以牒詞贈答，切責之，命遊神巡察，不許私至。」

〔25〕《採菱》——即《採菱曲》。南朝梁天監十一年（公元 512 年），梁武帝改西曲，製《江南上雲樂》十四曲，《江南弄》七曲。《採菱曲》即七曲之一，歌江南採菱景象。一般多爲情歌。

〔26〕押殿腳的頭梢——押殿腳，指督率殿腳女者。押，督率之意。隋煬帝巡幸江都時，牽挽龍舟者被稱爲殿腳。唐・顏師古《隋遺錄》卷上云：隋煬帝巡幸江南，特製大量龍舟鳳舸，「每舟擇妍麗長白女子千人，執雕板鏤金楫，號爲『殿腳女』」。頭梢，原指頭髮，這裏引申指督率殿腳女的頭領。

〔27〕欽依——皇帝批准的時限等。「欽依」朱墨本作「欽限」。當耍，「鬧著玩」的意思。明・沈鯨《雙珠記》十〔四邊靜〕白：「王先生，軍前號令，不是當耍。」

〔28〕螻蟻前程——比喻很小的前程。螻蟻，極言其小。前程，指官位仕途。

〔29〕觀世音——又作觀世音菩薩、觀自在菩薩、光世音菩薩等，從字面解釋就是「觀察（世間民眾的）聲音」的菩薩，是中國佛教中四大菩薩之一。唐朝時因避唐太宗李世民的諱，略去「世」字，簡稱觀音。他相貌端莊慈祥，經常手持淨瓶楊柳，具有無量的智慧和神通，大慈大悲，普救人間疾苦。當人們遇到災難時，只要念其名號，便前往救度，所以稱觀世音。觀音本爲男性，唐宋時尚有男性觀音像；女觀音造像始於南北朝而盛於唐代以後。

〔30〕剪絡（liǔ）——亦作「剪柳」，指作賊，偷竊財物。元・岳伯川《鐵拐李》一〔金盞兒〕白：「這老子倒乖，哄的我低頭自取，你卻叫有剪絡的，倒著你的道兒。」此處用爲諢語。

〔31〕多承——表示感謝之意。明・馮夢龍《警世通言・桂員外途窮懺悔》：「大嫂道：『多承姆姆不棄，只怕扳高不來。』」

〔32〕弔雞——即偷雞，指偷竊行爲。此處用爲諢語。

〔33〕仙鄉——對別人家鄉的美稱。元・尙仲賢《柳毅傳書》一〔天下樂〕白：「先生萬福，請問仙鄉何處？」

〔34〕打歌—— 一種邊唱邊跳的歌舞形式。打，踏之意。歌，即唱。據專家考證，「打歌」係「踏歌」轉音而來。早在漢唐之際，「踏歌」就曾是我國中原及南方民間十分活躍的民俗性歌舞。

〔35〕起興——詩歌表現手法之一，是指由外界環境觸發詩興文思。起興又稱「興」，「興者，先言他物以引起詠之詞也」。它有起情，創造作品氣氛，協調韻律，

確定韻腳和音步，粘連上下文關係等的作用。清·姚際恒《詩經通論·詩經論旨》曰：「興者，但借物以起興，不必與正意相關也。」

〔36〕「月兒彎彎」句——明·馮夢龍編《山歌》卷五《月子彎彎》云：「月子彎彎照九州島，幾家歡樂幾家愁。幾家夫婦同羅帳，幾家飄散在他州。」一秀才歲考三等，其僕仿此山歌改詞嘲之。湯氏或亦仿此歌嘲帝王東巡。

〔37〕金蓮——指女人經過裏纏的小腳。裏足的陋習始於隋，在宋朝廣為流傳。人們把裏過的腳稱為「蓮」，而不同大小的腳是不同等級的「蓮」，大於四寸的為鐵蓮，四寸的為銀蓮，而三寸則為金蓮。三寸金蓮是當時人們認為婦女最美的小腳。清·魏秀仁《花月痕》第二一回：「癡珠道：『我是不喜歡婦人纏足呢，只我的人，偏偏都裏著三寸金蓮，我也不能不隨緣了。』」

〔38〕了——原為「子」字，據清暉本改。

〔39〕喬——通鷮。指野雞毛做成的矛纓，在這裏具有淫穢性質，喻男性生殖器。

〔40〕答應——動詞，意為支應、伺候、服事。元·無名氏《黃鶴樓》三、白：「兀那樓下有聰明伶俐的，著一個上樓去答應元帥。」

〔41〕則怕生當些——則怕，猶只怕。元·庾吉甫套數《商調·定風波·思情》〔鳳鸞吟〕：「飲幾盞悶酒，醉了時罷手，則怕酒醒了時還依舊。」生當些，猶謂不熟練、生疏。些，語助詞。

〔42〕響道——猶「喝道」。古時大官出行，有前導鳴鑼開道。

〔43〕峽石、翠浪——峽石，古地名。亦名「硤石」。故址在今河南孟津縣西。北魏永安二年（公元529年）尒朱榮曾派兵於此渡黃河，大敗元顥。翠浪，綠色的波浪。唐·孟郊《春集越州皇甫秀才山亭》詩：「晴湖瀉峰嶂，翠浪多萍蘚。」

〔44〕茅津——古黃河津渡名；又名陝津、大陽渡。故址在今山西平陸縣西南古茅城南，對岸為河南陝縣。唐代貞觀十一年造浮梁，有南、北利人渠。南渠，貞觀十一年太宗東幸，使武候將軍丘行恭開。陝城宮廣濟渠，武德元年陝東道大行臺長孫操所開，引水入城，以代井汲。見《新唐書·地理志二》。

〔45〕「打排公館」句——化用唐·劉禹錫《題壽安甘棠館二首》詩之一：「公館似仙家，池清竹徑斜。山禽忽驚起，沖落半巖花。」打排，指打點，整備。

〔46〕鸞駕——皇帝的車駕。後亦為車駕之美稱。古詩文中常以鸞駕代指皇帝。唐·崔湜《侍宴長寧公主東莊應制》詩：「沁園東郭外，鸞駕一遊盤。水樹宜時陟，山樓向晚看。」

〔47〕西江月——原唐代教坊曲名。調名取自李白《蘇臺覽古》：「只今唯有西江月，曾照吳王宮裏人」。又名白蘋香、步虛詞、晚香時候、玉爐三澗雪、江月令等。調見歐陽炯《尊前集》，前後段兩起句，俱協仄韻，自宋蘇軾、辛棄疾外，填者絕少，故此詞必以柳永詞為正體。

〔48〕巡幸——古代皇帝出遊或視察某地稱爲巡幸。幸，謂帝王親臨。唐・杜牧《洛中二首》詩：「一從翠輦無巡幸，老卻蛾眉幾許人。」

〔49〕東都——即今河南洛陽。亦稱「東京」。《新唐書・地理志二》：「東都，隋置，武德四年廢。貞觀六年號洛陽宮，顯慶二年曰東都，光宅元年曰神都，神龍元年復曰東都，天寶元年曰東京，上元二年罷京，肅宗元年復爲東都。」參見第十齣注〔9〕。

〔50〕起岸——從船上來到陸地，即上岸、登陸之意。明・馮夢龍《醒世恒言・吳衙內鄰舟赴約》：「待到了荊州，多將些銀兩與你，趁起岸時人從紛紜，從鬧中脫身。」

〔51〕繡嶺宮——唐代宮殿名，是唐代中期皇帝東巡的行宮之一。其遺址位於河南省陝縣荣園鄉石門村南的繡嶺坡上，西距三門峽市 19 公里。《新唐書・地理志二》載：「有繡嶺宮，顯慶三年置。東有神雀臺，天寶二年以赤雀見置。」唐・李洞《繡嶺宮詞》：「繡嶺宮前鶴髮翁，猶唱開元太平曲。」

〔52〕三宮六院——泛指帝王的妃嬪；此指帝王嬪妃的住所。元・無名氏《抱妝盒》楔子：「兀那三宮六院，妃嬪采女聽者：明日聖駕親到御園，打一金彈，金彈落處，有拾得者。」

〔53〕扈從——隨從皇帝出巡時的侍從護衛人員。唐・鄭畋《初秋寓直三首》詩之二：「步廊無限金羈響，應是諸司扈從歸。」

〔54〕津分帖濟——省稱「津帖」，或「津貼」。補貼、補助之意。

〔55〕棹（zhào）歌：棹本義船槳，棹歌即指漁民在行船時唱的漁歌；一般多爲情歌。後演化爲與水鄉有關的詩詞，並形成一種獨特的詩歌創作方法。棹歌女子，指唱船歌的女子。唐・駱賓王《棹歌行》詩：「相思無別曲，並在棹歌中。」

〔56〕切——朱墨、獨深、竹林本俱作「節」。

〔57〕翠華——本指皇帝儀仗中一種用翠鳥羽毛作裝飾的旗子。詩文中多以之指皇帝或皇帝的儀仗。漢・司馬相如《上林賦》：「建翠華之旗，樹靈鼉之鼓。」唐・李善注：「翠華，以翠羽爲葆也。」唐・白居易《長恨歌》：「翠華搖搖行復止，西出都門百餘里。」

〔58〕紅羅傘——又稱「紅傘」。爲宮中儀仗所用。傘蓋爲紅色，質地爲羅（輕軟的絲織品）或絹。唐・和凝《宮詞百首》詩之六五：「天街香滿瑞雲生，紅傘凝空景日明。」《金史・禮志六・原廟》：「每程到館或廨舍安駐，其道路儀衛，紅羅傘一，龍車一。」

〔59〕象牙盤——用象牙雕裝飾的牙盤。牙盤，指放置貢品或祭品的果盤。宋・錢易《南部新書》云：「以牙盤九枚裝食味其間，置上前，亦謂之看食。」

〔60〕中貂——即中朝官，或稱內朝官。漢武帝後，朝官分中朝和外朝。外朝官包括丞相以下正規職官，中朝官由皇帝的近臣如侍中、常侍、給事中、尚書等組成。

此處，「中貂」指太監。

〔61〕爭差——意外、差錯。元‧無名氏《仙呂‧賞花時‧么》套曲：「今夜相逢打
　　罵咱，忽見人來敢是他。只恐有爭差，咨咨認了，正是那嬌娃。」參見第四齣
　　注〔121〕。

〔62〕直駕將軍一個瓜——直駕將軍，指負責護衛皇帝的將領。直，應爲「値」。瓜，
　　指「金瓜」，青銅製，瓜形，安裝木柄，飾以黃金，與黃鉞同爲帝王儀仗之兵
　　仗。

〔63〕綱運——運輸方法的一種，始於唐代劉晏。用於成批運送大宗貨物，每批分若
　　干組，一組包括若干船隻或車輛。一組稱爲一綱，謂之綱運。宋‧葉適《上光
　　宗皇帝箚子》：「御前之軍，屯駐四處，鑄兵買馬，截撥綱運。」參閱《新唐書‧
　　食貨志三》。

〔64〕掌頭行——皇帝出巡時，負責在前站安排食宿等項的人員。

〔65〕地脈三河——地脈，指地的脈絡、地勢。唐‧孟浩然《送吳宣從事》詩云：
　　「旌旆邊庭去，山川地脈分。」三河，漢代以河內、河南、河東三郡稱爲三
　　河。「河」，指黃河。另外，黃河、淮河、洛河也被稱爲三河。

〔66〕「有星皆拱北」二句——語見宋‧梅堯臣《續金針詩格》詩：「是星皆拱北，無
　　水不朝東」。清‧周希陶《復位增廣賢文》「平韻」中則有「天上有星皆拱北，
　　世間無水不朝東」句。

第十四齣　東　巡〔1〕

【太常引】〔宇裴引隊上〕天迴地繞聖躬〔2〕勞，春色曉雞號。日華
遙上赭黃袍〔3〕，蓮花〔4〕仙掌雲霄。

　　〔宇〕下官御史中丞〔5〕平章〔6〕軍國大事宇文融是也。〔裴〕下官中
書少監〔7〕裴光庭是也。中書監〔8〕蕭年兄在京監國〔9〕，我二人扈駕
〔10〕東行。這是臨潼關外行宮〔11〕，前面將次陝城了，州守乃是盧年
兄也。〔宇笑介〕盧生在此三年，新河一事，未經報完，好難的題目哩
〔裴〕此君之才，下官所知。河工必成，當受上賞。〔宇〕河成不成，
到彼便見。〔內傳呼聖上陞殿〕

【繞池遊】〔12〕〔上引高力士衆上〕黃輿左纛〔13〕，又出三門道〔14〕，
聽行漏玉雞〔15〕春曉。扇影全高，日華初照，〔合〕錦江山都迴環聖
朝。

〔眾叩頭呼萬歲介、上〕繡帳天臨御路開〔16〕，離宮清蹕暫徘徊〔17〕。瞳瞳谷暗千旗出，洶洶山鳴萬乘來〔18〕。寡人唐玄宗皇帝是也。車駕東巡洛陽，駐蹕〔19〕潼關之外。今已早膳，高力士傳旨起駕。〔高傳旨行介〕

【望吾鄉犯】〔20〕電轉星搖，旌旗出陝郊。仙公河上〔21〕誰傳道？三生帝女人悲杳〔22〕，萬乘〔23〕親巡到。〔生跪伏介〕知陝州事前翰林院學士兼知制誥臣盧生，領合州官吏百姓男女迎駕。〔上問介〕那知州〔24〕可是前日狀元盧生？〔裴〕是。〔上〕平身。〔生〕萬歲萬歲萬萬歲。〔上〕前面高聳聳的是何物？〔生〕出關路險，搭有天橋。〔上〕天橋麼？天將風雨。〔生〕所謂雨師灑道，風伯清塵〔25〕。〔上笑介〕趲行〔26〕。〔合〕看砥柱〔27〕，望石橋，山川天險出雲霄。離宮渺，帳殿遙，二陵風雨在西崤〔28〕。

〔上〕傳旨且住，避雨片時。問陝州有何行殿〔29〕？〔生〕有萬歲巡行繡嶺宮。〔上〕怎見的？〔生〕有詩為證。〔上〕可奏來。〔生〕臣謹奏：春日遲遲春草綠，野棠開盡飄香玉。繡嶺宮前鶴髮翁，猶唱開元太平曲〔30〕。〔上〕聽此詩，昔年遊幸，如在眼前。〔生〕萬歲，喜天開日朗，鸞駕可行。〔上〕傳旨迤邐而進。

【絳都春】擂鼓鳴捎〔31〕，望山程險處，過了天橋〔32〕。則這些截斷了河陽京兆〔33〕，早捱過了臨潼趷蹬〔34〕的遙。大華〔35〕如夢杳似蓮嬌〔36〕，倒映的這關門窄小。〔生〕臣盧生謹奏：聖駕已出潼關，到了河口，請登龍舟。〔上〕朕記此間舊是石路，何用龍舟？〔生〕臣已開河三百餘里，以備聖駕東遊。〔上笑介〕有此奇異之事，朕往觀之。〔望介〕呀，真乃水天一色也。龍輿瞻眺〔37〕，真乃是山色水光相照。

〔內鼓吹、上眾登舟介、上〕下了龍舟。〔生〕臣已選下殿腳采女千人，能為棹歌。〔采女叩頭棹歌介〕

【出隊子】君王福耀，謝君王福耀，鑿破了河關一線遙。翠絲絲楊柳畫蘭橈〔38〕，酒滴向河神吹洞簫〔39〕。好搖搖，等閒平地把天河〔40〕

到了。

〔上〕美哉！棹歌之女也。

【鬧樊樓】說甚麼如花殿腳多奇妙，那菱歌起處，卻也魚沉雁落〔41〕。似洛浦淩波〔42〕照，甚漢女明妝〔43〕笑，在處裏有嬌嬈。也要你臣子們知道：新河站偏他妝的恁好。

〔內奏樂介、生〕臣之妻清河崔氏，備有牙盤〔44〕一千品獻上。〔上笑介〕准卿奏。〔生進酒介〕臣盧生謹上千秋萬歲壽〔45〕。

【鶯畫眉】金盞酌仙桃，滴金莖〔46〕湛露膏，臣膝行而進臨天表〔47〕。牙盤獻水陸珍肴，菱歌奏洞庭天樂〔48〕。〔上笑介、合〕今朝有幸，雲霄裏得近天顏微笑。

〔上〕牙盤所進，分賜護從人等，卿平身。〔生呼萬歲起介、上〕前面船隻數千隊，奏樂器，是什麼船？〔生〕此皆江南糧餉，各路珍奇，逐隊焚香，奏他本土之樂。

【滴滴金】〔上笑介眾〕看幾千艘排列的無喧鬧，一隊隊軍民齊跪著，頂香爐咭著細樂〔49〕。各路的貨郎兒〔50〕，分旗號；白糧船〔51〕到了；有那番舶上回回跳〔52〕。江漢〔53〕來朝，都到這河宗〔54〕獻寶。

〔上〕二卿知昔日陝州之路乎？石嶺崎嶇，江南運糧至此，驢馳車載，萬苦千辛。因此祖宗以來，遇糧運稍遲，俺君臣們巡狩〔55〕東都就食。不想今日有此盧生也。

【啄木兒】〔上〕他時路，石徑喬〔56〕，糧運關中車挽勞〔57〕。怕乾枯了走陸地蛟龍〔58〕，誰撥轉個透海金鰲〔59〕？〔生〕臣謹奏：這新河望萬歲賜以新名。〔上〕可賜名永濟河〔60〕。〔生〕萬歲。〔上〕〔61〕是開元天子巡遊到，新河永濟傳徽號〔62〕，穩倩取〔63〕歲歲江南百萬漕。

〔上〕前岸屹然而立，頭向河南，尾向河北者，何物也？〔生〕鐵牛〔64〕，以鎮水災。〔上〕宣裴光庭，卿長於文翰，可作《鐵牛頌》〔65〕。以彰盧生之功。〔裴〕萬歲，臣謹奏。〔上〕可奏來。〔裴〕天元乾，地順坤〔66〕。元一元而大武〔67〕，順百順而為牛。牛其春物之始乎？鐵

乃秋金〔68〕之利乎？其爲製也，寓精奇特〔69〕，壯趾貞堅。首有如山之正，角有不崩之容。至乃融巨冶，炊洪蒙〔70〕。執大象〔71〕，驅神功。遂爾東臨周畿，西盡虢略〔72〕。當函關〔73〕之路，望若隨仙〔74〕；近桃林之塞〔75〕，時同歸獸〔76〕。昔李冰鎮蜀〔77〕，立石兒〔78〕於江流；張騫鑿空〔79〕，飲牽郎於漢渚〔80〕。蓋金爲水火既濟〔81〕，牛則山川含諸〔82〕。所謂載華嶽而不重，鎮河海而不泄，其在茲與？臣光庭作頌。頌曰：杳冥精兮混元氣〔83〕，爐韛椎牛載厚地〔84〕。巨靈〔85〕西撐角岌嶪〔86〕，馮夷〔87〕東流吼滂沛。堅立不動神之至，層堤顧護人所庇〔88〕。帝賜新河名永濟，玉帛朝宗〔89〕千萬歲。〔上笑介〕奇哉！頌也。盧生刻之碑銘，汝功勞在萬萬年，不小也。〔生〕萬歲。

【三段子】〔上〕河源〔90〕恁高，動天河江潮海潮。詞源恁豪，剪文章金刀筆刀〔91〕。盧卿呵，這柳堤兒敢配的《甘棠》召〔92〕。裴卿呵，你金牛作頌似《河清》照〔93〕。〔衆跪介、合〕〔94〕禹鑿鴻碑也只感帝堯〔95〕。

〔內馬聲、宇望介〕岸上走馬，有何事情緊急哩？〔小卒上〕星忙來路遠，火速報君知。宇文爺，報子叩頭。〔宇〕有甚軍情？緩緩說來。

【鬥雙雞】〔96〕〔卒〕邊關上，邊關上，番軍來炒〔97〕。〔宇〕有大將王君奐在哩。〔卒〕君奐將，君奐將，就中難道。〔宇〕難道是殺了？〔卒〕刻下，風聞非小。〔宇〕有玉門關哩。〔卒〕敢撞進了玉門關，那邊兒不要。〔宇〕不要那邊，難道要這邊？〔卒起介〕便要不的這邊廂，也商量怎了？〔下〕

〔宇奏介〕臣宇文融啓萬歲：有邊報緊急，吐番殺進長城，王君奐抵敵不過。伏乞聖裁。〔上驚介〕這等怎生處分？

【上小樓】〔98〕盧囂〔99〕，非常震擾。去長安〔100〕路幾遙？急忙間扈駕的難差調。酸溜溜〔101〕的文官班裏，誰誦過兵書去戰討？

〔宇背笑介〕開河到被盧生做了一功，恰好又這等一個題目處置他。〔回奏介〕臣與文班商量，除是盧生之才，可以前去征戰。〔上〕卿言是也。

〔生〕兵凶戰危，臣不敢任。〔上〕寡人知卿，卿不可辭。即拜卿爲御

史中丞，兼領河西、隴右四道節度使〔102〕，掛印征西大將軍。星夜起程，無得遲誤。朕有御衣戰袍一領，賜卿御前穿掛了。謝恩！〔生應起介、內鼓吹、生換戎裝上謝恩介〕新陞御史中丞兼領河西、隴右四道節度使臣盧生見駕叩頭。〔上〕平身。卿去，朕無西顧之憂矣。

【耍鮑老】邊關事多應難料，且把個錦將軍裝束的俏。你頭插了侍中貂〔103〕，也只索〔104〕從征調。〔裴〕汗馬功勞，比尋河外國〔105〕那辛勤較。〔宇〕俺這裏玩波濤臨潼鬥寶〔106〕，你可也展雄樣逞英豪。〔合〕遵欽限，把陽關〔107〕唱好，是你封侯道。

〔內鼓吹開船介、上〕盧生，盧生，

【尾聲】我暫把洛陽花〔108〕繞一遭，專等你捷音來報。那時節呵，重疊的蔭子封妻〔109〕恩不小。〔下〕

〔生跪伏呼萬歲起介〕分付眾將官：既然邊關緊急，欽限森嚴，就此起程，不辭夫人而去了。正是：昔日飢寒驅我去，今朝富貴逼人來。〔下、旦貼上〕本來銀漢是紅牆，隔得盧家白玉堂。誰與王昌報消息，盡知三十六鴛鴦〔110〕。咱和梅香尋相公去來。呀，怎不見了相公也？

【賽觀音】〔111〕我兒夫知何際？記不起清河店兒，拋閃下博陵崔氏〔112〕。〔合〕一片無情，直恁〔113〕水流西。

〔貼問介〕一河兩岸老哥，見太爺那裏去了？〔內〕唐明皇央及太爺跨馬征番去了。〔旦哭介〕原來如此。

【前腔】為征夫添憔悴，平沙處關河雁低，楊柳外夕陽煙際。〔合〕聽馬嘶聲，還似在畫橋西。

梅香，咱們趕上，送他一程。〔走介〕

【人月圓】跌著腳，叫我如何理？把手〔114〕的夫妻別離起，等不得半聲將息〔115〕，跨馬征番直恁急。〔合〕征塵遠，空盈盈〔116〕淚眼，何處追隨。

〔貼〕趕不上，且回州去，再作區處〔117〕。

【前腔】去則去，要去誰攔你？便婦女軍中頹甚氣〔118〕。咱回家今夕你何州睡？割不斷夫妻一肚皮。〔合〕淒涼起，除則是夢中和你些兒。

河功就了去邊州，人不見兮水空流。

山上有山何處望？一天明月大刀頭〔119〕。

校　注

〔1〕東巡——此齣寫裴光庭、宇文融陪同皇帝來到陝州，聖心大悅，賜河名爲永濟河，並命裴光庭作《鐵牛頌》，以表彰盧生開河之功。邊關危急，大將戰死的消息傳來，宇文融爲了再次處置盧生，竟表奏不懂兵書戰策的盧生爲征西大將軍。皇帝准許，盧生無奈，即刻戎裝出發。

〔2〕聖躬——猶聖體，亦代指皇帝。是臣下對皇帝的稱呼。晉·袁宏《後漢紀·順帝紀下》：「恐左右忠孝，不欲屢勞聖躬，以爲親耕可廢。」《後漢書·班彪列傳·班固》：「俯仰乎乾坤，參象乎聖躬。」李賢注：「聖躬，謂天子也。」唐·杜甫《往在》詩：「前春禮郊廟，祀事親聖躬。」

〔3〕「日華遙上」句——化用唐·耿湋《朝下寄韓舍人》詩句：「瑞氣迥浮青玉案，日華遙上赤霜袍。」日華，指日光。

〔4〕蓮花——即蓮花峰。華山五峰之一。參見本齣注〔35〕。

〔5〕御史中丞——官職名。御史臺長官，負責糾察百官、受理公卿章奏等事。參見第五齣注〔28〕。

〔6〕平章——官名。《新唐書·百官志一》：「貞觀八年，僕射李靖以疾辭位，詔疾小瘳，三兩日一至中書門下平章事。」「平章」之名始此。唐中葉以後，凡實際任丞相之職者，必在其本官外加同平章事的職銜，意即共同議政。後簡稱「平章」。

〔7〕中書少監——官職名。中書監的副職。

〔8〕中書監——官職名。三國時魏置。與中書令共同掌機要事務，但位次高於中書令，爲事實上的宰相。隋唐時只存中書令，不再設監。中書，官署名，是中書省的省稱。唐內閣爲中書、門下、尚書三省。中書決定政策，通過門下，交尚書執行。魏晉時，中書省長官爲中書監及中書令，隋代廢監存令。唐代曾改稱右相、鳳閣令、紫微令，旋復舊稱。

〔9〕監國——中國古代的一種政治制度，通常是指皇帝離開京城，到外地巡察，由一重要人物（例如太子）留守宮廷處理國事稱監國。也指君主未能親政，由他人代理朝政。明代諸王也有稱監國者，其監國地點不在京城。

〔10〕扈駕——護從皇帝出行。扈，侍從。

〔11〕行宮——京城之外供皇帝出行視察時居住的宮室。也指帝王出京後臨時寓居的官署或住宅。《文選·左思〈吳都賦〉》：「烏聞梁岷有陟方之館，行宮之基歟？」劉逵注：「天子行所立，名曰行宮。」唐·盧象《駕幸溫泉》詩：「細草終朝隨步輦，垂楊幾處繞行宮。」清·孔尚任《桃花扇》三七〔滾遍〕白：「田雄，我與你是宿衛之官，就在這行宮門外，同臥支更罷。」

〔12〕池——原本作「地」，據獨深本、葉《譜》改。

〔13〕黃輿左纛（dào）——指帝王的車駕。輿，即車廂，因以代指車；帝王的車用黃緞裝飾，故稱「黃輿」。纛，帝王乘輿上的裝飾物，以犛牛尾或雉尾製，因設在車衡左邊或左騑上，故稱「左纛」。

〔14〕又出三門道——唐玄宗多次巡幸東都洛陽，而三門山即在通往洛陽的路上。據《舊唐書·玄宗本紀》載，開元十一年、十九年、二十二年、二十九年，都曾巡幸東都，故而這裏有「又出」之說。

〔15〕行漏玉雞——行漏，謂計時器在計時。漏，古代計時的漏壺，有沙漏和水漏。唐·宋之問《奉和聖製閏九月九日登莊嚴總持二寺閣》詩：「風鐸喧行漏，天花拂舞行。」玉雞，雄雞的美稱。本指傳說中的神雞，居東方扶桑山上，率天下之雞報曉；其說始見於漢。《山海經·神異經·東荒經》載：「蓋扶桑山有玉雞，玉雞鳴則金雞鳴，金雞鳴則石雞鳴，石雞鳴則天下之雞悉鳴，潮水應之矣。」唐·陳陶《步虛引》：「朝天半夜聞玉雞，星斗離離礙龍翼。」

〔16〕「黼（fǔ）帳天臨」句——引用唐·張說《侍宴隆慶池應制》詩：「靈池月滿直城隈，黼帳天臨御路開。」黼帳，即帝帳。以帳後設黼扆（yǐ），故名。黼扆，亦名黼依、斧扆、斧依，帝王後座的屏風，上有黑白相同的斧形花紋，故名。

〔17〕「離宮清蹕」句——化用唐·沈佺期《奉和聖製幸禮部尚書竇希玠宅》詩：「不知行漏晚，清蹕尚裴徊。」清蹕，即謂帝王出行開路清道，禁止通行。

〔18〕「曈曈谷暗」二句——化用唐·宋之問《扈從登封途中作》詩：「谷暗千旗出，山鳴萬乘來。」曈曈，謂太陽初出由暗而明的光景。亦作「曈曨」。西晉·陸機《文賦》：「情曈曨而彌鮮。」喻文情由隱而顯，猶如日之欲明。

〔19〕駐蹕（bì）——帝王后妃出行時，中途停留暫住。蹕，古代帝王出行時，先要派兵沿路戒嚴，禁止行人經過稱為「蹕」；引申指帝王的車駕。唐·李嶠《汾陰行》詩：「回旌駐蹕降靈場，焚香奠醑邀百祥。」

〔20〕望吾鄉犯——集曲。葉《譜》題作「仙呂望鄉歌」，謂「望吾鄉」犯「排歌」。

〔21〕河上——即河上公。亦稱河上丈人、河上真人，齊地琅邪一帶方士，黃老哲學的集大成者，黃老道的開山祖師。晉·葛洪《神仙傳·河上公》：「河上公者，莫知其姓字。漢文帝時，公結草為庵於河之濱。帝讀《老子經》……有所不解數事，時人莫能道之，聞時皆稱河上公解《老子經》義旨，乃使齎不

決之事以問。」

〔22〕三生帝女人悲杳——三生，即指緣分、因果皆由前生而定。民間傳說有「三生石」的故事。唐・袁郊《甘澤謠・圓觀》云：唐大曆末年，李源與洛陽惠林寺僧圓觀為忘年交。二人自荊江上峽，見婦女數人負罌而汲，圓觀望而泣下，曰：「其中孕婦姓王者，是某託身之所。更後十二年中秋月夜，杭州天竺寺外，與公相見之期也。」是夕圓觀亡而孕婦產。後十二年秋八月，李源赴約，有牧豎歌《竹枝詞》者，即圓觀也。歌曰：「三生石上舊精魂，賞月吟風不要論。慚愧情人遠相訪，此身雖異性相仿。」後人附會杭州天竺寺後有「三生石」。帝女，即隋煬帝蕭皇后（梁明帝之女）蕭娥。《隋書・后妃列傳》云：蕭娥在宇文之亂中，初沒於竇建德，後被突厥處羅可汗迎入虜廷。至唐貞觀四年（公元 630 年）破突厥，乃禮迎蕭娥歸京師。

〔23〕萬乘（shèng）——乘，車子；古時一車四馬為一乘。萬乘，言車輛之多。古代以車馬數量多寡，表明身份地位之高低，以故「萬乘」代指皇帝。《孟子・梁惠王上》：「萬乘之國，弒其君者，必千乘之家。」趙岐注：「萬乘，兵車萬乘，謂天子也。」

〔24〕知州——官職名。宋代設置，是州一級的行政長官。宋以朝臣充任各州長官，稱「權知某軍州事」，簡稱知州。「權知」意為暫時主管，「軍」指該地廂軍，「州」指民政。明、清以知州為正式官名，為各州行政長官。

〔25〕「雨師灑道」二句——雨師，中國古代神話傳說掌管雨的神。風伯，古代傳說掌管風的神。語見《淮南子・原道訓》：「令雨師灑道，使風伯掃塵；電以為鞭策，雷以為車輪。」又《韓非子・十過》：「蚩尤居前，風伯進掃，雨師灑道，虎狼在前，鬼神在後，騰蛇伏地，鳳凰覆上，大合鬼神，作為清角。」《舊唐書・狄仁傑傳》云：「天子之行千乘萬騎，風伯清塵，雨師灑道。」

〔26〕趲行——即催、趕行路。元・無名氏《馮玉蘭》一〔混江龍〕白：「家童，俺不饑，且趲行路程。」參見第十一齣注〔35〕。

〔27〕砥柱——原是河南省三門峽東的一個大石礁，屹立於黃河急流之中。詳見第十一齣注〔38〕。

〔28〕「二陵風雨」句——二陵，指夏后皋、周文王的陵寢，即崤山之南陵和北陵。西崤，指河南西部的崤山，分東崤和西崤，東北、西南走向，故稱二陵在西崤。位於河南省洛寧縣西北，西接陝縣，東接澠池縣。據《左傳・僖公三十二年》云：「晉人禦師必于崤，崤有二陵焉，其南陵，夏后皋之墓也。其北陵，文王之所避風雨也。」楊伯峻注：「二陵者，東崤山與西崤山也。」

〔29〕行殿——即行宮。唐・李昂《戚夫人楚舞歌》：「風花菡萏落轅門，雲雨徘徊入行殿。」

〔30〕「春日遲遲」四句——語出《全唐詩》卷 723、李洞《繡嶺宮詞》。

〔31〕擂鼓鳴捎——猶謂鼓聲鳴響掠過山頂。捎，拂掠也。

〔32〕天橋——指崤山上架設的懸空便橋。

〔33〕河陽京兆——河陽，指黃河北岸。古以山之南或水之北為「陽」。《穀梁傳·僖公二十八年》：「水北為陽，山南為陽。」京兆，府名。唐開元元年（公元713年）改雍州置，治所在長安、萬年（今西安市）。

〔34〕臨潼趷蹬（kē dēng）——臨潼，地名。在今陝西省。有臨潼關，是陝西通向中原內陸的重要關隘。趷蹬，喻指山路崎嶇。象聲詞，形容車駕在坑凹不平的道路上行走時發出的聲音。

〔35〕大華——亦名「太華」。古稱西嶽，為華山主峰。位陝西東部，華陰縣南。又有蓮花、落雁、朝陽、玉女、五雲諸峰。

〔36〕杳似蓮嬌——意謂華山遠看山峰起伏，如朵朵蓮花一樣嬌美。

〔37〕龍輿瞻眺——龍輿，皇帝乘坐的龍船。船前有龍頭高高探出，像巨龍向遠方眺望。瞻眺，眺望。

〔38〕蘭橈（ráo）——小舟的美稱。橈，船槳也。

〔39〕「酒滴向」句——謂以酒祭祀河神，鑿河成功，再無水患，人們可以悠然地吹起洞簫。河神，又名河伯、河馮。據《〈史記〉正義》載：「河伯，華陰潼鄉人，姓馮氏，名夷。浴於河中而溺死，遂為河伯也。」另據《史記·滑稽列傳·西門豹傳》載，當地時常發生洪水，百姓以給河伯娶婦的方式換取平安。

〔40〕天河——天上的星河，因其在晴夜高空中呈現出銀白色帶狀，故有天河之稱。

〔41〕魚沉雁落——又稱「沉魚落雁」。謂使魚沉入水底，使大雁羞於低飛，多用以比喻女子容貌的美麗。《莊子·齊物論》云：「毛嬙、麗姬，人之所美也；魚見之深入，鳥見之高飛，麋鹿見之決驟。四者孰知天下之正色哉？」莊子說鳥獸不知美色也，後人卻以此附會為形容美女能驚動魚、鳥。元·楊果《越調·小桃紅·採蓮女》小令：「羞花閉月，沉魚落雁，不恁也消魂。」

〔42〕洛浦淩波——即三國魏·曹植《洛神賦》中描寫的河洛之神宓妃。後人以此形容女子步履輕盈，這裏是指殿腳女們步態優美。洛浦，洛水之濱，乃宓妃居住地。

〔43〕漢女明妝——即指漢王昭君的美貌。《後漢書·南匈奴列傳》云：「昭君豐容靚飾，光明漢宮，顧景裴回，竦動左右。」

〔44〕牙盤——雕飾精美的盤子。亦代指這種盤子所盛的珍饈。據民國·董康《曲海總目提要》載：「東巡迎駕，蓋借用韋堅鑿潭通漕，牙盤上食兩事。」可見，劇中崔氏牙盤獻上膳千品，是湯顯祖借用唐代韋堅之事。明·王世貞《再從諸公飲陳常侍別野》詩：「膝席寬賓禮，牙盤侈國恩。」

〔45〕萬歲壽——朱墨本為「萬壽酒」。

〔46〕金莖（jīng）——指漢武帝所作承露盤的銅柱。漢·班固《西都賦》：「抗仙掌

以承露,擢雙立之金莖。」唐・張銑注:「抗,舉也。金莖,銅柱也。作僊人掌以舉盤於其上。」唐・杜甫《秋興》詩之五:「蓬萊宮闕對南山,承露金莖霄漢間。」

〔47〕臨天表——呈示給皇帝的奏表。

〔48〕洞庭天樂——泛指仙音仙樂。引申謂太平喜慶之曲。洞庭,廣庭,謂廣大的空間。《莊子・天運》:「帝張咸池之樂於洞庭之野。」唐・成玄英疏:「洞庭之野,天地之間,非太湖之洞庭也。」又《至樂》:「《咸池》《九韶》之樂,張之洞庭之野,鳥聞之而飛,獸聞之而走,魚聞之下入,人卒聞之,相與還而觀之。」指黃帝奏樂事為洞庭張樂,謂盛大的奏樂場面。唐・舒元輿《橋山懷古》詩:「洞庭張樂降玄鶴,涿鹿大戰摧蚩尤。」天樂,又稱鈞天樂、鈞天廣樂;謂天上的音樂。「鈞天」,上帝居住的地方。唐・胡元範《奉和太子納妃太平公主出降三首》詩之三:「聖文飛聖筆,天樂奏鈞天。」

〔49〕咕(diān)著細樂——意謂悠悠演奏著樂曲。咕,吹奏。細樂,指管絃樂。細樂是與鑼鼓樂相對而言的。

〔50〕貨郎兒——貨郎,是一種荷擔執鼓(或鈴)巡迴農村流動出售小商品或附帶收購土產及廢品的小販。據宋・周密《武林舊事》卷二「舞隊・大小全棚傀儡」條中有「貨郎」一目,又《文嘉嚴氏書畫記》有「宋蘇漢臣嬰兒戲貨郎八軸」的記載,可見宋朝已有此稱。貨郎,又作貨郎兒、貨郎子,「兒」「子」皆為名詞語尾,無義。「貨郎兒」,亦為曲調名。《九宮譜》云:「曲調有貨郎兒正宮與仙呂入,又轉調貨郎兒與南呂出入。」元・無名氏《貨郎旦》二〔水仙子〕白:「老漢姓張,是張撇古,憑說唱《貨郎兒》為生。」

〔51〕白糧船——明清向江南五府徵收的粳、糯,為專供宮廷和百官用的額外漕糧。《明史・食貨志三》:「蘇、松、常、嘉、湖五府,輸運內府白熟粳糯米十七萬四千餘石,內折色八千餘石;各府部糙粳米四萬四千餘石,內折色八千八百餘石。令民運,謂之白糧船。」白糧由糧長解運京師,運費和途中的損耗,由納糧戶均攤。清代續徵白糧,雖免除民運,但另加耗米和運費。所以白糧始終是江南五府人民的沉重負擔。這裏作者把明清時的糧食運輸制度移到了唐代。

〔52〕番舶上回回跳——番舶,又寫作「蕃舶」。指外國或外族來華進行商品交易的船隻。唐・司空圖《雜題九首》詩之五:「宴罷論詩久,亭高拜表頻。岸香蕃舶月,洲色海煙春。」回回跳,泛指西番諸族的歌舞。在明傳奇中常以「回回」稱西番諸族,湯顯祖《牡丹亭》第二十一出將番、回並稱。跳,意猶歌舞。

〔53〕江漢——長江、漢水。這裏代指江南一帶。

〔54〕河宗——河,黃河。古代以黃河為四瀆之宗,因稱黃河為「河宗」。漢・班固《漢書・溝洫志》:「中國川原以百數,莫著於四瀆,而河為宗。」唐・杜甫《韋諷錄事宅觀曹將軍畫馬圖》詩:「自從獻寶朝河宗,無復射蛟江水中。」

〔55〕巡狩——指皇帝離開京城前往外地，此處為就食洛陽的委婉說法。

〔56〕喬——指山石不齊。即第十一齣所謂的「落硌」，參見第十一齣注〔3〕。

〔57〕挽勞——謂拉車勞苦。挽，拉車、牽引。

〔58〕蛟（jiāo）龍——古代傳說中的兩種動物，居深水中。傳說蛟能發洪水，龍能興雲雨。戰國楚・屈原《離騷》：「麾蛟龍以梁津兮，詔西皇使涉予。」王逸注：「小曰蛟，大曰龍。」

〔59〕透海金鼇——深海之中的巨龜。透海，極言海之深廣。金鼇，傳說中海裏的金色巨龜。

〔60〕永濟河——隋大業四年（公元608年）為便利河北地區軍事運輸所開的運河。隋煬帝調發軍民百餘萬，引沁水達於黃河，北通涿郡（今北京西南），全長二千餘里。唐宋時，名永濟渠。

〔61〕上——朱墨本作「裴合」。

〔62〕徽號——褒揚讚美的稱號，多用於帝王或有名望的家族的尊號。唐・薛逢《宣政殿前陪位觀冊順宗憲宗皇帝尊號》詩：「盛禮永尊徽號畢，聖慈南面不勝哀。」

〔63〕穩情取——元曲中多作「穩情取」，意謂必定也。

〔64〕鐵牛——鐵鑄的牛。古人治河或建橋，往往鑄鐵為牛狀，置於堤下或橋塊，用以鎮水。《太平寰宇記》載：「開元十二年，於河東縣開東西門，各造鐵牛四。其牛並鐵柱連腹入地丈餘，負橋跨河。」唐・白居易《送陝州王司馬建赴任》詩：「自有鐵牛無詠者，料君投刃心應虛。」宋・蘇軾《次韻子由送陳侗知陝州》詩：「誰能如鐵牛，橫身負黃河。」1989年7月31日四尊唐代開元年間鑄造的黃河「鎮河大鐵牛」在距山西省永濟縣城12公里的古蒲州城遺址西門外的黃河灘出土。四尊鐵牛旁各有一鐵人，如牧策牛。鐵牛下面「熔鐵為山」，使鐵牛、鐵人、鐵山成一體。鐵牛造形生動，前腿作蹬狀，後腿作蹲伏狀，矯角、昂首，牛體矯健強壯，尾施鐵軸，以繫浮橋。腹下鐵山，其下有6根直徑0.4米，長約3.6米的鐵柱斜前連接，每根鐵柱分別有反向出伸鐵足各一，功能同地錨。鐵牛各重約70噸左右。

〔65〕鐵牛頌——《唐文粹》卷七二載有賈至《陝州鐵牛頌》，湯顯祖或參照賈文而作，其中如「望若隨仙」、「桃林之塞」云云，即出自賈文。

〔66〕天元乾，地順坤——意謂萬物順應天地而生。道教以乾象天，坤象地。乾象一氣冥運，萬物化一；坤象二氣陛降，物有變遷。

〔67〕元一元而大武——元，即元始，善之長者也。一元大武，謂一頭大肥牛。古祝史稱祭祀用牛的祝號為「一元大武」。《禮記・曲禮》：「凡祭宗廟之禮，牛曰『一元大武』。」漢・鄭玄注：「元，頭也；武，迹也。」唐・孔穎達疏：「牛若肥則腳大，腳大則痕迹大，故云『一元大武』也。」

〔68〕秋金——指五行之金。古以五行配四季，八月為秋，金位也，故曰「秋金」。

〔69〕特——牡牛也。古義有一牛、公牛、雄犍之牛各說。《玉篇》曰:「牡牛也。」《廣韻》曰:「特,雄也。」

〔70〕融巨冶,炊洪蒙——意謂此鐵牛是用天地之初的元氣鎔鑄的。洪蒙,即天地之初,混沌未分之時。

〔71〕執大象——《老子》上篇云:「執大象,天下往。」河上公注曰:「執,守也。象,道也。聖人守大道,則天下萬民移心歸往也。」

〔72〕「東臨周畿」二句——周畿,指周公東征平亂後,所建東都洛邑(今洛陽)。畿,即王畿,王都所在之千里地域。虢略,指古國西虢之疆界。古虢國君主都是周文王弟,分東、西、北三虢,西虢在今陝西寶雞東。略,疆界也。《左傳》:「東盡虢略。」唐·孔穎達疏:「虢略,虢之竟界也。」

〔73〕函關——即古函谷關。故址僅存關門,在今河南靈寶東北。戰國時秦置,因關在谷中,故名。

〔74〕望若隨仙——道家的老子曾駕青牛過函谷關,此處是裴光庭用眼前的鐵牛比喻老子的坐騎。

〔75〕桃林之塞——即桃林塞,亦名桃原。桃林,古地名,約當今河南靈寶縣以西,陝西潼關以東地區。據載,桃林曾為周武王放牛處。《書·周書·武成》云:周武王滅商後,「偃武修文,歸馬於華山之陽,放牛於桃林之野,示天下弗取。」唐·耿湋《送太僕寺李丞赴都到桃林塞》詩:「遠過桃林塞,休年自昔聞。曲河隨暮草,重阜接閒雲。」

〔76〕歸獸——謂將用於作戰的牛馬放歸山野,表示偃武修文。《書·周書·武成》:「武王伐殷,往伐歸獸。」孔穎達傳:「往誅紂克定,偃武修文,歸馬牛於華山桃林之牧地。」

〔77〕李冰鎮蜀——李冰,戰國時期秦國人,秦昭王時任蜀郡守,主治岷江流域水利,築都江堰,使川西平原得到灌溉,受益達兩千餘年。《文選·左思〈蜀都賦〉》李善注引《地理志》曰:「蜀守李冰鑿離堆,穿兩江,為人開田,百姓饗其利。」

〔78〕石兕(si)——狀似犀牛的巨石。兕為古代犀牛一類的獸名。《左傳·宣公二年》:「犀兕尚多。」傳說立石兕於江流,可以鎮邪免患。唐·陸希聲《陽羨雜詠十九首·詠兕臺》詩:「大河波浪激潼關,青兕胡為伏此山。遙想楚王雲夢澤,霓旌羽蓋定空還。」

〔79〕張騫鑿空——張騫,漢武帝時人,官大行,奉命兩次出使西域,封博望侯。曾親歷大宛、康居、大月氏、大夏、安息等地。《史記·大宛列傳》云:「於是西北國始通於漢矣,然張騫鑿空。」唐·司馬貞《索隱》:「案謂西域險阨,本無道路,今鑿空而通之也。」空,為通行之孔道。

〔80〕飲牽郎於漢渚——牽郎,指牧馬者,喻西域游牧部族。漢渚,漢水邊;或借喻

為漢朝之恩惠。此句意謂由於張騫出使西域，建立了往來，西域人能飲到漢江之水。

〔81〕水火既濟——道教術語。指煉丹中陰陽五行與藥物的相互作用已達一定的火候，即稱「水火既濟」。水火既濟則丹成，此指煉鑄鐵牛。

〔82〕牛則山川舍諸——謂牛以山川為舍。本句為倒置句式，可寫作「牛則舍諸山川」。諸，之於。

〔83〕「杳冥精兮」句——謂天地混沌初始時的狀態，時雲氣杳冥，似胚胎渾混，尚未凝結，又像太極之氣，欲構天也。元氣，《文選·張衡〈思玄賦〉》李善注引《春秋說題辭》曰：「元氣以為天，混沌無形。」

〔84〕「爐韝（bèi）椎牛」句——此句指原始初民的生活狀態。他們用火爐烹食，擊殺野牛，使生命在大地上繁衍生息。爐韝，熔爐。韝，即給爐鼓風吹火的器械，風箱或皮囊。宋·陳亮《賀新郎·酬辛幼安再用韻見寄》詞：「天地洪爐誰扇韝？算於中、安得長堅鐵！」椎牛，謂擊殺牛。古俗於喜慶或祭奠等活動時，常擊殺牛以表心意。漢·桓寬《鹽鐵論·散不足》：「今富者祈名嶽，望山川，椎牛擊鼓，戲倡舞象。」元·尚仲賢《氣英布》四〔竹枝兒〕白：「一壁廂椎翻牛，窨下酒，就軍營前設一慶功筵宴。」厚地，大地。

〔85〕巨靈——傳說中劈開華山的河神。《文選·張衡〈西京賦〉》：「左有崤、函重險，桃林之塞。綴以二華，巨靈贔屭，高掌遠蹠，以流河曲，厥迹猶存。」李善注：「巨靈，河神也。巨，大也。古語云：此本一山，當河水過之而曲行，河之神以手擘開其上，足躡離其下，中分為二，以通河流。手足之迹，於今尚在。贔屭，作力之貌也。」《晉書·后妃上·左貴嬪》云：「峨峨華嶽，峻極泰清，巨靈導流，河瀆是經。」

〔86〕岧嵽（tiáo tí）——形容山之高聳。

〔87〕馮夷——古神話中的黃河水神。因渡河淹死，天帝封其為水神。亦作「冰夷」、「無夷」。《莊子·大宗師》：「馮夷得之，以遊大川；肩吾得之，以處大山。」東漢·司馬彪云：「《青令傳》曰：（馮夷）華陰潼鄉隄首人也，服八石，得水仙，是為河伯。」成玄英疏：「天帝賜馮夷為河伯，故遊處盟津大川之中也。」

〔88〕「層堤顧護」句——此句謂鐵牛鎮守大堤，人民得到它的庇護。

〔89〕朝宗——古代諸侯春、夏朝見天子。後泛稱臣下朝見帝王。《周禮·春官·大宗伯》：「春見曰朝，夏見曰宗，秋見曰覲，冬見曰遇。」明·李攀龍《上朱大司空》詩：「轉餉十年軍國壯，朝宗萬里帝圖雄。」此處語意雙關，又可指小水流注大水。《書·禹貢》：「江漢朝宗於海。」孔穎達疏：「朝宗是人事之名，水無性識，非有此義。以海水大而江漢小，以小就大，似諸侯歸於天子，假人事而言之也。」清·李漁《奈何天》一〔蝶戀花頭〕：「造物從來不好色，磨滅佳人，使盡罡風力。萬淚朝宗江海溢，天公只當潮和汐。」

〔90〕河源——亦作河原，河流的源頭。古代特指黃河的源頭。《漢書·西域傳上·于闐國》：「于闐之西，水皆西流，注西海；其東，水東流，注鹽澤，河原出焉。」唐·郎士元《送楊中丞和蕃》詩：「河源飛鳥外，雪嶺大荒西。」

〔91〕金刀筆刀——此爲唐玄宗稱讚裴光庭文采好。刀曾是中國古代的書寫工具，因書寫材料是竹簡，書寫有誤時可用刀削去重寫，故而那些掌文案的官吏又被稱爲刀筆吏。

〔92〕《甘棠》召（shào）——即周代召伯。《詩經·召南》中的《甘棠》篇，是稱頌周召公德政的詩篇。後人遂以「甘棠」、「召棠」借喻爲官有惠政者。《史記·燕召公世家》云：「周武王之滅紂，封召公於北燕……召公巡行鄉邑，有棠樹，決獄政事其下，自侯伯至庶人各得其所，無失職者。召公卒，而民人思召公之政，懷棠樹不敢伐，歌詠之，作《甘棠》之詩。」此處是唐玄宗借召公誇讚盧生功勞。唐·高適《同群公十月朝宴李太守宅》詩：「已聽甘棠頌，欣陪旨酒歡。」

〔93〕《河清》照——猶謂預示天下太平。河清，黃河水濁，千年一清，預示昇平，亦喻難得。照，指南朝宋詩人鮑照。《宋書·鮑照傳》云：「元嘉中，河、濟俱清，當時以爲美瑞，照爲《河清頌》，其序甚工。」此處是唐玄宗借《河清頌》，誇讚裴光庭的文采。

〔94〕眾跪介、合——朱墨本作「〔眾合〕便是」。

〔95〕「禹鑿鴻碑」句——禹建立治水功業，是有感於帝堯的識人之智。鴻碑，即「岣嶁碑」，亦稱「禹碑」；碑凡七十七字，像繆篆，又像符籙；碑在湖南衡山雲密峰；傳說爲禹治水時所刻。此爲大臣的諂媚之語，借古喻今，言盧生開河成功應歸功於皇帝的英明偉大。

〔96〕鬥雙雞——曲牌名。朱墨本有臧晉叔眉批云「此調名滴溜子。」葉《譜》改題「滴溜子」，是。

〔97〕炒——通「吵」，吵鬧、聲音繁雜之意。意謂侵擾。明·凌濛初編纂《拍案驚奇》卷二十：「那家庭間，每每被這等人炒得十清九濁。」

〔98〕上小樓——曲牌名。據葉《譜》應是「下小樓」。

〔99〕虛囂——謂僞詐、玩弄陰謀。此指虛張聲勢。明·葉憲祖《寒衣記》二〔小桃紅〕：「只恐怕看破了這虛囂。」

〔100〕長安——唐代京城所在地，即今陝西長安縣一帶。據《太平寰宇記》載：「長安蓋古鄉聚名，隔渭水對秦咸陽宮，漢於其地築未央宮，置縣，以長安爲名。」

〔101〕酸溜溜——亦作「醋溜溜」，「醋留留」。本指水果等物酸味濃烈，這裏多藉以形容文人言行迂腐的樣子。此語今仍習用之。清·吳梅村《通天台》二〔折桂令〕白：「麗娟叩頭。萬歲爺，那吾丘司馬陪宴柏梁，從未喚麗娟侍酒。今日請個酸溜溜的秀才，喚麗娟怎的？」

〔102〕節度使——官職名。唐睿宗景雲二年，賀拔延嗣爲涼州都督充河西節度使，節度使開始成爲正式的官職。最初，節度使僅設於邊地，安史之亂後遍設於國內。由節度使統管數州的軍、民、財政事務。河西、隴右一帶，是唐代與吐蕃、突厥、迴紇接壤的地區。

〔103〕侍中貂——爲漢中朝官侍中帽上的飾物。此處比喻朝廷給予盧生以珍貴的賞賜。《後漢書・輿服志下》：「武冠，一曰武弁大冠，諸武官冠之。侍中、中常侍加黃金璫，附蟬爲文，貂尾爲飾，謂之『趙惠文冠』。」唐・杜甫《諸將》詩之四：「殊錫曾爲大司馬，總戎皆插侍中貂。」

〔104〕只索——只好。

〔105〕尋河外國——指漢張騫泛槎的傳說。元曲常以「張騫泛槎」喻遠遊。唐・趙璘《因話錄》卷五云：「《漢書》載張騫窮河源，言其奉使之遠，實無天河之說。……今成都嚴眞觀有一石，俗呼爲支機石，皆目云：當時君平留之。寶曆中，余下第還家，於京洛途中，逢官差遞夫舁張騫槎。先在東都禁中，今准詔索有司取進，不知是何物也。前輩往往有用張騫槎者，相襲謬誤矣。縱出雜書，亦不足據。」或云「張騫泛槎」事出《荊楚歲時記》，今本無之。《四庫全書》卷七十錄《荊楚歲時記》，按：「然周密《癸辛雜識》引張騫乘槎至天河見織女，得支機石事，云出《荊楚歲時記》，今本無之。」

〔106〕臨潼鬥寶——傳說春秋時，秦穆公邀請十七國諸侯大會臨潼，角勝各國寶物，又唆使柳盜跖於途中劫取寶物。伍子胥押寶途中降伏柳盜跖，並與之結爲兄弟，同赴臨潼會揭穿秦王陰謀。元明無名氏《十八國臨潼鬥寶》雜劇，題目作《伍子胥鞭伏盜跖》，即敷演此事。元・李壽卿《進專諸伍員吹簫》雜劇，亦有臨潼會之事。明清小說、戲曲中多有此故事。後人便以「臨潼鬥寶」，借指誇富鬥奢、爭強賭勝。此指宇文融暗中與盧生玩手段較量。湯顯祖《牡丹亭》二一：「但獻寶龍宮笑殺他，便鬥寶臨潼也賽得他。」《紅樓夢》第七五回：「於是天天宰豬割羊，屠鵝戮鴨，好似臨潼鬥寶一般，都要賣弄自己家的好廚役好烹炮。」

〔107〕陽關——琴曲；即《陽關三疊》，亦名《陽關曲》。此曲抒寫離情別緒，常被借喻爲離別。陽關又是出塞必經之地，漢代張騫、班超出塞均建功立業被封侯，眾人叮嚀盧生「把陽關唱好」，是祝願他也能像前人那樣建功立業。

〔108〕洛陽花——指代東京洛陽。時皇帝在河南陝州巡幸，後去洛陽，因洛陽盛產牡丹花，故時人將牡丹稱之爲洛陽花。

〔109〕蔭子封妻——又稱封妻蔭子。給妻子以封誥，讓官員的子孫承襲官爵利祿，享有某些特權。這是封建時代帝王給予有功之臣或寵臣的待遇。

〔110〕「本來銀漢」四句——此絕句爲唐・李商隱《代應》詩。「紅牆」，指爲姻緣之牆。白玉堂，即玉堂，漢侍中署稱「玉堂」。唐稱翰林院，宋以後亦稱玉堂。

此借代盧生官職。王昌，即王郎。新莽末邯鄲人，自稱爲漢成帝之子劉子輿，被西漢宗室劉林和大豪李育等立爲漢帝，都邯鄲。不久，劉秀攻破邯鄲，王昌亡走，終被追殺。三十六鴛鴦，泛指王昌後宮中嬪妃之多。此藉以暗示日後盧生之富貴。

〔111〕賽觀音——曲牌名。葉《譜》作「大石調賽觀音」。另外，葉《譜》將此「賽觀音」二曲、「人月圓」二曲爲一短套另作一齣，題爲《尋夫》。

〔112〕博陵崔氏——據《郡望百家姓》云：崔氏望出博陵。博陵，古郡名。自漢至唐，崔氏爲名門大姓。博陵崔玄暐，與其弟崔升，子崔琚，孫崔渙，曾孫崔郢，在唐朝先後爲高官，人稱崔氏「五龍」。另前文言「清河崔氏」，清河亦有崔氏望族，按唐代行政地圖，博陵郡在西北面，清河郡在東南面，二郡相臨。參見第四齣注〔82〕。

〔113〕直恁——謂竟然如此。《三國演義》第五四回：「國太大怒，罵周瑜曰：『汝做六郡八十一州大都督，直恁無條計策去取荊州，卻將我女兒爲名，使美人計！』」

〔114〕把手——謂握手，或手拉手。把手的夫妻，比喻夫妻感情深厚。唐・錢起《山下別杜少府》詩：「把手意難盡，前山日漸低。情人那忍別，宿鳥尚同棲。」

〔115〕將息——謂休息。元・關漢卿《雙調・沉醉東風》散曲：「剛道得聲：保重將息，痛煞煞教人捨不得。好去者，望前程萬里！」

〔116〕盈盈——充溢、滿。此處指眼淚充溢於眼眶之內。唐・鮑溶《白露》詩：「盈盈玉盤淚，何處無消息。」

〔117〕區處——謂計劃、打算。《西遊記》第十五回：「三藏道『……且待尋船渡過澗去，再作區處。』」

〔118〕婦女軍中頹甚氣——婦女在軍中影響士氣、軍心不振。《漢書・李陵傳》：「我士氣少衰，而鼓不起者，何也？軍中豈有女子乎？陵搜得，皆劍斬之。」唐・杜甫《新婚別》詩：「婦人在軍中，兵氣恐不揚。」

〔119〕大刀頭——典出《漢書・李廣蘇建列傳》。李陵將兵擊匈奴，兵敗投降。漢昭帝立，遣李陵故人任立政等到匈奴，欲勸陵還漢。立政等見陵，未得私語，眼睛注視李陵，一面說話，一面用手屢次摸自己的刀環。環、還音近，暗示要陵歸漢。後用大刀頭作爲「還」的隱語。唐・高適《送劉評事充朔方判官賦得征馬嘶》詩：「贈君從此去，何日大刀頭。」宋・方岳《秋崖集・送別趙尉》詩：「細草輕煙畫出愁，一船明月大刀頭。」此典運用表達了盧生之妻崔氏盼夫早日歸來的心情。

第十五齣　西　諜〔1〕

〔淨外扮將軍上〕臺上霜威淩草木，軍中殺氣傍旌旗〔2〕。我們河西節度使府中副將〔3〕是也。大都督〔4〕盧爺升帳，在此伺候

【金瓏璁】〔生引眾上〕河隴〔5〕逼西番，爲兵戈〔6〕大將傷殘。爭些兒〔7〕，撞破了玉門關。君王西顧切，起關東掛印登壇〔8〕，長劍倚天山〔9〕。

【集唐】三十登壇眾所尊〔10〕，紅旗半捲出轅門，前軍已戰交河北〔11〕，直斬樓蘭報國恩〔12〕。我盧生，自陝州而來，因河西大將王君㚟與吐番戰死，河隴動搖，朝廷震恐，命下官掛印征西。兵法云：臣主和同，國不可攻〔13〕。我欲遣一人往行離間，先除了悉那邏丞相，則龍莽勢孤，不戰而下，此乃機密之事也。訪的軍中有一尖哨〔14〕，叫做打番兒漢，講得三十六國番語〔15〕，穿回入漢〔16〕，來去如飛。早已喚來也。

【北絳都春】〔17〕〔旦扮小軍〔18〕插旗上〕莽乾坤一片江山，千山萬水分程限〔19〕。偏我這產西涼〔20〕，直著邊關。也是我野花胎，這頭分瓣。

〔見介生〕呀，你便是打番兒漢。你可打的番？通的漢〔21〕？

【混江龍】〔旦舞介〕打番兒漢，俺是打番兒漢，哨尖頭有俺的正身疊辦〔22〕。〔生〕祖貫是羌種？漢兒種？〔旦〕祖貫南番〔23〕，到這無爺娘田地〔24〕甘涼〔25〕畔，順風兒拜別了悶摩山〔26〕。你收了這小番兒在眼。一名支數口糧單〔27〕。小番兒身才輕巧。小番兒口舌闌番〔28〕。小番兒曾到羊同、党項〔29〕，小番兒也到那崑崙、白蘭〔30〕。小番兒會吐魯渾般骨都古魯〔31〕，小番兒會別失巴〔32〕的畢力班闌。小番兒會一留咖喇的講著鐵里〔33〕，小番兒也會剔溜禿律打的山丹〔34〕。但教俺穿營入寨無危難，白茫茫沙氣寒。將一領荅思叭兒頭毛上按，將一個哨弼力兒唇綽上安〔35〕。敢則〔36〕是夜行晝伏，說甚麼水宿風餐？〔生〕養軍千日，用在一朝〔37〕。我今日有用你之處，你可去得？〔旦〕止不過敲象牙，抽豹尾，有甚麼去不得也那顏〔38〕？〔生〕如今吐番國悉那邏丞相足智多

謀，爲我國之害。要你走入番中，做個細作〔39〕，報與番王，只說悉那邏丞相因番王年老，有謀叛之意，好歹教那番王害了他。你去得？去不得？〔旦〕這場事大難大難，你著俺行反間〔40〕，向刀尖劍樹〔41〕萬層山。你教俺趄也不趄？頑也不頑〔42〕？太師呵，你教俺沒事的誆人反〔43〕，將何動憚〔44〕？著甚麼通關〔45〕？〔生〕但逢著番兵，三三兩兩傳說去，悉那邏丞相謀反，自然彼中疑惑，要甚麼通關呢？〔旦〕天也你教俺兩片皮把鎮胡天的玉柱輕調侃，三寸舌把架瀚海金梁倒放番〔46〕，俺其實有口難安。〔生〕既然流言難布，我有一計。千條小紙兒寫下「悉邏謀反」〔47〕四大字，到彼中遍處黏貼，方成其事。〔旦〕此計可中。則將這紙條兒，紙條兒窣地〔48〕的莊嚴看。呀，一千個紙條兒，拿著怎好？〔生想介〕便是俺有計了：打聽番中木葉山〔49〕下，一道泉水，流入番王帳殿之中，給你竹簽兒一片，將一千片樹葉兒。刺著「悉邏謀反」四個字，就如蟲蟻蛀的一般，上風頭放去，流入帳下，他只道天神所使，斷然起疑。此乃御溝紅葉之計〔50〕也。〔旦〕妙哉！妙哉！須不比知風識水俏紅顏〔51〕，倒使著寒江楓葉丹〔52〕。你道灘也麼灘〔53〕，透燕支山外山〔54〕。小番兒去也。〔生〕賞你一道紅，十角酒，三千貫晌鈔〔55〕，買乾糧饃饃去。成事，賞你千戶告身〔56〕。〔旦〕懷揣著片醉題紅錦囊〔57〕出關，撲著口星去星還〔58〕。到木葉河灣，則顧遲共疾央及煞有商量的流水潺顏〔59〕，好和歹掇賺他沒套數的番王著眼〔60〕。〔生〕你道葉兒上寫甚來？

【北尾】無筆仗指甲裏使著木刀鑽，有靈心似蟲蟻兒猛把書文按。怎題的漢宮中無端士女愁？則寫著錦番邦〔61〕悉那邏丞相反。〔下〕

〔生〕番兒去的猛，此事必成，但整理兵馬，相機而進。

賢豪在敵國，反間爲上策。

目睹捷旌旗〔62〕，耳聽好消息。

校　注

〔1〕西諜——此齣寫盧生用御溝紅葉之計，在樹葉上用木刀鑽眼，寫上「悉邏謀反」

字樣，離間吐蕃國君臣。

〔2〕「臺上霜威」二句——語見《全唐詩》卷 201、岑參《九日使君席奉餞衛中丞赴長水》詩：「臺上霜風淩草木，軍中殺氣傍旌旗。」「霜威」作「霜風」。

〔3〕副將——官職名。武將的一種，是主將的輔佐將領。

〔4〕大都督——官職名。爲軍事長官，或領兵將帥之類。魏晉南北朝稱「都督中外諸軍事」或「大都督」者，即爲全國最高之軍事統帥。南宋時亦偶有用都督、同都督，督視各路兵馬等，爲執政官出任臨時統帥之稱。

〔5〕河隴——指河西與隴右，即今甘肅西部地區，是唐代的邊防要地。《新唐書·吐蕃傳下》：「贊磨代之，爲河西節度使，專河隴。」參見第九齣注〔22〕。唐·杜甫《贈田九判官》詩：「崆峒使節上青霄，河隴降王款聖朝。」

〔6〕兵戈——指戰爭。漢·趙曄《吳越春秋·闔閭內傳》：「欲興兵戈，以誅暴楚。」唐·李白《古風》詩：「戰國何紛紛，兵戈亂浮雲。」

〔7〕爭些兒——謂差一點、幾乎。元·高安道套數《般涉調·哨遍·嗓淡行院》：「踏踘的險不樁的頭破，翻跳的爭些兒跌的迸流。」

〔8〕掛印登壇——謂拜爲統兵將帥。登壇，指登壇拜將。

〔9〕長劍倚天山——戰國楚·宋玉《大言賦》：「方地爲車，圓天爲蓋，長劍耿耿倚天外。」誇張描寫長劍可倚天外。多比喻事物的高聳入雲。此藉以形容盧生出征時的氣概。唐·顧況《行路難三首》詩之三：「少年恃險若平地，獨倚長劍淩清秋。」

〔10〕「三十登壇」句——語見《全唐詩》卷 151、劉長卿《獻淮寧軍節度使李相公》詩：「建牙吹角不聞喧，三十登壇眾所尊。」

〔11〕「紅旗半卷」二句——語見《全唐詩》卷 143、王昌齡《從軍行》詩：「大漠風塵日色昏，紅旗半捲出轅門。前軍夜戰洮河北，已報生擒吐谷渾。」轅門，指領兵將帥所在的營門。「交河」原作「洮河」。交河，唐置交河郡，治所在高昌，在今吐魯番東南達克阿奴斯城，有交河經城北流；洮河，在今甘肅境內。

〔12〕「直斬樓蘭」句——語見《全唐詩》卷 367、張仲素《塞下曲五首》詩之三：「功名恥計擒生數，直斬樓蘭報國恩。」樓蘭，即西漢時西域的鄯善國，在今新疆維吾爾自治區鄯善縣東南。

〔13〕「臣主和同」二句——謂君臣團結、牢不可破。此二句不見於古代兵書，疑是湯顯祖的思想。湯顯祖《天下之政出於一》文云：「主職論相，相職正君。君相得職，體統正，朝廷尊，而後天下之政出於一，無多門。」雖言政出於一，然其中包含著「君臣和同」的思想。

〔14〕尖哨——意爲深入敵區的探子。也作「哨尖兒」。湯顯祖《牡丹亭》十九〔六么令〕：「如雷喧哄，緊轅門畫鼓咚咚，哨尖兒飛過海雲東。」

〔15〕番語——指少數民族的語言。唐·白居易《聽曹剛琵琶兼示重蓮》詩：「撥撥

弦弦意不同，胡啼番語兩玲瓏。」

〔16〕穿回入漢——謂往來於回、漢之間。回，指少數民族。

〔17〕北絳都春——葉《譜》作「第一段」，以下二至四段依次排列，「六十種曲本」將二至四段總題爲「混江龍」。

〔18〕小軍——謂兵卒。一作「小作軍」。元·尙仲賢《三奪槊》三〔七弟兄〕：「我好煞則是階下的小作軍，也是癡呆老子今年命。」清·無名氏《雙鍾記》二七〔越恁好·前腔〕白：「你四人穿了衣服，扮作小軍，隨我前去，先殺了計深海。」

〔19〕程限——原指一定的行程或日程，意同假限、期限。此處指界限。唐·李商隱《李長吉小傳》云：「未嘗得題然後爲詩，如他人思量牽合以及程限爲意。」

〔20〕西涼——是古代涼州別稱。五胡十六國時在涼州有西涼政權，爲漢族李暠所建。都酒泉。盛時有今甘肅西部酒泉、敦煌一帶，西抵新疆葱嶺。歷三主，共二十二年。一說涼州在中國的西部，故稱西涼、西州。意爲「地處西方，常寒涼也」。

〔21〕「你可打的番」二句——意謂：能通番、漢語言，亦識得番、漢風俗地理嗎？

〔22〕「哨尖頭」句——意謂探子頭知道本人的經歷和辦事的能力。哨尖頭，猶謂探子頭；負責警戒和偵察的頭目。正身，即本人。疊辦，就是「辦」，意即辦理、準備、布置。「疊」爲發語詞，無義。元·白樸《梧桐雨》二〔快活三〕：「囑咐你仙音院莫怠慢，道與你教坊司要疊辦。」

〔23〕南番——南方少數民族。唐·鄭洪業《詔放雲南子弟還國》詩：「萬方同感化，豈獨自南番。」

〔24〕田地——意爲地方。唐·陸龜蒙《幽居有白菊一叢因而成詠呈知己》詩：「月中若有閒田地，爲勸嫦娥著意裁。」元·關漢卿《五侯宴》一〔金盞兒〕白：「員外可憐見，便摔殺了孩兒，血又不中飲，肉又不中吃，枉污了這答兒田地。」

〔25〕甘涼——即甘州、涼州。西魏廢帝三年（公元 554 年）改西涼州爲甘州，因甘峻山爲名，治所在永平。隋代改名張掖（今甘肅張掖）。西漢置涼州，東漢時治所在隴縣（今甘肅張家川回族自治縣）。唐代時甘、涼二州爲河西節度使轄地，永泰年後俱地入吐番。

〔26〕悶摩山——亦稱悶摩黎山、紫山，即巴顏喀拉山。蒙古語意爲「富饒青色的山」。位於青海中部偏南，爲崑崙山脈南支。《新唐書·吐番傳》云：「曰紫山，直大羊同國古所謂崑崙者也。虜曰悶摩黎山，東距長安五千里。」

〔27〕一名支數口糧單——意謂可以虛報軍餉。糧單，指按人口核算的糧餉。據《明史·兵志》，軍中「尖哨」若爲非漢民族者，兼任「家丁」的教頭，一月可支「雙糧」，因爲「尖哨」爲具有特殊技能的武勇。

〔28〕口舌闌番——猶謂口舌伶俐，熟嫻番語。宋・陸游《秋興》詩：「功名蹭蹬心常在，籌策瀾翻舌幸存。」闌番，葉《譜》寫作「瀾翻」。

〔29〕羊同、党項——羊同，古族名；羌人的一支，分佈於今西藏西北部，唐初即爲吐番所併。党項，即党項羌，古族名；羌人的一支，分佈於今青海東南部和四川西北部，唐初大部分党項羌人遷甘肅、寧夏、陝北一帶，北宋時始建西夏國。

〔30〕崑崙、白蘭——崑崙，漢邊塞名。《後漢書・顯宗孝明帝紀》「崑崙塞」顏師古注：「崑崙，山名，因以爲塞。在今肅州酒泉縣西南，山有崑崙之體，故名之。」白蘭，古族名；羌人的一支，分佈於今青海南部及四川西部，與党項羌關係密切，唐初爲吐番所併。

〔31〕吐魯渾般骨都古魯——吐魯渾，即吐谷渾，亦作吐渾、退渾，古族名，原爲鮮卑族的一支，游牧於今遼寧錦縣西北；唐時，招其王諾曷鉢爲駙馬，封育海王。骨都古魯，與下文的「畢力班闌」、「一留咖喇」、「剔溜禿律」，各爲其地其族語言之語音的特徵性發音，小番兒意在藉此炫耀自己「口舌闌番」。

〔32〕別失巴——古城名，地有五城，突厥族語稱別失八里，或作別石把、鼈思馬，故址在今新疆吉木薩爾北破城子；原爲唐北庭都護府治所，唐後期地屬西州回鶻。

〔33〕鐵里——鐵里，即鐵利、亦作鐵驪，古族名，原爲黑水靺鞨族諸部之一，所處地眾說不一，約今依蘭附近地區；唐開元年間曾多次朝貢，後服屬渤海國。

〔34〕打的山丹——謂能說山丹地區的語言。山丹，又名刪丹，古地名。故址在今甘肅河西走廊中部、黑河上游山丹河流域，今甘肅張掖縣東南百十里；漢置刪丹縣，北魏時改名山丹。隋復舊名，唐因之。宋入西夏國，元復置山丹州，爲胡漢雜居之地。

〔35〕「將一領」二句——「答思叭兒」，頭巾，是回回人的裝束。《雍熙樂府》卷一三《鬥鵪鶉・大打圍》套：「土實番官都將答思叭兒頭上纏。」「哨弼力兒」即爲髭鬚。此二句小番兒道出本相，即可裝扮成吐番人。

〔36〕敢則——意爲必定、必然、包管。一作「敢只」，則、只一聲之轉，古本戲曲多通用。元・無名氏《鎖魔鏡》三〔調笑令〕：「咱兩個橫槍躍馬且交半籌，敢則一陣裏抹了芒頭。」

〔37〕「養軍千日」二句——指長期供養、訓練軍隊，以備一旦用兵打仗。元・高文秀《澠池會》三、白：「主公，可不道，養軍千日，用在一朝。爲臣子要盡忠報國也呵！」

〔38〕那顏——蒙古語，指稱官人、長官、老爺等。亦作那演、那延。清・范昭逵《從西征略》：「正飯間，有四五蒙古女子蹲營門外，若有所乞……與之煙，相遞呼吸，喜笑而去，稱我輩爲那顏，猶華言老爺也。」《華夷譯語・人物

門》、《韃靼譯語・人物門》等，均稱「官人」爲「那顏」。

〔39〕細作——謂深入敵區收集情報、打探消息的暗探、間諜。《左傳・宣公八年》：「晉人獲秦諜。」唐陸德明釋文：「諜，徒協反，間也，今謂之細作。」湯顯祖《牡丹亭》四五〔大迓鼓〕白：「你是個細作，不可輕饒。」

〔40〕反間——指潛入敵方進行擾亂、顛覆活動，挑撥離間，製造矛盾，使之內鬥。《左傳・成公十六年》「諜輅之」唐・孔穎達疏：「兵書有反間之法，謂詐爲敵國之人，入其軍中，伺侯間隙以反告己，軍令謂之細作人也。」明・梁辰魚《浣紗記》四二〔菊花新〕白：「他是越國來的，焉知這幾年不是來我家做反間的？」

〔41〕刀尖劍樹——像刀一樣的山，像劍一樣的樹，比喻處境非常危險。

〔42〕「赸（shàn）也不赸」二句——赸，走也。元・王實甫《西廂起》三本二折〔么〕：「你也赸，我也赸；請先生休訕，早尋個酒闌人散。」頑，即愚頑也。

〔43〕譇（diān）人反——謂用花言巧語挑唆使之反目、內哄。《字彙補》：「譇，疑詀字之訛，今俗書有此字。」「詀言詀語」，花言巧語。《西遊記》第二七回云：「你是個好人，卻只要留心防著八戒詀言詀語，途中更要仔細。」

〔44〕動憚——即行動、活動。元・關漢卿《緋衣夢》一〔賺煞〕：「牆裏蕭然，牆外無人斯顧盼，赴佳期早些兒動憚。」亦作「動撣」「動彈」「動旦」等。《金瓶梅》第七九回：「我不怎麼，只是身子虛颺颺的，懶得動旦。」

〔45〕通關——打通關節，疏通關係。明・淩蒙初編纂《拍案驚奇》卷四：「那年進場做房考，又暗通關節，賣了舉人，屈了眞才。」

〔46〕「鎮胡天的玉柱」二句——元曲中常以「擎天白玉柱，架海紫金梁」喻朝中重臣名將。形容本領非凡；多用於起重要作用的傑出人物，能夠身肩重任的棟樑之才。胡，古代漢族對北方少數民族的稱呼。玉柱，猶頂梁柱，形容悉那羅是國家的柱石。調侃，俗謂以文辭婉諷或以言語相戲弄也。明・沈自徵《鞭歌姬》〔梅花酒〕：「調侃咱夾被兒當奮發，嫌鄙咱繡簾下不撐達。」金梁，金橋。元・無名氏《賺蒯通》四〔雙調・新水令〕：「我想那辭朝歸去漢張良，早賺的個韓元帥一時身喪。苦也波擎天白玉柱，痛也波架海紫金梁。」倒放番，放倒、翻倒。番，葉《譜》作「翻」。

〔47〕「悉邏謀反」四大字——原文爲「悉那邏謀反」五個字，據下文的「悉邏謀反」四字，可知此處衍一「那」字，刪。

〔48〕窣（sū）地——突然間鑽出來。這裏指從衣兜裏猛然拿出來的意思。《說文》云：「窣，從穴中卒出。」卒，同猝，突然也。

〔49〕木葉山——在今內蒙古自治區西拉木倫河與老哈河合流處，是契丹族的先世居地。遼世山上建有始祖廟，每行軍及春秋時，祭於此。蒙古名「幾幾恩都爾山」。明・羅日褧《咸賓錄・北虜志》卷一「兀良哈」：「古昔相傳契丹之先，有男子

乘白馬浮土河而下，復有一婦人乘小車駕灰色牛浮潢河而下，遇於木葉山，顧
合流之水，與爲夫婦，此其始祖也。」

〔50〕御溝紅葉之計——指用紅葉題詩的方式達到離間對方的目的。御溝紅葉，原本
指紅葉題詩結成姻緣的故事。唐宋筆記多有記載，情節略同，而人事各異，如
唐・范攄《雲溪友議》卷十記盧渥事；唐・孟棨《本事詩・情感》記顧況事；
宋・王銍《補侍小兒名錄・鳳兒》記賈全虛事；宋・劉斧《青瑣高議・流紅記》
記于祐事；宋・孫光憲《北夢瑣言》卷九記李茵事等。元人雜劇如白樸《韓翠
蘋御水流紅葉》、李文蔚《金水題紅怨》皆演此故事。此處僅借喻爲題葉流佈，
使番王對悉那邏產生疑心。

〔51〕「須不比」句——卻不比聰明伶俐，懂得風情的美女。須不比，猶言卻不比。
俏紅顏，俏麗的女子。

〔52〕寒江楓葉丹——唐・陸龜蒙《迎潮送潮辭・迎潮》詩，中有「江霜嚴兮楓葉
丹，潮聲高兮墟落寒」句。寒江，指秋冬季節的江河水面，此時江河開始封
凍，水流不暢，給行使御溝紅葉之計增加了難度。

〔53〕灘也麼灘——猶難也麼難。灘，疑應爲難。也麼，爲曲牌字格，無義。

〔54〕透燕支山外山——謂穿過燕支山，還有山。意謂使用反間計十分艱難。燕支，
即燕支山，又名焉支山。在甘肅山丹縣東，與祁連山接壤。燕支山水草茂美，
宜畜牧。宋・郭茂倩《樂府詩集》卷八四《匈奴歌》：「失我焉支山，令我婦女
無顏色。失我祁連山，使我六畜不蕃息。」

〔55〕一道紅、十角酒、三千貫響鈔——一道紅，似指以一匹（條）紅色的布帛爲纏
頭作賞賜。角（jué），古代盛酒的器具，兩端翹起，似兩隻角；亦爲量器；疑
爲「斛」之誤，古以十斗爲斛，至宋以五斗爲斛，亦以量酒。貫，一貫爲一千
文；響鈔，元代發行紙幣，稱鈔，故謂現銀和銅錢爲響鈔。明・賈仲名《對玉
梳》一〔遊四門〕：「再休想不應親者強來親，則理會的說響鈔共精銀。」

〔56〕千戶告身——千戶官的職位。千戶，即女真語「猛安」的漢譯，軍職名。金初
設置，爲世襲軍職，統領千夫之長。告身，詳見第十齣注〔28〕。

〔57〕錦囊——絲綢口袋，古人多以藏詩稿與機密文件，在文學作品中多喻指妙計，
有錦囊妙計之說。《三國演義》第五四回：「汝保主公入吳，賞領此三個錦囊，
囊中有三條妙計，依次而行。」

〔58〕撲著口星去星還——撲，同「博」，可作賭解。撲著口，即賭口發誓，此事保
成。星去星還，猶謂流星似的速去速還。

〔59〕「則願遲」句——央及煞，求告語。央及，請求、懇求。煞，表示程度的副詞。
元・無名氏《鴛鴦被》一、白：「好姑姑，我央及你替我圓成，我唱喏。」有
商量，指不情願。潺（chán）顏，同潺湲，水流緩慢的樣子。顏，應爲「湲」。

〔60〕掇賺他沒套數的番王著眼——掇賺，哄騙、哄弄的意思。亦作「啜賺」。明・

馮夢龍編纂《古今小說・臨安裏錢婆留發跡》:「錢鏐已知劉漢宏掇賺之計，便將計就計。」元・王實甫《西廂起》五本一折〔浪裏來煞〕:「臨行時啜賺人的巧舌頭，指歸期約定九月九，不覺的過了小春時候。」沒套數，借喻爲沒心計，沒計謀。套數，本爲戲曲和散曲的術語，爲曲牌聯套，有一定的格式規範。這裏引申指路數、方略。著眼，著，使也。著眼，使能看見的意思。

〔61〕番邦——古代漢族稱外國爲番邦，這裏指吐番政權。

〔62〕「目睹捷旌旗」二句——宋元俗語。謂眼睛裏看到勝利的旗幟，耳朵裏聽到勝利的消息。

第十六齣　大　捷〔1〕

【一枝花】〔淨扮龍莽上〕殺過賀蘭山〔2〕，血染燕支塞。展開番主界，踏破漢兒牌〔3〕。氍氈〔4〕登臺，繡帽獅蠻帶〔5〕，與中華鬥將材。三尺劍秋水摩楷〔6〕，七圍帳蓮花寶蓋〔7〕。

自家熱龍莽，吐番稱大將。撞破玉門關，把定了銅符帳〔8〕。俺便待長驅甘涼，進窺關隴〔9〕。則爲〔10〕俺國裏悉那遷丞相，他智勇雙全，一步九算，已差人商議去了。俺想自古有將必有相，一手怎做得天大事也。

【北二犯江兒水】悉邏相國，想起那悉邏相國。他生的有人物在，論番朝無賽蓋〔11〕。有胸懷，好兵書，好戰策。他和俺答的來〔12〕，我有他展的開〔13〕。一個邊臺〔14〕，一個朝階，合著這兩條龍翻大海。〔眾〕可也怕唐家江山廣大，人物乖巧?〔淨〕漢兒恁乖〔15〕，也不見漢兒恁乖。唐家多大?搶著看唐家多大?則俺恨不的展天山打破了漢摩崖〔16〕。

〔番卒插令箭上〕吉力煞麻尼，撒里哈麻赤〔17〕。報復〔18〕元帥:悉那遷丞相謀反，被贊普爺殺了。〔淨驚介〕怎麼說?〔丑再說介、淨〕誰見來?〔丑〕菩薩見。〔淨〕怎生菩薩見?〔丑〕元帥不知，本國有木葉山水泉，直透我王宮帳，流下有千片葉兒，蟲蛀其上，有「悉遷謀反」四大字，國王爺見了，差人出山巡視，並無一人。國王爺說道:天神指教了。請丞相爺喫馬乳酒，腦背後銅錘一下，腦漿迸流。〔淨驚介〕這等，丞相可死了?〔丑〕可不死了。〔淨哭介〕俺的悉遷丞相，天也!天也!〔扮報子上〕報，報，報，唐家盧元帥大兵殺過來了。〔淨〕這等，怎了?怎了?

【北尾】急番身撇馬〔19〕營門外，猛鼕鼕番鼓陣旗開。天呵，可前〔20〕勾金蹬上馬敲重奏的凱？〔下〕

〔生引眾唱前清江引大唐家有的是驍〔21〕云云上〔22〕〕自家奉詔征番，用智殺了丞相悉那邏，此時番將勢孤，可擒也。三軍前進！〔下、淨引眾、唱前清江引普天西出落的云云上、見介、淨〕來將何人？〔生〕大唐盧元帥。〔淨〕認得咱龍莽將軍麼？〔生〕正爲認的你，纔好拿你哩。

〔淨〕你有王君奐那廝手段麼？〔生笑介〕你家悉那邏那廝何在？〔戰介、番敗下介、又上戰番敗下介、生領眾殺上〕呀，熱龍莽敗走了，我軍星夜趕去，遇城收城，遇鎮收鎮，殺出陽關〔23〕以西。正是：饒他走上焰磨天，也要騰身趕將去〔24〕。

【北調脫布衫】〔莽領敗兵走上〕想當初壯氣豪淘〔25〕，把全唐看的忒盧囂〔26〕。到如今戰敗而逃，可正是一報還一報。

把都們〔27〕孩兒，怎了也！

【中呂小梁州】〔哭介〕折沒煞〔28〕萬丈旄頭〔29〕氣不銷，殺的俺〔30〕鬼哭神號。明光光十萬甲兵〔31〕刀，成拋調〔32〕，殘箭引弓弰〔33〕。

〔內鼓譟報介〕漢兵到也。〔莽〕走，走，走，那來的休得追趕！

【么】兔窩兒〔34〕敢盼得番兵到，錦江山亂起唐旗號，閃周遭〔35〕，天數難逃。血雨漂，兵風噪，難憑國史說咱是漢天驕〔36〕。

罷了，罷了。千里之外，便是祁連山〔37〕，乃胡、漢之界，待我想一計來。〔內雁叫介〕有計了：不免裂帛爲書，繫於雁足之上，央他放我一條歸路。萬一回兵，未可知也。天，天，天，只可惜死了那邏丞相呵。

【耍孩兒】從來將相難孤弔〔38〕，一隻手怎生提調〔39〕。如風捲葉似沙漂，死淋侵〔40〕無路奔逃。眞乃是玉龍戰敗飄鱗甲〔41〕，野獸驚回濕羽毛。央及煞〔42〕孤鴻叫，一兩句中腸打動，千萬個大國求饒。

【煞尾】南朝那一敲，西番這一囂〔43〕，老天天望不著咱那窠兒到。吐魯魯〔44〕羞煞咱百十陣的功勞，這一陣兒掃。

走上天山一看，殺氣無邊無岸。

做了趺彈班鳩〔45〕，說與寄書胡雁。

校　注

〔1〕大捷——此齣寫番王中計，殺死了丞相悉那邏。熱龍莽聞聽此消息，悲痛萬分。盧生趁勢率軍殺來，熱龍莽敗退。

〔2〕賀蘭山——亦名阿拉善山。在今寧夏回族自治區西北邊境和內蒙古自治區接界處，山勢呈南北走向。

〔3〕「展開番主界」二句——是說拓展番地疆土，要踏破漢、番交界處的界牌。漢兒牌，指漢、番交界處的界牌。

〔4〕氆氌（pǔ lu）——又寫作「氆氌」。藏語音譯。是藏族手工生產的一種羊毛織品，可以做衣服、床毯等；舉行儀禮時也作爲禮物贈人。湯顯祖《紫釵記》三十〔一枝花〕：「俺帽結朝霞，袍穿氆氌。」明·宋應星《天工開物·褐氈》：「其氆氌、氆氌等名稱，皆華夷各方語所命。」

〔5〕獅蠻帶——又名「獅蠻」、「獅蠻寶帶」。指古代高級武官用的腰帶；因其帶鈎上飾有獅子、蠻王形象，故稱。元·鄭光祖《三戰呂布》一〔鵲踏枝〕：「上陣處磕搭的搊住獅蠻，交馬處滴溜撲摔下雕鞍。」《三國演義》第三回：「只見呂布……繫獅蠻寶帶，縱馬挺戟，隨丁建陽出到陣前。」

〔6〕「三尺劍」句——三尺長的寶劍用秋水打磨揩拭。秋水，指明澈的水。摩揩，磨擦之意。亦寫作「磨揩」，唐·孟郊《喜符郎詩有天縱》詩：「偷筆作文章，乞墨潛磨揩。」揩，葉《譜》作「揩」。

〔7〕「七圍帳」句——七圍，七個人合圍。蓮花寶蓋，原指佛道或帝王儀仗的宮車傘蓋。蓮花，飾有蓮花的宮車或蓮花座；亦稱「寶蓮」。唐·袁不約《長夜遊》詩云：「風城連夜九門通，帝女皇妃出漢宮。千乘寶蓮珠箔卷，萬條銀燭碧紗籠。」唐·駱賓王《帝京篇》詩：「小堂綺帳三千戶，大道青樓十二重。寶蓋雕鞍金絡馬，蘭窗繡柱玉盤龍。」這裏是形容行軍的帳篷寬大有氣魄。

〔8〕銅符帳——指發號施令的大將軍的軍帳。銅符，即大將軍的銅印。

〔9〕關隴——指關中及甘肅東部一帶地區。唐·駱賓王《早秋出塞寄東臺詳正學士》詩：「漢月明關隴，胡雲聚塞垣。」

〔10〕則爲——只因爲。元·劉時中《正宮·端正好·上高監司》〔五〕：「則爲忒慈仁，反被相欺侮。」

〔11〕賽蓋——蓋過、超過。無賽蓋，猶謂悉邏丞相的才能無人比得上。

〔12〕答的來——談的來。比喻關係默契，有共同語言和志趣。

〔13〕展的開——是說才能施展的出來。

〔14〕邊臺——指做將軍，領兵征戰於邊疆。後面的「朝階」，指做丞相，在朝中運籌帷幄，出謀劃策。

〔15〕恁乖——如此乖巧。恁，如此、這般。乖，在此有狡猾之意。

〔16〕漢摩崖——用漢文刻石的摩崖書。「摩崖書」，屬書法刻石書體的一種，直接鑿刻在石崖壁上。此借指代表著漢政權的標識物。

〔17〕吉力煞麻尼，撒里哈麻赤——蒙古語。上句疑為情況緊急時發出的驚呼聲。下句中「哈麻赤」疑是「哈剌赤」，執皂雕旗的人，即打探情況的探子。二句意謂情況緊急，傳遞消息的是我打探人。

〔18〕報復——謂通報、通稟、回覆。一作「報伏」、「報覆」，音義並同。《魏書·蕭寶寅傳》：「門庭賓客若市，而書記相尋，寶寅應對報復，不失其理。」元·吳昌齡《張天師》楔子、白：「你在此站一站，等我報復去。」

〔19〕番身撒馬——即快疾地上馬策馬而馳。番，通翻。撒，鞭策也。

〔20〕前——葉《譜》、清暉、朱墨、竹林本俱作「能」字。疑「前」字誤。

〔21〕前清江引大唐家有的是驍——見第十二齣〔清江引〕。後文「前清江引普天西出落的」，見第九齣〔清江引〕。

〔22〕上——此字根據文意應前移至「生引眾」下。後文亦作「淨引眾上」同。

〔23〕陽關——古關名。在今甘肅省敦煌市西南古董灘附近，因位於玉門關以南，故稱。唐·沈佺期《春閨》詩：「邊愁離上國，春夢失陽關」

〔24〕「饒他走上」二句——宋元俗語。《水滸傳》第八九回：「正是饒君走上焰摩天，腳下騰雲須趕上」。焰磨天，指極高的天空；也寫作「燄摩天」、「焰魔天」、「雁摩天」。梵語音譯。佛教謂欲界六天之一；焰摩天為風輪所持，居三十三天之上；故人們以之代指遙遠。燄，同焰。元·關漢卿《魯齋郎》楔子、白：「總饒趕上燄摩天，教他無處相尋覓。」

〔25〕豪淘——猶謂粗豪，氣概不凡。

〔26〕虛囂——虛弱、軟弱。湯顯祖《牡丹亭》二二〔山坡羊〕：「方便處柳跎腰。虛囂，盡枯腸命一條。」

〔27〕把都們——蒙古語，勇士、武士。詳見第九齣注〔24〕。

〔28〕折沒煞——謂挫敗、挫傷。

〔29〕旄頭——本指皇帝儀仗中擔任先驅的騎兵，這裏代指精銳部隊。《漢書·燕剌王劉旦傳》：「且逐招來郡國姦人，賦斂銅鐵作甲兵，數閱其車騎材官卒，建旌旗鼓車，旄頭先敺。」顏師古注：「敺與『驅』同……凡此旄頭先驅，皆天子之制。」

〔30〕殺得俺——此三字據葉《譜》補。

〔31〕甲兵——披鎧甲的士兵。唐·張祜《採桑》詩：「自古多征戰，由來尚甲兵。」

〔32〕拋調——丟棄、拋散。形容潰不成軍。

〔33〕弓弰（shāo）——弓的末梢。北朝周·庾信《擬詠懷》詩：「輕雲飄馬足，明月動弓弰。」

〔34〕兔窩兒——這裏是以兔窩兒指代自己的老家，猶老窩、大本營之意。敢，怎也。此句是說，盼望大本營的救兵能趕到。

〔35〕閃周遭——閃，躲避。周遭，周圍、處處。此句是說躲避著四周刀槍冷箭，但難逃天定命數。

〔36〕漢天驕——謂男人中的天之驕子。漢，此處指男人。天驕，「天之驕子」的略稱。漢時匈奴用以自稱，後亦泛指強盛的少數民族或其首領。《漢書·匈奴傳上》：「單于遣使遺漢書云：『南有大漢，北有強胡。胡者，天之驕子也。』」唐·王維《出塞作》詩：「居延城外獵天驕，白草連天野火燒。」

〔37〕祁連山——山名。位於甘肅西部和青海東北部邊境山地。因在河西走廊南，亦稱南山。原文「祁連山」誤作「祈連山」，改。

〔38〕難孤弔——喻指難以獨自成就事業。孤弔，孤立存在。

〔39〕提調——即指揮、調動。

〔40〕死淋侵——又寫作「死臨侵」、「死淋浸」、「廝淋侵」。元明時代俗語，謂死呆呆地、死一般模樣。元·馬致遠等《黃粱夢》二〔醋葫蘆〕：「赤緊的並贓拿賊。你看他死臨侵不敢把頭擡。」此處可作疲衰之極解。

〔41〕玉龍戰敗飄鱗甲——語出南宋·魏慶之編《詩人玉屑·知音》姚嗣宗條錄宋·張元《雪》詩：「戰退玉龍三百萬，敗鱗殘甲滿天飛。」玉龍，狀飛雪之詞。原形容大雪紛飛貌，後亦借喻謂大兵潰退情狀。

〔42〕央及煞——詳見第十五齣注〔59〕。

〔43〕嚣——原指喧鬧、爭雄的氣勢，據文意，此處可作敗陣時喧嘩、雜亂的衰勢解。

〔44〕吐魯魯——吐火羅語，羞臊貌。

〔45〕跌彈班鳩——喻指失意、落寞或受挫神傷。「彈」，宋元時「卵」的俗稱，猶後世稱「卵」為「蛋」。班鳩，即斑鳩。班，通「斑」。為鳩之一種，後頸有黑色的斑輪環，故云。《呂氏春秋·季春》：「鳴鳩拂其羽。」高誘注：「鳴鳩，班鳩也。」元·關漢卿《救風塵》二〔商調集賢賓〕：「一個個眼張狂似漏了網的遊魚，一個個嘴盧都似跌了彈的斑鳩。」

第十七齣　勒　功〔1〕

【夜行船】〔2〕〔生引眾上〕**紫塞長驅飛虎豹，擁貔貅萬里咆哮**〔3〕。**黑月陰山**〔4〕，**黃雲白草，是萬里封侯**〔5〕**故道。**

日落轅門鼓角鳴，千群面縛出番城。洗兵魚海雲迎陣，秣馬龍堆月照營

〔6〕。我盧生，總領得勝軍十萬，搶過陽關，一面飛書奏捷，一面乘勝長驅，至此將次〔7〕千里之程，深入吐番之境。但兵法虛虛實實，且龍莽號爲知兵，恐有埋伏，不免一路打圍〔8〕而去，直拿倒了龍莽，方爲罕也。〔眾應介、行介〕

【惜奴嬌序】大展龍韜〔9〕，看長城之外，沙塞飄搖〔10〕。〔眾〕將軍令，驟雨驚風來到。迢迢，千里邊城，到處插上了大唐旗號。不小，看圖畫上秦關漢塞，廣長多少。

〔小卒上〕報，報，報，前面黑坳兒內飛雅〔11〕驚起，恐有伏兵。〔生〕是也。上有黑雲，下有伏兵。快搜剿前去！〔小番將領眾上〕煞嘛嘛，克喇喇〔12〕。〔戰介、番敗走下介、生〕此賊，幾乎中他之計。〔眾〕諒他小小，何足道哉！

【黑麻序】難饒，點點腥臊〔13〕，費龍爭虎鬥，一番搜剿。看風飛草動，殺的他零星落雹。〔生〕蕭條，血染了弓刀，風吹起戰袍。〔雁叫介、生射介〕雁雲高，寶雕弓扣響，風前橫落。

〔眾喝綵介〕呈上將軍，雁足之上，帶有數行帛書〔14〕。〔生看介〕此地是天山，天分漢與番。莫教飛鳥盡，留取報恩環〔15〕。〔生笑介〕諸軍且退後。〔背介〕此詩乃熱龍莽求我還師，莫教飛鳥盡，留取報恩環。是了，飛鳥盡，良弓藏〔16〕。看來龍莽也是一條好漢，且留著他。〔回介〕此山名爲何山？〔眾〕是天山。〔生〕玉門關過來多少？〔眾〕九百九十九里。〔生〕怎生少一里？〔眾〕天山上一片石〔17〕佔了一里。〔生〕從來有人征戰至此者乎？〔眾〕從古未有。〔生笑介〕怪的古詩云，空留一片石，萬古在天山〔18〕。吾今起自書生，仗聖主威靈，破虜至此，足矣。眾將軍，可磨削天山一片石，紀功而還。〔眾應磨石介〕

【園林好犯】〔19〕頭直上〔20〕天山那高，打摩崖刨鉏劚鍬〔21〕，向中間平治了一道。山似紙，筆如刀，把元帥高名插九霄。

〔生〕待我題名。〔念介〕大唐天子命將征西，出塞千里，斬虜百萬，至於天山，勒石〔22〕而還。作鎮萬古，永永無極。開元某年某月某日，征西大元帥邯鄲盧生題。〔放筆笑介〕眾將軍，千秋萬歲後，以盧生爲

何如。〔眾應介〕是。

【忒忒令犯】〔23〕〔眾〕上題著大唐年開元聖朝，下題著大元帥征西的爵號〔24〕。直接上了祈〔25〕連一道，折抹〔26〕了黃河數套。雖則這幾行題一片石，千椎萬鑿。這壁廂〔27〕唐家盡頭，那壁廂番家對交，萬千年天山立草爲標〔28〕。

〔生〕題則題了，我則怕莓苔風雨，石裂山崩，那時泯沒我功勞了。〔眾〕聖天子萬靈擁護，大將軍八面威風〔29〕，自然萬古鮮明，千秋燦爛。

【雙蝴蝶】〔30〕〔生〕〔31〕便風雨莓苔的氣不消，一字字雁行排天際遙。也未必蚤晚間山移石爆，長則在關河〔32〕上星迴日耀，但望著題名記神驚鬼叫。便做到沒字碑〔33〕，也磨洗認前朝〔34〕。

〔報上〕故國山河闊，新恩日月高。稟老爺：聖上看了捷書，舉朝文武大宴三日；封老爺定西侯，食邑〔35〕三千戶，欽取還朝，加太子太保〔36〕兵部尚書〔37〕同平章軍國大事。聖旨差官迎取已到，望老爺即便班師。〔眾賀介、生〕聞此聖恩，便當不俟駕〔38〕而回。但塞外〔39〕之事，須處置停當。自天山至陽關，千里之內，起三座大城〔40〕，墩臺連接，無事屯田〔41〕養馬，有事聲援策應，不許有違。

【沉醉東風】〔42〕守定著天山這條，休賣了盧龍〔43〕一道。少則少千里之遙，須則要號頭明，烽瞭遠，常川看好〔44〕。〔眾跪介〕承教，現放著軍政司〔45〕條例分毫〔46〕，但欽依〔47〕小將們知道。

〔生〕這等，就此更衣了。〔內捧襆袍上、更衣介〕

【錦花香】〔48〕〔生〕你既然承託〔49〕，我敢違宣召〔50〕？好些時夢魂飛過了午門橋〔51〕。〔歎介〕拜辭這金戈鐵馬，卸下了征袍。和你三載驅勞〔52〕，一時拋調〔53〕，慘風煙淚滿陽關道〔54〕。〔行介〕

【錦水棹】陽關道，來回到。長安道，難輕造〔55〕。便做我〔56〕未老得還朝，被風沙也朱顏半凋。從軍苦也從軍樂，聽了些孤雁橫秋〔57〕，畫角連宵〔58〕。金鉦〔59〕奏，金鉦奏，畫鼓〔60〕敲，嘶風戰馬把歸鞍蹻

〔61〕。人爭看霍飄姚〔62〕，留不住漢班超〔63〕。〔鼓吹介〕

【鴛鴦煞】滿轅門擂鼓回軍樂，擁定個出塞將軍入漢朝。〔生〕列位將軍休要得忘了俺數載功勞，把一座有表記〔64〕的天山須看的好。

許國從來徹廟堂，連年不爲在疆場。

將軍天上封侯印，御史臺中異姓王。〔65〕

校　注

〔1〕勒功——此齣寫盧生破虜大獲全勝，他一面命人在天山勒石紀功，一面申奏朝廷。皇帝大悅，盧生被封定西侯，加太子太保兵部尙書同平章軍國大事，欽取還朝。

〔2〕夜行船——原題「夜行船引」，據葉《譜》改。

〔3〕「紫塞長驅」二句——形容北方邊塞地區猛獸出沒，人煙稀少，在此行軍作戰條件艱苦又危險。紫塞，本指長城，泛指中國北方邊塞。晉‧崔豹《古今注‧都邑》云：「秦築長城，土色皆紫，漢塞亦然，故稱『紫塞』矣。」南朝宋‧鮑照《蕪城賦》：「南馳蒼梧漲海，北走紫塞雁門。」貔貅，猛獸，這裏代指勇猛的士兵。參見第十二齣注〔5〕。

〔4〕陰山——山名。位今內蒙古自治區中部，爲河套以北、大漠以南諸山的統稱。東西綿延數千里，爲中原地區的屏障。

〔5〕萬里封侯——又稱「萬里侯」。指古代因在邊疆立功而被封爲侯爵者。據南朝宋‧范曄《後漢書‧班梁列傳‧班超》載，班超年輕時，一相面者曰：「生燕頜虎頸，飛而食肉，此萬里侯相也。」後班超果然建功異域，被封定遠侯。這裏是以班超類比盧生。唐‧張說《送郭大夫元振再使吐蕃》詩：「知君萬里侯，立功在異域。」宋‧陸游《訴衷情》詞：「當年萬里覓封侯，匹馬戍梁州。」

〔6〕「日落轅門」四句——語出《全唐詩》卷 201、岑參《獻封大夫破播仙凱歌》詩六首之四。唐天寶十三載（公元 754 年）安西四鎮節度使封常清破播仙族車爾成，岑參作詩誌賀。鼓角，指戰鼓和號角，是軍隊用以號令、報時的兩種用具。面縛，即兩手反縛。洗兵，周武王伐紂，遇大風暴雨，武王認爲此天雨爲義師洗兵器，後果擒紂滅商，平息戰爭。事見漢‧劉向《說苑‧權謀》。後因以洗兵表示戰爭勝利結束，社會安定。詩文中借喻還師或凱旋。唐‧李白《戰城南》詩：「洗兵條支海上波，放馬天山雪中草。」魚海，湖名，亦名「魚海子」，即古之「休屠澤」、「白亭海」，在今內蒙古阿拉善右旗境內。又城名，即魚海湖所在地，唐代爲兵爭之地。唐‧杜甫《秦州》詩之十九：「鳳林戈未息，

魚海路常難。」龍堆，古西域的沙漠名，即「白龍堆」，在新疆以東，天山南路。南朝梁・沈約《白馬》詩：「赤阪途三折，龍堆路九盤。」

〔7〕將次——將要、將近。宋・周密《謁金門》詞：「屈指一春將次盡，歸期猶未穩。」

〔8〕打圍——謂打獵，這裏指用打獵合圍的方式向前行進。北人以田獵爲「打圍」，須多人合圍，故名。

〔9〕龍韜——爲古兵書《六韜》之篇名，泛指兵書謀略。「六韜」指文韜、武韜、龍韜、虎韜、豹韜、犬韜。《六韜》傳說爲周代呂望（姜太公）所著，東漢以後，此書十分盛行。北朝周・庾信《從駕觀講武》詩：「豹略推全勝，龍韜揖所長。」唐・賀朝《從軍行》詩：「騎射先鳴推任俠，龍韜決勝佇時英。」湯顯祖《牡丹亭》四三〔六么令〕：「排雁陣，展《龍韜》，斷重圍殺過河陽道。」

〔10〕沙塞飄搖——沙塞，沙漠邊塞。飄搖，謂動蕩不安。唐・盧照鄰《橫吹曲辭・隴頭水》詩：「關河別去水，沙塞斷歸腸。」

〔11〕雅——根據文意，似應作「鴉」。

〔12〕煞嘛嘛，克喇喇——蒙古語。「煞嘛嘛」，驚呼聲；「克喇喇」，殺聲。

〔13〕腥臊——借指寇盜、叛軍等。此處喻指番兵將。唐・杜甫《喜聞官軍已臨賊寇二十韻》詩：「誰云遺毒螫，已是沃腥臊。」仇兆鰲注：「毒螫、腥臊，指賊黨。」清・朱琦《感事》詩：「焚掠爲一空，腥臊未湔洗。」

〔14〕帛書——古代寫在絹帛上的文書。帛書又名繒書，是以白色絲帛爲書寫材料，其起源可以追溯到春秋時期。此指條幅、書信。唐・鄭錫《千里思》詩：「帛書秋海斷，錦字夜機閒。」

〔15〕報恩環——神話傳說黃雀報答楊寶救命之恩的故事。據南朝梁・吳均《續齊諧記》載，漢楊寶九歲時，在華陰山北，見一黃雀被鴟梟所搏墜地。楊寶帶回家中，置巾箱中，喂食黃花。百餘日後，黃雀毛羽生成乃飛去。其夜有黃衣童子向楊寶說：「我是西王母的使者，蒙君拯救，實感仁恩。今贈白環四枚，令君子孫潔白，位登三公，一如此環。」後楊寶子、孫、曾孫皆顯富貴。這裏是熱龍莽表示自己欲效法黃雀報恩之事。唐・沈佺期《黃鶴》詩：「明珠世不重，知有報恩環。」後人遂把報恩亦稱爲銜環。唐・王縉《青雀歌》：「莫言不解銜環報，但問君恩今若爲。」

〔16〕「飛鳥盡」二句——意思是飛鳥打完，良弓無用，只好收起來。喻兵敗息戈。原義是可共患難，不可共安樂。後人多用各種引申義、比喻義。語出《史記・越王句踐世家》：「范蠡遂去，自齊遺大夫種書曰：『蜚鳥盡，良弓藏；狡兔死，走狗烹。』」又《史記・淮陰侯列傳》：「（韓）信曰：果若人言『狡兔死，良狗烹；高鳥盡，良弓藏；敵國破，謀臣亡。』」

〔17〕一片石——一片石頭，後專指碑碣。北魏丞相高歡在河南安陽縣東北的韓陵

山建定國寺旌功，並讓御史溫子升撰寫碑文歌頌戰功。溫子升才思敏捷，所撰碑文多用對偶句，氣勢宏偉，激情洋溢，絢麗多彩，讀來琅琅上口。晉朝庾信出使北方，讀了溫子升的碑文，驚歎不已，親自手抄碑文珍藏。唐·張鷟《朝野僉載》卷七：「溫子升作《韓陵山寺碑》，信讀而寫其本。南人問信曰：『北方文士何如？』信曰：『惟有韓陵山一片石堪共語。』」湯顯祖寫盧生在天山一片石勒功題名，是對高歡立碑旌功典故的借用。

〔18〕「空留一片石」二句——語出《全唐詩》卷 148、劉長卿《平蕃曲三首》詩之三：「絕漠大軍還，平沙獨戍閑。空留一片石，萬古在燕山。」

〔19〕園林好犯——集曲。葉《譜》作「園林帶一封書」，謂〔園林好〕犯〔一封書〕。

〔20〕頭直上——謂頭頂上。元·曾瑞《南呂·閨中聞杜鵑》小令：「無情杜宇閒淘氣，頭直上耳根底，聲聲聒得人心碎。」

〔21〕刨鉏剗鍬（bào chú chǎn qiāo）——指用工具將山崖削刮平坦。刨，以刀等工具削刮。鉏剗，即剷除，使之平坦。鍬，一種農具，用鐵鍬挖掘泥土。鉏，葉《譜》作「鋤」字。

〔22〕勒石——刻字於石。亦指立碑。勒，雕刻。唐·李嶠《送駱奉禮從軍》詩：「希君勒石返，歌舞入城闉。」宋·程頤《明道先生墓表》：「勒石墓傍，以詔後人。」

〔23〕忒忒令犯——集曲。葉《譜》作「桃紅令東風」，謂「桃花菊」犯「忒忒令」、「沉醉東風」。

〔24〕爵號——爵位名號。

〔25〕祈——「祁」字之誤。見第十六齣注〔37〕。

〔26〕折抹——謂控制、控馭，使之屈服。

〔27〕這壁廂——猶這邊。下文的「那壁廂」，即那邊的意思；亦作那壁、那廂。清·鄒山《雙星圖》五〔園林好犯〕：「姑娘，那壁廂一股白練直接著黑漫漫的是什麼所在？」

〔28〕立草爲標——喻指盧生題名與天山一樣萬千年不倒。立草，即風吹不偃伏的勁草。《北史·崔浩傳》云：「東出潼關，席卷而前，威震南極，江淮以北無立草矣。」

〔29〕「聖天子」二句——爲元明戲曲、小說常用語。元·尚仲賢《單鞭奪槊》四〔煞尾〕白：「聖天子百靈相助，大將軍八面威風。」

〔30〕雙蝴蝶——集曲。葉《譜》題作「勝皂神」，謂「勝葫蘆」犯「皂角兒」、「安樂神」。

〔31〕生——原無此字，據清暉、竹林本補。

〔32〕長則在關河——長則在，總是在、一直在。也寫作「常則在」，「長」爲「常」

的同音假借。關河，此指潼關與黃河。《史記·蘇秦列傳》云：「秦四塞之國，被山帶渭，東有關河，西有漢中。」後亦泛指關山河川。宋·陳師道《送內》詩：「關河萬里道，子去何當歸？」

〔33〕沒字碑——指泰山玉皇頂廟前的無字巨碑，傳爲秦始皇東巡時所建。宋·趙鼎臣《遊山錄》：「摩挲始皇巨碑久之。碑高數丈，石瑩然如玉而表裏通同無文字銘識，俗號沒字碑。」後人經考證，亦謂漢武帝所建。

〔34〕磨洗認前朝——引用唐·杜牧《赤壁》詩：「折戟沉沙鐵未銷，自將磨洗認前朝。東風不與周郎便，銅雀春深鎖二喬。」

〔35〕食邑——中國古代諸侯封賜所屬卿、大夫作爲世祿的田邑（包括土地上的勞動者在內）。又稱采邑、埰地、封地。因古代中國之卿、大夫世代以采邑爲食祿，故稱爲食邑。盛行於周。食邑隨爵位黜升而損益，亦得世襲。漢·班固《漢書·高帝紀第一下》：「誅不義，立有功，平定海內，功臣皆受地食邑，非私之也。」

〔36〕太子太保——官名。爲輔導太子的官。西晉設太子太師、太子太傅、太子太保、太子少師、太子少傅、太子少保，稱三師三少。三師從一品，三少正二品。其制後代相沿。唐代太子太保多爲國君給予重臣的榮譽，並無實職。

〔37〕兵部尙書——官名；別稱爲大司馬。隋唐以後設兵部，爲六部之一，長官爲兵部尙書，掌管全國武官選拔和軍政諸事。明代正二品，清代從一品。

〔38〕不俟駕——意謂不須等候迎接的車駕。《論語·鄉黨》云：「君命召，不俟駕，行矣！」

〔39〕塞外——邊塞之外，多指中國西北邊疆。唐·王翰《涼州詞二首》詩之二：「秦中花鳥已應闌，塞外風沙猶自寒。」

〔40〕起三坐大城——唐與吐蕃之戰中，並未有築三大城之事。築城之事發生在與東突厥的戰爭中。唐中宗景龍二年，朔方道大總管張仁亶擊敗東突厥，在黃河以北築三座受降城以備邊。此處顯係借用張仁亶之事。

〔41〕屯田——漢代以來封建政府控馭邊疆的一種措施。邊地無警，則軍隊開墾荒地以完軍餉和稅糧；邊地有警，則投入戰鬥。屯田制度除軍屯外，後演變有民屯、商屯。《漢書·西域傳下·渠犁》：「自武帝初通西域，置校尉，屯田渠犁。」

〔42〕沉醉東風——集曲。葉《譜》作「雙醉令交枝」，謂「沉醉東風」犯「忒忒令」、「醉翁子」、「玉交枝」。

〔43〕盧龍——古塞道。《三國志·田疇傳》云：「豈可賣盧龍之塞以易賞祿哉！」唐代曾設盧龍節度使，位置在今河北喜峰口附近一帶。

〔44〕「須則要號頭明」三句——號頭，即號令。烽，即烽火、烽煙，邊塞報警的信號，要能瞭望得遠。常川，謂常常、經常、連續不斷。取意於《中庸》「川流

不息」句。清‧錢大昕《恒言錄》卷四謂：「今章奏公文多用之。予見《明永
樂實錄》有『常川操練』之語。」戲曲小說亦常用之。

〔45〕軍政司——唐中央六部，每部四司，「軍政司」指兵部四司之一的「職方司」，
邊戍烽堠爲其職掌之一。

〔46〕分毫——細微之意。這裏引申指軍政司條例的實施細則。

〔47〕但欽依——謂凡是皇帝批准的。但，猶凡是。欽依，皇帝依準。

〔48〕錦花香——集曲。葉《譜》作「桂香八月襲嬌袍」，謂「桂枝香」犯「月上海
棠」、「步步嬌」、「皂羅袍」。

〔49〕承託——謂答應所託付。

〔50〕宣召——謂朝廷的召喚。

〔51〕午門橋——午門是帝王宮城的正門，臣僚待朝和侯旨處。這裏指朝廷所在地。

〔52〕劬勞——即劬勞，謂辛苦、勞累。亦作「區勞」。劬、軀、區三字同音通用。
《詩‧小雅‧鴻雁》：「之子於征，劬勞於野。」明‧無名氏《廣成子》三〔上
小樓〕：「受了些鞍馬劬勞，程途寂寞。」

〔53〕拋調——此謂拋棄，指離開征戰之地。

〔54〕陽關道——即「陽關」。古關名，西漢置。北朝周‧庾信《重別周尚書》詩云：
「陽關萬里道，不見一人歸。」參見第十六齣注〔23〕。

〔55〕輕造——輕易造訪。造，即造訪。言其久思還朝，難得走上長安道。

〔56〕做我——讓我、使我。做，猶使。

〔57〕孤雁橫秋——謂孤雁的鳴叫聲充塞於秋天的空中，多用於形容邊塞秋天淒涼
的景象。

〔58〕畫角連宵——畫角，古代西羌一帶使用的管樂器，因其形如竹筒，根部細而尾
部粗大，且表面繪有彩飾，故有畫角之稱。軍中使用畫角，多用以振士氣、肅
軍容等。宋‧陳暘《樂書》：「胡角本應胡笳之聲，其制並五采衣幡，掌畫蛟龍，
五采腳。」連宵，說明軍中夜夜有畫角吹響。

〔59〕金鉦——古行軍樂器，亦稱「丁寧」。形似鐘而狹長，有柄可執，擊之而鳴。

〔60〕畫鼓——古行軍樂器，常與「鉦」並稱爲「金鼓」或「鉦鼓」。《呂氏春秋‧不
二》云：「有金鼓，所以一耳。」東漢‧高誘注：「金，鐘也，擊金則退，擊鼓
則進。」

〔61〕蹻（qiāo）——原義爲蹺起一足。此指坐在馬鞍上的姿態。

〔62〕霍飄姚——即西漢名將霍去病。霍去病多次從衛青擊匈奴，屢建戰功，曾任剽
姚校尉、驃騎將軍。詳見《史記‧衛將軍驃騎列傳》。「飄姚」二字，或作「剽
姚」、「嫖姚」、「票姚」，漢武官名，取勁疾之義。唐‧杜牧《送國棋王逢》詩：
「守道還如周杜史，鏖兵不羨霍嫖姚。」

〔63〕班超——班彪之子，東漢名將，字仲升，扶風平陵人，少有立功萬里之志，

出使西域三十一年，平定了西域五十多個國家。官至西域都護，封定遠侯。詳見《後漢書‧班梁列傳‧班超》。唐‧許渾《獻鄜坊丘常侍》詩：「蓬萊每望平安火，應奏班超定遠功。」

〔64〕表記──猶標誌、標記。《西遊記》第七十回：「那娘娘既無表記，他在宮內，可有什麼心愛之物，與我一件也罷。」

〔65〕「許國從來徹廟堂」四句──引用《全唐詩》卷214、高適《九曲詞三首》之一詩句。「中」字原詩為「上」字。御史臺，見第五齣注〔28〕。

第十八齣　閨　喜〔1〕

【桃源憶故人】〔旦引老旦上〕盧郎未老因緣〔2〕大，贅居〔3〕崔氏清河。夫貴妻榮堪賀，忽地把人分破〔4〕。〔合〕問天天方便些兒個，歸到畫堂清妥〔5〕。

【長相思】〔6〕博陵崔，清河崔〔7〕，昔日崔徽〔8〕今又徽，今生情為誰？去關西〔9〕，渡河西〔10〕，你南望相思，我向北相思，丁東風馬兒〔11〕。姥姥〔12〕，一從盧郎征西，杳無信息，不知彼中征戰若何？〔老〕仗皇家福力，必然取勝，則是姐姐消瘦了幾分。

【擲〔13〕破金字令】〔旦〕不茶不飯，所事慵妝裏。〔老〕他是為官。〔旦〕為官身跋涉〔14〕，把令政成拋躲〔15〕。〔老〕遠路風塵，知他是怎麼？〔旦〕則為他人才得過〔16〕，聰明，又頗好功名兩字生折磨。〔合〕春光去了呵，秋光即漸多。扇掩輕羅，淚點層波〔17〕。則為他著人兒那些情意可〔18〕。

【夜雨打梧桐】〔旦〕拈整翠鈿窩〔19〕，悶把鏡兒呵。〔貼〕後花園走走跳跳。〔旦〕待騰那〔20〕，和你花園遊和〔21〕。〔行介〕做一個寬擅瘦玉〔22〕，慢展淩波〔23〕，霎兒間蹉著步怎那〔24〕？〔旦住介、老〕似這水紅花也囉，不為奴哥〔25〕花也因何？〔合〕甚情呵，夏日長猶可，冬宵短得麼？

〔老〕梅香，取排簫弦子〔26〕鼓弄〔27〕一番，和姐姐消遣。〔貼眾吹彈介、旦〕歇了。

【擲破金字令】砌〔28〕一會品簫絃索〔29〕，懆〔30〕的人沒奈何。少待我翠屏〔31〕深坐，靜打磨陀〔32〕，這好光陰閒著了我。〔貼〕看你營勾〔33〕了身奇〔34〕，受用了情哥。還待恁般尋索，特地吟哦，有一般兒孤寡教怎生過？〔合〕春光去了呵，秋光即漸多。扇掩輕羅，淚點層波，則爲他著人兒那些那些〔35〕情意可。

【夜雨打梧桐】〔旦〕盼雕鞍，你何日歸來和我。渺關河，淡煙橫抹〔36〕。〔老〕懶去後花園，向前門而望，倘〔37〕有邊報，亦未可知。〔旦〕正是，正是。〔行介、內打歌〔38〕介〕雖咱青春傷大〔39〕，幽恨偏多，聽青青子兒誰唱歌〔40〕？〔貼〕略約倚門睃〔41〕，翠閃了雙蛾〔42〕，撞頭望來，兀自〔43〕你鳳釵微軃〔44〕。〔合〕甚情呵，夏日長猶可，冬宵短得麼？

〔扮將官上〕羽檄〔45〕飛三捷，恩光下九重。報上夫人：老爺用兵得勝，飛奏朝廷。萬歲十分歡喜，著大小文武官員，宴賀三日；封老爺爲定西侯，食邑三千戶。馬上差官欽取還朝，掌理兵部尚書，加太子太保同平章軍國大事，蚤晚見朝也。〔旦〕這等，謝天謝地！

【尾聲】〔旦〕喜珠兒頭直上弔下到裙拖，天來大喜音熱壞我的耳朵〔46〕，則排比〔47〕十里笙歌接著他。

去時兒女悲，歸來笳鼓競。

借問行路人，何如霍去病？〔48〕

校 注

〔1〕閨喜——盧生之妻崔氏得知丈夫得勝還朝，驚喜萬分，準備排下十里笙歌迎接他。

〔2〕因緣——佛教語。佛教謂使事物生起、變化和壞滅的主要條件爲因，輔助條件爲緣。此處預示盧生在冥冥之中，必定要經歷一番上天早已爲他安排好的一切。

〔3〕贅（zhuì）居——謂男人嫁到女方家，長期在女方家居住、生活。贅，入贅，招女婿。

〔4〕分破——分開、拆散。清·沈復《浮生六記·浪遊記快》：「於船頭設一木招，

狀如長柄大刀。招一捺，潮即分破，船即隨招而入。」

〔5〕清妥——謂清靜、安定。

〔6〕長相思——唐代教坊曲名，後用作詞調名。調名取自南朝樂府「上言長相思，下言久離別」句，多寫男女相思之情。又名《相思令》、《長相思令》、《雙紅豆》、《吳山青》、《山漸青》、《憶多嬌》、《長思仙》、《青山相送迎》等。此詞見於黃昇《唐宋諸賢絕妙好詞》卷一。此調有幾種不同格體，俱爲雙調，

〔7〕博陵崔，清河崔——參見第十四齣注〔112〕。

〔8〕崔徽——詳見第十齣注〔10〕。

〔9〕關西——指函谷關或潼關以西的地區。即今陝西、甘肅二省。《漢書·蕭何傳》：「關中搖足，則關西非陛下有也。」

〔10〕河西——又稱「河右」。指黃河以西之地。《爾雅·釋地》云：「河西曰雍州。」河西的範圍包括陝西、甘肅二省及內蒙古自治區的一部分。

〔11〕丁東風馬兒——丁東，象聲詞，也寫作「叮咚」。風馬兒，亦稱「鐵馬兒」，指掛在簷間的鐵馬，風吹相擊，發出叮咚的聲響。湯顯祖《牡丹亭》二十〔囀林鶯〕：「甚飛絲繾的陽神動，弄悠揚風馬叮咚。」

〔12〕姥姥——古代對年老婦人或女僕的尊稱。明·高明《琵琶記》六〔花心動〕白：「老姥姥，你年紀大矣，你做管家婆，倒哄著女使每閒耍，是何所爲！」

〔13〕擲——此爲「攤」字之誤，下曲同。葉《譜》、獨深居本作「攤破金字令」。

〔14〕跋涉——謂爬山涉水，引申指奔波。《左傳·襄公二十八年》：「跋涉山川，蒙犯霜露。」

〔15〕把令政成拋躲——令政，亦作「令正」。舊時以嫡妻爲正室，故以「令正」爲嫡妻的尊稱。明·汪廷訥《種玉記》十三〔一江風〕白：「老旦：家中有令政麼？生：紅鸞信尚遙。老旦：既然未娶，倘若有人家要招贅，官人肯俯從麼？生：憑將快婿招。」拋躲，拋開、拋離。《劉知遠諸宮調》十二：「不因嗔責些兒個，便投軍在太原營幕，把妹子三娘陡成拋躲。」

〔16〕得過——過得去。這裏是指盧生人才不錯。

〔17〕「扇掩輕羅」二句——謂關門閉戶，獨自相處，愁容滿面，淚眼漣漣。扇，門窗。輕羅，本指質地輕軟的絲綢衣服；此處代指穿著輕羅的人。

〔18〕著人兒那些情意可——意謂那些兒情意討人喜歡。本句爲主謂倒裝句式。著人兒，謂討人喜歡。可，猶適、宜。

〔19〕拈（niān）整翠鈿窩——拈整，謂擺弄。翠鈿，用金翠珠寶做成的花朵形的首飾。

〔20〕騰那——又寫作「騰挪」，謂移動腳步之意。湯顯祖《牡丹亭》十一〔征胡兵〕：「更畫長開不過，琴書外自有好騰那，去花園怎麼？」

〔21〕遊和——猶謂緩步遊賞。

〔22〕寬擡瘦玉——猶謂寬緩地支撐起瘦小的玉體。寬，舒緩、緩慢。

〔23〕慢展淩波——慢慢地移動腳步。淩波，指美女的腳；亦指女子輕盈的腳步。古代美人步履輕盈，如乘碧波而行，故有淩波之稱。金·劉迎《聞丘丈晚集慶壽作詩戲之》：「紅燭影紗聞喚馬，翠羅承韈見淩波。」清·蒲松齡《聊齋誌異·細柳》：「細柳何細哉：眉細、腰細、淩波細，且喜心更細。」

〔24〕那——葉《譜》作「挪」字。

〔25〕奴哥——奴哥，對女人的昵稱。本於北宋·黃庭堅《千秋歲》詞：「奴奴睡，奴奴睡也奴奴睡。」宋·史浩《浣溪沙·即席次韻王正之覓遷哥鞋》詞：「弓弓珠甕杏紅羅，即時分惠謝奴哥。」金·董解元《西廂記諸宮調》卷三〔仙呂調·尾〕：「奴哥，託付你方便子個。」

〔26〕排簫弦子——樂器名。排簫，古代管樂器。弦子，指絃樂器。

〔27〕鼓弄——彈奏之意。

〔28〕砌——原指滑稽表演動作，或作串演解，此處可作奏弄解，即上文所謂的「鼓弄」。湯顯祖《牡丹亭》十五〔北二犯江兒水〕：「俺怕不占場兒砌一個『錦西湖上馬嬌』。」

〔29〕品簫絃索——品簫，指吹簫。簫，一種管樂器。絃索，樂器上的弦。多用作絃樂器的總稱。唐·元稹《連昌宮詞》：「夜半月高絃索鳴，賀老琵琶定場屋。」宋·周邦彥《解連環》詞：「燕子樓空，暗塵鎖、一床絃索。」

〔30〕懆——煩躁，憂愁不安貌。《說文》：「懆，愁不安也。」亦作「懆懆」。《詩·小雅·白華》：「念子懆懆，視我邁邁。」宋·朱熹《集傳》云：「懆懆，憂貌。」明·張以寧《題韓氏十景卷》詩：「白霽趙子詩句好，三年不見心懆懆。」

〔31〕翠屏——綠色的屏風。南朝梁·江淹《麗色賦》：「紫帷鈴匣，翠屏環合。」唐·白居易《人定》詩：「翠屏遮燭影，紅袖下簾聲。」

〔32〕磨陀——猶謂消磨歲月，這裏是放鬆之意。亦作「磨佗」、「磨跎」、「磨駝」。

〔33〕營勾——此作累乏解。參見第六齣注〔3〕。

〔34〕身奇——宋元人稱身體爲「身己」；亦作「身起」「身奇」「身肌」，音近義並同。宋·無名氏《宦門子弟錯立身》四〔紫蘇丸〕白：「奴家今日身己不快，懶去勾闌裏去。」元·王曄《桃花女》三〔醉高歌〕：「坐車兒倒背我這身奇，手帕兒遮蒙了我畫皮。」

〔35〕那些——前曲合頭「那些」二字不迭。此「那些」二字疑衍。

〔36〕淡煙橫抹——形容遠處煙霧彌漫，給人以望不到盡頭的遙遠之感。

〔37〕倘——倘或也。《史記·伯夷列傳》云：「倘所謂天道，是邪非邪？」

〔38〕打歌——猶謂唱歌。

〔39〕傷大——猶謂過度的悲傷。

〔40〕聽青青子兒誰唱歌——聽誰在唱「青青子兒」歌。此爲倒裝句。青青子兒，即

「內打歌」歌詞起句的開頭四字。據元・夏庭芝《青樓集》，元劉婆惜曾口占酒令《雙調・清江引》曲云：「青青子兒枝上結，引惹人攀折。其中全子仁，就裏滋味別。只爲你酸留意兒難棄捨。」

〔41〕睃（suō）——斜著眼睛瞧。清・洪昇《長生殿》三〔越調・過曲・祝英臺〕：「把鬢輕撩，鬢細整，臨鏡眼頻睃。」

〔42〕翠閃了雙蛾——猶謂頭上的翠翅斜垂下來遮了雙眉。翠，指女子頭上的首飾，即下文的鳳釵。閃，晃動。蛾，即蛾眉，指女子的眉毛。

〔43〕兀自——猶言還是、仍然。元・高則誠《琵琶記》三〔雁兒舞〕白：「你看麼，秋韆架尙兀自走動。」

〔44〕軃（duǒ）——垂下來；此處有散亂之意，指鳳釵歪在一邊使得頭髮下垂散開。

〔45〕羽檄——軍用緊急文書。即羽書。《史記・韓信盧綰列傳》附陳豨：「吾以羽檄征天下兵，未有至者。」《集解》：「推其言，則以鳥羽插檄書，謂之羽檄，取其急速若飛鳥也。」唐・王維《老將行》詩：「賀蘭山下陣如雲，羽檄交馳日夕聞。」

〔46〕「喜蛛兒」二句——古人以見喜蛛至而結網爲喜訊預兆，耳熱爲背後被人牽記、說起。喜蛛兒，即「蟢子」，蜘蛛的一種，亦作「喜子」，古稱「蠨蛸」。裙拖，指裙子。唐・權德輿《玉臺體》詩：「昨夜裙帶解，今朝蟢子飛；鉛華不可棄，莫是槁砧歸。」宋・辛棄疾《定風波・自和》詞：「從此酒酣明月夜，耳熱，那邊應是說儂時。」

〔47〕排比——猶言安排、準備，動詞。排比，應爲「排備」，即「安排準備」之緊縮。湯顯祖《南柯記》三三〔皀鶯兒〕：「靠蒼穹一家美滿，排備禦筵紅。」

〔48〕「去時兒女悲」四句——此詩語出《南史・曹景宗傳》：「（梁武）帝於華光殿宴飲連句，令左僕射沈約賦韻。景宗不得韻，意色不平，啓求賦詩。帝曰：『卿伎能甚多，人才英拔，何必止在一詩？』景宗已醉，求作不已，詔令約賦韻。時韻已盡，唯餘『競病』二字。景宗便操筆，斯須而成，其辭曰：『去時兒女悲，歸來笳鼓競。借問行路人，何如霍去病？』」此詩另見《先秦漢魏晉南北朝詩・梁詩卷五》）。笳鼓，笳和鼓均是樂器名，在這裏指軍樂聲。

第十九齣　飛　語〔1〕

【秋夜月】〔淨引眾上〕四馬車〔2〕，纔下的這東華路〔3〕。但是官僚多俯伏〔4〕，有一班兒不睹事〔5〕難容恕。〔笑介〕敢今番可圖，敢今番可圖。

〔淨〕深喜吾皇聽不聰〔6〕，一朝偏信宇文融。今生不要尋冤業〔7〕，無奈前生作耗蟲〔8〕。自家宇文融，當朝首相。數年前，狀元盧生不肯拜我門下，心常恨之。尋了一個開河的題目處置他，他到奏了功，開河三百里。俺只得又尋個西番征戰的題目處置他，他又奏了功，開邊一千里，聖上封爲定西侯，加太子太保。兼兵部尚書，還朝同平章軍國事〔9〕。到如今再沒有第三個題目了。沉吟數日，潛遣腹心之人，訪緝他陰事〔10〕，說他賄賂番將，佯輸賣陣，虛作軍功。到得天山地方，雁足之上，開了番將私書，自言自語，即刻收兵，不行追趕。〔笑介〕此非通番賣國之明驗乎？把這一個題目下落〔11〕他，再動不得手了。我已草下奏稿在此，只爲近日蕭嵩同平章事，本上要連他簽押〔12〕，恐有異同。我已排下機謀，知他可到？

【西地錦】〔蕭上〕同在中書相府，「平章」兩字何如？〔笑介〕喜盧生歸到握兵符，和咱雙成玉柱〔13〕。

〔見介〕〔14〕〔蕭〕平明登紫閣，〔淨〕日晏下彤闈。〔蕭〕擾擾朝中子，〔淨〕徒勞歌是非〔15〕。〔蕭〕老平章，是非從何而起？〔淨〕你不知滿朝說盧生通番賣國。大逆當誅。若不奏知。干連政府。〔蕭〕怎見得？〔淨〕你說他爲何到得天山。竟然轉馬？原來與番將熱龍莽交通賄賂。接受私書。〔蕭〕盧生是有功之臣。未可造次〔16〕。

【八聲甘州】〔淨笑介〕他欺君賣主。勾連外國。漏泄機謨〔17〕。〔蕭〕怕沒有此事。此乃番將聞風遠遁。成此大功也。〔淨笑介〕那龍莽呵，佯輸詐敗，就裏〔18〕都難料取。既不呵〔19〕，兵臨虜穴乘勝取，爲甚天山看帛書？〔合〕躊躇〔20〕，這事體非小可之圖〔21〕。

【前腔】〔蕭〕有無，這中間情事，隔邊庭弔遠〔22〕，要審個眞虛。〔淨〕千眞萬眞；既不呵，得了番書，合當奏上。〔蕭〕那將在軍中呵，隨機進止，況收復了千里邊隅。〔淨怒介〕你朋黨〔23〕欺君。〔蕭〕我甘爲朋黨相勸阻，肯坐看忠臣受枉誅？〔合前〕

〔淨笑介〕原來你爲同年〔24〕，不爲朝廷。這事我已做下了，有本稿在此，你看。〔蕭看念介〕中書省平章軍國大事臣宇文融、同平章事門下

侍郎〔25〕臣蕭嵩一本，爲誅除奸將事：有前征西節度使今封定西侯兼兵部尚書同平章軍國事盧生，與吐番將熱龍莽交通獻賄，龍莽佯敗而歸，盧生假張功伐。到於天山地方，擅接龍莽私書，不行追剿。通番賣國，其罪當誅。臣融臣嵩頓首〔26〕頓首謹奏。呀，這等重大事情，老平章不先通聞畫知，朦朧具奏。雖然如此，也要下官肯押花字〔27〕。〔淨怒介〕蕭嵩，你敢教三聲不押花字麼？〔蕭叫三聲不押介、淨笑介〕好膽量！教中書科〔28〕取過筆來，添你一個「通同賣國」四字，待你伸訴去。〔蕭背歎介〕同刃相推，俱入禍門〔29〕，此事非可以口舌爭之。下官表字〔30〕一忠，平時奏本花押〔31〕，草作「一忠」二字，今日使些智術，於花押上一字之下，加他兩點。做個「不忠」二字，向後可以相機而行。〔回介〕老平章息怒，下官情願押花。〔押介淨、笑介〕我說你沒有這大膽。明日蚤朝，齊班奏去。

功臣不可誣，奸黨必須誅。

有恨非君子，無毒不丈夫。〔32〕

校　注

〔1〕飛語——指流言蜚語。此齣寫宇文融癡妒盧生的功勞，誣陷其通番賣國；並向皇帝彈劾盧生，又強迫蕭嵩在奏本上簽字。

〔2〕四馬車——四匹馬拉的車子，古代以四馬高車指高官貴族乘坐的車乘。

〔3〕東華路——東華門前的路。東華門是紫禁城東門，始建於明永樂十八年（公元 1420 年）。東華門東向，與西華門遙相對應，門外設有下馬碑石，門內金水河南北流向，上架石橋一座，橋北爲三座門。《明史‧輿服志四》云：「宮室之制……宮殿之外，周以皇城，城之門，南曰午門，東曰東華，西曰西華，北曰玄武。」另，東京洛陽宮東門，唐時稱東門，宋時稱「東華」。《宋史‧地理志》云：「東京宮城周圍五里，南三門：中曰乾元，東曰左掖，西曰右掖。東西兩門曰東華、西華。北一門曰拱宸。」

〔4〕俯伏——低著頭趴在地上，表示恭敬。

〔5〕不睹事——不曉事，不明事。此指不懂官場習氣，不會察言觀色，判斷場面。

〔6〕聽不聰——原指耳聾。在此指消息不靈通，偏聽偏信，不明事理。

〔7〕冤業——謂冤愁罪孽。佛教用語。又稱冤孽，或單言「冤」、單言「業」，等於說「罪過」。指因作孽而招致的報應。南朝梁‧任昉《述異記》：「蛇傷虎咬，七世冤業。」《警世通言‧陳可常端陽仙化》：「僧家怎敢與王府爭得是非？這

也是宿世冤業，且得他量輕發落，卻又理會。」清‧支機生《珠江名花小傳‧鳳彩》：「鳳跪泣而前曰，兒前身不知作何冤孽，致使身辱風塵。」

〔8〕作耗蟲——謂做下冤業者。耗蟲，猶謂敗落之人。此宇文融自嘲。

〔9〕同平章軍國事——官名。簡稱「同平章」、「平章事」、「平章」等，與中書、門下二省協同處理政務。詳見第十四齣注〔6〕。

〔10〕陰事——隱秘的事情，不可告人的事情。《史記‧荊燕世家》：「至元朔元年，郢人昆弟復上書具言定國陰事，以此發覺。」清‧昭槤《嘯亭雜錄‧毒死幕客》：「某公恐泄其陰事，因延幕客會飲，置毒酒中，以滅其口。」

〔11〕下落——猶處理、處置，引申謂陷害。明‧無名氏《白兔記》二二〔駐雲飛〕白：「你哥哥不仁不義，一定要下落他性命，怎麼養得到五歲十歲？」

〔12〕簽押——即簽名畫押。畫押，指在公文或契約上蓋上自己的印章或按上手印，表示已經認可。清顧炎武《日知錄‧押字》：「所謂署字者，皆草書其名，今俗謂之畫押，不知始於何代。」

〔13〕玉柱——即「擎天白玉柱」，參見第十五齣注〔46〕。

〔14〕見介——此二字，據獨深本補。

〔15〕「平明登紫閣」四句——語出《全唐詩》卷 204、楊賁《時興》詩：「平明登紫閣，日晏下彤闈。擾擾路傍子，無勞歌是非。」紫閣，指中央內閣中書省。後亦泛稱「三閣」為「紫閣」。參見第六齣注〔24〕。日晏，日色晚也。彤闈，朱漆的宮門，這裏代指宮廷。朝中子，即指中朝官，為皇帝近臣，參見第十三齣注〔60〕。

〔16〕造次——指輕率、隨便。唐‧韓愈《學諸進士作精衛銜石填海》詩：「人皆譏造次，我獨賞專精。」元‧無名氏《殺狗勸夫》四〔十二月〕：「這公事非同造次，望相公臺鑒尋思。」

〔17〕機謨——智謀，謀略。《說文》：「謨，議謀也。」唐‧方干《侯郎中新置西湖》詩：「能將盛事添元化，一夕機謨萬古存。」元‧無名氏《馬陵道》楔子：「別卻荒山往帝都，萬言書上顯機謨。」

〔18〕就裏——猶言內中。見第九齣注〔26〕。

〔19〕既不呵——猶言不然；呵，語助詞。亦作「既不沙」、「既不索」、「既不是」等。元‧高文秀《諕范叔》三〔呆骨朵〕白：「想先生在秦，必見重用，既不呵，如何這相府前袛從人等，見先生來，皆凜凜然起避。」

〔20〕躊躇——意謂思量、考慮，與一般解作猶豫、自得貌者義別。元‧李壽卿《伍員吹簫》二〔南呂‧一枝花〕：「仔細躊躇，俺父兄多身故，他又把咱家一命圖。」

〔21〕小可之圖——小可，此作平常、非關緊要解；圖，謀也。

〔22〕弔（di）遠——猶謂到那兒很遠。《爾雅》：「弔，至也。」《詩‧小雅‧天保》：

「神之弔矣，詒爾多福。」毛傳：「弔，至。」孔穎達疏：「言王已致神之來至矣。」

〔23〕朋黨——原指一些人爲自私的目的而互相勾結，朋比爲奸；後泛指士大夫因政見或利益不同而結成的政治集團或派系。朋黨之間往往互相傾軋，黨同伐異。東漢的黨錮之禍、唐代的牛李黨爭、宋代的元祐黨案、明代的東林黨案便是其犖犖大者。《舊唐書·中宗本紀》：「史臣曰：『法不一則奸僞起，政不一則朋黨生。』」

〔24〕同年——古代科舉考試同科考中者，彼此互稱同年。唐·李肇《唐國史補》卷下云：進士「俱捷，謂之同年。」唐·劉禹錫《送人赴舉詩序》：「今人以偕升，名爲同年友，其語熟見。搢紳者皆道焉。」

〔25〕侍郎——官名。漢朝中官之一種。自唐以後，中書、門下、尚書三省所屬各部均以侍郎爲長官之副。

〔26〕頓首——磕頭。跪而頭叩地爲頓首。「頓」是稍停的意思。頓首是請罪之辭；又因其拜禮至重，人們在有重大的事情請求時也用「頓首」。

〔27〕押花字——即「押花」，亦作「花押」，意爲簽字。因簽字多爲草書，形體稍花，故稱押花。清·翟灝《通俗編·文學》云：「《東觀餘論》：『唐令群臣上奏，任用眞草，惟名不得草，後人遂以草名爲花押。』……唐彥謙詩：『公文持花押，鷹隼駕聲勢。』已嘗用之，蓋花押之名，不待唐以後也。」

〔28〕中書科——此泛指中書省的屬官。科，原指科臣即科道官，爲六科給事中與都察院各道監察御史的屬官，專事彈劾和建言之職。

〔29〕「同刃相推」二句——語見《史記·趙世家》：「夫小人有欲，輕慮淺謀，徒見其利而不見其害，同類相推，俱入禍門。」

〔30〕表字——古代男子在正式名字之外，另取一個與本名涵義相關的別名，稱之爲字，以表其德。凡人相敬而呼，必稱其表德之字。後因稱字爲表字。清·孔尚任《桃花扇》一〔戀芳春〕白：「小生姓侯，名方域，表字朝宗，中州歸德人也。」

〔31〕花押——又稱「押字」，即簽字、簽名，與押花意同。起於唐，興於宋，盛於元，沿用到明清時代。具有難以摹仿而達到防僞的效果。明·王三聘《古今事物考》卷二「花押」：「古者書名，改眞從草，取其便於書記，難於模仿，唐開元中，韋陟每書『陟』字，自謂若五朵雲，時號五雲體，俗浸相像，率以爲常，復有不取其名，出於機巧心法者，此押字之初，疑自韋始。」

〔32〕「有恨非君子」二句——謂與別人結下怨仇者不是君子，不狠毒者亦不是大丈夫。宋元時代市井語。元·關漢卿《望江亭》二、白：「常言道：恨小非君子，無毒不丈夫。」諺語「量小非君子，無毒不丈夫」，本來是「量小非君子，無度不丈夫」。「度」爲仄聲字，犯了孤平，念著彆扭，對音律美感要求甚高的古人便把它改爲平聲字「毒」，成爲典型的「信言不美，美言不信」的例句。

第二十齣　死　竄〔1〕

〔堂候官〔2〕上〕鐵券山河國，金牌將相家〔3〕。自家定西侯盧老爺府中堂候官便是。我家老爺掌管天下兵馬數年，同平章軍國事，文武百官，皆出其門。聖恩加禮，一日之內，三次接見。看看日勢向午，將次朝回，不免伺候。早則〔4〕夫人到來也。〔旦引老旦貼上〕奴家崔氏是也。俺公相〔5〕領謝天恩，位兼將相。欽賜府第一區〔6〕，朱門畫戟〔7〕，紫閣雕簷〔8〕。皆因邊功重大，以致朝禮尊隆。休説公相，便是爲妻子的，説來驚天動地。奴家是一品夫人〔9〕，養下孩兒，但是長的，都與了恩蔭〔10〕，眞是罕稀也。〔內作瓦裂聲介、旦驚介〕老嬤嬤〔11〕，甚麼響？〔老旦看介〕是堂簷之上一片鴛鴦瓦，碎下來了。〔旦驚介〕呀，鴛鴦瓦爲何而碎？〔貼望介〕哎喲，一個金彈兒拋打烏鴉，因而碎瓦。〔旦歎介〕聖人云，烏鴉知風，蟲蟻知雨〔12〕。皮肉跳而橫事來，裙帶解而喜信至〔13〕。鴛鴦者，夫婦之情也；烏鴉者，晦黑之聲也；落彈者，失圓之象也；碎瓦者，分飛之意也〔14〕。天呵，眼下莫非有十分驚報乎。

【賞花時】俺這裏戶倚三星〔15〕展碧紗，見了些坐擁三臺〔16〕立正衙〔17〕。樹色繞簷牙，誰近的鴛鴦翠瓦〔18〕，金彈打流鴉。

〔內響道〔19〕介、旦〕公相朝回，看酒伺候。〔生引隊子上〕下官盧生，在聖人跟前平章了幾椿機務，喫了堂飯〔20〕，回府去也。

【么】俺這裏路轉東華〔21〕倚翠華，佩玉鳴金〔22〕宰相家。新築舊堤沙〔23〕，難同戲耍，春色御溝〔24〕花。

〔見介旦〕公相朝回，奴家開了皇封御酒，與相公把一杯。〔生〕生受了。〔內奏樂介〕俺先與夫人對飲數杯，要連聲叫乾，不乾者多飲一杯。〔旦〕奉令了。〔生飲介〕夫榮妻貴酒，乾。〔旦看介〕公相乾了，到奴家喚：夫貴妻榮酒，乾。〔生笑介〕夫人欠乾。〔旦笑飲介〕這杯到乾了，正是小槽酒滴珍珠紅〔25〕。〔生笑介〕夫人，你的槽兒也不小了。

〔內鼓介〕報，報，聽説人馬槍刀，打東華門出，未知何故也？〔生〕由他，俺與夫人唱乾飲酒。〔旦飲介〕妻貴夫榮酒，乾。〔生〕夫人倒在上面了。這杯乾的緊，待我喚：妻貴夫榮酒，乾。〔旦〕公相有點了。

〔生〕夫人，這是酒瀉金莖露涓滴〔26〕。〔旦笑介〕相公，你的莖長是

涓的〔27〕。〔生笑介、內鼓介、堂候官上介〕報，報，外面人馬自東華門出來，塡街塞巷，好不喧鬧也。〔生〕且由他，俺與夫人叫第三乾。〔兒子走上哭介〕老爺，老夫人，人馬槍刀，濟濟排排〔28〕，將近府門來也。〔生驚起介〕

【北醉花陰】這些時值宿〔29〕朝房夢喧雜，整日假紅圍翠匝〔30〕。鈴閣〔31〕遠，靜無嘩，是潭潭相府〔32〕人家，敢邊廂大行踏〔33〕。〔聽介、內呼喝叫拿拿介、生〕不住的叫拿拿。敢是地方走了賊，反了獄，既不呵。怎的響刀槍人鬧馬〔34〕。

〔眾扮官校持槍索上、叫眾軍圍住介、貼老旦驚走、生惱介〕誰敢無禮？

【南畫眉序】〔眾〕聖旨著擒拿，〔生〕是駕上差來的，請了。〔眾〕奏發中書到門下。〔生慌介〕門下為誰？〔眾〕竟收拿公相，此外無他。〔生怕介〕原來是差拿本爵，所犯何罪？〔眾〕中書丞相奏老爺罪重哩，這犯由不比常科〔35〕，干係著重情軍法。〔生〕有何負國，而至於斯。〔官〕下官不知，有駕票〔36〕在此，跪聽宣讀。〔生旦跪、官念介〕奉聖旨：前節度使盧生，交通番將，圖謀不軌。即刻拿赴雲陽市〔37〕，明正典刑〔38〕，不許違誤。欽此！〔生旦叩頭起哭天介〕波查〔39〕，禍起天來大，怎泣奏當今鑾駕。

〔生〕這事情怎的起呵？

【北喜遷鶯】走的來風馳雷發，半空中沒個根芽。待我面奏訴冤。〔眾〕閉上朝門了。〔生〕爭也麼差〔40〕，著俺當朝闌駕，你省可〔41〕的慢打，商量咱到晚衙〔42〕。〔眾〕有旨不容退衙。〔生哭介〕夫人，夫人，吾家本山東，有良田數頃，足以禦寒餒。何苦求祿，而今及此？思覆衣短裘，乘青駒，行邯鄲道中，不可得矣。取佩刀來，顛不喇自裁刮〔43〕。〔生作刎、旦救介、眾〕聖旨不准自裁，要明正典刑哩。〔生〕是了，是了，大臣生也明白。死也明白，夫人。牽這些業畜〔44〕，午門〔45〕前叫冤。俺市曹〔46〕去也，遲和疾剛刀一下，便違聖旨。除死無加。〔下〕

〔高力士上〕吾爲高力士，誰救老尚書？今日爲斬功臣，閉了正殿，看有甚麽官員奏事來。〔旦同兒上〕相公市曹去了，俺牽兒子午門叫冤去。十步當一步，前面正陽門〔47〕了。〔叫介〕萬歲爺爺，冤苦哪！〔高〕萬歲爺爲斬功臣，掩了正殿，誰敢囉唕。〔旦〕奴家是盧生之妻，誥封〔48〕一品夫人崔氏，領這一班兒子，來此叫冤呵。〔高背歎介〕滿朝文武，要他妻兒叫冤，可憐人也。〔回介〕盧夫人麽，有何冤枉，就此鋪宣〔49〕。〔旦叩頭介〕萬歲，萬歲，臣妾崔氏伸冤。

【南畫眉序】宿世〔50〕舊冤家，當把盧生活坑煞〔51〕。有甚駕前所犯？喫幾個金瓜〔52〕。把通番〔53〕罪名暗加，謀叛事關天當要〔54〕。〔合〕波查，禍起天來大，怎泣奏當今鑾駕。

〔高哭介〕可憐，可憐，你在此候旨，俺爲你奏去。〔旦〕在此搦土爲香〔55〕，禱告天地。〔拜介〕崔氏在此叫冤，天天，撥轉聖人龍威，超拔兒夫狗命呵。這許多時，還未見傳旨。〔高同裴光庭上〕聖旨到：既盧生有冤，著裴光庭領赦，往雲陽市，免其一死。遠竄廣南崖州鬼門關〔56〕安置，即刻起程。謝恩！〔高哭介〕可憐，可憐，喚鶴無情聽，啼鳥有赦來〔57〕。〔下、內鼓介、眾綁押生囚服裹頭上〕

【北出隊子】〔生〕排列著飛天羅刹〔58〕，〔扮劊子尖刀向前叩頭介、生〕甚麽人？〔劊〕是伏事老爺的劊子手。〔生怕介〕嚇煞俺也，看了他捧刀尖勢不佳。〔劊〕有個一字旗兒，稟老爺插上。〔生看介〕是個甚麽字？〔眾〕是個「斬」字。〔生〕恭謝天恩了。盧生只道是千刀萬剮，卻只賜一個「斬」字兒，領戴〔59〕，領戴。〔下鑼下鼓插旗介、生〕蓬席之下，酒筵爲何而設？〔眾〕光祿寺擺有御賜囚筵，一樣插花茶飯〔60〕。〔生〕是了，這旗呵。當了引魂旛〔61〕，帽插宮花。鑼鼓呵，他當了引路笙歌〔62〕赴晚衙。這席面呵，當了個施焰口〔63〕的功臣筵上鮓〔64〕。

〔眾〕趁早受用〔65〕些，是時候了。〔生〕朝家茶飯，罪臣也吃勾了。則黃泉無酒店，沽酒向誰人〔66〕？罪臣跪領聖恩一杯酒。〔跪飲介〕怎咽下也！

【么】暫時間酒淋喉下，還望你祭功臣澆奠茶。〔眾〕相公領了壽酒

行罷。〔生叩頭介〕罪臣謝酒了。〔眾〕咦，看的人一邊些，誤了時候。〔生綁行介〕一任他前遮後擁鬧嘈喳〔67〕，擠的俺前合後偃走踢踏〔68〕，難道他有甚麼劫場的人，也則看著耍。

　　〔眾叫鑼鼓介、生問介〕前面旛竿何處？〔眾〕西角頭〔69〕了。

　【南滴溜子】旛竿下，旛竿下，立標為罰〔70〕。是雲陽市，雲陽市，風流灑角〔71〕。〔眾〕休說老爺一位，少甚麼朝宰功臣這答〔72〕，套頭兒不稱孤便道寡〔73〕。用些膠水摩髮，滯〔74〕了俺一手吹毛，到頭也沒髮〔75〕。〔生惱介、掙斷綁索介〕

　【北刮地風】呀，討不的〔76〕怒髮衝冠兩鬢花〔劊做摩生頸介〕老爺頸子嫩，不受苦。〔生〕咳，把似〔77〕你試刀痕俺頸玉無瑕，雲陽市好一抹淩煙畫〔78〕。〔眾〕老爺也曾殺人來。〔生〕哎也，俺曾施軍令斬首如麻，領頭軍該到咱。〔眾〕這是落魂橋了。〔生〕幾年間回首京華，到了這落魂橋下。〔內吹喇叭介、劊子搖旗介〕時候了，請老爺生天〔79〕。〔生笑介〕則你這狠夜叉也開弔牙〔80〕，刀過處生天直下。哎也，央及你斷頭話須詳察，一時刻莫得要爭差。把俺虎頭燕頷〔81〕高提下，怕血淋浸展污了俺袍花〔82〕。

　　〔眾〕老爺跪下。〔生跪受綁、劊磨刀介、內風起介、劊〕好風也，刮的這黃沙。哎喲，老爺的頭子在那裏？〔摩介〕有了，老爺挺著。〔生低頭、劊子輪刀介、內急叫介〕聖旨到，留人！留人！〔裴領旨同旦急上〕

　【南雙聲子】天恩大，天恩大，鳴冤鼓由人打。皇宣下，皇宣下，雲陽市告了假。省刑罰，省刑罰。耽驚嚇，耽驚嚇。一刻絲兒〔83〕，故人刀下。

　　聖旨到：盧生罪當萬死，朕體上天好生之德，量免一刀，謫去廣南鬼門關安置，不許頃刻停留。謝恩！〔放綁介、生倒地叩頭萬歲介〕生受〔84〕聖人大恩了。來者是誰？〔裴〕是小弟裴光庭。〔生〕賢弟，賢弟，俺的頭可有也？〔裴〕待我瞧瞧了。〔拍介〕老兄好一個壽星頭〔85〕。

【北四門子】〔生〕猛 [86] 魂靈寄在刀頭下，荷 [87]，荷，荷，還把俺嶮 [88] 頭顱手自抹。裴年兄，俺閉口相問：奏本秉筆者宇文公，也要蕭年兄肯畫知。〔歎介〕要題知「斬」字下連名，他相伴著中書 [89] 怎押花？〔裴〕敢 [90] 蕭年兄也不知。〔生〕難道，難道，則怕老蕭何也放的下這淮陰胯 [91]？〔風起歎介〕看了些法場 [92] 上的沙，血場上的花，可憐煞將軍戰馬。

〔裴〕老兄與嫂嫂在此敘別，小弟回聖上話去。小心煙瘴 [93] 地，回頭雨露 [94] 天。請了。〔下、旦哭介〕怎生來 [95] 話兒都說不出來？奴家有一壺酒，一來和你壓驚，二來餞行。〔生〕卑人見過那些御囚茶飯，早醉飽也。〔旦〕兒子都在午門叩頭去了，等他來瞧一瞧去。〔生〕由他，由他，他來徒亂人意。夫人，不要他來相見罷了。〔旦哭介〕俺的天呵，也把一杯酒，略盡妻子之情。

【南鮑老催】唏唏嚇嚇 [96]，〔酒杯驚跌介、旦哎喲介〕戰兢兢把不住臺盤滑。撲生生 [97] 遍體上寒毛乍，吸廝廝也，哭的聲乾啞。〔內鼓介、內〕盧爺，快行，快行。有旨著五城 [98] 催促，不可久停。〔末小旦 [99] 扮兒子哭上〕我的爹呵！〔旦〕這都是你兒子，怎下的 [100] 去也！〔生〕是你婦人家，不知朝廷說我圖謀不軌，如今安置我在鬼門關外。罪配之人，限時限刻。天呵，人非土木，誰忍骨肉生離？則怕累了賢妻，害了這幾個業種 [101]，到為不便。〔兒扯要同去介、生〕去不得也，兒。【同哭介】眼中兒女空鉤搭 [102]，腳頭夫婦難安箚 [103]，同死去做一榻。〔旦悶倒、生扯介〕

【北水仙子】呀，呀，呀，哭壞了他。扯，扯，扯，扯起他，且休把望夫山立著化 [104]。〔眾兒哭介、生〕苦，苦，苦，苦的這男女煎喳 [105]。痛，痛，痛，痛的俺肝腸激刮 [106]。我，我，我，瘴江 [107] 邊死沒了渣。你，你，你，做夫人權守著生寡 [108]。〔旦〕你再瞧瞧兒子麼。〔生〕罷，罷，罷，兒女場中替不的咱。好，好，好，這三言半語告了君王假。我去，請了。〔旦哭介〕相公那裏去？〔生〕去，去，去，去那無雁處海天涯 [109]。〔盧下〕

〔旦哭介〕兒子回去罷。難道爲妻子的，不送上他一程？

【南鬥雙雞】〔110〕**君恩免殺，奴心似剮。沒個人兒和他，和他把包袱打。大臣身價，說的來長業煞**〔111〕。

〔生上見介〕夫人，你怎生又趕上來？〔旦〕爲你沒個伴當〔112〕，放心不下。我袖了半截銀錁子〔113〕，你路上顧覓〔114〕。〔生〕罪人誰敢相近？我獨自覓食而行。你還拿這半截錁子回去，買柴糴米〔115〕，休的苦了兒女呵。

【北尾】罪人家顧不出個人兒罷？我還怕的有別樣施行咱〔116〕。**夫人，夫人，你則索**〔117〕**小心兒守著我萬里生還也朝上馬。**

十大功勞誤宰臣〔118〕，**鬼門關外一孤身。**

流淚眼觀流淚眼，斷腸人送斷腸人〔119〕。

校 注

〔1〕死竄——此齣寫盧生平吐番得勝歸來，因功授高宮，賜府第。皇帝聽信宇文融的讒言，認爲盧生交結番將，圖謀不軌，欲將其斬首。崔氏和兒子們奔向午門喊冤，皇帝免掉盧生死罪，將他發配到廣南崖州鬼門關。

〔2〕堂候官——舊時供高級官員役使的堂吏；負責府署中的迎送、接待賓客的事宜。簡稱「堂候」，宋代又稱「祗候」。唐五代一般都從京官司抽補，宋初知堂吏擅中書事權，始用士人充堂候官。見《宋會要輯稿》。湯顯祖《南柯記》十二、白：「〔聽事官上〕出身館伴使，新陞堂候官，前程螻蟻大，禮數鳳凰寬。」亦省稱「堂候」。湯顯祖《紫釵記》四二〔雁魚錦〕白：「此事堂候回報，不須小生再行。」

〔3〕「鐵券山河」二句——鐵券，即丹書鐵券；金牌，即勢劍金牌。丹書鐵券、勢劍金牌始於漢高祖，是帝王賜給功臣世代保持優遇及免罪等特權的憑證。「鐵券」上的信詞最初時用丹砂塡字，合稱「丹書鐵契」；梁時用銀塡字，即「銀券」；隋時用金塡字，亦稱「金券」、「金書」，所以後世稱「鐵券」爲「金書鐵券」，又因「鐵券」可以世代相傳，又稱爲「世券」。宋·張伯壽《臨江仙》詞：「吳越家聲傳鐵券，當年功指山河。」

〔4〕早則——早該。元·李致遠套數《中呂·粉蝶兒·擬淵明》〔醉春風〕：「棄職歸農，杜門修道，早則死心搭地。」

〔5〕公相——本指宰相、公卿之類的官員，這裏是崔氏對身爲顯官的丈夫的尊稱。

宋・梅堯臣《送劉定賢良下第赴廣陵令》詩：「中則首公相，人情作冠幘。」明・朱權《荊釵記》二六〔黃鶯兒〕：「公相望垂憐……願公相早登八位三臺顯。」

〔6〕府第一區——謂一處宅院。唐・權德輿《數名詩》：「一區揚雄宅，恬然無所欲。」

〔7〕朱門畫戟——朱門，紅漆的大門。戟，古代兵器中的一種，因塗有彩飾，故稱畫戟。此句謂朱紅的大門，上貼有執畫戟的門神。

〔8〕紫閣雕簷——謂紫紅色的樓閣，雕梁畫簷，多用以形容富貴之家的住宅。

〔9〕一品夫人——封建時代對建立功勳者其配偶的封贈。品，三國時創建官品，有「九品」之說，一品是官階中最高的一級。唐・白居易《王夫子》詩：「吾觀九品至一品，其間氣味都相似。」

〔10〕恩蔭——謂遇朝廷慶典，官員子孫承恩入國子監讀書併入仕。此制始於宋初，是漢唐門蔭法的擴充。

〔11〕嬤嬤——據明・梅鼎祚《字彙》、清・梁章鉅《稱謂錄》，俗呼媽媽爲「嬤嬤」，亦作爲對乳母、女老管家的尊稱。

〔12〕「烏鴉知風」二句——宋元市語。比喻從某些徵兆可以推知將要發生的事情。漢・王充《論衡・實知篇》云：「是則巢居者先知風，穴處者先知雨。」

〔13〕「皮肉跳」二句——宋元市語。古人認爲眼皮無緣無故跳動，就有禍事將至；衣帶無緣無故散開預示著將有喜事到來。皮肉跳，亦作眼皮跳、眼跳，皆謂凶兆。橫事：禍事。元・無名氏《謝金吾》三、白：「這幾日只管眼跳。常言道：眼睛跳，悔氣到。難道有甚悔氣到的我家裏？」參見第十八齣注〔46〕。

〔14〕「鴛鴦者」八句——此八句將自然界的某種事物或某些現象與人的喜怒哀樂禍福命運相比附，藉以預示人物的命運和情節的發展。烏鴉外表漆黑，性情貪鷙，它的出現爲不吉利的兆頭。落彈，指鳥被彈丸擊落，或幼鳥不慎墜地，就難以和家人團聚。碎瓦，指房檐瓦塊落地摔碎，預示著房屋的主人將有分離之痛。

〔15〕三星——神話以福祿壽爲「三星」。

〔16〕三臺——指尚書臺、御史臺、外臺，均是政府的主要部門。詳見第七齣注〔5〕

〔17〕正衙——唐宋時代正式朝會聽政的處所。唐・白居易《紫毫筆》詩：「臣有姦邪正衙奏，君有動言直筆書。」宋・司馬光《涑水紀聞》卷八：「丹鳳之內曰含光殿，每至大朝會，則御之。次曰宣政殿，謂之正衙，朔望大冊拜，則御之。次曰紫宸殿，謂之上閣，亦曰內衙，奇日視朝則御之。」

〔18〕翠瓦——綠色的琉璃瓦。宋・柳永《過澗歇近》詞：「夜永清寒，翠瓦霜凝。」

〔19〕響道——見第十三齣注〔42〕。

〔20〕堂飯——宰相政事堂的公膳。亦作「堂食」。元・高文秀《誶范叔》一〔醉扶歸〕白：「你看俺爲官的，吃堂食，飲御酒，佳人捧臂，壯士擎鞭。」飯，朱墨本作「食」字。

〔21〕東華——東華門的省稱，是宮城的東門名稱。詳見第十九齣注〔3〕。

〔22〕佩玉鳴金——謂佩帶著玉飾，敲打著鑼鼓。古代官員出入多鳴鑼喝道以示威嚴。

〔23〕新築舊堤沙——意謂盧生新拜宰相。堤沙即沙堤，唐代專爲宰相通行車馬所鋪築的沙面大路。唐·李肇《唐國史補》卷下：「凡拜相，禮絕班行，府縣載沙填路。自私第至於子城東街，名曰沙堤。」唐·白居易《新樂府·官牛》詩：「官牛官牛駕官車，滻水岸邊搬載沙。一石沙，幾斤重，朝載暮載將何用？載向五門官道西，綠槐陰下鋪沙堤。昨來新拜右丞相，恐怕泥塗污馬蹄。」後人多用「平沙堤」代指新拜相之意。宋·文同《沙堤行》詩：「金吾馳騎東復西，督兵萬指平沙堤。傳言築路拜新相，恐與九衢同一泥。」明·葉憲祖《鸞鎞記》四〔菊花新〕：「龍樓鳳閣九重城，新築沙堤宰相行。」

〔24〕御溝——指流經宮苑的河道。唐·王建《御獵》詩：「青山直繞鳳城頭，滻水斜分入御溝。」

〔25〕「小槽酒滴」句——語出唐·李賀《將進酒》詩：「琉璃鍾，琥珀濃，小槽酒滴珍珠紅。」《全唐詩》卷 393，「珍珠紅」作「眞珠紅」。小槽，古時製酒器中的一個部件，酒由此緩緩流出。宋·辛棄疾《臨江仙·和葉仲洽賦羊桃》詞：「多病近來渾止酒，小槽空壓新醅。」珍珠紅，美酒名。

〔26〕「酒瀉金莖」句——謂酒從器皿中緩緩流出。金莖，金色呈柱狀的盛酒的器皿。

〔27〕涓的——此處指疲軟無力。此句爲夫妻調侃之諢語。

〔28〕濟濟排排——形容人員眾多。

〔29〕值宿——即值夜。《周禮·天官·宮正》「次舍之眾寡」漢·鄭玄注：「次，諸吏值宿。」唐·王建《宮詞》詩之二七：「紅燈睡裏喚春雲，雲上三更值宿分。」

〔30〕紅圍翠匝——謂紅圍翠繞，比喻很多人簇擁環繞著。

〔31〕鈴閣——指翰林院及古代將帥或州郡長官辦事的所在。晉·干寶《搜神記》卷七：「今狂花枯術，又在鈴閣之間，言威儀之富，榮華之盛，皆爲狂花之發，不可久也。」《晉書·羊祜傳》：「在軍常輕裘緩帶，身不披甲，鈴閣之下，侍衛者不過十數人。」唐·劉禹錫《謝寶員外旬休早涼見示詩》：「新秋十日浣朱衣，鈴閣無聲公吏歸。」

〔32〕潭潭相府——形容相府宅院深廣。潭潭，深邃貌。唐·韓愈《符讀書城南》詩：「一爲公與相，潭潭府中居。」元·張可久《雙調·折桂令·崔閒齋元帥席上》小令：「春日遲遲，香風淡淡，相府潭潭。」

〔33〕行踏——來往、走動也。詳見第四齣注〔86〕。

〔34〕人鬨馬——人聲、馬聲交織在一起異常雜亂。鬨，哄鬧。

〔35〕這犯由不比常科——犯由，即罪狀；常科，即平常事犯。

〔36〕駕票——又稱駕帖，由皇帝簽發的文書或命令。亦稱「條旨」或「調旨」，始

於明代。《明史·魏忠賢傳》稱「票旨」，《明史·王體乾傳》稱「票紅文書」。內閣接奏章後用小票寫所擬批答（即「票擬」），再由皇帝朱筆批出，但朱批卻常由司禮太監代寫。

〔37〕雲陽市——雲陽，古縣名，秦置，治所在今陝西淳化縣西北。市，即市口。韓非與李斯同爲荀子學生，韓非出使秦國，李斯已拜秦國客卿；李斯妒韓非之才，與姚賈共謀，將韓非殺害於雲陽。數年後，李斯亦被秦二世車裂於雲陽。後世戲曲小說常用以指行刑的地方。

〔38〕明正典刑——依據法律，公開處刑。

〔39〕波查——用作歎詞。「波查」三句應屬旦唱，「波查」上應補〔旦〕字。

〔40〕爭也麼差——爭差，差多少，猶言不差多少。也麼，語助詞，由曲牌字格規定。

〔41〕省可——猶言休要。亦作「省可裏」。元·白樸套數《惱煞人》：「蘭舟把定蘆花過，櫓聲省可裏高聲和。恐驚散宿鴛鴦，兩分飛也似我。」

〔42〕晚衙——舊時官署長官一日早晚兩次坐衙，受屬吏參拜治事。傍晚申時坐衙稱晚衙。唐·白居易《夜歸》詩：「逐勝移朝宴，留歡放晚衙。」

〔43〕顛不喇自裁刮——顛，猶顛倒、癲狂；此處謂神情昏亂顛倒。不喇，亦作「不剌」，語助詞。清·洪昇《長生殿》三八〔四轉〕：「直弄得個伶俐的官家顛不喇、懵不喇，撇不下心兒上。弛了朝綱，佔了情場。」自裁刮，指自殺。

〔44〕業畜——佛教語。指有業因的畜牲。這裏是盧生指稱自己的兒子們。

〔45〕午門——紫禁城的正門，位於紫禁城南北軸線。此門居中向陽，位當子午，故名午門。又稱「午朝門」，群臣待朝或候旨之處。

〔46〕市曹——即市場，指商店集中之地。古時常在熱鬧市區處決犯人，因作爲刑場的代稱。《京本通俗小說·錯斬崔寧》：「押赴市曹，行刑示眾。」元·無名氏《陳州糶米》二〔滾繡球〕：「我和那權豪每結下些山海也似冤讎，曾把個魯齋郎斬市曹。」

〔47〕正陽門——指帝王聽政所在，正殿正門。元·馬致遠《漢宮秋》一〔金盞兒〕：「你向正陽門改嫁的倒榮華。」古代「正陽門」有兩處：宋汴京之宣德門，明道二年（公元 1033 年）改名正陽門；元大都之麗正門，明正統年間改稱正陽門，爲內城之正南門，即今之北京前門。明代正陽門設掌門官一人，管事官數十人。

〔48〕誥封——誥命封賞。在明清之際，對文武官員及其先輩或妻室贈予爵位名號時，皇帝命令有誥命與敕命之分，五品以上授誥命，稱誥封；六品以下授敕命，稱敕封。

〔49〕鋪宣——陳述、訴說。

〔50〕宿世——佛教語，謂前生、前世。唐·王維《偶然作》詩之六：「宿世謬詞客，前身應畫師。」明·屠隆《彩毫記》三〔清江引〕白：「今日一會，宿

世良緣。吾子前途保重，貧道辭別去也。」

〔51〕坑煞——又寫作「坑殺」。陷害、害死之意。

〔52〕金瓜——即天子儀仗之兵仗。由古代衛士所執，其棒端為瓜形，銅製，金色。參見第十三齣注〔62〕。

〔53〕通番——番指夷族。通番喻為通敵。

〔54〕當要——猶「鬧著玩」。詳見第十三齣注〔27〕。

〔55〕搦（nuò）土為香——捏土為香。表示向上天祈禱。

〔56〕廣南崖州鬼門關——廣南，行政轄區路名。宋代置嶺南轉運使，定稱為廣南東路、廣南西路。東路治所在廣州；西路治所在桂州（今桂林市）。轄境相當於今廣西及廣東雷州半島和海南島。崖州，州名。南朝梁置，治所在今海南儋縣西北。唐復置，治所在舍城（今瓊山縣東南）。鬼門關，亦稱「鬼門」，古關名。在今廣西北流縣西，界於北流、玉林兩縣間，雙峰對峙，其間闊僅三十步，中成關門。古代為通往欽、廉、雷、瓊和交趾的交通要衝。宋·樂史《太平寰宇記》云：「其南尤多瘴癘，去者罕得生還。」唐宋詩人遷謫蠻荒，經此而死者迭相踵接。唐·李德裕《貶崖州》詩云：「崖州在何處？生度鬼門關。」後泛指僻遠險阻之地為「鬼門關」。

〔57〕「唳鶴無情」二句——喻指盧生夫婦當時的處境。上句以晉陸機喻盧生。鶴聲淒厲，給人以悲涼之感；華亭陸機隨成都王司馬穎兵伐長沙王司馬乂，因兵敗被司馬穎所殺。陸機臨刑長歎道：「華亭鶴唳，豈可復聞乎？」即「華亭鶴唳」的典故，見《晉書·陸機傳》。下句以唐元稹妻喻崔氏。唐元和元年（公元 806年）元稹授右拾遺，因直諫為執政所忌，出為河南尉。據說其妻訴拜烏鴉，烏啼報赦。後元稹還朝。烏鴉古為吉祥之鳥，「啼烏報赦」為傳說，故有古琴歌《烏夜啼引》和樂府古題《烏夜啼》。此二句亦是徵兆式說法。

〔58〕飛天羅剎——吃人惡鬼的總稱。羅剎，梵語的音譯，惡鬼，男曰羅剎娑，女曰羅剎私。最早見於印度古文獻《梨俱吠陀》。相傳羅剎男黑身、朱髮、綠眼，羅剎女為絕妙者。南朝宋·慧琳《一切經音義》第二五云：「羅剎，此云惡鬼也，食人血肉，或飛空，或地行，捷可畏也。」清·李漁《奈何天》六〔章臺柳〕：「逃來羅剎邊，皈依大士前。」

〔59〕領戴——內心充滿感激地承受。

〔60〕插花茶飯——戴花參加宴會。插花，戴花之意，是科舉考試考中後參加曲江宴進行慶賀時的裝束。這裏使用該詞，當有自嘲之意。

〔61〕引魂幡——引領魂魄的旗幟。民間迷信之俗，人死後，靈魂卻不會跟隨肉體一起死去，因以旗幡引導其魂魄到冥間，以免成為孤魂野鬼。

〔62〕笙歌——合笙之歌，配合笙而唱的歌。笙，樂器名。東漢·許慎《說文·竹部》：「笙，十三簧，像鳳之身也。笙，正月之音。物生，故謂之笙。大者謂

之巢，小者謂之和。古者，隨作笙。」《禮記‧檀弓上》：「孔子既祥，五日彈琴而不成聲，十日而成笙歌。」唐‧王維《奉和聖製十五夜然燈繼以酬客應制》詩：「上路笙歌滿，春城漏刻長。」

〔63〕施焰（yàn）口──焰口，佛教名詞，爲古印度傳說中一種食量很大的餓鬼，以身形焦枯、口內燃火、咽細如針而得名。佛教密宗有專對這種餓鬼施食的經咒和念誦儀軌，叫「放焰口」，即「施焰口」。後流行爲對死者追薦的佛事。焰，原誤作「豔」，據獨深本改。

〔64〕鮓（zhǎ）──經鹽和紅麴醃製過的魚。此處盧生自比作死去的餓鬼功臣，喻爲筵上的「鮓」。

〔65〕受用──享受、享用。這裏是說讓盧生趁早吃了御賜的囚筵。元‧姚燧《雙調‧蟾宮曲》小令：「唱好是會受用文章巨公，綺羅叢醉眼朦朧。」

〔66〕「黃泉無酒店」二句──化用古人臨刑詩。唐‧江爲《臨刑詩》：「街鼓侵人急，西傾日欲斜。黃泉無旅店，今夜宿誰家？」明‧孫蕡《臨行詩》：「鼉鼓三聲急，西山日又斜。黃泉無客舍，今夜宿誰家？」黃泉，指陰間、冥間。

〔67〕嘈（jì）喳──又稱唧喳、喊喳。本指低聲說話，這裏形容聲音紛雜，場面混亂。

〔68〕前合後偃走踢踏──前合後偃，又稱前仰後合，指身體前後晃動，難以自持。走踢踏，形容走路不穩。踢踏，即走動也。

〔69〕西角頭──據清《欽定日下舊聞考》卷五十，明正德十一年（公元 1516 年）十一月刑科給事中齊之鸞上言「邇者，京師西角頭新設花酒店房」云云，「西角頭」爲京師行刑之所在；《明史‧齊之鸞傳》則謂「西偏」。

〔70〕立標爲罰──立下處罰的標誌。立標，立下標誌。標，標竿等標誌物。

〔71〕風流灑角──風流瀟灑的角色。灑角，猶言灑家。灑，宋元時關西方言，男性自稱，猶言「咱」。

〔72〕這答──謂這樣的、這類的。

〔73〕套頭兒不稱孤便道寡──謂所有的人不是稱孤，便是稱寡。言外之意象盧生這樣身份地位的人走向刑場的很多。套頭兒，從頭至尾，全部之意。

〔74〕滯──作阻礙、不暢解。

〔75〕髮──各本均作「法」字。

〔76〕討不的──謂弄不成、指望不上。

〔77〕把似──用在開闔呼應句的上句，係擬設詞，意謂與其、假如、若是等義。元‧王實甫《西廂記》三本二折〔脫布衫〕：「把似你使性子，休思量秀才，做多少好人家風範！」

〔78〕好一抹淩煙畫──謂好一幅淩煙閣畫像。淩煙畫，唐太宗貞觀十七年（公元643 年）圖畫開國功臣長孫無忌、杜如晦、魏徵、尉遲敬德等二十四人於淩

煙閣。閣在當時的長安。唐太宗作贊，褚遂良題閣，閻立本作畫。事見唐・
劉肅《大唐新語・襃錫》。後人遂以「凌煙閣」或「凌煙畫」喻帝王念及舊臣。
盧生卻以此嘲諷天子殺功臣。唐・張籍《贈趙將軍》詩：「會取安西將報國，
凌煙閣上大書名。」

〔79〕生天──佛教名詞，即眾生可生的天處。此處喻離開人間。

〔80〕狠夜叉也開弔牙──夜叉，梵文音譯，意謂「能啖鬼」或「捷疾鬼」。佛教說
是吃人的惡鬼，列為守護佛的天龍八部之一。開弔牙，謂搬弄口舌、鬥扯。

〔81〕虎頭燕頷──頭形似虎，下巴似燕。形容相貌威武不凡。古代相家認為這是封
侯之相。亦作「燕頷虎頭」。南朝宋・范曄《後漢書・班梁列傳・班超》：「生
燕頷虎頸而食肉，此萬里侯相也。」南朝陳・徐陵《出自薊門北行》詩：「生
平燕頷相，會自得封侯。」

〔82〕血淋浸展污了俺袍花──謂鮮血弄髒了錦袍上的花紋。血淋浸，鮮血淋漓的樣
子。展污，也寫作輾污，沾污、弄髒之意。袍花，指錦袍上的紋飾。

〔83〕一刻絲兒──猶一剎那間，差一點兒，形容時間極短。

〔84〕生受──感謝之詞，意謂多謝。元・關漢卿《魯齋郎》二〔牧羊關〕白：「生
受你，將酒來吃三杯。」

〔85〕壽星頭──關於「壽星」的形象，除了飄逸的白鬚和手中的龍頭拐杖外，人
們最為熟知的，便是壽星老翁那光禿禿的特大號腦門，也就是「壽星頭」。
明・楊繼盛《楊忠愍集》卷三《自著年譜》：「頭甚長且圓大，人皆以為壽星
頭。」

〔86〕猛──突然、忽然。意謂突然間靈魂繫於刀頭，比喻人生命運不測。

〔87〕荷──象聲詞。在此表示感歎之意，猶「呵」字。

〔88〕嶮（xiǎn）──山高峻貌。此處可作昂揚解。

〔89〕中書──此處指宇文融。

〔90〕敢──恐怕。表示推測之意。

〔91〕「則怕老蕭何」句──是說只怕蕭何也不會在意韓信，暗指蕭嵩不會在意他盧
生。蕭何，漢初大臣。楚漢戰爭中，蕭何初薦韓信為大將，後又助漢高祖滅韓
信等異姓諸侯王。淮陰胯，指韓信受辱的故事。韓信為布衣時窮困潦倒，曾受
到淮陰少年讓他從胯下鑽過的侮辱，事見《史記・淮陰侯列傳》。後世亦以此
稱忍小辱而終成大器者。

〔92〕法場──執行死刑的地方。宋・魏泰《東軒筆錄》卷九：「一日，將押大辟囚
棄市，而貰馬以往。其馭者問曰：『官人將何之？』（孫）良孺曰：『至法場頭。』」
清・朱素臣《十五貫》十五〔混江龍〕白：「曉得，求老爺判定招旗，就此押
赴法場便了。」

〔93〕煙瘴──即瘴氣，是深山或熱帶叢林間蒸發出來的濕熱而有毒的霧氣，人接觸

往往會生瘴疾。此處代指西南邊遠的地方。據《明史‧刑法志》,遣謫事宜,以千里爲附近,二千五百里爲邊衛,三千里爲邊遠,其極邊爲煙瘴,以四千里外爲率。

〔94〕雨露——喻皇家恩澤。「回頭雨露天」,即謂待皇帝開恩,才能回來。

〔95〕怎生來——怎麼,如何。元‧趙彥暉套數《仙呂‧點絳唇‧席上詠妓》〔天下樂〕:「你能會彈能會歌,能會繡能會描,怎生來少前程無下梢?」

〔96〕唏唏嚇嚇——與下文的「吸廝廝」均爲擬聲詞,指因悲痛而哭泣的樣子。吸廝廝,抽泣聲。

〔97〕撲生生——猶謂「撲的」、「鋪的」,忽然也。生生,語助詞。

〔98〕五城——指京城。明代北京城分東城、西城、中城、南城、北城,合稱五城。有五城兵馬指揮,職掌巡捕盜賊、疏理街道溝渠及囚犯火禁之事。每隔數日巡城治安,故又稱「巡城御史」。唐代京城有五城巡捉使,擔當巡查搜捕之責。

〔99〕小旦——戲曲腳色行當。旦行的一支。在雜劇、傳奇中扮演充當配角的青年未婚女子。元雜劇又稱「旦兒」,崑劇又稱「五旦」、「閨門旦」。小旦亦可指演少年,或雜扮次要角色。

〔100〕怎下的——謂怎麼忍心。元‧商正叔套數《雙調‧新水令》〔亂柳葉〕:「爲他、爲他曾把香燒,怎下的將咱、將咱拋調。」

〔101〕業種——佛教語。佛教謂惡業惡報,善業善報,如由種子得果,故稱「業種」。多偏指惡業的種子。盧生因自己做下罪業,故稱自己的兒子爲業種。明‧徐復祚《一文錢》六、白:「爭奈眾生漸染太深,鼎鼎名場利窟,愚癡太重,膠膠業種疑根,因此特建祇場,爲彼說法。」

〔102〕鉤搭——原指串通一起做不正當的事,此指兒女親近關係。盧生父子相聚,不願分離。

〔103〕「腳頭夫妻」句——腳頭夫妻,宋元市語,稱結髮妻爲「腳頭妻」。元‧張國賓《羅李郎》二〔梁州第七〕:「哎,連你這嬌滴滴腳頭妻,也這般瀟瀟灑灑。」安筍,又寫作安箚。安置、安頓之意。一作「安紮」,《金瓶梅》第七六回:「還纏什麼溫葵軒、鳥葵軒哩,平白安紮恁樣行貨子,沒廉恥。」

〔104〕望夫山立著化——望夫山,詳見第四齣注〔130〕。化,此處猶謂癱倒,即崔氏哭癱。

〔105〕煎喳——即「煎聒」,猶謂喧擾、哭鬧。引申爲煎熬。

〔106〕激刮——形容疼痛的樣子。

〔107〕瘴江——又名合浦江,在廣東省南部。《舊唐書‧地理志四》:「州界有瘴江,名合浦江也。」唐‧張均《流合浦嶺外作》詩:「瘴江西去火爲山,炎徼南窮鬼作關。」唐‧沈佺期《入鬼門關》詩:「昔傳瘴江路,今到鬼門關。」

〔108〕生寡——猶活寡。

〔109〕無雁處海天涯——無雁處，大雁都飛不到的遙遠之地。雁爲候鳥，每年秋分南飛，古有南不過湖南衡陽雁回峰、東南不過浙江福建雁蕩山之說。海天涯，偏僻遙遠的海邊。均代指遙遠的嶺南。

〔110〕南鬥雙雞——曲牌名。原爲「南雙鬥雞」，據葉《譜》改。

〔111〕長業煞——猶謂太作孽。業，孽也。

〔112〕伴當——又寫作「伴儅」，指奴僕、隨從。元·無名氏《爭報恩》楔子：「兀那廝，甚麼官人娘子，我是夫人，他是我的伴當。」

〔113〕銀錁子——小型銀錠，重一、二兩到三、五兩不等。

〔114〕顧覓——指花錢找人幫忙。宋·孟元老《東京夢華錄》卷三：「凡雇覓人力，幹當人、酒食、作匠之類，各有行老供雇。」

〔115〕糴米——買米。

〔116〕有別樣施行咱——有別的招數處置。指盧生擔心宇文融會再使用別的陰謀詭計謀害他。咱，語助詞。

〔117〕則索——猶言只得。元·王實甫《西廂起》一本二折〔尾〕：「我和他乍相逢，記不眞嬌模樣，我則索手抵著牙兒慢慢的想。」

〔118〕十大功勞誤宰臣——宋元原有闕名南戲《十大功勞》，今佚。事說韓信死後，漢高祖要治蒯通煽動韓信謀反的罪名。蒯通歷數韓信「十罪」，實舉韓信十大功勞。元·無名氏《隨何賺風魔蒯通》雜劇第四折，蒯通數韓信罪曰：「一不合明修棧道，暗度陳倉；二不合擊殺章邯等亡秦王，取了關中之地；三不合涉西河，擄魏王豹；四不合渡井陘，殺陳餘並趙王歇；五不合擒夏悅斬張全，六不合襲破齊歷下軍，擊走田橫；七不合夜堰淮河，斬周蘭、龍且二大將；八不合廣武山小會垓；九不合九里山十面埋伏；十不合追項王陰陵道上，逼他烏江自刎。這便是韓信十罪。」

〔119〕「流淚眼」二句——宋元俗語。比喻境遇相同的人易產生情感共鳴。此爲戲曲常用語，如元·高明《琵琶記》二八〔鬥黑麻〕、明·朱權《荊釵記》十五〔臨江仙〕皆用此語。

第二十一齣　讒　快〔1〕

【縷縷金】〔宇文笑上〕口裏蜜，腹中刀〔2〕。奸雄誰似我，逞英豪？來的遵吾道。那般癡老〔3〕，一萬重煙瘴怎生逃？家門盡休了。

學生讒臣宇文融便是。一不做，二不休〔4〕，盧生那廝〔5〕開河三百里，開邊一千里，可謂扶天翊聖〔6〕大功臣矣。被我奏他通番謀叛，押斬市曹。可恨他妻子清河崔氏，奏免其死，竄居海南煙瘴地方。那裏有個鬼

門關，怎生活的去？中吾計也，中吾計也。則那崔氏雖一婦人，留在外間，還怕有他蕭、裴同年撥置〔7〕生事。我昨密奏一本：崔氏乃叛臣之妻，當沒爲官婢〔8〕；其子叛臣之種，俱應竄去遠方。聖旨准奏，其子隨便居住，崔氏沒入外機坊〔9〕織作。得了此旨，我即刻差京城巡捉使〔10〕，星夜將崔氏囚之機坊，將他兒子撚〔11〕出京城去。好來回話也。〔大使上〕兼充五城使〔12〕，未入九流官〔13〕。稟老爺回話。〔宇〕拿崔氏到局坊〔14〕去了。〔使〕容稟：

【黃鶯兒】半老尙多嬌，聽拘拿，粉淚漂，我穿通駕上人〔15〕驚倒。家私〔16〕盡抄，兒女盡逃，則一名犯婦今收到。〔合〕好輕敲〔17〕，把冤家散了，長是樂陶陶〔18〕。

〔宇〕你這個官兒到能事，記你一功，送吏部紀錄去。〔使叩頭謝介〕

殺人須見血，立功須要徹。〔19〕

都是會中人，不勞言下說。〔20〕

校 注

〔1〕讒快——指宇文融讒害盧生而自得其樂。

〔2〕口裏蜜，腹中刀——即「口蜜腹劍」，指嘴上語言甜蜜，心地恨毒。唐李林甫爲相，凡才望功業超於己，或爲皇帝信任、勢位將逼己者，必設計去之，陽與之善而陰害之。世謂李林甫「口有蜜，腹有劍」。詳見《資治通鑑·唐玄宗天寶元年》。

〔3〕癡老——平庸愚笨的人。這裏指盧生。

〔4〕一不做，二不休——俗語；要麼不做，做了就索興做到底。指事情既然做了開頭，就索性做到底。唐·趙元一《奉天錄》卷四：「光晟臨死而言曰：『傳語後人，第一莫作，第二莫休。』」

〔5〕那廝——猶那傢夥、那小子、那個人。廝就是小子的意思，對人的輕慢語。

〔6〕扶天翊（yì）聖——謂輔佐天子。扶、翊，輔佐、扶助、護衛之意。天、聖，代指天子、皇帝。唐·張九齡《酬宋使君見贈之作》詩：「翊聖負明主，妨賢愧友生。」

〔7〕撥置——意謂挑撥、慫恿。明·姚茂良《精忠記》十一〔桂枝香·前腔〕：「都道他是報國忠臣，豈當我讒言撥置。」

〔8〕官婢——古時因罪沒入官府作奴婢的女子。《史記·孝文本紀》：「妾願沒入爲官

婢，贖父刑罪，使得自新。」《資治通鑑‧漢哀帝建平元年》：「舜擇官婢，張棄爲乳母。」胡三省注：「官婢，蓋以罪沒入掖庭，男爲官奴，女爲官婢。」

〔9〕外機坊——機坊，進行絲綢和布匹織作的作坊。由太監監督織繡各種龍衣章服，專供宮延之用。明代設有八局，其中之一爲「內織染局」，掌染造御用及宮內應用緞匹，城西的藍靛廠爲此局外署。見《明史‧職官志三》。

〔10〕京城巡捉使——即五城御史。官職名。負責京城巡查搜捕的官員。詳見第二十齣注〔98〕。

〔11〕攆（niǎn）——驅逐之意。攆，同攆。元‧秦簡夫《東堂老》四〔喬牌兒〕白：「唗！下次小的每，與我攆這兩個光棍出去！」

〔12〕五城使——即五城巡防史。詳見第二十齣注〔98〕。

〔13〕九流官——封建時代官員品級之一。魏文帝曹丕黃初元年採納吏部尚書陳群建議，各州、郡設立中正官，將各地士人按才能分別評爲九等，即九品，然後從中擇優錄用爲官吏。史稱九品中正制。這使官員職位的高低有了品級之稱。「未人九流官」，言其官品之低。

〔14〕局坊——局，指織造局。坊，指織造局下轄的外織作機坊。明設織造局，置提督織造太監，掌管織造絲織品，供皇室專用，並於南京、杭州、蘇州各地設立專局。

〔15〕穿通駕上人——穿通，即買通也。駕上人，指京城禁衛軍。明‧馮夢龍編纂《古今小說‧宋四公大鬧禁魂張》：「天子准奏，口傳聖旨，使駕上人去捉拿太尉石崇下獄。」湯顯祖《牡丹亭》五四〔玩仙燈〕白：「駕上人來，俺看門去也。」

〔16〕家私——指家財、家產。元‧無名氏《鴛鴦被》一〔仙呂點絳唇〕：「自從俺父親往京師，妾身獨自憂愁死，掌把著許大家私，無一個人扶持。」

〔17〕輕敲——猶言「輕省」，輕易，不費力也。《紅樓夢》第九四回：「平兒道：『我的爺，好輕巧話兒！上頭要問爲什麼砸的呢，他們也是個死啊。』」

〔18〕樂陶陶——形容很快樂的樣子。元‧費唐臣《貶黃州》四〔雁兒落〕：「樂陶陶三杯元亮酒，黑婁婁一枕陳摶困。」

〔19〕「殺人須見血」二句——宋元市語。謂無論做任何事，只要做，就要做得徹底。語出宋‧釋惟白《續傳燈錄》卷三四：「爲人須爲徹，殺人須見血，德冊與岩頭，萬里一條鐵。」元‧關漢卿《望江亭》三〔鬼三臺〕：「官人，你救黎民，爲人須爲徹；拿濫官，殺人須見血。」

〔20〕「都是會中人」二句——謂都是情景中人，不用多說就能知道。會，即懂事、知趣。《水滸傳》第四三回：「是會的，留下買路錢。」

第二十二齣　備　苦 [1]

〔淨扮賊上〕臉上幾根毛，僭號 [2]「鬼頭刀」。小子連州 [3] 人，一生剪徑 [4]。這幾日空閒，有個兄弟在古梅村，尋他幹事去。〔行介〕兄弟在家麼？〔丑扮賊上〕半生光浪蕩，混名「下剔上」。〔淨〕怎生叫做「下剔上」？〔丑〕但是討寶，沒有的，不管死活，從頦下一剔剔上去。〔淨〕快當 [5]，快當。兄弟，這幾日空過怎好？〔內虎吼介、丑〕虎來了，和哥哥前路等人去。誰知虎狼外，更有狠心人。〔下、生傘上〕行路難 [6]，行路難。不在水，不在山。朝承恩，暮賜死。行路難，有如此。我盧生身居將相，立大功勞。免死投荒 [7]，無人敢近。一路乞食而來，直到潭州 [8]。州守 [9] 同年，偷送一個小廝 [10]，小名呆打孩 [11]，背負而來。過了連州地方，與廣東接界，只得拼命前去。那小廝也走動些麼？〔叫介〕呆打孩，呆打孩。〔童擔上〕走乏了，秀才挑了去。〔生〕你再挑一程兒麼。〔行介〕

【江兒水】眼見得身難濟 [12]**，路怎熬？淩雲臺** [13] **畫不到這風塵貌，玉門關想不上厓州** [14] **道。**〔童〕腦領上黑磈磈的一大古子 [15] 來了。〔生〕噤聲 [16]！那是瘴氣頭，號為瘴母 [17]。〔歎介〕**黑磈磈瘴影天籠罩。**和你護著嘴鼻過去。〔走介〕好了，瘴頭過了。〔童〕又一個瘴頭。〔生〕怎了？怎了？**這裏有天難靠，北地裏堅牢，偏到的南方壽夭** [18]。

〔內虎嘯介、童哭介〕大蟲來了，走不動。〔生〕著了瘴麼？有甚麼大蟲？〔童〕那不是大蟲？〔虎跳上、生驚介〕天也！天也！

【忒忒令】是不是山精野貓？觀模樣定然為豹。古語云：刀不斬無罪之漢，虎不食無肉之人。咱盧生身上無肉也。〔童〕呆打孩一發瘦哩。〔生〕**瘦書生怎做得這一餐東道** [19]**？賽得過撲趙盾小神獒** [20]。〔虎跳介、生〕**怎生不轉額，前來跳，意兒不好。**

虎有三步打 [21]，待咱張起傘來。〔張傘作鬥介、內叫〕畜生，不得無禮！〔虎咬童下、生哭介〕大蟲拖去呆打孩了，且獨自行去。〔行介〕我閒想起來，朝中黃羅涼傘 [22]，不能勾遮護我身，這一把破雨傘，到遮了我身；滿朝受恩之人，不能替我的命，到是呆打孩替了我命；

—157—

看來萬物有緣哩。〔丑淨持刀趕上〕漢子那裏去？〔生驚介〕往海南的。
〔丑〕討寶來。討寶來。〔生〕貧子有甚麼寶？

【五供養】雨衣風帽，念盧生出仕在朝。〔淨〕在朝一發有寶了。〔生〕
些須〔23〕曾有寶，盡被虎狼饕〔24〕〔丑〕難道老虎連金銀都吃去了？討打！
討打！〔刀背打介、生〕不要打，小生也是個有意思〔25〕的人。〔丑〕要你有
意思做甚麼？〔生〕小生是個有功勞之人。〔丑〕功勞甚麼用？討寶來。〔生
歎介〕咳，我想諸餘不要，則買身錢荷包在腰。誰人知意思？何處顯功
勞？罵你一聲黑心賊盜。

〔丑〕沒有寶，又罵我賊，下剔上宰了。〔殺生介、生作死介、丑〕前
生有今日，來歲是週年。〔下、生醒介〕哎喲，這頸子歪一邊去，濕淋
侵怎的？〔看介〕是血哩，誰在我頸頷下抹了一刀。喜的不曾斷喉。
且把頸子端正起來。〔蹭〔26〕起正頭叫疼介〕呀，原來大海子〔27〕。〔望
介、疼介〕恰好一隻船兒也。〔舟子上〕何來血腥氣，觸污海潮風。漢
子，救你一命。〔眾不許生上介、舟子勸上介〕

【玉筍子】〔眾〕是烏艕還是白艕〔28〕？浪崩天雪花飛到。〔內風起
介、眾〕颶風〔29〕起了，惡風頭打住篷梢〔30〕，似大海把針撈。浮萍一葉
希，帶我殘生浩渺。

〔生〕好了，前面青山一帶，是海岸了。〔舟〕哎喲，鯨魚曬翅黑了天，
這船人休了。〔眾哭介〕

【江神子】則道晚山如扇插雲高〔31〕，怎開交？遇鯨鼇〔32〕。則他
眼似明珠，攝攝的〔33〕把人瞧。翅邦〔34〕兒何處落？繞一閃，命秋毫〔35〕。

〔內普魯空空〔36〕聲介、眾〕壞了！〔船覆眾下介、生得木板漂走哭上
介〕哎喲，天妃聖母娘娘〔37〕，一片木板兒，中甚用呵？〔風起介〕好
了，好了，一陣颶風來，前面是岸，儘力跳上去。〔跳介〕謝天謝地！
〔內大風吼介、生抱頸介〕哎，緊巴著〔38〕這頸子，可吹不去呢。〔風
吼哭介〕吹去頸子怎好？靠著石亭子倒了去也。〔倒介、扮眾鬼上、各
色隨意舞弄介、末扮天曹〔39〕上〕眾鬼不得無禮！呀，此人有血腥氣。
〔看介〕原來頷下刀傷，將我一股髭鬚，替他塞了刀口。〔鬼替搝〔40〕

須塞口諢介、天曹〕盧生，聽吾分付：二十年丞相府，一千日鬼門關。〔下、生醒介〕哎喲，好不多的鬼也！分明一人將髭鬚塞了頦下刀口，又報我二十年丞相府，一千日鬼門關。呀，真個長下鬍子了。〔扮二樵夫黑臉蓬頭繩扛打歌上〕打柴打柴打打子柴，萬鬼堂前一樹槐。〔生驚介〕又兩個鬼來了。〔樵〕是黑鬼。〔生〕一發嚇殺我也！〔樵〕我們是這崖州蠻戶〔41〕，生來骨髓都黑，因此州里人都叫做黑鬼。我是砍柴的。〔生〕原來這等。你這裏白日有鬼？〔樵〕你不看亭子大金字？〔生看念介〕呀，盧生到了鬼門關，眼見無活的也。〔樵〕你是何等人，自來送死。〔生〕我是大唐功臣，流配〔42〕來此。〔樵〕州里多見人說，有大官宦趕來，不許他官房住坐，連民房也不許借他。〔生〕好苦。〔樵〕可憐，可憐，我碉房〔43〕住去。〔生〕怎生叫做碉房。〔樵〕你是不知，這鬼門關大小鬼約有四萬八千，但是颶風起時，白日裏出跳。則是鬼矮的離地三寸，高的不上一丈，下面住鬼打攪得荒，我們山崖樹杪〔44〕架些排欄，夜間護著個四德狗子睡。〔生〕怎生叫四德狗子？〔樵〕他一德咬賊，二德咬野獸，三德咬老鼠，四德咬鬼。〔生〕罷了，罷了，沒奈何護著狗子睡了。則我被傷之人，碉不上去。〔樵〕繩子擡罷。〔擡介〕

【清江引】狗排欄〔45〕架造無般妙，個裏〔46〕難輕造。山崖斗又高，棘刺兒尖還俏，黑磈磈的回回〔47〕直上到杪。

【前腔】八人擡坌煞〔48〕那團花轎，這樣還波俏〔49〕。草繩繫著腰，黑鬼兒梭梭跳〔50〕，這敢是老平章〔51〕到頭的受用了？

逃得殘生命，鷦鷯寄一枝〔52〕。

情知不是伴，事急且相隨〔53〕。

校　注

〔1〕備苦——此齣寫盧生一路艱難到達鬼門關的經過，備受折磨，九死一生。

〔2〕僭號——舊指僭用帝王的尊號。僭，超越本份也。此處戲用，是丑角上場時的打諢語。

〔3〕連州——州名。隋開皇十年（公元590年）置州，治所在桂陽（今連縣）。唐時轄地相當於今廣東連縣、連山、陽山等地。

〔4〕剪徑——盜匪劫奪行旅，叫做「剪徑」。即攔路搶劫。元・石君寶《紫雲亭》三〔四煞〕：「這條沖州撞府的紅塵路，是俺娘剪徑截商的白草坡。」

〔5〕快當——猶言爽快。《張協狀元》十一〔趂趂令〕白：「丑：我得老婆便去。末：且是快當。」

〔6〕「行路難」以下八句——化用唐・白居易《新樂府・太行路》詩：「行路難，難於山，險於水。不獨人間夫與妻，近代君臣亦如此。君不見左納言，右納史，朝承恩，暮賜死。行路難，不在水，不在山，只在人情反覆間。」

〔7〕投荒——貶謫、流放到荒遠之地。明・何景明《喜望之量移兼寄》詩：「嶺海投荒日，燕臺遠望時。」

〔8〕潭州——州名。隋開皇九年（公元 589 年）改湘州為潭州，治所在長沙。唐時轄地相當於今湖南長沙、株州、湘潭、益陽、瀏陽、湘鄉、醴陵等地。

〔9〕州守——官名。隋唐時州的長官稱刺史，郡的長官稱太守，故合稱州守。

〔10〕小廝——年輕男僕。明・馮夢龍《醒世恒言・盧太學詩酒傲王侯》：「一個小廝捧壺，一個小廝打扇。他便看幾行書，飲一杯酒，自取其樂。」

〔11〕呆打孩——即呆兒。宋元語辭有「呆打頦」、「呆答孩」，即呆頭呆腦，「打頦」、「答孩」為語助詞。此處借作孩兒名字，是一種戲謔性的稱呼，猶俗語所謂的「傻小子」。元・無名氏《朱砂擔》二〔牧羊關〕：「諕的我呆打頦空張著口，驚急力怕擡頭。」清・洪昇《長生殿・》四一〔攤破金字令〕：「怎似伊情投意解，恰可人懷。思量到此呆打孩。」

〔12〕身難濟——謂身體難以支撐得住。濟，此作得救解。

〔13〕凌雲臺——臺名。三國時魏文帝曹丕築建。《三國志・魏書・文帝紀》：「（黃初二年）十二月，行東巡，是歲築凌雲臺。」南朝宋・劉義慶《世說新語・巧藝》：「凌雲臺樓觀精巧，先稱平眾木輕重，然後造構，乃無錙銖相負揭。臺雖高峻，常隨風搖動，而終無傾倒之理。」這裏是以凌雲臺代指凌煙閣。參見第二十齣注〔78〕。

〔14〕厓州——即崖州。在今海南省瓊山縣東南。唐代設置。

〔15〕一大古子——一大團。猶今云「一大股子」。

〔16〕噤聲——戲曲用詞。即在舞臺上用手勢配合語言，猶住口。亦作「嗪聲」。《說文》：「噤，口閉也。」

〔17〕瘴母——瘴氣初始時的狀態。唐・劉恂《嶺表異錄》卷上：「嶺表或見物自空而下，始如彈丸，漸如車輪，遂四散。人中之即病，謂之瘴母。」元・陳旅《送楊田甫巡檢之官潮陽》詩：「蜑丁浦口迎官艦，瘴母雲頭避使旌。」

〔18〕「北地裏堅牢」二句——意謂在北方活得好好的，偏要到這南方來找死。堅牢，踏實有靠。壽夭，短命。

〔19〕東道——謂作東家，設宴請客。這裏是以「東道」代指飯菜。

〔20〕撲趙盾小神獒——獒，猛犬也。趙盾，即趙宣子，春秋時晉國執政。晉靈公欲利用猛犬除掉趙盾，而趙盾卻在隨從祁彌明和一位甲士的幫助下逃離險境出走。後晉靈公被殺，趙盾扶立晉成公。詳見《春秋公羊傳・宣公六年》、《左傳・宣公二年》。元・紀君祥《趙氏孤兒》雜劇則演爲屠岸賈放神獒撲殺趙盾。

〔21〕虎有三步打——俗謂虎有三撲。《水滸傳》第二三回云：「原來那大蟲拿人，只是一撲，一掀，一剪。三般提不著時，氣性先自沒了一半。」

〔22〕黃羅涼傘——古時皇帝或高官出巡時，乘座的轎子或車子頂棚上張著的黃色傘蓋。又稱「涼傘」、「羅傘」、「萬民傘」，書面語稱「華蓋」。黃傘作爲權勢的象徵，其用料、色彩、尺寸，也是區分官職大小，身份尊卑的一種標誌。如宋代只有天子才用紅黃二色，庶僚一律用青色等。至明清時代，知府以上的官員皆用黃色。

〔23〕些須——謂些許、少許、一點兒。元・元名氏《舉案齊眉》一〔柳葉兒〕：「他家寒冷落無他物，每日沿門兒題詩句，投至的攢下些須。」

〔24〕饕（tāo）——吞食，特指貪食。清・孔尚任《桃花扇》四十〔南滴滴金〕：「問年來吃人多少腦，這頂漿兩包，不夠犬饕。」饕餮，是傳說中特別貪吃的怪獸。

〔25〕有意思——指思想情趣高雅不一般。《南史・晉安王子懋傳》：「齊晉安王子懋，字雲昌，武帝第七子也。諸子中最爲清恬，有意思，廉讓好學。」

〔26〕踭（zhēng）——腳後跟。「踭起」，即腳跟離地踮起。

〔27〕海子——指大湖。猶湖泊、池苑之類。

〔28〕是烏艚還是白艚——烏艚，表面塗以黑色的船。白艚，表面塗以白色的船。艚，木製的小船。清・郝玉麟《廣東通志》卷九《海防志・戰船》云：「其飄洋者曰白艚、烏艚，合鐵力大木爲之，形如槽然，故曰艚。首尾又狀海鰍，白者有兩黑眼，烏者有兩白眼，海鰍遠見以爲同類，不吞噬。」

〔29〕颶風——風速達到 33 米/秒、風力爲 12 級以上的熱帶氣旋稱爲颶風。唐・李肇《唐國史補》卷下：「南海人言，海風四面而至，名曰颶風。」

〔30〕篷梢——指船帆的尾部。篷，原誤作「蓬」，據朱墨本改。

〔31〕「則道晚山」句——此句是形容鯨魚之大，像一座扇形的山峰直插雲霄。則道，猶只道。

〔32〕鯨鼇——鯨，即鯨魚。鼇，海中的巨龜。

〔33〕攝攝的——眼中光芒閃爍的樣子。攝，同「懾」，使畏懼也。《史記・刺客列傳》云：「吾曩者以目攝之。」

〔34〕邦——此應爲「膀」。葉《譜》作「幫」字。

〔35〕命秋毫——比喻生命如秋毫，處於非常危險的境地。秋毫，指秋天動物身上新長出的細毛。

〔36〕普魯空空——象聲詞。形容船艙進水的聲音。

〔37〕天妃聖母娘娘——道教神名。即媽祖，又稱天后。原名林默娘，宋都巡檢林願
　　　之女，生於福建莆田湄州嶼。少聰穎，遇異人授以「玄微眞法」，後又得「天
　　　書」，通曉變化，在當地治病救人。傳說她能出元神救護海上遇難人。近三十
　　　歲時，獨自泛舟遠去。傳說她在湄州嶼成仙登天，身穿紫衣，雲遊海上，顯靈
　　　救護海上遇難人。《元史·祭祀志五》：「惟南海女神靈惠夫人，至元中，以護
　　　海運有奇應，加封天妃神號。」

〔38〕緊巴著——指讓頭顱和身體緊緊連在一起，蜷曲而收縮。巴，連接、黏住之意。

〔39〕天曹——指天曹仙官。天曹，爲道教所稱的天上官署。《南齊書·高逸傳·顧
　　　歡》云：「今道家稱長生不死，名補天曹，大乖老莊立言本理。」唐·薛用弱
　　　《集異記·衛庭訓》：「歲暮，神謂庭訓曰：『吾將至天曹，爲兄問祿壽。』」

〔40〕撏（xián，又讀 xún）——拔取。《玉篇》：「撏，取也。」

〔41〕蠻戶——這裏指土著居民。蠻，古代泛稱南北少數民族之人，因其所居之地多
　　　爲蠻荒地帶，缺少禮儀教化，故以蠻稱之。

〔42〕流配——流放，發配之意。

〔43〕碉房——石室。《玉篇》：「碉，石室。」這裏應指狗排欄。

〔44〕樹杪（miǎo）——樹木末端，樹梢。湯顯祖《紫釵記》十七〔黃鶯兒〕：「雲橫
　　　樹杪，雨餘芳草，畫眉人去走章臺道。」

〔45〕狗排欄——在山崖樹杪架設排欄爲屋，夜間伴著狗睡。

〔46〕個裏——猶言這裏、裏面。

〔47〕回回——似指崖州蠻戶「黑鬼」。在湯顯祖作品中，常以「番回」並舉，概稱
　　　土著少數民族。湯顯祖《牡丹亭》第二一齣，苗舜賓在廣州多寶寺看寶時，亦
　　　如此稱：「叫通事，分付番回獻寶。」

〔48〕坌（bèn）煞——坌，通「笨」，不靈巧。明·楊文奎《兒女團圓》二〔賀新郎〕：
　　　「則他生的短矮也，那蠢坌身材。」煞，表示程度的副詞。這裏是說狗排欄比
　　　團花轎還靈巧。

〔49〕波俏——好看、漂亮。《廣韻》：「峭峭，好形貌。」明·徐渭《南詞敘錄》云：
　　　「俏俏，美俊也。」

〔50〕梭梭跳——猶謂如梭來回跳。

〔51〕老平章——平章，官職名；這裏指盧生。詳見第十四齣注〔6〕。

〔52〕鷦鷯寄一枝——鷦鷯，俗稱「巧婦鳥」，又稱「桑飛」。《莊子·逍遙遊》云：「鷦
　　　鷯巢於深林，不過一枝。」後人用「鷦鷯一枝」，比喻形微處卑者，易於滿足。
　　　唐·白居易《我身》詩：「通當爲大鵬，舉翅摩蒼穹。窮則爲鷦鷯，一枝足自容。」

〔53〕「情知不是伴」二句——宋元時代俗語。謂明明知道不是同路人，但事情緊急，
　　　姑且在一起。戲曲小說常用語。《張協狀元》二十、白：「正是：情知不是伴，
　　　事急且相隨。」明成化本《白兔記》第七齣下場詩亦同。

第二十三齣　織　恨〔1〕

〔末扮機坊大使官上〕平生不作皺眉事，天下應無切齒人〔2〕。自家京城巡捉使〔3〕，為抄箚〔4〕盧家有功，超陞外織作坊一個大使，此乃當朝宰相宇文老爺之恩也。老爺還要處置盧家，但是〔5〕他夫人織造粗惡，未完事件，都要起發〔6〕他一場。想起來也是個一品夫人，大使官多大，去凌辱他。〔想介〕有計了：督造〔7〕太監將到，攛掇他去凌辱便了。在此伺候。〔丑扮內官〔8〕上〕本是南內押班使〔9〕，帶作西頭供奉官〔10〕。吾乃掌管織造穿宮內使〔11〕便是，好幾個月不曾下局〔12〕。大使何在？〔末見介〕公公下局，小官整備茶飯伺候。〔丑〕你知近日朝廷有大喜事麼？〔末〕不知。〔丑〕乃是吐番國降順中華，帶領西番一十六國侍子來朝〔13〕，所費錦段賞犒不貲〔14〕，故來催攢〔15〕。你可知事？〔末〕小官知事，只是外機坊錢糧有限，無可孝敬公公。〔丑惱介〕不孝敬公公麼？多大孫孫子哩！〔末〕不敢說，有一場大孝敬，只要老公公消受得。〔丑〕怎麼大孝敬？〔末〕老公公半年不到此間，有個織婦，係盧尚書妻小，那尚書積貫〔16〕通番，得些寶玉珍珠，都在那妻子手裏。〔丑〕難道他雙手送來？〔末〕馬不弔不肥，人不弔不招〔17〕。弔將起來就招了。〔丑〕我內家人心慈。〔末〕小官打耳睜子〔18〕。
〔丑〕著，憑仗太監公公，欺負盧家媽媽。〔下、旦貼抱錦上〕

【破齊陣】一旦內家奴婢，十年相國夫人。零落歸坊，淋漓〔19〕當戶，織處寸腸挑盡。怎禁得〔20〕咿軋〔21〕機中語？待學個迴環錦上文〔22〕，殘啼雙翠蟨〔23〕。

【㑿人嬌】小織機坊，煙鎖幾重簾箔〔24〕。挑燈罷，停梭夢著。流人江嶺，半夜歸來飄泊。宮牆近也，又被啼烏驚覺。望斷銀河心緬邈〔25〕，恨蓬首〔26〕居然織作。天寒翠袖，試彩鴛〔27〕雙掠。正脈脈秦川〔28〕，迴文淚落。奴家盧尚書之妻清河崔氏。兒夫罪投煙瘴，奴家沒入機坊，止許梅香一人相隨。暗想公相在朝，夫榮妻貴，府堂之內，奴婢數百餘人。奴有金貂〔29〕，婢皆文繡〔30〕。誰知一旦時事變遷？這也不在話下了。只是夫離子散，好不傷心呵。

【漁家傲】〔31〕機房靜織婦思夫痛子身，海南路歎孔雀南飛〔32〕，海

圖難認。〔貼〕到宮譜宜男雙鴛處〔33〕，怕鈿〔34〕愁暈。梅香呵，昔日個錦簇花圍〔35〕，今日傍宮坊〔36〕布裙。〔合〕問天天，怎舊日今朝，今朝來是兩人？

〔旦〕在此三年，滿朝仕宦，沒個替相公表白冤情。〔貼〕好苦！好苦！

【攤破地錦花】〔旦〕大冤親〔37〕，把錦片似前程刊〔38〕。一謎謎〔39〕塵，白日裏黑了天門。待學蘇妻，織錦迴文。〔合〕奏明君，倘然間有見日分〔40〕。

〔貼〕夫人，織錦迴文，獻上御覽，召還相公，亦未可知。筆硯在此，先填了詞，好上樣錦。〔旦寫介〕宮詞〔41〕二首，調寄〔菩薩蠻〕〔42〕。待我鋪了金縷朱絲，梅香班織〔43〕。〔貼〕是如此。〔旦鋪錦上織介〕

【剔銀燈】無情緒絲頭亂廝引，無斷倒挑絲兒廝認。一縷縷金襯著一絲絲柔腸恨，一字字詩隱著一層層花毬暈〔44〕。〔合〕迴文玉織拋損，一溜溜梭兒攛〔45〕過淚墨痕。

〔內喝介、貼〕催錦的官兒將到，夫人趲起〔46〕些。

【麻婆子】織就織就官錦上，辭兒受苦辛。蟋蟀蟋蟀天將冷，停梭悵遠人。穿花錦，滴淚昏昏，一勾絲〔47〕到得天涯盡。〔內喝介、合〕促織人催緊，愁殺病官身〔48〕。〔末同丑響道上〕

【粉蝶兒】帽帶餛飩，高帶著牙牌風韻〔49〕。

〔末〕已到機坊。〔丑〕還不見機戶迎接，可惡！可惡！〔貼慌介〕督造內使來到，夫人，患難之中，只索〔50〕迎接。〔旦〕我乃一品夫人，有體面的，你去便了。〔貼應跪接介〕機戶迎接公公。〔丑笑介〕好好，起來，起來。你就是盧夫人哩？〔貼〕機戶叫做梅香。〔丑問末介〕怎麼叫做梅香？〔末〕梅香者。丫頭之總名也。春間討的是春梅。冬天討的是冬梅。頭上害喇嘛的叫做喇梅。不知是盧尚書那一時討的？總名梅香。〔丑笑介〕梅香，梅香，有甚香處？〔末〕梅香者，暗香也。都在衣服裏下半截。〔低介〕弔起，那一陣陣香，滿屋竄來。〔丑低〕你才說珠寶一事，這丫頭可知？〔末〕他是盧尚書的通房〔51〕，怎生

不知？〔丑歎介〕則他便是盧尚書通房，其實欠通。〔末〕不要管他，只聽我說一句，你發作一番便了。〔丑〕領教了。〔見介〕盧家的那裏？〔旦〕公公少禮。〔丑惱介〕哎喲，你是管下的機戶，不磕頭，卻教公公少禮。難道做公公的你處磕頭不成？且擡犒賞夷人〔52〕的錦段來瞧。〔末〕千字文〔53〕編號，有個八段錦〔54〕，犒賞夷人字號：宣威沙漠，臣伏戎羌〔55〕。每個字號該錦八疋，八八六十四疋。〔丑〕呈樣來。〔貼呈錦介〕這宣威沙漠的樣錦。〔末耳語介、丑〕呀，錦文罷薄〔56〕，不中，不中。〔貼又呈錦介〕這是臣伏戎羌的錦。〔末耳語介、丑〕忒〔57〕軟了。〔貼〕公公是不知，這宣威沙漠字號的錦，就要紗〔58〕一般薄；臣伏戎羌的錦，就要絨一般軟軟的；都是欽降錦樣兒。〔丑問末介〕敢是欽降的？你去點數來〔59〕。〔末點介〕只有七七四十九疋，少造了八八六十四疋。〔丑惱介〕好打哩！〔做打介、貼遮、旦哭介〕

【普天樂犯】〔60〕錦官院〔61〕把時光儘，織作署風雷迅。〔末耳語介、丑〕是哩，這錦上絲文長是斷的，且不打正身，打這丫頭傷春懶慢。〔旦〕他作官身甚傷春？到是俺縷金絲腸斷懷人。〔末耳語介、丑〕是哩，懷人便是傷春，傷春便是懷人，好打，好打。〔旦背哭介〕織錦字字縈方寸，怎覷的一絲絲都是淚痕滾。〔回身指末介〕恨無端貝錦胡云〔62〕，〔指錦介〕似這官錦如雲，甚干忙〔63〕，要巴巴羯羯〔64〕你這內家人。

〔末背嘴介〕婦人罵老公公哩。罵你巴〔65〕，又罵你羯狗〔66〕，好發作了。〔丑惱介〕呀，偏我巴，你不巴！我羯，你不羯！本待不尋思你，不怕不尋思你，待我親自問他。那因婦過來，聽見你丈夫交通番回，有寶玉珍珠多少，拿送公公鑲帽頂、鬧妝鸞帶〔67〕可好？〔旦〕家私都打沒了，那討哪？〔末耳介、丑〕是了，馬不弔不肥，人不打不招。先把梅香弔起來。〔弔介、末假救介〕老公公休打他，他自招來。〔丑打、貼不伏介〕哎喲，寶貝都沒有了，珍珠到有些兒。〔丑〕在那裏？〔貼〕裙窩裏溜的。〔貼尿譚介、丑〕這是梅香下截的香竄將出來了。〔內喝道、丑末慌介〕司禮監公公響道〔68〕了。〔走介、高上〕

【金雞叫】帽擁貂貚〔69〕，紅玉帶蟒袍生暈。可憐金屋裏有嚮隅人〔70〕，何日金雞傳信〔71〕？

　　自家高力士便是。〔歎介〕我與平章盧老先生交遊有年，一旦遠竄煙方，妻子沒入外機坊織作。〔歎介〕好些時不曾看得他，知他安否？〔丑末跪接介〕督造機坊內使大使叩頭，迎接老爺。〔高〕去。〔進見介、高〕夫人拜揖。〔旦〕不知老公公出巡，妾身有失迎接。〔高〕幾番遣人送些醬菜時鮮，可到呢？〔旦〕都領下了。〔哭介〕老身好苦也！

　　【朱奴兒犯】〔72〕機絲脆，怕彊〔73〕忙摘緊；機絲潤看雨暄風熅〔74〕。又怕展污了幾夜殘燈燼，奴便待盡時樣花文帖進〔75〕。〔高〕使得，使得。〔旦〕奴家還有一言告稟：官錦之外，奴家親手製下粉錦〔76〕一端，迴文宮詞二首，獻上御覽，也表白罪婦一片苦心。〔高〕這不妨，便與獻上御前，或有回天之喜。〔合〕淒涼運，憑誰問津？問天公怎偏生折罰罰這弄梭人？

　　〔貼哭叫介〕老公公饒命！〔高〕夫人，饒了這丫頭罷。〔旦〕不是老身難爲他，不敢訴聞，都是貴衙門督造內使。〔高〕怎的來？〔旦〕到這也不催錦，也不看錦，只是打鬧，討寶貝若干，珍珠若干。老公公，你說罪犯之婦那討呵？〔高惱介〕原來這等，小的兒，快放下來。〔丑忙鬆綁介、高〕軍校，帶著小的，衙門伺候。〔拿丑下介、旦〔77〕〕也是大使作弄他。〔高〕連那大使拿著。〔拿介〕

　　【尾聲】〔高〕縷金箱點數了且隨宜進。〔旦〕聒殺〔78〕人那促織兒聲韻。〔高〕夫人，老尚書呵，終有日衣錦還鄉你心放穩。

　　拋殘紅淚〔79〕濕窗紗，織就龜文獻內家〔80〕。

　　但得絲綸〔81〕天上落，猶如錦上再添花。

校　注

〔1〕織恨——崔氏在外織機房辛苦勞作三年，備受欺凌，怨恨滿腹。並將怨情織錦迴文，祈願一朝得雪，盧生回朝。

〔2〕「平生不作」二句——宋元俗語。謂一生不做缺德的事，世上便無對你咬牙切齒的仇人。皺眉事，指不道德、缺德的事。切齒人，指仇人、冤家對頭。宋·胡仔《漁隱叢話》後集卷二二「邵康節」云：「《復齋漫錄》云：邵堯夫居洛四十年，安貧樂道。自云未嘗皺眉，故詩云：『平生不作皺眉事，天下應無切齒人。』」

戲曲小說常用語。

〔3〕巡捉使——負責巡查搜捕的官員。參見第二十齣注〔98〕。

〔4〕抄箚——即搜查沒收。又寫作「抄札」、「抄箚」。《元典章·刑部五·燒埋》：「原抄箚到官各家財產等物，盡行分付原主收繫寧家。」《清平山堂話本·錯認屍》云：「凶身俱以身死，將家私抄箚入官。」

〔5〕但是——凡是、只要是。《西遊記》第三二回：「你若走出門，不管好歹，但是和尚就拿將來。」

〔6〕起發——詐取；撈取。明·凌濛初編纂《二刻拍案驚奇》卷八：「虧得沈將仕壯年貪色，心性不常，略略得味就要跳槽，不迷戀著一個；也不能起發他大主錢財，只好和哄過日，常得嘴頭肥膩而已。」此處是爲難、作弄之意。

〔7〕督造——謂監督製造。明代織造事宜設有專門督造官，一般由宦官擔任。

〔8〕內官——指太監。下文的「內家人」，爲太監自稱。

〔9〕南內押班使——謂南內領班。南內，唐長安的興慶宮，在蓬萊宮南，故稱「南內」。唐·白居易《長恨歌》詩：「西宮南內多秋草，落葉滿階紅不掃。」後亦泛指內宮。押班使，謂領班。古代朝會時，押班負責百官朝會時的排列位次。唐、宋時代，押班分別由監察御史、參知政事、宰相等充任。

〔10〕供奉官—— 一般指在皇帝身邊供職者爲供奉官。供奉官之名始於唐朝，指唐朝中書省與門下省官員，御史臺官有時亦稱供奉官。供奉官又有東西頭供奉官之別，此處督造太監所說的西頭供奉官，其職責是備皇帝差使。

〔11〕穿宮內使——即佩有穿宮牌可自由出入宮禁的太監。清·吳偉業《琵琶行》：「穿宮近侍拜長秋，咬春燕九陪遊宴。」參見第七齣注〔30〕。

〔12〕下局——指提督織造太監下織造局及機坊巡視。局，指織造局。織造局下轄外織作機坊。參見第二十一齣注〔14〕。

〔13〕「帶領西番」句——西番一十六國，指唐時西域一帶十六個少數民族建立的政權。據《舊唐書·地理志三》載：「西域吐火羅款塞，乃於于闐以西、波斯以東十六國，皆置都督，督州八十，縣一百一十，軍府一百二十六，仍立碑於吐火羅以志之。」侍子，古代諸侯或屬國之王遣子入侍天子，被遣王子稱「侍子」。《後漢書·西域傳·疏勒》：「五年，臣盤遣侍子與大宛、莎車使俱詣闕貢獻。」

〔14〕不貲（zī）——即不可計量，指很多。

〔15〕催攢——催收積聚也。

〔16〕積貫——猶積慣；慣習。形容時日很長。漢·賈誼《新書·保傅》：「夫開於道術知義之指，則教之功也；若其服習積貫，則左右而已矣。」

〔17〕「馬不弔不肥」二句——宋元俗語。意思是馬不調弄不肥，人不弔打不招供。上句「弔」字爲侍弄、調弄之意，下句「弔」字爲弔打之意。

〔18〕打耳眯子——猶謂附耳小聲說話或授意使眼色。

〔19〕淋漓——沾濕或流滴的樣子。形容崔氏織作時的艱辛，容貌不整。唐·韓愈《醉後》詩：「淋漓身上衣，顛倒筆下字。」明·王玉峰《焚香記》三二、下場詩：「衝鋒獨斬單于首，腥血淋漓污寶刀。」

〔20〕怎禁得——猶謂怎忍受得。

〔21〕呷軋——亦作「咿軋」，象聲詞。形容織機發出的聲音。

〔22〕迴環錦上文——指蘇蕙織錦迴文事。《晉書·列女傳·竇滔妻蘇氏》云：「竇滔妻蘇氏，始平人也。名蕙，字若蘭，善屬文。滔，苻堅時為秦州刺史，被徙流沙。蘇氏思之，織錦為迴文旋圖詩以贈滔，宛轉循環以讀之。詞甚淒惋，凡八百四十字。」迴文體，一種修辭手法，詩詞字句，迴環往復讀之均能成誦。

〔23〕雙翠顰——翠，形容女子眉毛；顰，即皺眉。雙翠顰，愁容也。

〔24〕簾箔——簾子。多以竹、葦編成。唐·崔顥《邯鄲宮人怨》詩：「水晶簾箔雲母扇，琉璃窗牖玳瑁床。」

〔25〕緬邈——遙遠貌。此謂瞻望思念不及。《文選·潘岳〈寡婦賦〉》：「遙逝兮逾遠，緬邈兮長乖。」呂延濟注：「緬邈，長遠貌。」唐·李白《觀元丹丘坐巫山屏風》詩：「對使人此心緬邈，疑入嵩丘夢彩雲。」

〔26〕蓬首——頭髮散亂如飛蓬。語本《詩·衛風·伯兮》：「自伯之東，首如飛蓬。」

〔27〕彩鴛——鴛鳥，傳說中的一種神鳥。這裏是說鴛鳥雙雙飛過，崔氏由鴛鳥的雙飛比照自身的獨處。

〔28〕脈脈秦川——脈脈，形容懷念之情思不絕。秦川，指陝西和秦嶺以北一帶的平原。原指蘇蕙懷念丈夫事，此崔氏藉以自喻。蘇蕙，始平人，地屬秦川，故亦稱「秦川女」，後亦泛指感念夫君的女子。唐·李白《烏夜啼》詩：「機中織錦秦川女，碧紗如煙隔窗語。」

〔29〕金貂——漢代以后皇帝左右侍臣的冠飾，這裏指高貴的服飾。《漢書·谷永傳》：「戴金貂之飾，執常伯之職者。」顏師古注：「常伯，侍中也。」元·無名氏《越調·柳營曲·李白》散曲：「玉帶金貂，宮錦仙袍，常則是春色宴蟠桃。嚇蠻書醉墨雲飄，秦樓月詩酒風騷。」

〔30〕文繡——謂刺繡衣服。這裏是說奴婢的衣服也很高級。

〔31〕漁家傲——葉《譜》作「中呂漁家傲」。添字者又名添字漁家傲。詳見第一齣注〔2〕。

〔32〕孔雀南飛——事出漢樂府《孔雀東南飛》，此喻夫婦分離而起顧戀之情。

〔33〕「到宮譜宜男」句——宮，指織作宮坊；譜，按花樣織錦；宜男，即宜男草，亦稱萱草，喻祝願生子。《齊民要術·鹿蔥》引晉·周處《風土記》載：「宜男，草也，高六尺，花如蓮，懷姙人帶佩，必生男。」「宜男」、「雙鴛」，在此概指錦上圖樣。

〔34〕鈿——以金、銀、玉、貝等鑲嵌器物。《魏書·食貨志》云：「鍍以白銀，鈿以

玫瑰。」此借喻爲織錦時怕織進愁懷。

〔35〕錦簇花圍——又稱錦簇花團、錦團花簇。形容色彩繽紛，十分華麗。這裏是指
　　　盧生在被流放之前盧家的生活非常美滿。

〔36〕宮坊——宮廷的作坊。這裏指織作坊。

〔37〕大冤親——這裏指盧生。

〔38〕刌（cūn）——猶截斷、斷送。《玉篇》：「刌，切斷也。」

〔39〕一謎謎——猶一團團。

〔40〕倘然間有見日分——意爲也許有昭雪的緣分。

〔41〕宮詞——古代的一種詩體。多寫帝王生活、宮廷瑣事，往往帶有哀怨色彩。一
　　　般爲七言絕句，唐詩中習見，如王建《宮詞》百首。

〔42〕菩薩蠻——唐教坊曲名。詳見第二齣注〔8〕。

〔43〕班織——此「班」與「辨」通，即辨別。《左傳‧襄公二十五年》云：「慶封如
　　　師，男女以班。」孔穎達疏曰：「男女以辨，與此同。」班織，可作辨識紋樣
　　　而織錦。

〔44〕花毬暈——指織錦上迴文詩形成的圖樣。

〔45〕攛——意猶「穿」。「一溜溜梭兒攛過」，比喻梭子往復迅速也。

〔46〕趲（zǎn）起——趕快上路。趲，加快、加緊之意。參見第十一齣注〔35〕。

〔47〕一勾絲——猶一根絲。

〔48〕官身——一般指官妓。元‧馬致遠《青衫淚》一、白：「妾身裴興奴是也，在
　　　這教坊司樂籍中見應官妓。雖則學了幾曲琵琶，爭奈叫官身的無一日空閒。」
　　　此處指稱沒入官府爲奴。

〔49〕「帽帶餛飩」二句——指漢唐時代首服襆頭的形貌。餛飩指襆帶結出的形狀；
　　　牙牌此處指襆頭上的飾物。這兩句是諷刺機坊大使雖官職低微，卻趾高氣揚，
　　　派頭十足。牙牌，象牙或骨角製的記事簽牌。象牙腰牌，宋元以後爲官員身份
　　　證。宋‧歐陽修《早朝感事》詩：「玉勒爭門隨仗入，牙牌當殿報班齊。」明‧
　　　沈德符《萬曆野獲編》卷十三「牙牌」云：「唐宋士人，腰帶之外，又懸魚袋，
　　　爲金爲銀，以別等威。本朝在京朝士，俱佩牙牌。然而大小臣僚皆一色，惟刻
　　　官號爲別耳。如公侯伯則爲勳字號，駙馬則爲親字號，文臣則文字號，武臣則
　　　武字號，伶官則樂字號。其後工匠等官，雖非朝參官員，以出入內廷，難以稽
　　　考，乃制官字號牌與之。」可見佩帶牙牌乃明代制度，唐代無此制度。

〔50〕只索——猶不得不、只好、只得。《水滸傳》第一零三回：「他若擺佈得我要緊，
　　　只索逃走他處，再作道理。」

〔51〕通房——即有侍妾身份的婢女。元‧楊顯之《瀟湘雨》四〔鮑老兒〕白：「老
　　　實說，梅香便做梅香，也須是個通房。要獨佔老公，這個不許你的。」

〔52〕夷人——對少數民族人的稱呼。古代漢族周圍的少數民族分別被稱爲「南蠻、

東夷、北狄、西戎」。

〔53〕千字文——南朝梁武帝命給事郎周興嗣用一千個不同的字編成的四字韻文。後
　　　成爲兒童識字的啓蒙讀本。《梁書·蕭子範傳》:「王愛文學士,子範偏被恩遇,
　　　嘗曰:『此宗室奇才也。』使製《千字文》,其辭甚美,王命記室蔡薳注釋之。」

〔54〕八段錦——以八個字命名的錦緞。八字分別是:宣、威、沙、漠、臣、服、戎、
　　　羌。此外,八段錦,又稱八錦,是中國古代的健身術之一,宋代人認爲它是長
　　　生安樂之術。此處是借用「八段錦」之名,指稱錦緞的類別。

〔55〕「宣威沙漠」二句——語出南朝梁·周興嗣《千字文》。原句爲:「宣威沙漠,
　　　馳譽丹青」;「愛育黎首,臣服戎羌」。其意思是向西北少數民族顯示國威、兵
　　　威,使戎、羌臣服。戎羌,泛指西北地區各少數民族。

〔56〕囂(xiāo)薄——浮薄,一般指世風敗壞;這裏指錦緞織的輕飄單薄。《新唐書·
　　　宋申錫傳》:「長慶、寶曆間,風俗囂薄,驅煽朋黨,申錫素孤直少與,及進用,
　　　議者謂可以激浮競。」

〔57〕忒(tè)——太、過甚也。

〔58〕紗——原誤作「沙」字,據各本改。

〔59〕你去點數來——此句之上,原有「〔丑〕」字,衍,據朱墨本刪。

〔60〕普天樂犯——集曲。葉《譜》作「普天芙蓉」,謂「普天樂」犯「玉芙蓉」。

〔61〕錦官院——指織造局。下文「織作署」同。參見第二十一齣注〔14〕。

〔62〕貝錦胡云——指誣陷他人羅織成罪的讒言。貝錦,原指貝形紋的織綿,此喻指
　　　羅織罪狀誣陷之言。《詩·小雅·巷伯》詩云:「萋兮斐兮,成是貝錦。」鄭玄
　　　箋:「喻讒人集作己過以成於罪,猶女工之集彩色以成錦文。」唐·李白《答
　　　王十二寒夜獨酌有懷》詩:「一談一笑失顏色,蒼蠅貝錦喧謗聲。曾參豈是殺
　　　人者,讒言三及慈母驚。」

〔63〕干忙——冒犯、衝犯之意。

〔64〕巴巴羯羯(jié)——「巴結」之重言。羯,此處應爲「結」字。巴結,謂攀高
　　　接貴、趨附奉承、討好。一作「巴劫」,元·關漢卿《救風塵》二〔商調·集
　　　賢賓〕:「他每待強巴劫深宅大院,怎知道摧折了舞榭歌樓。」

〔65〕巴——罵人話。

〔66〕羯狗——罵詞;被閹割過的公狗。羯,原謂去勢的公羊。

〔67〕鬧妝鸞帶——鬧妝,猶裝飾、裝點之意。鸞帶,兩端有排須的寬腰帶。《明史·
　　　輿服志三》:「按《大政記》,永樂以後,宦官在帝左右,必蟒服,制如曳撒,
　　　繡蟒於左右,繫以鸞帶,此燕閒之服也。」

〔68〕響道——猶喝道。參見第十三齣注〔42〕。

〔69〕貂蟬——漢中朝官帽上飾物,貂尾,蟬紋金璫,故稱貂蟬。參見第十三齣注〔60〕。

〔70〕嚮隅人——喻孤獨失望的人。隅,屋角。漢·劉向《說苑·貴德》:「今有滿堂

飲酒者，有一人獨索然嚮隅而泣，則一堂之人皆不樂矣。」

〔71〕金雞傳信——指大赦。《新唐書·百官志》云：「赦日，樹金雞於仗南，竿長七丈，有雞高四尺，黃金飾首，銜絳幡，承以彩盤，維以絳繩。」此爲古代降詔大赦時金雞立竿傳信的儀式。唐·李白《流夜郎贈辛判官》詩：「我愁遠謫夜郎去，何日金雞放赦回？」

〔72〕朱奴兒犯——集曲。葉《譜》作「朱奴芙蓉」，謂「朱奴兒」犯「玉芙蓉」。

〔73〕彄（kōu）——《玉篇》：「弓弩端弦所居也。」原指弓弩兩端繫弦的地方。此作動詞用，意謂摳緊。

〔74〕煊風熅——煊風，暖風；熅，《說文》：「郁煙也。」《漢書·蘇武傳》「置熅火」顏師古注曰：「聚火無炎者也。」沒有火焰的火。煊風熅，意謂用無焰之火的暖風熅乾些。

〔75〕帖進——猶謂平服地織進。

〔76〕粉錦——即素錦。

〔77〕旦——原本無「旦」字；「也是大使作弄他。」句應是旦白，故補一〔旦〕字。

〔78〕聒殺——聲音雜亂吵鬧使人心煩。聒，喧鬧也。

〔79〕紅淚——猶血淚。比喻織錦者的辛勞與痛苦。唐·柯崇《宮怨》詩：「紅淚旋銷傾國態，黃金誰爲達相如。」

〔80〕「織就龜文」句——龜文，原指古文字，此處指織在錦緞上的文字。唐·張懷瓘《書斷·古文》：「仰視奎星圓曲之勢，俯察龜文鳥迹之象，博採眾美，合而爲字，是曰古文。」內家，此指皇宮。唐·薛能《吳姬十首》詩之十：「身是三千第一名，內家叢裏獨分明。」

〔81〕絲綸——絲綸閣，是朝廷撰擬詔旨的地方；此指帝王詔書。《禮記·緇衣》云：「王言如絲，其出如綸。」絲，細縷；綸，粗絲。喻指帝王的一句極細微的話也會產生很大的影響。故以「絲綸」喻詔書。

第二十四齣　功　白〔1〕

【六么令】〔宇文同蕭上宇〕龍顏光現，探龍珠怕醒龍眠。〔蕭〕五雲〔2〕高處共留連，黃閣老，紫薇仙〔3〕。〔宇〕萬年枝上葫蘆纏。

〔蕭〕老相公怎麼說個葫蘆纏？〔宇笑介〕腳不纏不小，官不纏不大哩。今日諸番侍子來朝，聖主御樓受賀，實乃滿朝之慶也。〔蕭〕恰好裴年兄以中書侍郎〔4〕掌四夷館〔5〕事，前來引奏，必有可觀。

【前腔】〔裴上〕天朝館伴，盡華夷押入朝班。雕題〔6〕侍子漢衣

冠，同舞蹈，拜金鸞，長呼萬歲天可汗〔7〕。

〔裴〕二位平章老先生請了。今日侍子趨朝，君王受賀。舊規光祿寺排
筵宴，織作坊賜文錦，俱已齊備，恭候駕臨。〔宇〕眾侍子禮當丹墀〔8〕
站立。〔各侍子上〕古魯古魯，力喇力喇〔9〕。近隨漢使千堆寶，少答戎
王萬疋羅〔10〕。〔宇〕分付諸番侍子，門外候駕。〔各侍下、內響仗〔11〕
介、上引高力士眾上〕

【夜行船】日華高罩長明殿〔12〕，繞垂旒萬里江山〔13〕。五國單于，
三韓侍子〔14〕，都俯伏在丹墀北面。

〔宇蕭見介、裴見介〕中書侍郎掌四夷館事臣裴光庭謹奏我王：有吐番
國侍子，領西番諸國侍子朝見。〔高〕傳旨：侍子丹墀下聽旨。〔裴呼萬
歲介、宇蕭裴〕恭賀萬歲，天威遠播，臣等謹排御筵，奏上千秋萬壽。
〔進酒介〕

【好事近】花舞大唐年〔15〕，馨〔16〕歡心太平重見。喜一天鋪滿和
風甘雨祥煙。齊天福壽，聽海外謳歌來朝獻。御樓前細樂風傳〔17〕，玉
盞內金盤露偃〔18〕。

〔內唱、諸番侍子進酒、侍子上〕古魯古魯，力喇力喇。吾乃吐番大將
熱龍莽之子，俺父親當年戰敗，為盧元帥追剿，危急之際，白雁題書，
求他撥轉馬頭，放條歸路。書云：莫教飛鳥盡，留取報恩環。今日遠聞
盧元帥到為咱父親之故，負罪銜冤，父親不忍，啓奏番王，著咱充為侍
子，領帶各番侍子來朝。奏對之際，辯雪其冤。報恩之環，正在此矣。
今當見駕，不得造次。〔眾古魯介、俯伏呼萬歲萬歲萬萬歲叩頭起舞介〕

【千秋歲】好堯天〔19〕，單照著唐朝殿，十二柱金龍爪〔20〕齊現。
疊鼓〔21〕聲喧，闌單單〔22〕做一字兒壽星來獻。回回舞，婆羅旋〔23〕，
錦帽上花枝低顫。舞袖班闌捲〔24〕，做獅蹲象跪〔25〕，俯伏階前。

侍子們上天可汗萬萬歲一杯酒。〔上〕勞你們國中遠來，寡人何德致此？
各言其故。〔侍〕以前諸國，倚恃山川，自外王化〔26〕。自經盧元帥西
征，諸番震恐，方知螢火難同日光。敬遣小臣，瞻天朝賀。〔上〕原來
如此。豈非前節度使盧生乎？叫內侍，將欽賞花文錦匹，唱數分給了，

赴四夷館筵宴。〔高唱禮介〕侍子朝門外領賞，叩頭。〔侍子叩頭呼萬歲介〕自識天朝禮，方知將帥功。〔下、高數錦介〕侍子跪聽頒錦：細法眞紅大百花四疋〔27〕，緋紅天馬六疋，青紫飛魚八疋，翠池獅子錦十疋，八答雲雁錦二十疋，簇四金雕錦二十疋，大窠馬打毬錦四十疋，天下樂錦五十疋，犒設紅錦一百疋。啓萬歲爺：夷人官錦〔28〕欽依散完。官錦之外，餘下一端。〔上〕取來寡人觀之。〔看介〕原來織成幾行字在上面。〔念介〕詞寄菩薩蠻：○梅題遠色春歸得，遲鄉瘴嶺過愁客。孤影雁回斜，峰寒逼翠紗。窗殘抛錦室，織急還催織。錦官當夕情，啼斷望河明。○還生赦泣人天望，雙成錦匹孤鸞悵。獨泣見誰憐，流人苦瘴煙？生親還棄杼，駕配關河戍。遠心天未知，人道赦來時。〔裴跪介〕臣覽此詞，可以迴文讀之：〔念介〕明河望斷啼情夕，當官錦織還催急。織室錦抛殘，窗紗逼翠寒。峰斜回雁影，孤客愁過嶺。瘴鄉遲得歸，春色遠題梅。○時來赦道人知未？天心遠戍河關配。駕杼棄還親，生煙瘴苦人。流憐誰見泣？獨悵鸞孤匹。錦成雙望天，人泣赦生還。〔上〕奇哉，奇哉。看錦尾必有名姓。是了，外織作坊機戶臣妾清河崔氏造進。呀，清河崔氏，何人也？〔裴〕前征西節度使盧生之妻。〔上〕呀，原來盧生家口〔29〕，入官爲奴。傷哉此情，可以赦之。〔宇〕啓上我王：盧生通番賣國，罪不容誅。〔上〕蕭卿以爲何如？〔蕭〕聽此侍子之言，盧生乃功臣也。〔宇文惱介〕呀，蕭嵩爲臣，反復不忠，萬歲可並誅之。〔上〕他如何反復不忠？〔宇〕論盧生本頭〔30〕，有蕭嵩名字。〔蕭〕臣並無押花。〔宇〕臣袖有原本在此，呈上。〔高接本、上覽介〕平章軍國大事臣宇文融，同平章事門下侍郎臣蕭嵩謹奏。呀，是有蕭卿之名。再看奏尾，呀，蕭卿押有花字，何得推無？〔蕭〕此非臣之眞正花押。〔上〕怎生是眞正花押？〔蕭〕臣嵩表字一忠，平日奏事花押，草作「一忠」二字。及構陷盧生事情，宇文融預先造下連名奏本，協同臣進。臣出無奈，押此一花，暗於「一」字之下「忠」字之上，加了兩點，是個「不忠」二字。見得宇文此奏，大爲不忠，非臣本意。〔宇〕萬歲，看此人賣友欺君，當得何罪？〔上怒介〕呀，宇文融與盧生同時將相，掩蔽其功，譖以大逆〔31〕，欺君賣友，非融而誰？高力士，與我拿下！〔高綁宇介、宇〕哎喲，這難題目輪到我做了。到頭終有報，來早與來遲〔下、上〕蕭裴二卿傳旨：差官星夜欽

取盧生還朝，拜爲當朝首相；妻崔氏即時放出，復其一品夫人，仍賜官錦霞帔〔32〕一襲；諸子門蔭〔33〕如故。〔歎介〕寡人若非吐番諸侍子之言呵，

【尾聲】十大功臣不雪的冤〔34〕，且和俺**疎**放〔35〕他滿門良賤。〔眾〕這是主聖臣忠道兩全。

盆下無由見太陽〔36〕，南冠君子竄遐荒〔37〕。

忽然漢詔還冠冕〔38〕，計日應隨鴛鷺行〔39〕。

校 注

〔1〕功白——侍子來朝揭帛書之誣，盧生冤屈得解。皇上念盧生之功，派差官將盧生欽取回朝，拜爲當朝首相；並將宇文融繩之以法。

〔2〕五雲——古以五色瑞雲爲吉祥的徵兆。故以皇帝的所在地曰「五雲」。唐·王建《贈郭將軍》詩：「承恩新拜上將軍，當值巡更近五雲。」明·梅鼎祚《玉盒記·賜完》：「天書飛下五雲傍，紫陌珂聲夜未央。」

〔3〕黃閣老，紫薇仙——黃閣，漢代的丞相、太尉及以後的三公官署廳門避用朱色而塗黃色，以區別於皇帝，因稱「黃閣」。漢·衛宏《漢舊儀》卷上：「（丞相）聽事閣門曰黃閣。」《後漢書·百官志一》載，三公之一的太尉，府裏有黃閣之簿。《宋書·禮志二》：「夫朱門洞啓，當陽之正色也。三公之於天子，禮秩相亞，故黃其閣以示謙，不敢斥天子，蓋是漢來制也。」後遂以黃閣稱宰相官署，以黃閣臣、黃閣老泛指朝廷大臣。唐·皮日休《七愛詩·房杜二相國玄齡、如晦》：「黃閣三十年，清風一萬古。」元·石君寶《秋胡戲妻》一〔油葫蘆〕：「你看他是白屋客，我道他是黃閣臣。」紫薇仙，即稱中書省長官。唐開元元年（公元713年）改中書省爲紫微省，五年後恢復舊稱。

〔4〕中書侍郎——官名。西晉設置。爲中書省長官中書監、中書令之副。唐代初年曾改稱西臺侍郎、鳳閣侍郎、紫微侍郎，旋復舊稱。唐宋時多以中書侍郎同中書門下平章事爲宰相之職銜。因中書令不輕以授人，故中書侍郎亦等於中書省之長官。南宋廢。

〔5〕四夷館——明永樂五年所設專門翻譯邊疆少數民族及鄰國語言文字的機構。它是我國歷史上最早爲培養翻譯人材而官方設立的專門機構。初隸屬翰林院，後以太常寺少卿提督館事。內分蒙古、女直、西番、西天、回回、百夷、高昌、緬甸八館，後增八百、暹羅二館。參閱《明史·職官志三》。

〔6〕雕題——在額上刺花紋。原是古代南方少數民族的一種習俗，亦指雕額紋身的

部族。此泛指少數民族。《禮記·王制》云：「南方曰蠻，雕題交趾，有不火食者。」鄭玄注：「雕文，謂刻其肌以丹青涅之。」孔穎達疏：「雕，刻也，題，額也，言以丹青雕刻其額也。」按「雕題」是面額部分的紋身，「鱗彩」則爲身體四肢的文身。

〔7〕天可汗——可汗，匈奴主號。唐時匈奴尊稱漢天子爲「天可汗」。

〔8〕丹墀（chí）——古宮殿前的石階以朱紅塗飾，故稱「丹墀」。泛指宮殿裏的赤色臺階或赤色地面。漢·張衡《西京賦》云：「右平左城，青瑣丹墀。」《宋書·百官志上》：「殿以胡粉塗壁，畫古賢烈士。以丹朱色地，謂之丹墀。」

〔9〕古魯古魯，力喇力喇——蒙古語，應是敬辭，即侍子上場拜見唐皇帝時的熱烈歡呼聲。

〔10〕「近隨漢使」二句——語出唐·杜甫《喜聞盜賊蕃寇總退口號五首》詩之四：「勃律天西採玉河，堅昆碧碗最來多。舊隨漢使千堆寶，少答胡王萬疋羅。」

〔11〕響仗——指「響道」之儀仗。

〔12〕日華高罩長明殿——謂太陽的光輝照耀著長明宮殿。喻天下太平。

〔13〕繞垂旒（liú）萬里江山——垂旒，古天子冕冠前後懸垂的玉串。《禮記·玉藻》云：「天子玉藻，十有二旒。」此句是說太陽的光華環繞著君王的萬里江山。元·袁桷《白雲平章致仕》詩：「盛代東封催告禮，更須元老侍垂旒。」

〔14〕「五國單于」二句——單于，匈奴最高統治者的稱號。五國，概稱以吐番等爲首的西域各國及部族。三韓，原指漢唐時的東夷韓國，不屬西番。《後漢書·東夷列傳》稱韓有三種：即馬韓、辰韓、弁辰；馬韓在其西，辰韓在其東，弁辰在辰韓之南，故稱「三韓」。唐·杜甫《奉贈太常張卿二十韻》詩：「方丈三韓外，崑崙萬國西。」

〔15〕花舞大唐年——語出《全唐詩》卷42、盧照鄰《元日述懷》詩：「人歌小歲酒，花舞大唐春。」花舞，唐代舞名。宋·顧文薦《負暄雜錄·傀儡子》：「花舞者，著綠衣偃身，合成花，即今柘枝舞，有花心者是也。」

〔16〕罄——器皿已空，引申爲盡也。

〔17〕細樂風傳——音樂聲隨風飄揚。細樂，指管絃樂器。

〔18〕「玉盞內」句——謂玉製的酒杯內映著日月。玉盞，玉製酒杯。金盤，此處指日月。元·薩都剌《織女圖》詩：「西樓月落金盤傾，暖霞拂地海棠曉。」露偃，指日月的影子顯露於酒杯中。偃，安臥，覆蓋之意。

〔19〕好堯天——謂天下太平無事。晉·皇甫謐《高士傳》云：「帝堯之世，天下太平，百姓無事。」《論語·泰伯篇》中有孔子讚美堯之辭：「唯天爲大，唯堯則之。」《宋史·樂志》：「九州島臻禹會，萬國戴堯天。」後世相承，以堯天讚美盛世。

〔20〕十二柱金龍爪——《明史·輿服志一》：「亭內黃線……輅亭前有左右轉角闌干

二扇，後一字帶左右轉角闌干一扇，皆紅髹，內嵌雕木貼金龍，間以五彩雲。三扇共十二柱，柱首雕木貼金蹲龍及線金五彩蓮花抱柱。」

〔21〕疊鼓——即小擊鼓、急擊鼓。《文選》載南朝齊‧謝朓《鼓吹曲》詩云：「凝笳翼高蓋，疊鼓送華輈。」李善注：「小擊鼓謂之疊。」唐‧岑參《獻封大夫破播仙凱歌》詩之三：「鳴笳疊鼓擁回軍，破國平番昔未聞。」亦指擊鼓聲。宋‧蘇軾《遊博羅香積寺》詩云：「霏霏落雪看收麨，隱隱疊鼓聞舂糠。」

〔22〕闌單單——意謂似欄杆作橫一字隊形排列。《玉篇》：「單，一也。」闌，通「欄」。

〔23〕回回舞，婆羅旋——均指少數民族的舞蹈。回回，指西域一帶的少數民族。婆羅，古國名。一說故地在今蘇門答臘島北部，一說在今加里曼丹島北岸。旋，胡旋舞，係西域舞蹈。據《新唐書‧西域傳》，當時康國等地曾向唐送胡旋舞女。

〔24〕舞袖班闌卷——意謂服裝炫麗多姿，歌舞場面熱鬧。班，通「斑」。

〔25〕獅蹲象跪——像獅一樣蹲著，像象一樣跪著。喻指侍子們對大唐朝廷的臣服與尊重。

〔26〕自外王化——謂不服從天朝的教化。王化，天子的教化。《後漢書‧張酺傳》：「吾為三公，既不能宣揚王化，令吏人從制，豈可不務節約乎？」

〔27〕「細法真紅大百花」以下九句——此九種錦，據《欽定四庫全書》史部地理類元‧費著《歲華紀麗譜‧蜀錦譜》所記宋乾道四年（公元 1168 年）蜀錦名色，有與本記所述相同者：如細法真紅大百花錦、緋紅天馬錦、青紫飛魚錦、翠池獅子錦、八答雲雁錦、簇四金鵰錦、大窠馬打球錦、天下樂錦、犒設紅錦等。亦有相類者，織錦名色至明代基本如舊，略有小變。

〔28〕錦官——即「錦官院」。參見第二十三齣注〔61〕。

〔29〕家口——指家屬。

〔30〕本頭——奏章。指參劾盧生的奏章。元‧楊梓《敬德不伏老》二〔滿庭芳〕白：「老夫明日作本頭，就保他還朝也。」

〔31〕譖（zēn）以大逆——譖，進讒言。大逆，古代罪行中的「十惡」之一。指危害君父、宗廟、宮闕等犯上作亂的重罪。《唐律‧名例‧十惡》：「二曰謀大逆。」原注：「謂謀毀宗廟、山陵及宮闕。」

〔32〕霞帔——古代皇帝對達官貴人家的婦女給予封號，稱為命婦。命婦隨品級高低而有不同的命服，金冠霞帔即是其中一種。《宋史‧劉文裕傳》：「封其母清河郡太夫人，賜翠冠霞帔。」冠上以翠為飾名翠冠，以鳳為飾名鳳冠，以金釵為飾名金冠。霞帔為帔的一種，始於晉，宋代霞帔即為命服。霞帔之形制，其狀如兩條彩練，繞過頭頸，披掛於胸前，下垂顆顆墜子；類似現代披肩。參見《格鏡致原》卷三六引《名義考》。明代之霞帔蹙金繡雲霞翟紋。

〔33〕門蔭——即憑藉祖先的功勳循例做官。唐代入仕之途除了科舉考試之外，還有門蔭之制。唐蔭任之制規定，三品以上大官可以蔭及曾孫，五品以上蔭孫。門蔭是對五品以上官吏子弟的照顧措施，令其服役一定時間，然後經過專門考試則可做官。參見《唐會要・用蔭》。

〔34〕「十大功臣」句——詳見第二十齣注〔118〕。

〔35〕疏放——即釋放。《元朝秘史》卷五：「你每如此，我部與你每一般。使眾人唾其面，然而疏放了。」

〔36〕「盆下無由」句——語見《全唐詩》卷151、劉長卿《罪所上御史惟則》詩：「鬥間誰與看冤氣，盆下無由見太陽。賢達不能同感激，更於何處問蒼蒼。」喻冤不得訴。

〔37〕「南冠君子」句——語見《全唐詩》卷184、李白《流夜郎聞酺不預》詩：「此關聖人歌太康，南冠君子竄遐荒。漢酺聞奏鈞天樂，願得風吹到夜郎。」「南冠」二解：據《左傳・成公九年》，楚人鍾儀戴冠被俘，晉人謂其「南冠」，後即作流配囚犯的代稱；據《三國志・蜀志・龐統傳》，司馬徽異龐統之才，稱其謂「南州冠冕」，喻才識優異之人。遐荒，邊遠荒僻之地。

〔38〕「忽然漢詔」句——語見《全唐詩》卷128、王維《既蒙宥罪旋復拜官伏感聖恩竊書鄙意兼奉簡新除使君等諸公》詩：「忽蒙漢詔還冠冕，始覺殷王解網羅。」冠冕，本指帝王或官員戴的帽子，這裏代指官職。

〔39〕「計日應隨」句——語見《全唐詩》卷239、錢起《送裴頓侍御使蜀》詩：「多才自有雲霄望，計日應追鴛鷺行。」鴛鷺行，比喻朝官的行列，省稱鴛行。

第二十五齣　召　還〔1〕

【趙皮鞋】〔司戶官〔2〕上〕出身原在國兒監〔3〕，趁食〔4〕求官口帶饞。蛇羹蚌醬飽醃臢〔5〕，海外的官簽過得鹼〔6〕。

　　小子崖州司戶，真當海外天子。長夢做個高官，忽然半夜起水〔7〕。好笑，好笑，一個司戶官兒，怎能巴到尚書閣老〔8〕地位？不想天弔下一個盧尚書來此安置，長說他與朝廷相知，還有欽取之日，小子因此再也不難為他。誰想上頭沒有他的路？昨日接了當朝宇文丞相密旨，說他最恨的是盧尚書，叫我結果了他的性命，許我欽取還朝，不次重用〔9〕。思想起來，八品官做下這場方便事，討了欽取，有甚不好？今早缺官署印〔10〕，盧生可來參見也。

【步蟾宮】〔生上〕喫盡了南州青橄欖〔11〕，似忠臣苦帶餘甘。三年

憔悴甚江潭[12]，有百十倍的帶圍[13]清減。

　　俺盧生，有罪流配此州。州無正官，便是司戶官兒署掌，也不免過去見他。〔見介〕司戶先生拜揖，請了。〔丑惱介〕呀，你是何人？〔生〕長在此相見的盧生。〔丑〕你不說是盧生罷，盧生流配之人，目今掌印，便是你收管衙門，不應得你叩頭站立伺候？叫我一聲司戶，就請了去。好打，好打。〔生〕誰敢？〔丑〕便叫牢子打哩。〔眾拖生打介、生〕有何罪過呵？〔丑〕還不知罪！

【紅衲襖】打你個老頭皮[14]不向我門下參，打你個硬骸[15]兒不向我庭下跕[16]。打你個蠢流民儘著噔[17]，打你個暗通番。該萬斬。〔生〕宇文公可恨，可恨。〔丑〕宇文相公甚麼樣好人，你也罵他，打你個罵當朝一古子的談[18]。〔生〕不要哩，朝廷有用我之時。〔丑〕打你個仗當今一塊子的膽[19]。〔生笑介、丑〕打的你皮開肉綻還氣岩岩[20]也。打了呵，還待火烙你頭皮鐵寸嵌。

【前腔】〔生〕我分的大朝家[21]辯韶讒，怎到你小官司行對勘[22]？則道住的是狗排欄身自耽[23]，誰想過了鬼門關刑較慘？罷了，罷了，既在矮簷下，怎敢不低頭[24]？撲著口三千段朝家事一謎的緘[25]，搶著頭[26]十二分你本官前再不敢。你打的我血淋侵達喇的痛鑱鑱[27]也，怎再領得起你那十指鑽鉗潑火燂[28]？〔鐵鈴[29]生頭火烙生足介、使臣帶將官捧朝服上〕

【縷縷金】將雨露，灑煙嵐[30]。皇宣催請急，舊新參[31]。一點三臺路[32]，海風吹暗。堂堂天使此停驂[33]，過來的鬼門站。

　　〔內上報介〕天使到來，欽取宰相回朝。〔丑驚喜介〕我的宇文老爺，小官還不曾替你幹的事，就蒙你欽取我拜相回朝。領戴[34]，領戴。且把老頭兒監候。〔作接使臣不跪、使問介〕是甚麼官兒，不跪？〔丑〕天使來取司戶回朝拜相，體面不跪。〔使〕咄！快起去，盧老爺那裏？〔丑慌取生出介、使〕盧老先生憔悴至此！有欽賜朝服。〔生更衣、戶慌介、使讀詔介〕皇帝詔曰：咨[35]爾前征西節度使兵部尚書盧生，以

朕一時不明，陷汝三年邊障。宇文融今已伏誅，賜汝定西侯爵邑如故。欽取還朝，尊爲上相。兼掌兵權。馬頭所到，先斬後奏。欽哉！謝恩。〔使見介〕敢問老先生到此多年了？

【紅芍藥】〔生〕有三年不到朝參，雲陽市別了妻男。僥倖煞天恩免囚轞〔36〕，日南珠滿淚盤沾糝〔37〕，受盡熱和鹹，纔記起風清河淡。〔合〕喜重歸相府潭潭〔38〕，有的這青天湛湛。

〔丑自綁上、請罪介〕那裏知朝廷眞有用他之時？宇文公，宇文公，弄得我沒上沒下的，只得前去請死。〔見介〕司戶小人有眼不識太山，綁縛階前，合當萬死。〔生笑介〕起來，此亦世情之常耳。

【紅衫兒】是則是〔39〕世間人都扯淡〔40〕。有的開窺瞰，也著些兒肚子包含。都不計較你了。自羞慚，把你那絮叨叨口業〔41〕都除懺〔42〕。〔丑〕老爺縱饒狗命，狗心不穩，顛倒〔43〕號令，施行了罷。〔生笑介〕疑惑我後來麼？大人家說過了無欺蘸〔44〕，頭直上〔45〕青天監。

〔丑叩頭介〕天大肚子的老爺，叩頭，千歲千千歲！〔生〕君命召〔46〕，就此起行了。〔黑鬼三人上〕黑鬼們來送老爺。〔生〕勞苦你三年了。

【會河陽】地折底〔47〕走過瓊、厓、萬、儋〔48〕，謝你鬼門關口來相探。〔丑〕地方要起老爺生祠〔49〕，千年萬載。〔生〕要立生祠，立在他狗排欄之上，生受〔50〕他留我住站〔51〕。我魂夢遊海南，把名字他碥房嵌。司戶，我去後好看覷黑鬼，要他黑爺兒穩著那樵歌擔；蛋夫妻〔52〕穩著那魚船纜。我去也。〔行介〕

【紅繡鞋】皇宣一紙鸞械〔53〕，鸞械，車塵馬足趲趲，趲趲〔54〕。笑奸貪，枉愚濫〔55〕。把時情憾，皇恩感。烏頭蘸，舊朝簪〔56〕。

【尾聲】讒痕妒迹無沾嵌〔57〕，向鳳凰池〔58〕洗淨征衫。今後呵，海外山川長則是〔59〕畫屛風邊際覽。

海外流人去，朝中宰相歸。

舉頭紅日近，回首白雲低。〔60〕

校 注

〔1〕召還——此齣寫崖州司戶受宇文融指使，拷打盧生，欲結果其性命。朝廷使者突然到來，盧生獲救，官復原職，起程返京。

〔2〕司戶官——「司戶官」上應補「丑」字。司戶，官職名，主民戶。唐制，府稱戶曹參軍，州稱司戶參軍，縣稱司戶。《舊唐書·職官志三》：「戶曹、司戶掌戶籍、計帳、道路、逆旅、婚田之事。」

〔3〕國兒監——即國子監。此爲戲謔之詞。《晉書·職官志》云：「咸寧四年，武帝初立國子學，定置祭酒、博士各一人，助教十五人，以教生徒。」隋煬帝時改名國子監，後世大體沿其稱，爲古代最高學府。明朝由於首都北遷，在北京、南京分別都設有國子監，於是設在南京的國子監被稱爲「南監」或「南雍」，而設在北京的國子監則被稱爲「北監」或「北雍」。

〔4〕趁食——謂找飯吃、謀生路。趁，此謂就，接近。宋·周密《癸辛雜識續集上·湖翻》：「農人皆相與結隊往淮南趁食。」明·何良俊《四友齋叢說摘鈔·史三》：「昔日原無遊手之人，今去農而遊手趁食者又十之二三矣。」

〔5〕「蛇羹蚌醬」句——以蛇羹蚌醬等食品果腹。醃臢（ā zā），原義骯髒，不乾淨；此謂濫食貪嘴。

〔6〕「海外的官箴」句——謂邊遠地區的官場生活清苦。官箴，做官的原則、戒規，借指官場生活。明·沈鯨《雙珠記·棄官尋父》：「制行難期畫虎成，事親肯被官箴縛，盡孝何愁世網嬰。」鹻（jiǎn），同「城」，鹵的結晶。喻指苦澀的生活。按廣東話，鹻是髒的意思，與上句照應，作者似借廣東語嘲諷地方官。

〔7〕起水——謂發跡、發財、翻身。廣東西部一帶的俗語。周立波《山鄉巨變》上卷十八：「黑腳杆子要起水，只有把土豪打倒，劣紳掀翻。」

〔8〕巴到尚書閣老——巴到，爬到、謀求到、巴結到。尚書閣老，指資歷深且權力大的朝延官員。尚書，官職名，戰國時設置。初爲掌管文書之官，後地位得到提高，隋唐時期成爲政府中樞機構各部的長官。閣老，唐代中書舍人或資歷較深的閣僚，均可稱之爲閣老。唐·徐鉉《賀殷遊二舍人入翰林江給事拜中丞》詩：「閣老深嚴歸翰苑，夕郎威望拜霜臺。」

〔9〕不次重用——不依尋常次序，破格任用。《漢書·東方朔傳》：「武帝初即位，徵天下舉方正賢良文學材力之士，待以不次之位。」顏師古注：「不拘常次，言超擢也。」

〔10〕缺官署印——即下文所說的「州無正官」；指地方官中的正職未到任或缺員，暫由雜佐副職掌印，署理地方事務。明代常有缺官不補者，湯顯祖在作品中即加指謫，如《牡丹亭》二三〔北點絳唇〕白：「九州九個殿下，單減了俺十殿下之位，印無歸著。」《南柯記》二一〔字字雙〕白：「闕下正堂，小子權時署印。」。

〔11〕南州青橄欖——南州，泛指南方地區；按本傳奇情節擬指廣南兩粵地區。《楚辭・遠遊》詩云：「嘉南州之炎德兮，麗桂樹之冬榮。」姜亮夫校注：「南州猶南土也，此當指楚以南之地言。」唐・杜甫《從人見小胡孫許寄》詩云：「人說南州路，山猿樹樹懸。」仇兆鰲注引顧宸之曰：「兩粵爲南州路。」橄欖，又名青果，因果實尚呈青綠色時即可供鮮食而得名。形狀大小如雞蛋。初嚼之味略苦澀，再咀嚼，則芳香，產於南方一帶。

〔12〕「三年憔悴」句——意謂三年來比被流放行吟於江水邊的屈原還要憔悴。江潭（xún），即江水邊。潭，水邊深處。《楚辭・漁父》云：「屈原既放，遊於江潭，行吟澤畔；顏色憔悴，形容枯槁。」後世多以「江潭」代指流放之地。

〔13〕帶圍——指腰圍。古人以帶纏腰，故腰圍也可稱爲帶圍。帶圍清減，指消瘦。元・貫雲石套數《仙呂・點絳唇・閨怨》〔混江龍〕：「相思慰悶，繡屏斜倚正銷魂。帶圍寬盡，消減精神。翠被任薰終不暖，玉杯慵舉幾番溫。」

〔14〕老頭皮——猶老頭子、老頑固，此處是對盧生的蔑稱。

〔15〕骹（qiāo）兒——指脛部近足處的較細位置。

〔16〕跕（dié）——跌倒，下墮貌。此處是下跪之意。

〔17〕盡著嘍（lán）——只管聒噪吵鬧。盡著，猶一直、只管。嘍，聒噪。

〔18〕一古子的談——猶一古腦兒的話，或一大堆的話。一古子，猶謂「一總」，即所有的。清・韓邦慶《海上花列傳》第六回：「仲英乃一古腦兒論定價值，先付莊票一紙。」

〔19〕一塊子的膽——猶好大的膽。

〔20〕氣岩岩——猶言「氣咻咻」；生氣的樣子。岩岩，原義爲山石不平貌，借喻爲氣息不平。

〔21〕我分的大朝家——我分的，猶我輩的、我這樣等級的。分，輩、等級。大朝家，謂大衙門，或指朝廷。

〔22〕對勘——謂對質、對證。清・蒲松齡《聊齋誌異・席方平》：「當堂對勘，席所言皆不妄。」

〔23〕身自耽——謂身體可以放鬆、適意。

〔24〕「既在矮簷下」二句——元明戲曲小說常用語。參見第四齣注〔99〕。

〔25〕「撲著口」句——謂閉著嘴很多朝廷的事都不談了。撲著口，閉著嘴。一謎的緘，一味地沉默、一直地沉默。

〔26〕搶（qiàng）著頭——猶謂「搶地」，頭叩地也。引申謂低著頭。

〔27〕血淋侵達喇的痛鑱（chán）鑱——形容血流出來浸濕了衣服，疼痛難熬。達喇，亦作「倒喇」、「搗喇」，蒙古語，原義是唱的意思；此可作唱叫解。鑱，刺也。痛鑱鑱，痛得刺骨。

〔28〕十指鑽鉗潑火燖（xún 又讀 qián）——十指被鐵鉗夾，還被用火烤。鑽鉗潑火

燂，古代刑具。燂，烤爛也。《周禮・考工記・弓人》：「撟（kǎo）角欲孰於火而無燂。」

〔29〕鈐（qián）——蓋印也。此作烙印解。

〔30〕「將雨露」二句——謂踏著雨露，冒著煙嵐，形容使臣往來海南路途之辛苦。

〔31〕舊新參——謂舊官新任職。指重新參拜盧生舊職舊爵。

〔32〕一點三臺路——謂通向權力的道路。盧生曾位居三臺職位。三臺，即三閣，指中央內閣。參見第七齣注〔5〕。

〔33〕停驂——駐馬。驂，古代指駕在車兩旁的馬。元・吳仁卿套數《大石調・閨情》〔尾〕：「窗下塵蒙青鸞鑒，問章臺何處停驂？薄幸才郎不顧咱，有誰畫青山兩眉淡？」

〔34〕領戴——見第二十齣注〔59〕。

〔35〕咨——猶曉諭、告知。原義為謀。《爾雅・釋詁》：「咨，謀也。」又曰：「此也。」古公文體用詞，同「茲」。

〔36〕轞（jiàn）——裝檻之車，特指囚車。

〔37〕「日南珠滿」句——謂日南夏日炎熱，汗珠落滿淚盤。日南，郡名，指海南島的儋縣、崖縣一帶。西漢置日南郡，屬南方的交趾管轄，東漢交趾改稱交州。北魏・酈道元《水經注》云：「區粟建八尺表，日影度南八寸，自此影以南，在日之南，故以郡名。」唐時，屬嶺南道。唐・沈佺期《題椰子樹》詩：「日南椰子樹，香嫋出風塵。叢生調木首，圓實檳榔身。」明萬曆十九年（公元1591年）辛卯湯顯祖於徐聞道中作《至日懷鄒爾瞻比部》詩云：「君從寒谷起，我向日南來。不知仙管裏，還有自飛灰。」淚盤沾糝，葉《譜》作「盤淚泛沾糝」。糝（sǎn），以米和羹也。南朝宋・劉義慶《說苑・雜言》云：「七日不食，藜羹不糝。」

〔38〕相府潭潭——指宰相府宅院深廣。詳參第二十齣注〔32〕。

〔39〕是則是——猶謂雖然是。元・朱庭玉《哨遍・傷春》套曲：「但凝眸堪畫宜詩，是則是，年年景物，歲歲風光，無比正三二。」

〔40〕扯淡——此謂胡說八道。詳見第三齣注〔43〕。

〔41〕口業——指作孽的話。佛教將身、口、意所作、所說、所想而形成的善與惡稱「三業」。清・翟灝《通俗編・言笑》云：「《楞嚴經》：『什提云：我有口業。』《淨住子》：『口業是患苦之門，禍累之始。』」

〔42〕除懺——悔過也。

〔43〕顛倒——猶索性、還是。湯顯祖《南柯記》十〔駐雲飛〕白：「但有高酒店鋪，顛倒沉醉一番。」《清平山堂話本・快嘴李翠蓮記》：「叫你出來，分付你小則聲，顛倒說出一篇來。」

〔44〕欺蘸（zhàn）——猶謂食言、欺騙。蘸，指將物體浸入水中。

〔45〕頭直上——謂頭頂上。

〔46〕君命召——參見第十七齣注〔38〕。

〔47〕地折底——謂地邊、天邊；天涯海角。地折，葉《譜》作「地圻」。地圻，指大地的邊緣、邊際。一說，湯氏「地折」二字含有「天柱折，地維絕」，人生陷入窮途的感慨；「底」字作助詞解。

〔48〕瓊崖萬儋——地名；均位於嶺南一帶。瓊，瓊州，唐時故址在今瓊山縣瓊州鎮，宋時移今海口市。崖，崖州，唐時故址在今瓊山縣東南，今屬海口市地區。萬，萬州，唐時為萬安縣，明時入萬州，在今海南島東部萬寧縣。儋，儋州，唐時為義倫縣，明時入儋州，在今海南島西北部儋縣。

〔49〕生祠——為活著的人修建的祠堂。《舊唐書‧狄仁傑傳》：「仁傑嘗為魏州刺史，人吏為立生祠。及去職，其子景暉為魏州司功參軍，頗貪暴，為人所惡，乃毀仁傑之祠。」清‧趙翼《陔餘叢考‧生祠》：「《莊子》庚桑子所居，人皆尸祝之。蓋已開其端。《史記》欒布為燕相，燕齊之間皆為立社，號曰欒公社；石慶為齊相，齊人為立石相祠，此生祠之始也。」

〔50〕生受——猶感謝。見第二十齣注〔84〕。

〔51〕住站——謂停留、居住。

〔52〕蛋夫妻——指船家夫妻。蛋，蛋民，又稱蛋家、蛋戶，指以船為家的漁戶。蛋民即水上居民，因像浮於飽和鹽溶液之上的雞蛋，長年累月浮於海上，故名。《廣東通志》卷七云：「番禺蛋民以捕魚為業。」

〔53〕鸞械——應為「鸞緘」；指書信；此指封緘的皇帝詔書。鸞，又稱青鸞、青鳥，是神話傳說中的神鳥，無名氏《漢武故事》中稱西王母的信使謂青鳥，古詩詞中常用。

〔54〕趲趲（cān tán）——相隨馳逐貌。此處指車馬馳逐奔跑的樣子。

〔55〕愚濫——愚謂愚笨，濫指行為不檢點；愚濫連文，用作詈詞。亦作「餘濫」「漁濫」，音義並同。元‧高文秀《遇上皇》四〔得勝令〕：「你往日特餘濫，今番刀下斬。」元‧石君寶《秋胡戲妻》四〔折桂令〕：「據著你那愚濫荒唐，你怎消的那烏靴象簡、紫綬金章？」

〔56〕「烏頭蘸」二句——黑著頭髮回朝做官，意指尚未老便回朝做官。烏頭，引申指未老。蘸，即「蘸眼」，耀眼。

〔57〕沾嵌——猶牽連、沾惹。

〔58〕鳳凰池——本指皇帝花園中的池沼，魏晉南北朝時為中書省所在地。唐宋以來，往往用來指代中書省和宰相。唐‧劉禹錫《河南觀察使故相國袁公輓歌》：「五驅龍虎節，一入鳳凰池。」

〔59〕長則是——詳見第四齣注〔91〕。

〔60〕「舉頭紅日近」二句——為宋代寇準詩句。明‧彭大翼《山堂肆考》卷一零八

《神童・吟華山詩》云：「宋寇準，字平仲，八歲吟《華山詩》：『只有天在上，更無山與齊。舉頭紅日近，回首白雲低。』其師謂父曰：『賢郎怎不作宰相？』」

第二十六齣　雜　慶〔1〕

【大迓鼓】〔工部大使〔2〕上〕小官工作場，功臣甲第〔3〕，蓋造牌坊〔4〕。魯班〔5〕墨線千年樣，高閣樓臺金玉裝。〔合〕賞犒無邊，願他官高**壽**長。

自家工部營繕所〔6〕一個大使，奉旨蓋造盧老爺大功臣坊、敕書閣、寶翰樓、醉錦堂、翠華臺、湖山海子〔7〕，約二十八所。各工奏完，盧府賞銀三千錠，花酒〔8〕不計其數，好氣概也。

【前腔】〔廄馬大使上〕小官群牧坊〔9〕，功臣賜馬，夜白飛黃〔10〕。方圓肥瘦都停當，穩稱他一路鳴珂〔11〕裛袖香〔12〕。〔合前〕

學生飛龍廄〔13〕一個管馬大使，萬歲爺御樓上見盧府各位公子，朝馬肥瘦不一，詔選內廄馬三十匹，送到盧府乘坐。蒙盧府賞我大使官一秤馬蹄金〔14〕，押馬的九十餘人，各賞金錢一百貫〔15〕，好不興也。

【前腔】〔戶部大使上〕小官冊籍廊〔16〕，為功臣田土，詔撥皇莊。山田水碓〔17〕何為廣？更有金谷名園勝洛陽〔18〕。〔合前〕

小子戶部黃冊庫〔19〕大使，奉旨齎送〔20〕欽賜田園數目：田三萬頃，園林二十一所，送到盧府。蒙賞契尾錢〔21〕一萬緡〔22〕，好利市〔23〕也。

【前腔】〔樂官綠衣〔24〕花帽上〕小官內教坊〔25〕，要功臣行樂，賜與糟糠〔26〕。〔內〕連龜婆〔27〕都去了。〔樂〕偷賣了一個粉頭，老婆替哩。吹彈歌舞都停當，只怕夫人是個喫醋王。〔合前〕

賤子是新襲職的龜官兒，萬歲爺賜功臣女樂，欽撥仙音院〔28〕二十四名，以按二十四氣。蒙禮部裴老爺差委，送去盧府。女妓都留著用，賞賤子研光插花帽〔29〕一頂，百花衣一件，金錢一千貫，好不興也。〔唱合前〕

〔與前三官見介、樂〕三位老先唱喏〔30〕。〔眾惱介〕反了，反了，臭龜

官敢來唱偌。〔樂〕你官多大？〔眾〕更不大，也是一考三年，三考九年，朝廷大選，六品行頭〔31〕，出去爲民之父母。你何等樣？開口唱偌。〔打介〕也罷，不要打他，瞧他家小娘兒去。〔樂〕老先，老先，我家小娘，連娘都牽在盧府去了。〔眾〕這等，權把你當小娘，唱個小曲兒。唱的好，罷；不然，呈告禮部堂上，打碎你的殼。〔樂〕也罷，便做小娘，唱個銀紐絲兒〔32〕：〔唱介〕愛的是奴家一貌也花，親親姊妹送盧家，好奢華。獨自轉回衙，風吹了綠帽紗〔33〕，斜簪一朵花。小攢金袖軟靴兒乍〔34〕。撞著嘴唇皮疙瘩〔35〕，臭冤家，把咱背克喇〔36〕，鑽通〔37〕鬥不著也他。我的外郎〔38〕夫呵，唡〔39〕龜兒我龜兒唡。〔眾〕唱的好，再唱，再唱。〔樂〕罷了。〔眾譁、內響道介、眾〕太老爺下朝房了，走，走，走。正是：人逢開口笑，花插滿頭歸〔40〕。〔下〕

校 注

〔1〕雜慶——此齣寫盧生返京後，皇帝賜其府第、馬匹、田地、園林、女樂。一時間門庭若市，各部官員紛紛向其兌現皇帝的賞賜。

〔2〕工部大使——工部，中央六部之一，掌管各項工程、工匠、水利、交通等政令。大使，據《續通典·職官八》，事務官稱大使。如元京都二十二倉之倉大使，內藏各庫之庫大使，明清多沿用。下文同。下文「戶部」，亦中央六部之一，掌管土地、戶籍、賦稅、財政等事務。

〔3〕甲第——上等宅院、大宅。宋·無名氏《釋常談》卷上「甲第」：「好宅謂之甲第，甲者，首也。」唐·崔顥《橫吹曲辭·長安道》詩：「長安甲第高入雲，誰家居住霍將軍。日晚朝回擁賓從，路傍拜揖何紛紛。」

〔4〕牌坊——封建社會爲表彰功勳、科第、德政以及忠孝節義所立的建築物。一般多爲功德牌坊和貞節牌坊。

〔5〕魯班——古代著名工匠。公輸氏，名般，春秋魯國人。「般」與「班」同音，故稱「魯班」。魯班在機械、土木、手工工藝等方面有所發明，舊時工匠尊其爲祖師。

〔6〕營繕所——官署名，掌管營繕之事。營繕，據《明史·職官志一》「工部·營繕」載：「營繕典經營興作之事。凡宮殿、陵寢、城郭、壇場、祠廟、倉庫、廨宇、營房、王府邸第之役，鳩工會材，以時程督之。」明代洪武二十五年置營繕所。此機構唐代名爲營繕監。

〔7〕海子——見二十二齣注〔27〕。

〔8〕花酒——用花釀製的酒。《宋史·外國傳五·三佛齊國》：「有花酒、椰子酒、檳

椰酒、蜜酒，皆非曲蘗所醖，飲之亦醉。」

〔9〕群牧坊——官署名，負責皇家馬匹的牧養、繁殖、訓練等事務。

〔10〕夜白飛黃——泛指良馬。夜白，即「照夜白」，神駒也。見宋・曾慥《類說》卷十六引《明皇雜錄》。唐・杜甫《韋諷錄事宅觀曹將軍畫馬圖》：「曾貌先帝照夜白，龍池十日飛霹靂。」飛黃，亦名「乘黃」，傳說爲八駿中的神馬，背有角、善飛馳，壽千歲，乃是馬中之王。漢・劉安《淮南子・覽冥訓》云：「青龍進駕，飛黃伏皀。」飛黃，亦有古手抄本記載爲一種神獸，「聲若驚雷，其通體金黃，類虎而生雙翼，翼未動而自停虛空。」

〔11〕鳴珂——馬籠頭上的玉飾，行走時會碰擊出聲，故稱「鳴珂」。珂，似玉美石，馬勒上的裝飾品；雖有玉珂之名，而實多爲貝製。「鳴珂」典出南朝梁・何遜《車中見新林分別甚盛詩》：「金谷賓遊盛，青門冠蓋多。隔林望行幰，下阪聽鳴珂。」鳴珂本指馬，後以此形容居官顯赫或指官宅。《新唐書・張嘉貞傳》：「嘉祐，嘉貞弟，有干略。方嘉貞爲相時，任右金吾衛將軍。昆弟每上朝，軒蓋驪導盈閭巷，時號所居坊曰『鳴珂裏』。」唐・岑參《衛節度赤驃馬歌》：「憶昨看君朝未央，鳴珂擁蓋滿路香。」

〔12〕「袖香」下——葉《譜》疊「賞犒無邊，願他官高壽長」句。下面兩支「前腔」曲結尾，亦疊此句。

〔13〕學生飛龍廄——學生，此爲明清時官場中自稱的謙詞，讀書人亦以此作爲自稱謙詞。清・孔尚任《桃花扇》二一〔泣顏回〕白：「個個是學生提拔，如今皆成大僚。」飛龍廄，唐時御廄名。《新唐書・兵志》：「天子元御，左右六閑……總十有二閑，爲二廄，一曰祥麟，二曰鳳苑，以係飼之。其後禁中又增置飛龍廄。」

〔14〕一秤馬蹄金——秤，爲衡器，古亦作量詞，一秤爲十五斤。《孔叢子・衡》：「斤十謂之衡，衡有半謂之秤，秤二謂之鈞。」清・俞正燮《癸巳存稿・西瓜》：「輪臺西昌八喇城西瓜，其重及秤，蓋即今哈密西瓜。秤，謂十五斤。」馬蹄金，鑄成馬蹄形的黃金。《漢書・武帝紀》：「今更黃金爲麟趾，裹蹄以協瑞焉。」唐・顏師古注：「武帝欲表祥瑞，故普改鑄爲麟足馬蹄之形，以易舊法耳。今人往往於地中得馬蹄金，金甚精好，而製巧妙。」明・凌濛初編纂《二刻拍案驚奇》卷十九：「寄華使用了些馬蹄金，作爲贄禮。」

〔15〕貫——古銅錢計量單位，一貫錢一千文。

〔16〕冊籍廊——官署名，掌管各種帳冊，隸屬於戶部。

〔17〕水碓（dui）——利用水力澆灌或舂米的設備。碓，舂米用具。亦作碓兒、碓臼、碓臼兒。設置方法是：掘地安放石臼，其上用柱子架起一根木槓，槓的一端裝杵或縛石，用腳連續踏另一端，使杵或石頭連續起落，去掉石臼中穀粒的穀皮或舂成粉。簡單的碓，只是一個石臼，手執杵搗米。後來又有利用

畜力、水力等以代替人力的，使用範圍逐漸擴大，如舂搗紙漿等。這種農具，上古就有，東漢以前已有所改進。金・無名氏《劉知遠諸宮調》十二〔般涉調・耍孩兒〕：「長交擔水負柴薪，終日搗碓推磨。」

〔18〕「金谷名園」句——金谷名園，晉石崇別館，因築於河陽之金谷，故名「金谷園」。「有清泉茂樹、眾果竹柏、藥草蔽翳。」為洛陽最豪華的私家花園。唐・駱賓王《豔情代郭氏答盧照鄰》詩：「銅駝路上柳千條，金谷園中花幾色。」洛陽，此處指洛陽苑，是隋唐時洛陽之內苑，此苑方圓一百二十六里，西至孝水，北背邙阜，南拒非山。中有翠微宮、積翠池等。此句是說私人的園林勝過了朝廷的苑囿。

〔19〕黃冊庫——掌管戶口等冊籍的官署。明代的南京玄武湖曾建過輝煌的黃冊庫，並有專門的管理人員。黃冊，明清時為征派賦役編造的戶口冊籍；因上交戶部的一份為黃色封面而得名。

〔20〕齎（jī）送——持送、遣送。齎，以物贈人。

〔21〕契尾錢——稅錢。契尾是指土地買賣的契稅單。元・胡祗遹《紫山大全集》卷二一云：「典賣文契自有公據，問賑正契，然後赴務投稅，契本契尾印押，方為完備。」元代典賣文契由牙人帶去納稅，在契本尾處押印，繳納的稅金俗稱「契尾錢」，牙人在典賣交易中另有牙錢。《大清律例》卷九亦云：「拒令業戶親自齎契投稅，該州縣即黏司印契尾，給發收據。」此處或因欽賜田園免稅，故戲說以應納的「契尾錢」賞賜大使。

〔22〕緡（mín）——古時穿錢繩也。一千文一緡。

〔23〕利市——運氣、吉利。

〔24〕樂官綠衣——樂官，古代掌理音樂的官員，因其地位低，故穿綠色衣服。漢・揚雄《法言・吾子》：「綠衣三百，色如之何矣；紆絮三千，寒如之何矣。」李軌注：「綠衣雖有三百，色雜不可入宗廟。」明・王錂《春蕪記》五〔囀林鶯〕：「向春風枉卻韶顏，做綠衣微賤。」

〔25〕內教坊——官署名。唐開元二年（公元714年）設內教坊，以中官為教坊使，掌管宮廷音樂。《舊唐書・職官志二》：「內教坊。武德以來，置于禁中，以按習雅樂，以中官人充使。則天改為雲韶府，神龍復為教坊。」

〔26〕糟糠——見《後漢書・宋弘傳》，光武帝劉秀姊湖陽公主新寡，屬意於朝臣宋弘。帝問弘，「貴易交，富易妻」，是否合乎人情？宋弘答道：「臣聞貧賤之交不可忘，糟糠之妻不下堂。」後世用來指共過患難的妻子。

〔27〕龜婆——舊時妓院老鴇稱「龜婆」，下文「龜官」為其夫。此乃宮廷樂官戲稱。下文「粉頭」為妓院娼妓。《太平天國詩文集・太平天日》：「壞道竟然傳得道，龜婆無怪作家婆！」羅爾綱注：「廣州系方言叫鴇母為龜婆，叫丈夫的母親為家婆。」

〔28〕仙音院——指掌管樂工、供奉皇帝消遣和皇家祭享的機構。此處泛稱宮中梨園子弟所在的院名。據《新唐書‧禮樂志十二》，宮中梨園子弟的所在稱宜春院。晚唐時又有仙韶院。據《元史‧世祖本紀》，蒙古汗國中統元年曾設仙音院以掌管樂工，元朝建立後改稱玉宸院。元‧馬致遠《漢宮秋》四〔剔銀燈〕：「猛聽得仙音院鳳管鳴，更說甚《簫韶》九成。」

〔29〕硏光插花帽——即硏絹帽，又名硏光帽。用硏光絹製成的舞帽。唐‧南卓《羯鼓錄》云：「璡常戴硏絹帽打曲，上自摘紅槿花一朵，置於帽上筺處，二物皆極滑，久之方安，遂奏《舞山香》一曲，而花不墜落。」故謂「硏光插花帽」。清‧黃景仁《滿庭芳》詞：「雲璈纔奏罷，硏光舞歇，無限新愁。」

〔30〕老先唱偌（chàng ruò）——老先，詳見第七齣注〔18〕。唱偌，亦作「唱喏」。古代見面打招呼的禮節之一。下級對上級、卑輩對尊輩行禮作揖時，揚聲致敬。

〔31〕行頭——猶頭銜。《平山冷燕》第三回：「一日，有個江西故相的公子姓晏名文物，以恩蔭官來京，就選考了一個知府行頭，在京守候。」

〔32〕銀鈕絲兒——即「銀紐絲」，亦名「銀絞絲」、「銀紐線」。爲明代始流行的民間曲調，流傳時間較長。每首約四十八字，平仄通押，可加襯字。牌子曲中亦常用。這裏是將明代曲調移到了唐代。

〔33〕綠帽紗——即「綠頭巾」。清‧翟顥《通俗編‧服飾》引《七修類稿》：「《唐史》李封爲延陵令，吏人有罪，不加杖罰，但令裹碧綠以辱之，隨所犯輕重以定日數。後人遂以著此服爲恥。今吳中謂人妻有淫行爲綠頭巾。樂人巾制以碧綠，意皆由此而來。但當時李封何以必用綠巾？及見春秋時，有貨妻女求食者，綠巾裹頭，以別貴賤，乃知其來已遠。李封亦因是以辱之耳。」翟按：「《七修》說竟無從檢覆，其燕說哉。欲原此制之因，惟《漢書‧東方朔傳》，董偃綠幘傅鞲，隨公主前伏殿下。師古注：綠幘，賤人之服也。爲可徵引。」

〔34〕乍——整潔、漂亮、俊俏貌。湯顯祖《紫釵記》八〔宜春令〕：「他芳心染惹，怕春著裙腰身子兒乍。」亦作「詐」、「窄」、「窄窄」。金‧董解元《西廂記諸宮調》卷一〔般涉調‧牆頭花〕：「不苦詐打扮，不甚豔梳掠。」元‧無名氏《鴛鴦被》二〔黃鐘尾〕白：「帽兒光光，今日做個新郎；帽見窄窄，今日做個嬌客。」「光光」，與「窄窄」同義。

〔35〕疙癩——形容皮膚粗糙。

〔36〕克喇——擬聲詞，摹擬板倒的聲音。

〔37〕鑽通——這裏指偷情。

〔38〕外郎——官職名。漢代有議郎、中郎、侍郎、郎中等官職，他們掌宮殿門戶，若皇帝出門，則充當車騎。那些沒有固定職務的散郎稱外郎。六朝以來，亦稱員外郎，謂正員以外的官員。唐‧張籍《寄元員外》詩：「外郎直罷無餘事，掃灑書堂試藥爐。」宋元以來，小說戲曲中多將衙門書吏稱散郎；亦指縣府小

吏。元·孫仲章《勘頭巾》二、白:「官人清似水,外郎白如麵。水麵打一和,
糊塗成一片。」

〔39〕唰——《玉篇》:「唰,鳥治毛衣也。」亦作迅速擦過的擬聲詞。此作諢語、褻
語。

〔40〕「人逢開口笑」二句——化用唐·杜牧《九日齊安登高》詩:「塵世難逢開口笑,
菊花須插滿頭歸。」

第二十七齣　極　欲〔1〕

【感皇恩】〔旦引貼上〕依舊老平章,平沙堤〔2〕上,宴罷千官擁門
望〔3〕。歸來袍袖,長是御爐煙颺〔4〕。皇恩深幾許?如天廣。〔貼〕御宿
田園,御書樓榜,御樂仙音整排當〔5〕。〔旦〕滿床簪笏〔6〕,盡是綺羅生
長。年光休去也,留清賞〔7〕。

【集句】遙見飛塵入建章〔8〕,紅英撲地滿筵香〔9〕。誰知不向邊城苦〔10〕?
爲報先開白玉堂〔11〕。相公自嶺海〔12〕歸來,二十年當朝首相,今日進
封趙國公,食邑五千户〔13〕,官加上柱國太師〔14〕。先蔭兒男一齊陞改:
長子傅,翰林侍讀學士〔15〕;次子倜,吏部考功郎〔16〕;三子儉,殿中
侍御史〔17〕;四子位,黃門給事中〔18〕。這梅香伏侍相公,也養下一子,
叫做盧倚,因他年小,掛選尚寶司丞〔19〕。孫子十餘人,都著送監讀書。
恩榮至矣。幾日前父子侍宴御樓之上,萬歲爺憑闌,望見我家朝馬肥瘦
不齊,即便選賜御馬三十匹。宴罷之際,聞得老相公家中少用女樂,即
便分撥仙音院女樂二十四名,以應二十四氣。又賜田園樓館,形勝非常。
此時相公出朝,我教排設家宴,想俱整齊,相公早到。〔眾擁生上〕向
曉入金門〔20〕,侍宴龍樓〔21〕下。身惹御爐煙,歸來明月夜〔22〕。我盧
生,出將入相,五十餘年。今進封趙國公,食邑五〔23〕千户,四子盡陞
華要〔24〕。禮絕百僚之上,盛在一門之中。侍宴方闌,下朝歸府。不免
緩步而行。

【中呂粉蝶兒】錦繡全唐,眞乃是錦繡全唐。鬧堂餐〔25〕偏醉上我
頭廳宰相〔26〕,有那些伴飲班行〔27〕。壓沙堤,歸軟馬〔28〕,是我到有些
美懷佳量〔29〕。轉東華驀著我庭堂〔30〕,又逼箚〔31〕的我那夫人酬唱。

〔見介〕夫人,恭喜了,進封爲趙國夫人。侍宴而歸,不覺梨花月上。

〔旦〕妾因御賜樓臺幾所，因此開紅妝宴〔32〕，上翠華樓，陪公相盡通宵之興。〔生〕少待，少待，你四個兒子都擺著一路頭踏，鳴珂佩玉而回。〔四子冠帶上〕兄弟同日陞蔭，拜見老爺老夫人去。〔見禮介〕禮樂衣冠地，文章富貴家。南山開壽域，東海溢流霞〔33〕。爹娘在上，容孩兒們敬上一杯賀酒。〔進酒介〕

【泣顏回】列桂捧瓊觴〔34〕，滿冠蓋青雲成浪〔35〕。穿朝入苑無非戚畹宮牆〔36〕。老爺，你把朝堂穩坐，一家兒門戶山河壯〔37〕。保蒼生你大古裏〔38〕馳名，荷皇封〔39〕小的兒沾賞。

〔旦〕院子，請官兒堂下飲酒。〔四子跪介〕稟老爺老夫人，兒子荷爹娘福庇，新受皇恩，各衙門俱有公宴。〔生〕正是，衙門公宴，不可遲遲。〔四子打躬退介〕暫赴鵉行席〔40〕，長趨燕喜堂〔41〕。〔下、內作樂、生歎美介、旦〕老公相不知，此乃皇恩頒賜女樂二十四名，按二十四氣，吹彈歌舞，可謂妙矣。〔生〕哎喲，我只道是家常雅樂，原來教坊之女，咱人不可近他。〔旦〕怎生不可近他？〔生〕尋常女子，有色無聲，名為啞色。其次有聲而未必有色，能舞而未必能歌。只有教坊之女，攪箏琶〔42〕，舞霓裳〔43〕，喬合生〔44〕，大迓鼓〔45〕，醉羅歌〔46〕，調笑令〔47〕，但是標情奪趣〔48〕，他所事皆知。所以君子可視也〔49〕，不可陷也；可棄也，不可往也。且其幼色取自鮮妍，假母教其精細〔50〕。容止則光風霽月〔51〕，應對則流水行雲。加之粉則太白，加之朱則太赤。高一分則太長，低一分則太短。詩家說道：月出皎兮〔52〕，美人嫽兮。巧笑倩兮，美目盼兮。那一盼你道是甚麼盼，把你的心都盼去了。那一笑你道是甚麼笑？把人那魂都笑倒了。故曰：皓齒蛾眉〔53〕，乃伐性之斧；鶯聲燕語，乃叫命之梟；細唾黏津，乃腐腸之藥；翻床跳席，乃糜癉之機。老子曰：五色令人目盲，五音令人耳聾〔54〕。所以小人戒色〔55〕，須戒其足。君子戒色，須戒其眼。相似這等女樂，咱人再也不可近他。〔旦〕這等，公相可謂道學之士〔56〕，何不寫一奏本，送還朝廷便了。〔生笑介〕這卻有所不可。禮云：不敢虛君之賜〔57〕。所謂卻之不恭，受之惶愧〔58〕了。〔旦〕公相，聽你說白一篇，到耽誤了幾個曲兒。叫女樂近前，勸公相酒。〔女樂叩頭介、生〕你們都是奉旨來的，請起，請起。唱的唱，舞的舞。

【上小樓】〔樂〕我則望仙樓排下這內家妝〔59〕，步寒宮出落的紫霓裳〔60〕，一個個清歌妙舞世上無雙。把紅牙兒撒朗〔61〕，羯鼓兒繃邦〔62〕。間的是吉琤琤的銀雁兒打的冰弦嘵〔63〕，吸烏烏〔64〕洞簫聲悠漾。把我這截雲霄〔65〕不住的歌喉放，唱一個殘夢到黃粱。〔生〕怎說起黃粱？〔眾〕不是，唱一個殘韻繞虹梁〔66〕。

【泣顏回】〔生〕軒昂，氣色滿華堂，立宮花濟楚珠佩玲琅〔67〕。謝夫人賢達，許金釵十二成行〔68〕。插花筵畔捧蓮杯，笑立嬌模樣。蚤餐他鳳髓龍肝〔69〕，卻沾承黛綠蛾黃〔70〕。

〔旦〕啟相公得知：還有酒在翠華樓，爲今夜暖樓〔71〕之宴。〔生〕賢德夫人也。淡月籠雲，玉階之上可以玩賞。侍女們燃百十枝絳紗燈，細樂導引，我與夫人緩步遊賞一回。〔貼眾燈籠細樂行介〕

【黃龍衮犯】踢蕩蕩的蹬道〔72〕三條，滴溜溜的平川一掌〔73〕。藹溶溶〔74〕的淡月長空，高簇簇的紗籠翠晃〔75〕。抵多少銀燭朝天紫陌長〔76〕。〔笑跌介〕待不笑呵，不是他紅生生〔77〕翠袖雙扶，把我脆設設〔78〕的肝腸一踢〔79〕。

〔內奏樂笑聲道響介、生〕前面幾十對紗燈響道，問是誰家？〔貼眾問介、內應介〕便是我家四位官兒宴歸私宅。〔生笑介〕好人家也。前面翠華樓了。

【撲燈蛾犯】靄青青〔80〕煙裊袖爐香，廝琅琅〔81〕落花御溝漾。喞喳喳〔82〕晚風飄細樂，齊怎怎千步廊迴向〔83〕。高豔豔的金牌玉榜〔84〕，軟幽幽〔85〕粉樓下垂楊。密札札〔86〕雕簷畫戟，雄糾糾有笑天獅〔87〕，門外滾毬場〔88〕。

〔到介、旦〕公相，你看翠華樓前面，欽賜碧蓮湖三十六景。〔生〕眞乃神仙景致。女樂們扶我與夫人上樓去。〔上介、生〕大觥〔89〕灑酒來，與夫人痛飲。

【上小樓犯】展嵬嵬〔90〕登了閣，砌臻臻〔91〕遊了房。眞乃是倚著紅雲〔92〕，踏著紅蓮〔93〕，逗著紅妝。〔旦〕老爺請酒。〔做酒翻濕袖介、

—191—

生〕笑的來酒影花枝，酒搖燈暈，酒生袍浪〔94〕，越顯的這風清也似月朗〔95〕。

〔旦〕高樓良夜，相公可以盡懷。〔樂爭持生介、生〕聽我分付：今夜便在樓中派定，此樓分為二十四房，每房門上掛一盞絳紗燈為號，待我遊歇一處，本房收了紗燈，餘房以次收燈就寢。倘有高興，兩人三人臨期聽用。〔樂笑應介〕

【疊字犯】拍拍紅喧翠嚷〔96〕，匝匝〔97〕情深意廣。沉沉的玉漏稀〔98〕，娟娟〔99〕的風露涼。悉的悉喇〔100〕宿鳥兒湖上，閃閃開紅紗繡窗。一個個待枕席生香，落落滔滔取情兒玩賞〔101〕。笑笑笑人生幾百歲，醉煞錦雲鄉〔102〕。

〔旦〕夜闌了，相公將息貴體。〔生〕夫人，吾今可謂得意之極矣。

【尾聲】論功名，為將相，也是六十載擎天架海梁〔103〕。夫人，向後〔104〕呵，我則把這富貴榮華和咱慢慢的享。

美景天將錦繡開，昇平元老醉金杯。

夜夜笙歌歸院落，朝朝燈火下樓臺。〔105〕

校 注

〔1〕極欲——此齣寫盧生官至太師，夫榮妻貴，四個兒子同日陞遷。盧生一家過著極富、極貴、極欲的奢侈生活。

〔2〕沙堤——唐代專為宰相通行車馬所鋪築的沙面大路。詳見第二十齣注〔23〕

〔3〕「宴罷千官」句——喻指待召官員爭相拜見，門庭若市。

〔4〕「歸來袍袖」二句——喻指盧生深得皇帝的寵愛，袍袖上經常留有與皇帝圍爐談話時薰染上的煙火味道。長是，即常是。

〔5〕排當——安排妥當。

〔6〕滿床簪笏——比喻家中做官的人多。滿床，猶謂滿座。簪笏，喻指達官朝臣。簪，簪筆；古皇帝近臣頭插簪筆以備記事，後成為一種備禮的冠飾，表示供奉朝廷。笏，朝笏；臣朝見君王手持的玉板（或象牙、竹製），以指畫記事。南朝梁·簡文帝《馬寶頌》序：「簪笏成行，貂纓在席。」唐·杜甫《與李十二白同尋范十隱居》詩之三：「不願論簪笏，悠悠滄海情。」

〔7〕清賞——指幽雅的景致或清雅的玩物（金石、書畫等）。南朝齊・謝朓《和何議曹郊遊》詩之一：「江陲得清賞，山際果幽尋。」明・唐順之《夏日聽沈君彈琴詩》之一：「山居足清賞，獨恨不能琴。」

〔8〕「遙見飛塵」句——語出《全唐詩》卷143、王昌齡《青樓曲》詩：「白馬金鞍從武皇，旌旗十萬宿長楊。樓頭小婦鳴箏坐，遙見飛塵入建章。」建章，漢宮殿名，武帝時建，在長安未央殿西。

〔9〕「紅英撲地」句——語出《全唐詩》卷92、李乂《侍宴桃花園詠桃花應制》詩：「綺萼成溪遍御芳，紅英撲地滿筵香。莫將秋宴傳王母，來比春華奉聖皇。」

〔10〕「誰知」句——語出《全唐詩》卷128、王維《少年行四首》詩之三：「出身仕漢羽林郎，初隨驃騎戰漁陽。孰知不向邊庭苦，縱死猶聞俠骨香。」

〔11〕「爲報」句——語出《全唐詩》卷27、無名氏《水調歌・入破第三》詩：「昨夜遙歡出建章，今朝綴賞度昭陽。傳聲莫閉黃金屋，爲報先開白玉堂。」白玉堂，見第十四齣注〔110〕。

〔12〕嶺海——指兩廣地區。因其北靠五嶺，南臨南海，故稱嶺海。

〔13〕食邑五千戶——食邑，詳見第十七齣注〔35〕。五，各本俱作「九」。

〔14〕上柱國太師——官名。位朝中「三公」之首，其次爲太傅、太保，都爲大官加銜，輔弼皇帝，是一種恩寵虛銜。上柱國，指在軍事上立有大功勳的人，位極尊寵。唐代太師位列正一品。

〔15〕翰林侍讀學士——官名。唐置集賢殿侍讀學士，宋始置翰林侍讀學士。唐侍讀學士與書院學士、直學士爲修撰官，掌刊輯校理經籍，正五品。

〔16〕吏部考功郎——官名。應爲考功郎中，其與吏部員外郎，掌文武百官功過罪惡之考法及其行狀，從五品上。

〔17〕殿中侍御史——官名。唐御史臺官員，與侍御史、監察御史同爲御史大夫、御史中丞屬官，或給事殿中，或舉劾非法。殿中侍御史則主掌殿庭供奉之儀，京畿諸州兵皆隸焉，從七品下。詳見《舊唐書・職官志三》。

〔18〕黃門給事中——官名。漢爲黃門郎加官。唐時爲門下省要職，在侍中及門下侍郎之下，掌侍左右，分判省事，銓察弘文館繕寫讎校，駁正政令之違失，正五品上。參見《舊唐書・職官志二》。

〔19〕尙寶司丞——官名。唐置符寶郎，掌天子八寶及國之符節。有事請於內，既事奉而藏。明代置尙寶司卿、少卿、司丞，掌寶璽符牌印章而辨其所用，正六品。

〔20〕金門——「金馬門」的省稱，漢代宮門名。漢武帝得大宛馬，乃命善相馬者東門京以銅鑄像，立馬於魯班門外，因稱金馬門。亦稱金門、金馬。後世以待詔金門爲晉升之階。漢代文人東方朔、主父偃、嚴安、徐樂皆待詔於此，爲朝廷所用。後遂沿用爲官署或朝廷的代稱。《史記・滑稽列傳・東方朔傳》：「（朔）時坐席中，酒酣，據地歌曰：『陸沉於俗，避世金馬門。宮殿中可以

避世全身，何必深山之中，蒿廬之下。』金馬門者，宦者署門也，門傍有銅馬，故謂之曰：『金馬門』。」唐・白居易《郡中眷宴因贈諸客》詩：「僕本儒家子，待詔金馬門。」

〔21〕龍樓——本爲漢代太子宮門名。《漢書・成帝紀》：「上嘗急召，太子出龍樓門，不敢絕馳道，西至直城門，得絕乃度，還入作室門。」顏師古注引張晏曰：「門樓上有銅龍，若白鶴、飛廉之爲名也。」泛指帝王所居之宮室。亦可指朝堂。唐・蔣防《題杜賓客新豐里幽居》詩：「已去龍樓籍，猶分御廩儲。」明・無名氏《霞箋記》二六〔皂角兒〕：「只恐他步雲梯，登月殿，上龍樓，題虎榜，不念舊日鸞凰。」

〔22〕「身惹御爐煙」二句——出自唐詩。《全唐詩》卷 235、賈至《早朝大明宮呈兩省僚友》詩：「劍佩聲隨玉墀步，衣冠身惹御爐香。」《全唐詩》卷 750、李中《漁父二首》詩之二：「殷勤留我宿溪上，釣艇歸來明月高。」

〔23〕五——清暉、竹林本俱作「九」。

〔24〕華要——指顯貴清要之職。「華」，稱美之辭；「要」，顯要也。

〔25〕堂餐——詳見第八齣注〔5〕。

〔26〕頭廳宰相——謂最高行政機構的宰相。頭廳，指最高行政機構，也引申指第一名。參見第八齣注〔73〕。

〔27〕班行——指朝官之列。參見第九齣注〔4〕。

〔28〕軟馬——又稱「軟輪」，用蒲葉包裹的車輪，取其柔軟不致顛簸。又稱「安車軟輪」、「安車蒲輪」，表示皇帝對賢能者的優待。《漢書・武帝紀》：「遣使者安車蒲輪，束帛加璧，徵魯申公。」安車，古代可以坐乘的小車。古車立乘，此爲坐乘，故稱安車。供年老的高級官員及貴婦人乘用。高官告老還鄉或徵召有重望的人，往往賜乘安車。安車多用一馬，禮尊者則用四馬。唐・王維《贈東嶽焦煉師》詩：「頻蒙露版詔，時降軟輪車。」

〔29〕美懷佳量——指胸懷廣，酒量大。

〔30〕「轉東華」句——東華，即東華門，皇城東門。詳見第十九齣注〔3〕。驀著，猶連著、接著。

〔31〕逼箚——本意指逼迫，這裏有催促、攛掇、誘使之意。亦作「逼匝」。元・喬吉《朝天子・小娃琵琶》散曲：「暖烘，醉客，逼匝的芳心動。」

〔32〕紅妝宴——謂海棠宴。宋・蘇軾《海棠》詩中有「只恐夜深花睡去，故燒高燭照紅妝」句，後人多將海棠花比作盛妝的美女。

〔33〕流霞——古代神話傳說中的仙酒。亦泛指美酒。東漢・王充《論衡・道虛》：「饑欲食，僊人輒飲我以流霞一杯，每飯一杯，數月不饑。」北周・庾信《衛王贈桑落酒奉答》詩：「愁人坐狹邪，喜得送流霞。」唐・李商隱《武夷山》詩：「只得流霞酒一杯，空中簫鼓當時回。」

〔34〕列桂瓊觴——列桂，喻盧生四子。桂，蟾宮桂也，即月中桂樹。古以科舉及第為蟾宮折桂，亦以才高者為折桂手。盧生四子乃蔭襲授官，「列桂」稱之，矯飾之辭也。瓊觴，瓊，即瓊漿、瓊液，指美酒；觴，古酒器。

〔35〕「滿冠蓋」句——此句形容盧家做官者很多。冠蓋，指官員的冠服和車乘。冠，禮帽；蓋，車乘。元·鄭光祖《倩女離魂》一〔寄生草〕：「他辛勤十年書劍洛陽城，決崢嶸一朝冠蓋長安道。」青雲，本指高空，後喻置身高位飛黃騰達，借指高官顯爵。典出《史記·范睢蔡澤列傳》：「范睢歸取大車駟馬……須賈頓首言死罪，曰：『賈不意君能自致於青雲之上，賈不敢復讀天下之書，不敢復與天下之事。』」成浪，很多，特多，此處喻指做官的人多。

〔36〕戚畹宮牆——戚畹，猶戚里，指皇帝外戚聚居的地方。宮牆，代指朝廷所在地。此句是說與盧家交往之人都是皇親國戚。清·洪昇《長生殿》三〔仙呂引子·鵲橋仙〕：「榮誇帝裏，恩連戚畹，兄妹都承天眷。」唐·戴叔倫《長安早春贈萬評事》詩：「春風歸戚里，曉日上花枝。」

〔37〕門戶山河壯——喻盧氏家族象山河一樣強盛牢固。

〔38〕大古裏——蒙古語。亦作「大古來」、「待古裏」、「特古裏」，此可作程度副詞解，特別地、十分地、大大地。

〔39〕荷皇封——承受皇帝的封賞。荷，承受、承蒙；多用於表示感激，如「感荷」。

〔40〕鴛行席——謂朝官們請酒的宴席。鴛行，亦作「鵷行」，喻百官上朝的朝班，也喻指同署僚友。唐·錢起《尋司勳李郎中不遇》詩：「唯有早朝趨鳳閣，朝時憐羽接鴛行。」因鵷鴦飛行有序，故古人以之比擬百官朝見皇帝時的容儀。

〔41〕燕喜堂——指與父母在一起飲宴。燕喜，喜慶的宴席；燕，通「宴」。唐·蕭穎士《江有歸舟三章》詩：「稱觴燕喜，於岵於屺。」

〔42〕攪箏琶——彈撥箏琶。攪，搊彈也。箏、琶，胡人樂器名稱。

〔43〕舞霓裳——即舞唐《霓裳羽衣》舞曲。

〔44〕喬合生——喬，妝扮也。合生，又名合笙，是唐代一種以歌詠為主，伴隨舞蹈的伎藝。《新唐書·武平一傳》：「酒酣，胡人襪子、何懿等唱『合生』，歌言淺穢……妖伎、胡人、街童、市子，或言妃主情貌，或列王公名賢，詠歌蹈舞，號曰『合生』。」但唐代的「合生」以歌詠為主，蹈舞為輔，與宋代的「合生」，名同實異。唐代的「合生」到了宋代，一變而為「唱題目」，而把它原有的名稱，讓位給新興的說話技藝。「合生」是宋代說話的一家，眾伎之一種。扮演這種技藝的男女藝人，都須言詞敏捷，辨慧有才思。正如宋·洪邁《夷堅志》乙集卷六「合生詩詞」條中所說：「江浙間，路歧伶女，慧黠知文墨，能於席上指物題詠，應命輒成者，謂之『合生』，其滑稽含玩諷者，謂之『喬合生』。」當時以「合生」技藝著稱的有吳八兒（見《東京夢華錄·京瓦伎藝》）、雙秀才（見《武林舊事·諸色伎藝人》）等，可以想見當時說話的

盛況。元·無名氏散套《粉蝶兒·問世》:「折末道謎,績麻合笙,折末道字,說書打令,諸般樂藝都曾領。」另據清·姚燮《今樂考證·雜劇院本傳奇之稱》云:「合生,即院本雜劇也。」

〔45〕大迓鼓——又名大砑鼓。即迓鼓戲,爲宋代王子純初製,後流傳甚廣;其曲調後爲南曲曲牌。此指歌舞伎藝。迓鼓,詳見第十一齣注〔56〕。

〔46〕醉羅歌——曲牌名。屬南曲仙呂宮的集曲,也屬於南曲小令的專用曲調。此指歌舞伎藝。

〔47〕調笑令——既是詞牌名,又是曲牌名。屬於酒筵令曲。

〔48〕但是標情奪趣——謂凡是表達情趣。但是,凡是之意。《玉篇》:「標,標舉也。」又:「奪,取也。」

〔49〕「君子可視也」四句——《論語·雍也》云:「君子可逝也,不可陷也;可欺也,不可罔也。」原意爲:君子可前往救人,但不可跳下去陷入井中;君子可能被欺騙,但不可被愚弄。此處作者特意借「逝」「視」、「欺」「棄」、「罔」「往」諧音,意謂女色可視而不可陷,可棄而不可往。

〔50〕假母、精細——假母,繼母、義母、養母、乳母等;此稱教坊女官,視同義母。精細,謂精密細緻;這裏指禮節、禮儀之類的禮數。

〔51〕光風霽月——比喻容貌出眾。光風,天氣晴朗時的和風。霽月,雨過天晴後的明月。

〔52〕「月出皎兮」四句——「月出」二句,語出《詩·陳風·月出》:「月出皎兮,佼人嫽兮。」佼,即美人;「嫽」(liáo)通「僚」,美好也。嫽,各本均作「了」字。「巧笑」二句,語出《詩·衛風·碩人》,倩,笑靨美好貌;盼,黑白分明。本傳奇中「盼」字戲爲轉義。

〔53〕「皓齒蛾眉」以下八句——漢·枚乘《七發》賦云:「且夫出輿入輦,命曰蹙痿之機;洞房清宮,命曰寒熱之媒;皓齒蛾眉,命曰伐性之斧;甘脆肥膿,命曰腐腸之藥。」伐性之斧,漢·高誘注:「以其淫辟滅亡,故曰伐性之斧者也。」蹙痿,肢體癱瘓不能行動之病。「蹙」同「蹶」。《說文》:「蹶,僵也。」痿,《玉篇》:「痿,足不能行也。」蹙,朱墨本作「厥」。

〔54〕「五色令人」二句——語出老子《道德經》十二章。「五色」,原指黃青赤白黑。盲,辨別不明。「五音」原指宮商角徵羽。二句意謂繽紛的色彩,使人眼花繚亂;繁複的音樂,使人耳聾。

〔55〕「所以小人戒色」四句——老子《道德經》十二章,講欲望對人的誘惑,「令人心發狂」,「令人行妨」。故此說「小人戒其足」,不去行妨。老子又曰:「是以聖人爲腹不爲目。故去彼取此。」腹者,無知無欲,雖有可欲之境,亦不能見;目者,可見可欲之境,易受誘惑。故此說「君子戒其目」,不受誘惑。

〔56〕道學之士——此處謂不近女色之人。

〔57〕不敢虛君之賜——謂君主所賜，須恭謹待之。宋·蔡節編《論語集說》卷五，在「君賜食，必正席」下東溪劉氏注：「賜生者，必畜之者，待有事而後殺，不以遺人，不敢虛君之賜也。」

〔58〕「卻之不恭」二句——拒絕饋贈為待人不恭敬，接受又覺不安和慚愧。《孟子·萬章下》：「『卻之卻之為不恭』，何哉？」後與「受之有愧」連用遂演變為了客套話。明·蘭陵笑笑生《金瓶梅詞話》第三九回：「小道蒙老爺錯愛，疊受重禮，卻之不恭，受之有愧。」

〔59〕望仙樓排下這內家妝——望仙樓，唐代內苑之樓。《舊唐書·武宗本紀》：「神策奏修望仙樓廊舍五百三十九間功畢。」唐·元稹《連昌宮詞》：「上皇正在望仙樓，太真同憑闌干立。」內家妝，內廷的妝束。內家，指皇宮。此處指教坊女樂。唐·李珣《浣溪沙》詞：「晚出閒庭看海棠，風流學得內家妝。」明·梅鼎祚《崑崙奴》三〔倘秀才〕：「還有那二八內家妝，要一副僻靜些座頭，怕蜂勞蝶嚷。」

〔60〕「步寒宮」句——女樂身著彩雲般華麗的服裝，彷彿從嫦娥居住的廣寒宮中出來。寒宮，指廣寒宮。出落的，出落，有陳列、顯示、顯露等義。的，為語尾助詞，無義。清·葉承宗散套《北雙調·新水令·榆錢》：「記昨朝密蔭層層，出落得參差孤乾冷。」紫霓裳，以紫色雲霓為裳，指華麗的衣服。戰國楚·屈原《九歌·東君》：「青雲衣兮白霓裳，舉長矢兮射天狼。」王逸注曰：「言日神來下，青雲為上衣，白霓為下裳也。」

〔61〕紅牙兒撒朗——紅牙兒，擊樂器，即拍板，用檀木製，色紅，故名。撒朗，拍板聲；喻指音聲舒緩、悠揚。

〔62〕羯鼓兒繃邦——羯鼓，擊樂器，形如漆桶，北魏時由西域傳入，盛行於唐。演奏時用兩杖敲擊，音聲急促強烈，又名兩杖鼓。繃邦，擊鼓聲；喻指音聲急促。

〔63〕「間的是」句——伴隨著古箏清脆嘹亮的樂聲。間的，夾雜、間雜。吉琤琤，象聲詞；指金屬擊打的聲音，此指樂器發出的聲響。銀雁兒，亦稱「銀雁」，喻銀質或銀色的古箏弦柱。因其排列有如雁行，故名。亦指稱古箏。清·唐孫華《錢瞿亭舍人挽詩》：「歌聲按銀雁，舞袖翻遊鷗。」冰弦哓，謂琴弦發出清脆的聲音。冰弦，對琴弦的雅稱。

〔64〕吸烏烏——象聲詞。形容洞簫吹奏時幽咽的聲音。「烏烏」，葉《譜》作「嗚嗚」。

〔65〕截雲霄——阻遏行雲，比喻歌聲響亮美妙動聽。古有秦人秦青善歌，傳說其歌聲響入雲霄，行雲為之滯留。也作遏流雲、遏行雲等。《列子·湯問》：「薛譚學謳於秦青，未窮青之技，自謂盡之；遂辭歸。秦青弗止，餞於郊衢，撫節悲歌，聲振林木，響遏行雲。薛譚乃謝求反，終身不敢言歸。」唐·羅隱《春思》詩：「蜀國暖回溪峽浪，衛娘清轉遏雲歌。」唐·權德輿《三婦詩》：「小婦無

所作，嬌歌遏行雲。」

〔66〕虹梁──彩虹。因彩虹彎曲如橋，故可稱虹梁。唐・元稹《春月》詩：「分暉林間影，餘照上虹梁。」

〔67〕「立宮花」句──謂女樂們衣著鮮美，因配戴著玉石，發出了玲琅的聲音。宮花，借指女樂們。玲琅，玉石的聲音。

〔68〕金釵十二成行──南朝・梁武帝《河中之水歌》：「河中之水向東流，洛陽女兒名莫愁……十五嫁爲盧郎婦，十六生兒字阿侯。頭上金釵十二行，足下絲履五文章。」後用以比喻姬妾之多。唐・白居易《酬思黯戲贈》詩：「鐘乳三千兩，金釵十二行。」自注：「思黯自誇前後服鐘乳三千兩，甚得力。而歌舞之妓頗多。來詩謔予嬴老，故戲答之。」金釵十二，又稱十二金釵、十二釵。此指家妓眾多。

〔69〕鳳髓龍肝──比喻珍奇美味，喻指御宴。明・孫仁孺《東郭記・吾將瞷良人之所也》：「他故人情藹，消受他鳳髓龍肝；我寸舌應嚼壞，愧沒歸遺兩女子。」

〔70〕沾承黛綠蛾黃──喻指二十四女樂打扮得十分妖嬈。沾承，謂塗抹。黛綠蛾黃，指婦女化妝用品。黛綠，青黑色；蛾黃，淡黃色。

〔71〕暖樓──民間俗稱暖房、溫居、穩居，是入住新居前，邀親朋鄰舍前來飲宴，賀其喬遷之喜。

〔72〕踢蕩蕩的蹬道──「踢」同「趿」。踢蕩蕩，謂音節頓挫，喻走蹬道時的步聲。蹬道，有踏階的道路。《三國演義》第九十回：「孔明令積土爲蹬道，先上城者爲頭功。」

〔73〕一掌──猶謂一掌之地，即一片平坦之地。

〔74〕藹溶溶──指天空潔白明淨。藹，通「靄」，指雲氣。溶溶，明淨的樣子。

〔75〕高簇簇、翠晃──高簇簇，高而聚集之意。翠晃，指明亮的紗籠燈在風中搖擺晃動。翠，鮮明、明亮之意。宋・王應麟《困學紀聞・評詩》：「以鮮明爲翠，乃古語。」

〔76〕「抵多少」句──抵多少，好比是。紫陌，京城內繁華的街道。封建社會人們認爲天上有紫微垣，爲拱衛天子之宮，於是即以紫禁、紫陌之類字，爲王城街道命名。亦指帝都郊野的道路。漢・王粲《羽獵賦》：「濟漳浦而橫陳，依紫陌而並征。」唐・賈至《早朝大明宮》詩：「銀燭朝天紫陌長，禁城春色曉蒼蒼。」唐・賈島《黎陽寄姚合》詩：「去日綠楊垂紫陌，歸時白草夾黃河。」

〔77〕紅生生──謂紅豔豔。生生，鮮明有朝氣的樣子。

〔78〕脆設設──脆，輕鬆適意。設設，多用於詞的後綴，強調被形容的事物。

〔79〕踢（tàng）──亦作「蹚」，《集韻》：「蹚，與踢同，趿踢，行不正也。」故「踢」可作顛落解，即盧生「笑趺」時，好似肝腸顛落。

〔80〕靄青青──形容煙霧彌漫升騰的樣子。

〔81〕廝琅琅——零落貌；形容風吹物體零落的聲音。元・鄭廷玉《後庭花》三〔鴛鴦煞〕白：「你聽那牆上土撲籟籟的，房上瓦廝琅琅的。」元・湯式《端正好・詠荊南佳麗》套曲：「輕颭颭、廝琅琅、隔琳窗霞綃響珮琚。」

〔82〕唧喳喳——象聲詞。形容音樂聲在風中飄動，從遠處聽去若隱若現。

〔83〕「齊怎怎」句——齊怎怎，整齊的樣子。「怎怎」，葉《譜》作「臻臻」。千步廊，明朝廷貯存奏章底本的地方。明・沈德符《野獲編・六科廊章奏》云：「嘉靖乙丑春，千步廊毀於火，先朝所貯疏稿底本俱成煨燼。」亦泛指宮苑中的長廊。

〔84〕「高豔豔」句——高豔豔，高而鮮明的樣子。金牌玉榜，古代代表權力和地位的兩種物品。金牌，金字之牌，軍中或朝廷之內遇有急要務時供官員使用。玉榜，也稱玉牌，玉石做的牌匾，乃高貴之象徵，代表主人的身份和地位。

〔85〕軟幽幽——形容垂楊柔和寂靜的樣子。

〔86〕密札札——稠密的樣子。湯顯祖《牡丹亭》四七〔縷縷金〕：「一聲金炮響，將人跌蹉。可憐，可憐，密札札干戈，其間放著我。」

〔87〕笑天獅——指大門前的獅子。古代官府和富貴人家往往於大門前立一對石製獅子，以示威嚴或門戶高大。這裏是形容盧家門前石獅雄赳赳氣度非凡。

〔88〕滾毬場——指進行擊毬遊戲。

〔89〕觥（gōng）——古代一種酒器。青銅製，獸形，腹橢圓形。

〔90〕展尵尵——顫巍巍行走。展，引動身子；尵尵，搖晃貌。

〔91〕砌臻臻——《玉篇》：「砌，階砌也。」《說文》：「臻，至也。」《玉篇》：「臻，及也。」故「砌臻臻」可作挨個兒到達解。

〔92〕紅雲——紅色的雲。傳說僊人所居之處，常有紅雲盤繞。唐・曹唐《小遊仙詩》之四七：「紅雲塞路東風緊，吹破芙蓉碧玉冠。」清・洪昇《長生殿》二七〔北沽美酒帶太平令〕白：「你本是蓬萊仙子，因微過謫落凡塵。今雖是浮生限滿，舊仙山隔斷紅雲。」

〔93〕紅蓮——紅色的荷花，或蓮花。這裏指地毯上織有荷花或蓮花圖案。

〔94〕酒生袍浪——酒杯起落，衣袖隨之上下翻飛，形容酒喝的很多，酒宴上的氣氛熱烈。

〔95〕風清也似月朗——即「風清月朗」，形容夜景美好。清・洪昇《長生殿》二〔中呂過曲・古輪臺〕：「此夕歡娛，風清月朗，笑他夢雨暗高唐。」亦用於喻品性高潔。元・王實甫《西廂記》一本二折〔鬥鵪鶉〕：「俺先人甚的是渾俗和光，真一味風清月朗。」若用此義，則為諷諭盧生其人矣。

〔96〕拍拍紅喧翠嚷——拍拍，音樂的節拍，引申指每一次、每一回。紅喧翠嚷，形容非常熱鬧的樣子，指女樂們的喧嚷。

〔97〕匝匝——謂周匝，環繞也。《集韻》：「帀，周也。」《正韻》：「俗訛作匝。」漢・張衡《西都賦》云：「列卒周帀。」《漢書・高祖紀》云：「圍宛城三匝。」

〔98〕玉漏稀——指夜深了。玉漏，玉製或鑲玉製的漏壺，古計時器，滴水或漏沙計
　　　時。稀，漏壺內的水或沙減少了。此句化用唐·羊士諤《和武相早朝中書候傳
　　　點書懷奉呈》詩句：「耿耿金波缺，沉沉玉漏稀。」

〔99〕娟娟——幽遠貌。唐·杜甫《狂夫》詩：「風含翠筱娟娟靜，雨裏紅蕖冉冉
　　　香。」湯顯祖《吳觀察得月亭舉燭沾醉》詩：「面面荷心滴露臺，娟娟得月
　　　水亭開。」

〔100〕悉的悉喇——象聲詞，鳥翅煽動聲。

〔101〕「落落滔滔」句——謂連續不斷痛痛快快地玩樂。落落滔滔，連續不斷之意。
　　　　取情兒，猶盡情地。

〔102〕錦雲鄉——猶醉鄉、夢鄉。喻指富貴淫樂生活。元·楊維楨《折枝海棠》詩：
　　　　「金屋銀釭照宿妝，一枝分得錦雲鄉。」

〔103〕擎天架海梁——擎天之柱，架海之梁，喻安邦定國之棟樑臣。參見第十五齣
　　　　注〔46〕。擎，舉、托。

〔104〕向後——即往後、以後、將來之意。「向」有朝著、對著的意思，故云。唐·
　　　　白行簡《李娃傳》：「向後數載，生父母偕歿，持孝甚至。」

〔105〕「夜夜笙歌」二句——化用唐·白居易《宴散》詩句，原句為「笙歌歸院落，
　　　　燈火下樓臺」。

第二十八齣　友　歎〔1〕

【掛眞兒】〔蕭上〕生意盡憑黃閣下〔2〕，歎元僚病染霜華〔3〕。紫禁
煙花，玉堂風月〔4〕，長好是〔5〕精神如畫。

> 故交君獨在，又欲與君離。我有新愁淚，非關秋氣悲〔6〕。下官蕭嵩，
> 忝〔7〕同平章事。有首相盧老先生，乃同年至交，年今八十有餘，忽然
> 一病三月，重大事機，詔就床前請決。皇上恩禮異常，至遣禮部官各宮
> 觀建醮禳保〔8〕。那禮部堂上是裴年兄，上香而回，必然到此。〔裴上〕

【番卜算】元老病能瘥〔9〕，聖主心縈掛。〔見介、蕭〕年兄，這一番
祈禱是如何？要作從長話〔10〕。

> 年兄，盧老先生平日精神甚好，因何一病纏綿？

【風入松】〔裴〕略知元老病根芽，說起一場新話〔11〕。〔蕭〕是閣中
機務所勞？〔裴〕非關閣下傷勞雜，是房中有些兒兜荅〔12〕。〔蕭〕呀，
難道盧老先生此時還有餘話？〔裴〕好採戰〔13〕說長生事大，皇恩賜女嬌

娃。

〔蕭〕有這等的事，老夫人怎不阻他？〔裴〕都道彭祖〔14〕年高八百，也用採女之術。

【前腔】〔蕭〕老年人似紙烘殘蠟，能禁幾陣風花〔15〕。千年彭祖今亡化，顛倒〔16〕著折本生涯。〔裴〕盧年兄富貴已極，止想長生一路了。〔蕭〕便是，**論吾儕**〔17〕**都是八旬上下，遲和蚤幾爭差**〔18〕？

盧老先既有此失，勢必蹺蹊〔19〕。且喜年兄大拜〔20〕在即了。〔裴〕不敢。

病到調元老，朝家少國醫。

惟餘一枝樹，留與後來棲。

校　注

〔1〕友歎——盧生妄想長生，大行採戰之術，終至身染重疾。此出借蕭嵩、裴光庭二人之歎，導引戲劇走向結局。

〔2〕「生意盡憑」句——生意，意謂旨意；此當作料理政事解。黃閣，詳見第二十四齣注〔3〕。

〔3〕元僚病染霜華——元僚，即大官，重臣；此指盧生。僚，同官謂僚。唐·劉言史《初下東周贈孟郊》詩：「因依漢元僚，未似羈細輕。」明·陳汝元《金蓮記》五〔畫眉序〕：「披褐陳王道，須委任元僚絕紛擾。」病染霜華，謂因年高而疾病纏身。霜華，鬢髮斑白，指年事已高。

〔4〕「紫禁煙花」二句——謂盧生面對欽賜內教坊女樂，回想當年供職朝廷時的綽約風流，一派豪華景象。紫禁，本指皇帝居住之處，這裏代指京城。煙花，指綺麗的景色。玉堂，原為漢宮殿名，後泛指宮殿。漢·揚雄《解嘲》：「今子幸得遭明聖之世，處不諱之朝，與群賢同行，歷金門、上玉堂有日矣。」漢有玉堂署，唐有翰林院，宋以後翰林院亦稱玉堂。明·李東陽《懷麓堂集·送吳學士克溫之南京》詩：「玉堂風月每平分，北客南來又送君。」

〔5〕長好是——也寫作「唱好是」、「暢好是」，猶真是、正是。詳見第四齣注〔56〕。

〔6〕「故交君獨在」四句——語出《全唐詩》卷287、暢當《別盧綸》詩：「故交君獨在，又欲與君離。我有新秋淚，非關宋玉悲。」《全唐詩》「愁」作「秋」，注曰：「一作愁」；「秋氣」作「宋玉」，注曰：「一作秋氣」。

〔7〕忝——自謙之詞，謂有愧於、有辱於。

〔8〕「至遣禮部」句——禮部，中央六部之一。職掌禮儀、祭享、貢舉等，長官爲禮部尚書。建醮禳保，謂設壇祈禱，保祐平安。建醮，指道教誦經祈禱的行爲和道場。禳保，即指設醮祈禱禳除災祟，保祐生人。

〔9〕「元老」句——元老，唐代對宰相的稱呼，這裏指盧生。唐·李肇《唐國史補》卷下：「宰相相呼爲元老，或曰堂老。」瘥（chài），病癒。

〔10〕從長話——謂從長道來，需仔細談談。

〔11〕新話——新話題、新話頭。

〔12〕兜荅——亦作「兜答」。難以言說之事，此猶謂勾搭。元·張壽卿《紅梨花》一〔賺煞〕：「貪和你書生打話，暢好是兜兜答答，因此上不知明月落誰家。」

〔13〕採戰——猶「採補」；謂汲取他人元氣、精血以補益己身。即道家所說採陰補陽，爲道家所宣揚的長生不老術之一。明·單本《蕉帕記》四〔混江龍〕：「連宵拜斗魄猶沉，經年煉氣丹難就，待借些採戰，向何處搜求？」

〔14〕彭祖——古代傳說中的人物，說他善於養生，有導引之術，壽至八百多歲。見漢·劉向《列仙傳·彭祖》。晉·葛洪《神仙傳》述殷王曾派採女問道於彭祖，其爲殷王、採女等人授補道之術，後周遊四方，成仙而去。據《楚辭》王逸注、洪興祖補注，彭祖善調雉羹事堯，堯封之彭城（今四川彭山縣）。

〔15〕風花——風吹落花，引申指男女情事。

〔16〕顛倒——猶謂反而。元·鄭廷玉《看錢奴》一〔鵲踏枝〕白：「我爺娘在時，也還奉養他好好的；從亡化之後，不知什麼緣故，顛倒一日窮一日了。」參見第十一齣注〔11〕。

〔17〕吾儕（chái）——吾輩。儕，同輩，同類的人。

〔18〕幾爭差——即謂差多少。爭差，猶差別。清·西周生《醒世姻緣傳》第三五回：「每一會場，一省也成二三十中了進士，比那南方也沒有甚麼爭差。」

〔19〕蹺蹊——奇怪、可疑。這裏指盧生情況不妙，凶多吉少。參見第十齣注〔34〕。

〔20〕大拜——指拜相。唐·李肇《唐國史補》卷上：「〔李晟〕與張延賞有隙。及延賞大拜，二勳臣在朝，德宗令韓晉公和解之。」清·孔尚任《桃花扇·設朝》十六〔本序〕白：「若論迎立之功，今日大拜，自然讓馬老先生了。」

第二十九齣　生　寤 〔1〕

【金蕉葉】〔旦愁容上〕愁長恨長，天樣大門庭怎放？就其間有話難詳。天，天，天，怎的我老相公一時無恙？

事不三思，終有後悔。我老相公夫婦齊眉〔2〕，極富極貴；年過八十，五子十孫；此亦人間至樂矣。以前止是幾個丫鬟勸酒，老身時時照管，

不致疎虞〔3〕。近因皇帝老兒沒緣沒故送下幾個教坊中人，歌舞吹彈，則道他老人家飲酒作樂而已。誰想聽了個官兒，他希求進用〔4〕，獻了個採戰之術〔5〕。三月以前，偶然一失，因而一病蹺蹊〔6〕。所仗聖眷〔7〕轉深，分遣禮部官於各宮觀建醮祈禱，王公國戚以次上香，可謂得君之至矣。只恐福過災生，未肯天從人願。天呵，不敢望他百歲，活到九十九也罷了。〔兒子走上報介〕老夫人，老夫人，老爺不好了！分付請他出堂而坐。〔兒子梅香扶生病上〕

【小蓬萊】八十身爲將相，如今幾刻時光。猛然惆悵，丹青易老，舟楫難藏〔8〕。

【集唐】將相兼權似武侯〔9〕，誰人肯向死前休〔10〕？臨階一盞悲春酒〔11〕，野草閒花滿地愁〔12〕。夫人，我病勢沉沉，精魂散亂，多因罷了。思想當初，孤苦一身，與夫人相遇。登科及第，掌握絲綸〔13〕。出典〔14〕大州，入參機務。一竄嶺表〔15〕，再登臺輔〔16〕。出入中外，迴旋臺閣，五十餘年。前後恩賜，子孫官蔭，甲第田園，佳人名馬，不可勝數。貴盛赫然，舉朝無比。聖恩未報，一病郎當〔17〕。夫人，我和你以前歷過酸辛，兒子都不知道。豈知我八十而終，皆天賜也。

【勝如花】寒窗苦，滯選場〔18〕，瘦田中蹇驢來往。猛然間撞入卿門，平白地天門〔19〕看榜。命直著簸箕無狀〔20〕，手爬沙去開河運糧，手提刀去胡沙戰場。險些兒劍死雲陽，貶炎方〔21〕受瘴。又富貴八旬之上。〔合〕〔22〕算從前勞役驚傷，到如今疾病災殃。

〔旦〕老相公，你此病雖然天數〔23〕，也是自取其然。八十歲老人家，怎生採戰那？〔生惱介〕採戰，採戰，我也則是圖些壽算，看護子孫，難道是瞞著你取樂？

【前腔】〔旦〕你年過邁，自忖量，說採戰混元修養〔24〕。爲朝廷燮理陰陽〔25〕，自體上不知消長，這一病可能停當。老相公，平安罷了，有些差池〔26〕，就要那二十四個丫頭償命。〔生惱介〕少道〔27〕，少道。〔眾子〕老夫人言詞太搶〔28〕，老相公尊性兒廝強〔29〕。俺孝順兒郎，爹爹揀口兒〔30〕咱盡情供養。〔生〕不想吃呵。〔眾子〕這等有湯藥在此。〔跪進藥介〕

嘗了藥進些無恙。〔生惱介〕還吃甚藥！〔合前〕

〔內報介〕報，報，報，閣下裴老爺蕭老爺問安到堂。〔旦〕怎好相待？

〔生〕長兒子答應去。你說有勞蕭叔叔裴叔叔，晚些下朝，請來有話。

〔長子應下〔31〕、內介〕公侯駙馬伯各位老皇親問安到堂。〔生〕次兒子答應去。這都是四門親家，說有勞了，容病起叩謝。〔次應下、內介〕五府六部都通大堂上官〔32〕共八十員名稟帖問安〔33〕到堂。〔生〕三的兒答應去，你說有勞了。〔三子應下、內介〕小九卿〔34〕堂上官共一百八十員名腳色問安到堂。〔生〕第四的答應去，你說知道了。〔小應下、內介〕合京大小各衙門官三千七百員名，連名手本問安。門外伺候。〔生〕堂候官，分付都知道了。〔官應下、內介〕報，報，報，萬歲爺欽差高公公，領了御醫來到。〔旦慌介、生〕快取冠帶加身，夫人接旨。〔高領御醫上〕

【滴溜子】驃騎〔35〕的，驃騎的，駕前排當〔36〕。領聖旨，御醫前往。直到平章宅上，他病患有干係〔37〕，無虛詐。俺比他富貴無聊，他百僚之上。

〔到介〕聖旨到，跪聽宣讀。詔曰：卿以俊德〔38〕，作朕元輔〔39〕。出雄藩垣〔40〕，入贊緝熙〔41〕。昇平二紀〔42〕，實卿是賴。比〔43〕因疾累，日謂痊除。豈遽沉頓，良深憫默〔44〕。今遣驃騎大將軍〔45〕高力士就第省候〔46〕，卿其勉加針灸〔47〕，為朕自愛。深冀無妄，期於有喜，謝恩！

〔旦謝恩起介、生〕老公公，學生多蒙聖恩，有勞貴步，何以為報！〔高〕宮監事煩，不得頻來看望老先生。萬歲爺甚是懸掛，以前雖遣中使〔48〕時常問安，還不放心，以此特差本監，領這御醫視藥調膳。叫你千萬寬養，以付〔49〕眷懷。且著御醫診視。〔診脈介〕

【榴花泣】〔御〕貴人擡手，指下細端詳，手背上汗亡陽〔50〕。呀，魚遊雀啄去伴伴〔51〕，喜心經有脈弦長〔52〕。老爺，下官《太素》〔53〕最精，老爺心脈洪大，眼下〔54〕有加官蔭子之喜，下官不勝欣賀。〔生笑介〕難道，難道。〔御背高介〕〔55〕盧老爺脈息欠好了，魂飛散揚，爭些兒〔56〕要得身亡喪。〔高哭介〕可憐盧老先，幾十載裏外同心，霎兒間形影分張。

〔御〕老爺，容下官處方呈上，可憐醫國手，空費藥籠心。〔下、生〕

老公公，俺高年重病，醫療多難。頂戴〔57〕皇恩，沒身無報。

【前腔】書生何德，毫髮聖恩光，垂老病，賜仙方。微臣要掙挫〔58〕做姜公望〔59〕，八旬外恁的郎當。老公公，老臣不能下床，只在枕頭上叩首謝恩了。〔三叩首介〕萬歲萬歲萬萬歲。天恩敢忘，願來生做鬼也向丹墀傍。老公公，蕭裴二公雖係同年同官，還仗老公公青目〔60〕。〔高〕這是交情在前了。〔生〕要緊一事，俺六十年勤勞功績，老公公所知。怕身後蕭裴二公總裁國史，編載不全。〔高〕這個朝家自有功勞簿，逐一比對。誰敢遺漏？〔生〕保家門全仗高公，紀功勞藉重同堂。

〔生〕請問老公公：身後加官贈諡〔61〕何如？〔高〕自有聖眷，不必掛心。咱去也。〔生哭介〕哎喲，還有話：老夫有個孽生之子〔62〕盧倚年小，叫來拜了公公。〔扮小公子出拜介〕好個公公，好個公公，公公青目你孫子些兒。〔生笑介〕孩子到賊〔63〕哩。〔高〕小哥注選尚寶中書〔64〕了。〔生〕本爵止敘邊功，還有河功未敘，意欲和這小的兒再討個小小陰襲〔65〕，望公公主持。〔高〕謹記在心，不敢久停了。〔生叩頭哭介〕千萬奏知聖上，老臣再不能勾瞻天仰聖了。〔哭介、高〕要知忍死求恩澤，且盡餘生答聖明。〔下、生〕哎喲，哎喲，我汗珠兒滾下來了。絲筋寸骨都是疼的，好冷，好冷哩。是了，這叫做風刀解體〔66〕。誰替的我呵？叫大兒子，將文房四寶，掃席焚香，待我寫下遺表〔67〕，謝了朝廷，便死瞑目矣。〔旦〕公相不煩自寫。〔生〕你不知，俺的字是鍾繇法帖〔68〕，皇上最所愛重。俺寫下一通，也留與大唐家作鎮世之寶。〔長兒上〕老得文園病，還留《封禪書》〔69〕。焚香在此，老爺草表。〔生叩頭，旦扶頭正衣冠，寫介〕

【急板令】盡餘生丹心注香〔70〕，盼階前斜陽寸光。呀，手戰寫不得。罷了，起個草，兒子代書。待親題奏章，待親題奏章，俺戰戰兢兢寫不成行。你整整齊齊，記了休忘。〔長歎落筆介、合〕從今後大古裏分張〔71〕，窮富貴在何方？

〔生短氣介〕不要聒噪，大兒子念表文俺聽。〔長念介〕臣本山東書生，以田圃為娛。偶逢聖運，得列官序〔72〕。過蒙榮獎〔73〕，特受鴻私〔74〕。出擁旄鉞〔75〕，入升鼎輔〔76〕。周旋中外〔77〕，綿歷〔78〕歲年。有忝恩

造〔79〕，無裨聖化。負乘致寇〔80〕，履薄臨兢〔81〕。日極一日，不知老之將至。今年八十餘，位歷三公〔82〕。鐘漏並歇〔83〕，筋骸俱敝。彌留沈困，殆將溘盡〔84〕。顧無誠效，上答休明〔85〕。空負深恩，永辭聖代。臣無任感戀〔86〕之至！謹奉表稱謝以聞。〔生〕是了，俺氣盡之後，端正寫了奏上。夫人，你和俺解了朝衣朝冠，收在容堂〔87〕之上，永遠與子孫觀看。〔換舊衣巾歎介〕人生到此足矣。呀，怎生俺眼光都落了？俺去了也。〔死向舊睡處倒介、眾哭介〕

【前腔】老天天把相公命亡，老爺爺俺天公壽喪。且立起容堂，且立起容堂，把一品夫人哭在中央；列位官生〔88〕哭在邊傍。〔合前〕

〔眾哭介、旦暗去生鬚拍生背哭介〕盧郎好醒呵。〔下、生作驚醒看介〕哎喲，好一身冷汗。夫人那裏？〔丑扮前店主上〕甚麼夫人？〔生叫介〕盧傳、盧倜、盧儉、盧位、小的盧倚呢？咳，都在那裏去了？〔丑〕叫誰那？〔生〕我的兒子。〔丑〕你有幾個兒子那？〔生〕五個哩。咳，都往前面敕書閣、寶翰樓耍子。〔丑〕便只是小店。〔內驢鳴介、生〕三十疋御賜的名馬，可喂些料？〔丑〕只一個蹇驢在放屁。〔生〕啊，我脫下了朝衣朝冠。〔丑〕破羊裘在身上。〔生〕嗄！好怪，好怪，連我白鬚鬍子那裏去了？〔看介〕你是誰？不是崔家院公麼？〔丑〕甚麼崔家院公。趙州橋店小二，煮黃粱飯你喫哩。〔生想介〕是哩，飯熟了麼？〔丑〕還饒一把火兒。〔生起介〕有這等事！

【二郎神】難酬想，眼根前不盡的繁華相。當初是打從這枕兒裏去。〔提枕介〕枕兒內有路，分明留去向，向其間打滾，影兒歷歷〔89〕端詳。難道這一星星〔90〕都是謊？怎教人不護著這枕兒心快？〔歎介〕忽突帳〔91〕，六十年光景，熟不的半箸黃粱〔92〕。

〔呂上笑介〕山靜似太古，日長如小年〔93〕。盧生睡的可得意麼？〔生〕老翁，太奇，太奇。俺一徑的搶中了唐家狀元，替唐天子開了三百里河路，打過了一千里邊關哩。〔呂笑介〕咦，多少功勞！〔生〕老翁不知，小生也不敢訴聞。恁大功勞，還聽個讒臣宇文丞相之言，賜斬咸陽都市。喜得妻兒哭救，遠竄嶺南，直走到崖州鬼門關外。〔呂〕僥倖，僥倖，後來？〔生〕後來有得蕭裴二位年兄辯救，欽取還朝，依舊拜為首相。

金屋名園，歌兒舞女，不記其數。親戚俱是王侯，子孫無非恩蔭。仕宦五十餘年，整整的活到八十多歲。〔呂〕你說大丈夫當建功樹名，出將入相，列鼎而食，選聲而聽，使宗族茂盛而家用肥饒，然後可言得意。如子所遇，豈不然乎？此際尋思，得意何在？〔生想介〕便是呢。黃粱飯好香也。〔呂〕子方列鼎而食，希罕此黃粱飯乎？

【玉鶯啼】你堂餐多飽，鼻尖頭還新廚飯香。〔生〕黃粱恁般難熟。〔呂〕這黃粱是水火勾當〔94〕，好枕兒邊問你那崔氏糟糠。可還挑黃粱半箸，與你那兒郎豢養〔95〕。〔生想介〕好多時候哩。〔呂笑介〕終不然水米無交〔96〕，蚤滾熟了山河半餉〔97〕。你希〔98〕迷想，怎不把來時路玉真〔99〕重訪？

〔生笑介〕老翁教我把玉真重訪，難道來時路還在這枕根裏？〔再看枕歎介〕咳，枕兒，枕兒，你把我盧生有家難奔，有國難投。別的罷了，則可惜俺那幾個官生兒子呵！〔呂笑介〕你那兒子，難道是你養的？〔生〕誰養的？〔呂〕是那店中雞兒狗兒變的。〔生〕咳，明明的有妻，清河崔氏，坐堂招夫。〔呂〕便是崔氏也是你那胯下青驢變的，盧配馬為驢。〔生想介〕這等，一輩兒君王臣宰，從何而來？〔呂〕都是妄想遊魂〔100〕，參成〔101〕世界。〔生歎介〕老翁，老翁，盧生如今惺悟了。人生眷屬，亦猶是耳。豈有真實相乎？其間寵辱之數，得喪之理，生死之情，盡知之矣。

【簇御林】〔102〕風流帳，難算場。死生情，空跳浪〔103〕，埋頭午夢人胡撞。剛等得花陰過窗，雞聲過牆，說甚麼張燈喫飯纔停當〔104〕？罷了，功名身外事，俺都不去料理他，只拜了師父罷。〔拜介〕似黃粱，浮生稊米〔105〕，都付與滾鍋湯。

【啄木兒】〔呂〕成驚悅，忒遽忙，敲破了枕函，我也無伎倆。你拜了我，便要跟我雲遊〔106〕了。〔生〕便跟師父雲遊去。〔呂〕求道之人，草衣木食〔107〕，露宿風餐，你做功臣的人怎生享用的？〔生〕師父又取笑了。〔呂〕還一件，徒弟有參差〔108〕的所在，師父當頭挂杖，就打死了，眉也不許皺一皺。〔生〕弟子雲陽市上都不曾皺〔109〕個眉，怎怕的師父打？〔呂

笑介〕你雖然寐語星星〔110〕，怕猛然間舊夢遊揚。〔生〕白日青天，還做甚麼夢也？師父。〔呂〕你果然比黃蘗〔111〕苦辣能供養，比餐刀痛澀能迴向〔112〕，也還要請個盟證先生〔113〕和你議久長。

〔生〕便隨師父尋個證盟師去。

【滴溜子】跟師父，跟師父，山悠水長。那證盟的，證盟的，他何人那方？不離了邯鄲道上，一匝眼〔114〕煮黃粱鍋未響。六十載光陰，唱好是〔115〕忙。

【尾聲】〔生〕俺識破了去求仙日夜忙。師父，證盟師在那裏？〔呂〕有個小庵兒喚做蓬萊、方丈〔116〕。〔生〕這等快行，快行。〔丑〕黃粱飯熟，可喫了去。〔生〕罷了，罷了，待你熟黃粱，又把俺那一枕遊仙擔誤的廣。〔下〕

〔丑〕好笑，好笑，一個活神仙度了盧秀才去了。

生死長安道，邯鄲正午炊。

蚤知燈是火，飯熟幾多時。〔117〕

校　注

〔1〕生寤（wù）——盧生樂極生悲，一命嗚呼；崔氏的哭聲將他從睡夢中驚醒，發現一切均是夢幻。盧生黃粱夢醒，隨呂洞賓遊仙而去。寤，睡醒。《史記・趙世家》：「七日而寤。」

〔2〕齊眉——比喻夫婦偕老。《俚言解》卷一：「夫婦偕老曰齊眉。揚雄《方言》：眉、黎，老人之稱。東齊謂老曰眉。《詩・七月》篇：『以介眉壽。』『齊眉』猶言『同壽』，非指梁鴻、孟光舉案齊眉事也。」宋・向子諲《西江月》詞：「白鶴雲間翔舞，綠龜葉上遊戲。齊眉偕老更何疑。個裏自非塵世。」

〔3〕疏虞——因疏忽而失誤或差錯、意外。元・楊梓《豫讓吞炭》二〔滾繡球〕白：「傳與二位用心防守，勿致疏虞。」清・孔尚任《桃花扇》三五〔二犯江兒水〕白：「這揚州乃江北要地，倘有疏虞，京師難保。」

〔4〕進用——進用賢能，指被朝廷任用做官。

〔5〕採戰之術——詳見第二十八齣注〔13〕。

〔6〕蹺蹊——詳見第二十八齣注〔19〕。

〔7〕聖眷——帝王的寵眷。明・屠隆《彩毫記》十七〔謁金門〕白：「君側之謗難

防，枕邊之言易入，屢官不拜，聖眷頓衰，嫌隙已成，料難久住。」

〔8〕「丹青易老」二句——此二句慨歎人生易老，難爲世用。丹青，原義指丹砂和青
　　　膲兩種顏料。此喻指公卿，漢·桓寬《鹽鐵論》云：「公卿者，四海之表儀、神
　　　化之丹青也。」舟楫，原義船槳，亦作船隻。此喻指宰輔大臣，《書·說命上》
　　　云：「若濟巨川，用汝作舟楫。」汝，即商王武丁的大臣傅說（yuè）。「難藏」
　　　之「藏」作「潛藏」解。《易·繫辭上》云：「顯諸仁，藏諸用，鼓萬物而不與
　　　聖人同憂。」孔穎達疏：「藏諸用者，潛藏功用，不使物知。」

〔9〕「將相兼權」句——語出《全唐詩》卷 300、王建《送裴相公上太原》詩：「還攜
　　　堂印向并州，將相兼權是武侯。時難獨當天下事，功成卻進手中籌。」武侯，
　　　指諸葛亮。

〔10〕「誰人肯向」句——化用《全唐詩》卷 692、杜荀鶴《秋宿臨江驛》詩：「舉世
　　　盡從愁裏老，誰人肯向死前閒？」又，《全唐詩》卷 343、韓愈《和歸工部送
　　　僧約》詩：「汝既出家還擾擾，何人更得死前休。」

〔11〕「臨階一盞」句——語出《全唐詩》卷 681、韓偓《惜花》詩：「臨軒一盞悲春
　　　酒，明日池塘是綠陰。」

〔12〕「野草閒花」句——化用唐·顧雲《詠柳二首》詩句：「閒花野草總爭新，眉皺
　　　絲乾獨不勻。」又，《古琴歌》：「寒暑往來春復秋，夕陽西去水東流。將軍戰
　　　馬今安在？野草閒花滿地愁。」見宋·孔傳《東家雜記·序》，又見明·彭大
　　　翼《山堂肆考·孔子思人》。

〔13〕絲綸——喻指帝王詔書。參見第二十三齣注〔81〕。

〔14〕出典——指擔任地方官。典，執掌也。宋·方勺《泊宅編》卷一：「朱行中自
　　　右史帶假龍出典數郡，年纔逾壯。」

〔15〕嶺表——謂嶺外。這裏的「嶺」，應指嶺南。《晉書·滕脩傳》：「廣州部曲督郭
　　　馬等爲亂，皓以脩宿有威惠，爲嶺表所伏，以爲使持節都督廣州軍事、鎮南將
　　　軍、廣州牧以討之。」清·趙翼《岳忠武墓》詩：「全家簿錄赴嶺表，僅有獄
　　　卒潛瘞屍。」

〔16〕臺輔——即宰相。言其位列三臺（尚書、中書、門下），職居宰輔。《後漢書·
　　　張奮傳》：「臣累世臺輔，而大典未定，私竊惟憂，不忘寢食。」唐·杜甫《奉
　　　送嚴公入朝十韻》詩：「公若登臺輔，臨危莫愛身。」

〔17〕郎當——疲軟無力，猶潦倒、狼狽、頹廢的樣子。此指病情沉重。

〔18〕選場——指科場。

〔19〕天門——皇宮門。明·凌蒙初編纂《拍案驚奇》卷三二：「唐卿父親在平江任
　　　上……夢見兩個穿黃衣的人，手持一張紙，突然來報導：『天門發榜，郎君已
　　　得首薦。』」

〔20〕「命直著」句——謂遭遇著不可名狀的顛簸命運。直著，遇到、相逢。簸箕，

指紋形狀的一種，民間迷信說法，人的指紋如呈簸箕狀，將預示著命運不佳。如呈斗紋，則預示著日進斗金，大富大貴。此外，用藤條或去皮的柳條、竹篾編成的大撮子，為揚米去糠的器具亦稱簸箕，也可引申指顛簸。元·高則誠《琵琶記》二十〔孝順歌〕：「糠和米，本是兩倚依，誰人簸揚你作兩處飛？」

〔21〕炎方——指南方炎熱之地。唐·白居易《夏日與閑禪師林下避暑》詩：「每因毒暑悲親故，多在炎方瘴海中。」

〔22〕〔合〕——原誤作〔旦〕，據各本改。

〔23〕天數——天意。古人迷信把一切不可解的事，不能抗禦的災難都歸於上天安排的命運，稱為天數。

〔24〕混元修養——道教內丹術，所謂煉精、氣、神合一。王元暉《太上老君說常清靜經注》云：「譚景升云：存三抱一者，煉精化氣，煉氣化神，煉神合道，洞妙自然。」如此方可言養命。傳說此法為混元真人老子所授。見《混元八景真經》。

〔25〕燮理陰陽——猶謂治理國事。燮理，調理；陰陽，此謂天下萬物事理。《書·周官》云：「茲惟三公，論道經邦，燮理陰陽。」湯顯祖《牡丹亭》五三〔沽美酒〕：「有日呵，把燮理陰陽問相公，要無語對春風。」

〔26〕差池——意外、差錯、失誤。

〔27〕少道——宋元俗語，今河北某些地方仍沿用。表示厭煩的意思，多因對方說話絮叨且忤己意。

〔28〕太搶——太衝撞。搶，搶白、頂撞。金·董解元《西廂記諸宮調》卷四〔黃鐘宮·出隊子〕：「花言巧語搶了俺一頓，俺耳邊佯不聞。」

〔29〕嘴強——指脾氣倔強。強，強嘴、強辯。元·無名氏《盆兒鬼》三〔慶元貞〕白：「你還強哩，到明日和你整理。」

〔30〕揀口兒——謂挑選可口的食物。此指盧生病勢沉重，醫者已無力迴天，盧生之子為表孝心，儘量滿足盧生的口腹之欲。

〔31〕下——此字，原作「介」，據清暉、獨深、竹林本改。

〔32〕五府六部都通大堂上官——指中央政府各個官署機構中的正堂官。唐無「五府」之稱，疑指尚書、門下、中書三省和都察、翰林二院。而明有「五府」，《明史·職官志》：「分大都督府為五，而徵調隸於兵部。」六部，即吏、戶、禮、兵、刑、工部。都通大堂，即都堂，為尚書省總辦官署。

〔33〕稟帖問安——即投遞自家名帖問安。古代問候形式之一。下文「腳色問安」，即在所投遞自家名帖上具寫出身履歷。清·梁紹壬《兩般秋雨庵隨筆》：「今之履歷，古之腳色也。」清·翟灝《通俗編·仕進》：「《通雅》：腳色狀，亦謂之根腳。邇來下司初見上司，猶遞手本，上開出身履歷，所謂腳色是也。」下文「連名手本問安」，即在所投遞手本上多人聯手簽名。

〔34〕小九卿——秦漢以太常、光祿勳、衛尉、太僕、廷尉、大鴻臚、宗正、治粟內
　　史、少府爲九卿。魏晉以後即有變化，九卿權力縮小。明清時始有大小九卿之
　　別。明大九卿爲六部尚書和都察院都察史、大理寺卿、通政司史；小九卿爲太
　　常寺卿、太僕寺卿、光祿寺卿、詹事、翰林學士、鴻臚寺卿、國子監祭酒、苑
　　馬寺卿、尚寶司卿。清代又有變化。唐無小九卿稱名。而有小九卿各官職掌，
　　爲朝廷內府官員。故作者以「小九卿」稱之。

〔35〕驃騎——漢代將軍名號。《史記・衛將軍驃騎列傳》：「元狩二年春，以冠軍侯
　　去病爲驃騎將軍，將萬騎出隴西，有功。」魏晉至明代亦設此名號。唐高力士
　　亦加「驃騎大將軍」名號；此處指高力士。

〔36〕駕前排當——謂在皇帝面前當職。

〔37〕干係——即內裏有牽連的關係。即指老盧生探戰事。

〔38〕俊德——形容品德、才能出眾。《書・堯典》：「克明俊德，以親九族。」孔傳：
　　「能明俊德之士任用之，以睦高祖玄孫之親。」孔穎達疏：「鄭玄云，俊德，
　　賢才兼人者。」

〔39〕元輔——謂首相、宰相。《舊唐書・杜讓能傳》：「卿位居元輔，與朕同休共戚，
　　無宜避事。」

〔40〕出雄藩垣——外任則鎮守國家的邊疆。出雄，指出師雄兵。藩垣，藩籬、垣
　　牆，泛指屏障；喻衛國的重臣。《詩・大雅・板》：「價人維藩，大師維垣。」
　　「出雄藩垣」四字，朱墨本作「出鎮藩服」。

〔41〕入贊緝熙——內任則輔助帝王光明天下。贊，贊襄，輔佐也。緝熙，原指光明，
　　這裏引申爲德政。《詩・大雅・文王》：「穆穆文王，於緝熙敬止。」毛傳：「緝
　　熙，光明也。」

〔42〕二紀——即二十四年。紀，是紀年的單位。古代以十二年爲一紀。《書・畢命》
　　云：「既歷三紀。」宋孔傳：「十二年曰紀。」唐・劉禹錫《初至長安》詩：「左
　　遷凡二紀，重見帝城春。」

〔43〕比——等到。

〔44〕憫默——因憂傷而沉默。南朝梁・江淹《哀千里賦》：「既而悄愴成憂，憫默自
　　憐。」元・宮天挺《范張雞黍》楔子：「聚首數年餘，今日個臨岐歸去，情憫
　　默，意躊躕。」

〔45〕驃騎大將軍——官職名。是唐代武散官的最高階，從一品。高力士曾被封此
　　職。

〔46〕省（xǐng）候——探望、問候。省，看望。元・辛文房《唐才子傳・杜審言》：
　　「初審言病，宋之問、武平一往省候。」

〔47〕針灸——原指中醫以針刺艾灸治療疾病的方法，這裏應爲治療之意。

〔48〕中使——帝王宮廷中派出的使者，指宦官。《後漢書・宦者列傳・張讓》：「凡

詔所徵求,皆令西園騶密約勑,號曰『中使』。」唐·白居易《繚綾》詩:「去年中使宣口敕,天上取樣人間織。」

〔49〕付——原義顧及、付與。此作回報解。

〔50〕亡陽——中醫學名詞。指大汗不止,陽氣突然衰竭。亦可由亡陰而來,陰液耗傷過度,陽氣失其所依而散越,呈虛脫症狀。

〔51〕魚遊雀啄去伴伴——魚遊雀啄,喻奇怪的脈搏。明·朱橚《普清方》卷四《十怪脈名》第二云:「魚翔之狀宛如魚遊於水面,但尾掉而身首不動,其脈浮於膚上,不進不退。指下尋之,其首定而尾緩搖,時起時下,有類乎魚之遊於水,是爲魚翔也。」第七云:「雀啄之狀來而急,數頻絕而止。良久,準前後來,若雀啄食之狀。」去伴伴,指盧生脈膊細微,生命垂危。伴伴,眾多的樣子。

〔52〕「喜心經」句——心經,中醫術語;指心脈,中醫謂心臟脈象爲心脈。脈弦長,指脈象旺盛。脈弦,指其脈搏之狀。唐·王冰《靈樞經》卷一《邪氣藏府病形》第四云:「色青者其脈弦也,赤者其脈鈎也,黃者其脈代也,白者其脈毛,黑者其脈石。見其色而不得其脈,反得其相勝之脈,則死矣。」與上句意思相關,說的是反語。

〔53〕太素——醫書。即《黃帝內經·太素》,隋·楊上善編注。原三十卷,現存二十三卷,是注釋《內經》的早期著作。一說指太素脈,中醫針療手段之一。清·紀昀《閱微草堂筆記·灤陽續錄一》:「惟太素脈、揣骨二家,前古未聞。太素脈至北宋始出,其授受淵源,皆支離附會,依託顯然。」

〔54〕眼下——謂目下、眼前、現在。此語現還在廣泛使用,有時亦作「眼時」,天津方言又習慣說「眼時下」「眼目前」。唐·白居易《日長》詩:「幸無眼下病,且向樽前醉。」元·秦簡夫《剪髮待賓》一〔寄生草〕白:「有錢方能成事業,無錢眼下受奔波。」

〔55〕御背高介——「背」字下疑奪一「語」字。

〔56〕爭些兒——幾乎、差一點。元·高安道套數《般涉調·哨遍·嗓淡行院》〔五〕:「踏蹺的險不椿的頭破,翻跳的爭些兒跌的迸流。」亦作「爭些」、「爭些子」。元·蕭德祥《小孫屠》十九〔鎖南枝〕:「神魂亂,手腳麻,爭些半霎時身亡化。」

〔57〕頂戴——表示敬意和感謝。

〔58〕掙挫——猶言掙扎、撐持。《紅樓夢》第一回:「可巧這日拄了拐杖掙挫到街前散散心時,忽見那邊來了一個跛足道人。」

〔59〕姜公望——即姜子牙,又名呂尚,號太公望。俗稱姜太公。西周初官太師,輔佐武王滅商,封於齊。傳說其八十始遇文王,拜爲丞相。

〔60〕青目——猶謂青眼、青睞,給予特別照顧。唐·楊炯《祭汾陽公文》云:「參兩宮而承顧盼兮,歷二紀而洽恩榮。郭有道之青目兮,蔡中郎之下迎。」元·費唐臣《貶黃州》三〔紫花兒序〕白:「念蘇軾不才,遠謫此郡,窮途無倚,

大人何不青目一二？」

〔61〕贈諡——古代帝王為褒獎死臣而封贈的稱號。《舊唐書·鄭畋傳》：「今則謬以微功，獲居重鎮……伏冀特加贈諡，以慰泉扃。昭宗嘉之，詔贈司徒，諡曰文昭。」

〔62〕孽生之子——妾媵所生之子。另外，古人認為情緣亦是孽緣，故對所生之子也稱之為孽生之子。

〔63〕賊——此作乖巧、機靈解，俗謂賊靈。

〔64〕注選尚寶中書——注選，應試獲選，注授官職。唐朝選舉制度，凡應試獲選者，尚書省先注其名姓履歷於冊，再經考詢而後選授官職。湯顯祖《紫釵記》十五〔越調蠻牌令〕白：「聽分付，說與禮部，凡天下中式士子，都要參謁太尉府，方許注選。」參閱《新唐書·選舉志下》。尚寶中書，盧生五子盧倚原掛選司丞正六品，此說注選中書，中書從七品，亦為明代官職，反降一級，恐有誤，且無尚寶中書之職。

〔65〕蔭襲——封建時代的做官途徑之一，即子孫承襲祖先功勞而被授予官職。《金史·選舉志二》：「自進士、舉人、勞效、蔭襲、恩例之外，入仕之途尚多，而所定之時不一。」「蔭」字，各本均作「應」。

〔66〕風刀解體——中醫學謂中風，道教謂「風刀解體」。《黃帝內經·素問·風論》云：「風之傷人也，或為寒熱，或為熱中，或為寒中，或變癘風，或為偏枯，或為風也。」

〔67〕遺表——臨死前寫下的奏章。

〔68〕鍾繇法帖——鍾繇，三國時魏大臣，書法家。字元常，穎川長社（今河南長葛東）人。官至太傅，封定陵侯。其書師法曹喜、蔡邕、劉德昇，博採眾長，兼善各體，尤精於隸、楷，與晉王羲之並稱「鍾王」。其真迹不傳，宋以後法帖皆為後人摹本。法帖，字帖。

〔69〕「老得文園病」二句——湯顯祖《相如》詩云：「臥托文園終，不受世訾氛。清暉緬難竟，遺書《封禪文》。」文園，即西漢辭賦家司馬相如。漢文帝陵園稱孝文園，司馬相如曾為孝文園令，故後人稱之為「文園」。因他患有「消渴」病，後人便將消渴病稱為文園病。《封禪書》，即司馬相如《封禪文》。《文選·司馬長卿〈封禪文〉》李善注曰：「《史記》曰：長卿病甚，武帝使所忠往求其書，及至，長卿已卒。其妻曰：長卿未死時，為一卷書，曰：『有使來求書，奏之。』其遺箚書言封禪事，所忠奏言。」呂延濟注曰：「封者，封泰山；禪者，禪梁父。皆築土為壇，因高以事天，告王者之功成，銘於金石以示後代知其盛德也。」

〔70〕丹心注香——謂忠心流被後世，澤及後人。丹心，紅心，引申指對朝廷的忠心。

〔71〕大古裏分張——大古裏，詳見第二十七齣注〔38〕。分張，分開、分離。唐·

李白《白頭吟》詩：「寧同萬死碎綺翼，不忍雲間兩分張。」

〔72〕官序——官員之列。序，等級、次序之意。

〔73〕榮奬——殊榮、重奬。

〔74〕鴻私——鴻恩，指皇恩。唐·岑參《春日醴泉杜明府承恩五品宴席上賦詩》：「梟鶹舊稱仙，鴻私降自天。青袍移草色，朱綬奪花然。」

〔75〕旄鉞（máo yuè）——古時高官出行的儀仗。亦借指軍權。旄，古代用犛牛尾裝飾的旗子；鉞，古代一種像斧子的兵器；原爲青銅兵器，圓刃或平刃，安裝在木柄上，盛行於商、西周；後用於儀仗，或用玉製。《書·牧誓》曰：「王左仗黃鉞，右秉白旄以麾。」

〔76〕鼎輔——即元輔、首輔，執政的大臣，一般指宰相。《後漢書·朱浮傳》：「即位以來，不用舊典，信刺舉之官，黜鼎輔之任。」

〔77〕中外——指中央和地方。外，謂首都以外的地方。

〔78〕綿歷——也寫作「緜歷」，謂延續的時間長久。唐·吳筠《建業懷古》詩：「荏苒宋齊末，斯須變梁陳。綿歷已六代，興亡互紛綸。」唐·李商隱《爲侍郎汝南公華州謝加階狀》：「貪叨華顯，緜歷光陰。」

〔79〕恩造——帝王對大臣的恩德、栽培。

〔80〕負乘（chéng）致寇——自謙之詞。謂居非其位，才不稱職，就會招致禍患。《周易·下經·解》：「六三：負且乘，致寇至，貞吝。《象》曰：『負且乘，亦可醜也。自我致戎，又誰咎也。』」孔穎達疏：「乘者，君子之器也。負者，小人之事也。施之於人，即在車騎之上而負於物也，故寇盜知其非己所有，於是競欲奪之。」意思是說窮者背著別人的財物，又坐上馬車炫耀，便會招致強盜搶奪。

〔81〕履薄臨兢——又寫作「履薄臨深」。比喻身處險境，小心謹慎。語出《詩·小雅·小旻》：「戰戰兢兢，如臨深淵，如履薄冰。」

〔82〕三公——唐代以太尉、司徒、司空爲三公。此處指宰輔。

〔83〕鐘漏並歇——比喻年老衰殘，到達生命的盡頭。鐘、漏，均是古代計時的工具。歇，停止。《三國志·魏書·田豫傳》：「年過七十而以居位，譬猶鐘鳴漏盡而夜行不休，是罪人也。」

〔84〕殆將溘盡——謂即將死亡。溘盡，完結之意。唐·高彥休《唐闕史·崔尚書雪冤獄》：「可久冤楚相縈，殆將溘盡。」朱墨本無「殆將溘盡」以下四句。

〔85〕休明——指政事清明。多用用以讚美明君或盛世。唐·孟浩然《送袁太祝尉豫章》詩：「何幸遇休明，觀光來上京。」

〔86〕無任感戀——謂無限感激眷戀。

〔87〕容堂——供奉祖宗遺容、牌位的居室。俗謂靈堂。

〔88〕官生——明代高級官員所請蔭之子謂官生。是明清蔭監之一，即指科舉制度

中，以官蔭而得入國子監讀書者。明初因襲前人任子之制，文官一品至七品
皆得蔭一子以世其祿。明、清時代官員之子，不經考選取得監生資格者稱蔭
監。它是中國封建社會中官僚享有的一項制度化的特權。監生大體有四類：
生員入監讀書的稱貢監，官僚子弟入監的稱蔭監，舉人入監的稱舉監，捐資
入監的稱例監。參見《明史・選舉志》。這裏的「官生」指盧生的兒子們。

〔89〕歷歷——眾多而分明可數，清晰可見。唐・崔顥《黃鶴樓》詩：「晴川歷歷漢
　　　陽樹，芳草萋萋鸚鵡洲。」

〔90〕一星星——一件件、一點點。元・王德信套數《商調・集賢賓・退隱》〔尾〕：
　　　「偶乘閒細將玄奧剖，把至理一星星參透，卻原來括乾坤物我總浮漚。」

〔91〕忽突帳——猶謂匆忙之間。

〔92〕半箸黃粱——猶謂鍋內黃粱飯少，用筷子插入，止及半箸。箸，筷子。

〔93〕「山靜似太古」二句——太古，道家所謂靜、虛、空之境界。出自宋・羅大經
　　　《鶴林玉露》卷四唐子西詩。小年，指陽壽短促。《莊子・逍遙遊》：「朝菌不
　　　知晦朔，蟪蛄不知春秋，此小年也。」此指盧生夢中六十年光景極為短促。

〔94〕水火勾當——道教內丹術語。煉內丹有水火既濟、水火交媾、水火相息等水火
　　　變化之理。此借喻為煮黃粱。

〔95〕豢養——餵養牲口。因其兒郎為雞兒狗兒變的，故如此言。

〔96〕「終不然」句——終不然，即總不會、總不是。亦作「終不是」、「終不道」、「終
　　　不成」。元・高則誠《琵琶記》四〔繡帶兒〕：「終不然為著一領藍袍，卻落後
　　　戲彩斑衣？」水米無交，喻居官清廉，在此語含雙關。元・關漢卿《謝天香》
　　　四〔么篇〕：「老夫在此為理三年，治百姓水米無交，於天香秋毫不染。」

〔97〕餉——一會兒。唐・韓愈《醉贈張秘書》詩：「難得一餉樂，有如聚飛蚊。」

〔98〕希——此字獨深本作「休」。

〔99〕玉眞——道教僊人。南朝梁・陶弘景《眞靈位業圖》云：「玉清三元宮……右
　　　位，太上玉眞保皇道君。」唐・張籍《靈都觀李道士》詩：「泥竈煮靈液，掃
　　　壇朝玉眞。」後亦指美人、仙女。唐・曹唐《劉阮再到天台不復見仙子》詩：
　　　「再到天台訪玉眞，青苔白石已成塵。」此處借指盧生夫人崔氏。湯顯祖在《紫
　　　釵記》、《牡丹亭》中亦多次用「玉眞」或「仙眞」喻霍小玉、杜麗娘。

〔100〕遊魂——遊蕩的鬼魂。晉・阮籍《達莊論》：「身者，陰陽之精氣也。性者，
　　　五行之正性也。情者，遊魂之變欲也。神者，天地之所以馭者也。」

〔101〕參成——謂羅列而成。參，羅列、并立。

〔102〕簇御林——集曲。葉《譜》題作「御林鶯」，謂「簇御林」犯「黃鶯兒」。

〔103〕空跳浪——猶謂浪影空花。

〔104〕說甚麼張燈吃飯才停當——此句化用禪宗語錄「早知燈是火，飯熟已多時」
　　　的語意。參見本齣注〔117〕。

〔105〕浮生稊米——浮生，謂世事無定，生命短促。稊米，一種似稗的草，實如小
　　　　米；喻極其渺小。《莊子‧秋水》云：「不似稊米之在太倉乎？」

〔106〕雲遊——像雲彩一樣飄動浮游，這裏指四處遊歷。唐‧李益《入華山訪隱者
　　　　經僊人石壇》詩：「夙駕昇天行，雲遊恣霞宿。」

〔107〕草衣木食——謂以草葉爲衣，以樹果爲食。比喻道家超塵出凡、粗衣淡飯
　　　　（不穿絲縷，不食肉類）的清苦生活。元‧范子安《竹葉舟》一〔油葫蘆〕
　　　　白：「你們出家的，無過是草衣木食，到得那裏！」

〔108〕參差——原義長短高低不一，此謂差錯。唐‧白居易《禽蟲》詩：「疑有鳳凰
　　　　頒鳥歷，一時一日不參差。」

〔109〕瞅（chǒu）——用同「皺」。

〔110〕寐語星星——謂夢話連篇。星星，如星星般布滿，極言其多。

〔111〕比黃齏——比，謂面對、對著。黃齏，切碎的醃製苦菜。這裏代指粗劣的食
　　　　物。

〔112〕迴向——佛家語。謂將自己所修的功德，「回」轉歸「向」與法界眾生同享，
　　　　以拓開自己的心胸，並且使功德有明確的方向而不致散失。《大乘義章》卷
　　　　九：「言迴向者，回己善法，有所趣向，故名迴向。」回，回轉；向，趣向。
　　　　南朝陳‧徐陵《東陽雙林寺傅大夫碑》：「俱識還源，並知迴向。」元‧高
　　　　文秀《遇上皇》一〔遊四門〕：「目下申文難迴向，眼見的一身亡。」

〔113〕盟證先生——即證明師，意謂見證人或證物。亦作「正明師」「正名師」「證
　　　　盟師」。佛家受戒的儀式，要三師七證。七證者，即證明師七人也。元‧戴善
　　　　夫《風光好》四〔哨遍〕：「則這腕兒上慢鬆了的金釧是相知，身兒上寬綽了
　　　　羅衣是正明師。」明‧凌濛初《宋公明鬧元宵雜劇》二〔仙呂‧過曲‧醉扶
　　　　歸〕：「兩字溫柔是證明師。」

〔114〕一眨眼——一眨眼，極喻時間之短。元‧鄭廷玉《金鳳釵》一〔天下樂〕：「覷
　　　　功名筍指般休，看榮華眨眼般疾。」

〔115〕唱好是——又寫作「暢好是」。猶眞是、正是。參見第四齣注〔56〕。

〔116〕蓬萊、方丈——傳說中的神山名，神仙所居之地。參見第三齣注〔5〕、〔21〕、
　　　　〔52〕。另據晉‧王子年《拾遺記》卷 10「蓬萊山」條載：「蓬萊山，亦名
　　　　防丘，亦名雲來。高二萬里，廣七萬里。水淺，有細石如金玉，得之不加陶
　　　　冶，自然光淨，仙者服之。」方丈，又指寺院長老或住持所居之室，《維摩
　　　　詰經》說維摩詰所居之室，長寬各一丈，能廣容大眾。

〔117〕蚤知燈是火，飯熟幾多時——佛教禪語。比喻身在其中，不明所以，因而錯
　　　　過了某事。宋‧釋普濟《五燈會元‧建隆慶禪寺法嗣》云，平江府泗州周元
　　　　禪師問禪，建隆禪師答曰：「早知燈是火，飯熟已多時。」宋‧蘇軾《石塔
　　　　寺》詩云：「饑眼眩西東，詩腸忘早晏。雖知燈是火，不悟鐘非飯……」注

日：「唐王播少孤貧，客木蘭院，隨僧齋粥，僧厭苦之，飯後擊鐘。其後播鎮揚州，訪舊處，題詩曰：『上堂已了各西東，慚愧闍黎飯後鐘。』諺云：『早知燈是火，飯熟已多時。』」

第三十齣　合　仙 〔1〕

【清江引】〔2〕〔鍾離上〕漢鍾離半世有神仙分，道貌生來坌〔3〕。〔曹舅〔4〕上〕那雖然國舅親，富貴做尋常論。〔合〕世上人，不學仙眞是蠢。

【前腔】〔鐵拐〔5〕上〕這拐兒是我出海撩雲棍〔6〕，一步步把蓬萊寸〔7〕。〔采和〔8〕上〕高歌踏踏春，爨弄的〔9〕隨時諢〔10〕。〔合前〕

【前腔】〔韓湘〔11〕上〕小韓湘會造逡巡醞，把頃刻花題韻〔12〕。〔何姑〔13〕上〕我笊籬〔14〕兒漏洩春，撈不上的閒愁悶。〔合前〕

〔眾仙起手〔15〕介、何笑介〕鍾離公，著你高徒洞賓子奉東華道旨〔16〕，下界度引眞仙，還不見到，好悶人也。〔拐打何介〕啐，做仙姑還有的想〔17〕，我一拐打斷你笊籬根。〔漢笑介〕大家蟠桃花下走跳〔18〕去。漢鍾離〔19〕到老梳丫髻，曹國舅帶醉舞朝衣。李孔目〔20〕拄看拐打磕睡，何仙姑拈針補笊籬。藍采和海山充樂探〔21〕，韓湘子風雪棄前妻〔22〕。兀那張果老五星輪的穩〔23〕，算定著呂純陽三醉岳陽回〔24〕。〔眾下、呂引生上〕

【仙呂點絳唇】一片紅塵〔25〕，百年銷盡，閒營運。夢醒逡巡〔26〕，蚤過了茶時分。

〔生〕師父，前面一簇高山流水是那裏？〔呂〕此乃蓬萊滄海，大修行之處也。〔生〕那裏有甚麼景致？

【混江龍】〔呂〕這裏望前征進，明寫著碧桃花〔27〕下海仙門〔28〕。到時節三光不夜〔29〕，那其間四季長春。〔生〕呀，望見大海那蓬萊、方丈了。那山上敢也有虎？便是這海子又有鯨鼇。〔呂笑介〕就裏〔30〕這海濤中，有三番十五眾〔31〕，鼇魚轉眼。到的那山島上，止一斤十六兩白虎騰身。

〔生〕海船那裏？〔呂〕你背著師父去。〔生怕介、呂〕你合著眼過去。〔生背介〕一匝眼過了海也。〔望介〕喜的沒有颶風。赫赫海子外沒個州郡，淒涼人也！〔呂〕你道是仙人島有三萬丈清涼界〔32〕，全無州郡，比你那鬼門關，八千里煙瘴地遠惡州軍〔33〕。〔生〕可有罽徑的？〔呂〕罽徑的無過是走傍門〔34〕，提外事貪天小品〔35〕。〔生〕也有跳鬼的？〔呂〕跳鬼的有得那出陽神〔36〕，拋伎子散地全眞〔37〕。〔生望介〕呀，雲端之下，是有人家。怎生穿紅穿綠，跐〔38〕的跛的，老的小的？是怎的起〔39〕有這等一班人物？〔呂〕都是你的證明師了。數你聽：有一個漢鍾離雙丫髻，蒼顏道扮〔40〕；一個曹國舅八彩眉〔41〕，象簡朝紳〔42〕；一個韓湘子棄舉業〔43〕，儒門子弟；一個藍采和他是個打院本，樂戶官身〔44〕；一個拄鐵拐的李孔目，帶些殘疾；一個荷飯笊何仙姑，挫過了殘春〔45〕。〔生〕他們日夜在這所在貴幹？〔呂〕他們無日夜演禽星〔46〕，看卦氣〔47〕，抽添水火〔48〕。有時節點殘棋〔49〕，斟壽酒，笑傲乾坤。〔生〕這都是生成的神仙，怕修行的不能勾。〔呂〕雖則是受生門，綠眼睛，紅腦子，仙風道骨〔50〕。也恰向修行路，按尾閭，通夾脊〔51〕，換髓移筋〔52〕。〔生〕弟子小可〔53〕能到此？〔呂〕你可也有福力〔54〕開了頭，崔氏宅夫榮妻貴，無業障揭了腳〔55〕，唐家地蔭子遺孫。可是你三轉身〔56〕單注〔57〕著邯鄲道，祿盡衣絕〔58〕，一睫眼猛守的〔59〕清河店米沸湯渾〔60〕。〔生笑介〕弟子一生耽閣了個情字。〔呂〕蚤則是火傳薪，半竈的燒殘情榾柮〔61〕，卻怎生風鼓韝〔62〕，一鍋兒吹醒睡餛飩〔63〕？也因你有半仙之分能消受，遇著我大道〔64〕其間細講論。〔望介、生〕兀那〔65〕來的老者眉毛多長。〔呂〕眼睜著張果老把眉毛褪。雖不是開山作祖、仙分裏爲尊。

【清江引】〔果老上〕看蟠花兩度唐堯運〔66〕，甲子〔67〕何勞問。蓬山好看春，只要有神仙分。〔合〕世上人不學仙眞是蠢。

　　〔呂稽首叫生後跪迎介、呂〕張仙翁，呂嚴稽首。〔張〕後面跪的何人？〔生〕前唐朝狀元丞相趙國公盧生叩參。〔張笑介〕請起，老國公，老丞相這等寒酸了。〔生〕做夢哩。〔張笑介〕可是夢哩？也虧你奈煩〔68〕

了五十年人我是非〔69〕，詫異，詫異。〔生〕是也。〔張〕盧生前來。〔生
跪介、張〕你雖然到了荒山，看你癡情未盡，我請眾仙出來提醒你一
番，你一椿椿懺悔者。〔生應介、眾仙漁鼓〔70〕簡子唱上介〕上鵲橋，
下鵲橋。天應星，地應潮〔71〕。響繃繃漁鼓鬧雲樵，酒暖金花探著藥
苗〔72〕。青童笑來玉女嬌〔73〕，火候傷丹細細的調。轉河關撒手正逍
遙，莫把海山春耽誤了。〔見介〕張翁稽首了。〔何見介〕洞賓先生引
的這癡呆漢〔74〕來了。〔呂〕仙姑，恰好蟠桃宴時節哩。〔生〕師父，
只說你是回〔75〕道人，原來便是呂洞賓活神仙，我拜的著也。〔張〕
眾仙眞〔76〕，可將他夢中之境，逐位點醒他，證盟一番，方好收度〔77〕。
〔眾〕仙翁主見極明，癡人跪下。〔六仙依次責問、生跪介〕

【浪淘沙】〔78〕〔漢〕甚麼大姻親？太歲〔79〕花神，粉骷髏〔80〕門戶
一時新。那崔氏的人兒何處也？你個癡人。〔生叩頭答介〕我是個癡人。

【前腔】〔曹〕甚麼大關津〔81〕？使著錢神，插宮花御酒笑生春。
奪取的狀元何處也？你個癡人。〔生叩頭答介、合前〕

【前腔】〔李〕甚麼大功臣？掘斷河津，爲開疆展土害了人民。勒
石的功名何處也？你個癡人。〔生叩頭答介、合前〕

【前腔】〔藍〕甚麼大冤親？竄貶在煙塵，雲陽市斬首潑鮮新〔82〕。
受過的悽惶何處也？你個癡人。〔生叩頭答介、合前〕

【前腔】〔韓〕甚麼大階勳〔83〕？賓客塡門，猛金釵十二醉樓春。
受用過家園何處也？你個癡人。〔生叩頭答介、合前〕

【前腔】〔何〕甚麼大恩親？纏到八旬，還乞恩忍死護兒孫。鬧喳
喳孝堂何處也？你個癡人。〔生叩頭答介、合前〕

〔張〕且住，盧生被眾仙眞數落〔84〕，這一會他敢醒也？〔生〕弟子老
實醒也。〔張〕盧生聽吾法旨〔85〕：你本是邯鄲道儒生未遇，爲功名想得
成癡。幸直著〔86〕小二店乾坤逆旅〔87〕，過去了八十載人我是非。掙醒
來〔88〕端然一夢，道〔89〕人間飯熟多時。誰信道趙州橋半夜水漲，剛打
到丞相府白日鬼迷。你和那崔氏女拋殘午夢，虧了洞賓子攛弄〔90〕天機。

黃粱飯難消一粒，葫蘆藥到用的刀圭〔91〕。垂目睡加工水汞，自心息把東金煉齊。心生性吾心自悟，一二三主人住持〔92〕。饑時節和你安爐作竈〔93〕，醒了後又怕你苦眼鋪眉〔94〕。叫鐵拐子把思凡枕葫蘆提〔95〕拄碎，請仙姑女把那殘花帚欄柄子〔96〕傳題，直掃得無花無地非爲罕，這其間忘帚忘箕不是癡。那時節騎鸞鶴朝元證聖〔97〕，纔是你跨驢駒入夢便宜。〔呂〕盧生領了帚，拜謝仙翁。〔生領帚拜介〕

【北沉醉東風】〔98〕再不想煙花故人，再不想金玉拖身。〔呂〕你三生〔99〕配馬驢，一世行官運，碑記上到頭難認。〔漢曹〕富貴場中走一塵，只落得高人笑哂〔100〕。

【前腔】〔生〕雲陽市餐刀嚇人，鬼門關掙脫了這殘生。〔呂〕這等驚惶你還未醒，苦戀著三臺〔101〕印，那其間多少冤親？〔拐藍〕日未殂西蚤欠申〔102〕，有甚麼商量要緊？

【前腔】〔生〕做神仙半是齊天福人，海山深躲脫了閒身。〔呂〕你掀開肉弔窗〔103〕，蘸破花營運〔104〕，賣花聲喚醒迷魂。〔韓何〕眼見桃花又一春，人世上行眠立盹〔105〕。〔生掃花介〕

【前腔】〔生〕除了籍看茉黍〔106〕邯鄲縣人，著了役掃桃花閬苑〔107〕童身。老師父，你弟子癡愚，還怕今日遇仙也是夢哩。雖然妄蚤醒，還怕真難認。〔眾〕你怎生只弄精魂〔108〕？便做的癡人說夢兩難分，畢竟是遊仙夢穩。〔張〕朝東華帝君去。〔眾鼓板行介〕

【清江引】儘榮華掃盡前生分，枉把癡人困。蟠桃瘦作薪，海水乾成暈。那時節一番身，敢〔109〕黃粱鍋待滾？

【北尾】度卻〔110〕盧生這一人，把人情世故都高談盡，則要〔111〕你世上人夢回時心自忖。

莫醉笙歌掩畫堂〔112〕，暮年初信夢中長〔113〕。

如今暗與心相約〔114〕，靜對高齋一炷香〔115〕。

校 注

〔1〕合仙——此出爲全劇的收煞，由八仙來點醒盧生，在題旨上起到借題發揮作用。

〔2〕清江引——葉《譜》作「雙角清江引」。以下兩支曲子葉《譜》分別名「二、三」。

〔3〕道貌生來坌（bèn）——道貌，修道者的容貌；正經、嚴肅的外貌。《水滸傳》第十五回：「只見那個先生身長八尺，道貌堂堂，生得古怪。」坌，粗陋，這裏形容相貌難看。坌，參見第二十二齣注〔48〕。

〔4〕曹舅——即曹國舅，傳說八仙之一。相傳名友，宋代人。據說他是宋仁宗曹太后之弟，入山修道，後由鍾離權、呂洞賓引入仙班。據《宋史·后妃·曹皇后傳》所載，曹太后弟名佾，年七十二卒，並無修道成仙之事。參見清·趙翼《陔餘叢考·八仙》。

〔5〕鐵拐——即鐵拐李，傳說八仙之一。相傳姓李名玄，曾遇太上老君得道。其神遊時肉身誤被徒弟火化，遊魂只得附一餓屍而起，蓬首垢面，以水噴倚身竹杖爲鐵拐。或附會爲宋李八百屍解成仙。見《宋史·陳從信傳》。戲曲小說中多有演繹其故事者，元·岳伯川著《呂洞賓度鐵拐李岳》即演其事。鐵拐李的故事諸書說法不盡一致。

〔6〕撩雲棍——即撥雲棍。

〔7〕寸——作動詞，猶言「刌」，《玉篇》：「刌，切斷也。」此處喻其用鐵拐刌地走短步。

〔8〕采和——即藍采和，傳說八仙之一。相傳姓許名堅，藝名藍采和，被鍾離權和呂洞賓度脫成仙。藍采和的故事諸書說法不盡一致。據傳他常身穿破藍衫，手持大拍板，在鬧市行乞，乘醉而歌，雲遊天下，後在酒樓，聞空中有笙簫之音，忽然升空而去。他的事迹在南唐·沈汾《續仙傳》、《南唐書》、《確潛類書》等書中均有記載。元雜劇《藍采和鎖心猿意馬》、《漢鍾離度脫藍采和》、《藍采和長安鬧劇》等劇本對藍采和的姓名也都有不同的說法。

〔9〕爨（cuàn）弄的——指演員、伶人。爨弄，原爲宋雜劇、金院本中某些簡短表演的稱名；宋·周密《武林舊事》、元·陶宗儀《輟耕錄》記有其目。亦泛稱短劇表演。

〔10〕諢——戲曲術語。指插科打諢，調笑之語。

〔11〕韓湘——即韓湘子，傳說八仙之一。道教音樂《天花引》，相傳爲韓湘子所作。據明·楊爾曾《韓湘子全傳》，韓湘三歲父亡，七歲母喪，由叔韓愈嬸竇氏撫養；九歲攻書，十二歲學道，性狂放；十五歲由嬸作主替他娶林蘆英爲妻，然韓湘不願，逃出家去，被鍾離權、呂洞賓度脫，得道成仙。後奉玉帝仙旨，曾二次去度韓愈棄官辭朝。韓愈南壇祭雪，韓湘顯化賣雪於叔，令牡丹數日內花開數色，每朵有詩一聯。韓愈大爲驚訝。見唐·段成式《酉陽雜俎》。其後，

韓愈謫官潮陽，途遇大雪，夜宿藍關驛舍，韓湘趕來，語以花上之詩，一一應驗。見宋‧劉斧《青瑣高議》。韓湘二次度愈，均拒見其妻林蘆英，即下文所謂「風雪棄前妻」。據韓愈《韓滂墓誌銘》載，湘字北渚，為愈之侄孫，官至大理丞，非神仙中人。可見韓湘子成為八仙之一，乃民間傳說附會而成。

〔12〕「會造逡巡醞」二句——「逡巡醞」即「逡巡酒」，傳說中神仙釀造的頃刻即成之酒。亦稱「頃刻酒」。「頃刻花題韻」，指能令花頃刻開放。《太平廣記》卷五二引南唐‧沈汾《續仙傳‧殷天祥》云：「殷七七，名天祥，又名道筌，嘗自稱七七，俗多呼之，不知何所人也……每日醉歌曰：『彈琴碧玉調，藥煉白朱砂。解醞頃刻酒，能開非時花。』」元‧無名氏《瘸李岳詩酒玩江亭》一、白：「此人神通廣大，變化多般，能造逡巡酒，善開頃刻花。」

〔13〕何姑——即何仙姑。詳見第一齣注〔12〕。

〔14〕笊籬——用竹篾、柳條或鐵絲等物編成的漏勺；用以漉米或在水裏撈東西。元‧戴侗《六書故》：「今人織竹如勺以漉米，謂之笊籬，俗有笊籬字。」清‧李光庭《鄉言解頤》卷四「物部上‧笊籬」條：「笊籬用以淅米、撈麵、抄蔬菜，水去不留，網疏不漏，古人製器之妙義也。」元‧石君寶《秋胡戲妻》二〔呆骨朵〕：「奶奶也，誰有那閒錢補笊籬！」

〔15〕起手——即道家的「稽首」。詳見第三齣注〔67〕。

〔16〕道旨——道家語。即通常所說的道家旨意。

〔17〕「做仙姑」句——此乃鐵拐李諷刺何仙姑妄生男女之情。

〔18〕走跳——活動、玩耍之意。明‧馮夢龍《醒世恒言‧一文錢小隙造奇冤》：「邱長兒，年十四歲，資性愚魯，尚未會做活，只在家中走跳。」

〔19〕「漢鍾離」上，葉《譜》有「八仙歌」三字。

〔20〕李孔目——即鐵拐李。孔目，為掌文書之吏職，唐始有此職。若管理整個官署，即吏、戶、禮、兵、工、刑六個部門的文書圖籍、卷宗者，稱六案都孔目。元‧岳伯川《呂洞賓度鐵拐李岳》雜劇寫鐵拐李前世為六案都孔目，故如此稱。

〔21〕「藍采和」句——元‧無名氏《漢鍾離度脫藍采和》敘洛陽伶人許堅（藝名藍采和）有半仙之分，僂人鍾離權來到梁園勾欄度脫他出家，采和不肯相從，鍾離權讓呂洞賓化為州官，藉口藍采和「失誤官身」欲責其四十大板，鍾離權前來搭救，使其明白禍福無常，藍采和情願出家。若干年後，藍采和歸，見妻子及舊日夥伴均老邁，而戲衣、行頭依舊，再度勾起他的戲癮，此時，鍾、呂二人突然出現，接其上天，成為八仙之一。「海山」，又稱詞山曲海，指演藝行當。樂探，舊時衙門或教坊司中管理僧、尼、道、俗的小吏。明‧朱有燉《神仙會》二〔醉太平‧麼〕：「我扮個富樂院裏樂探官員。」此處謂伶人、演員。

〔22〕「韓湘子」句——湘子棄妻是民間傳說之一。傳說中稱韓湘子九度文公十度妻，還有說他曾與妻來到天門，妻忽然想到家中的小雞無人餵養，又返回家中，待

其攜雞再至天門時，天門已閉。

〔23〕「張果老」句——謂張果老對五星運行把握的很準確。五星輪，即古代占星術。《史記・天官書》云：「天有五星，地有五行。」據《漢書・律曆志》，五星合五行，即水合於辰星，火合於熒惑，金合於太白，木合於歲星，土合於鎮星，周而復始，有一定規律，形成陰陽五行學說，可解天地萬物的運轉規律。輪，運行，引申爲掌握之意。

〔24〕「呂純陽」句——呂洞賓曾三次前往岳陽樓，並題詩於壁。詳見第一齣注〔13〕。

〔25〕紅塵——佛教、道教等稱人世爲紅塵。明・賈仲名《金安壽》四〔雙調新水令〕：「你如今上丹霄，赴絳闕，步瑤臺，比紅塵中別是一重境界。」

〔26〕逡巡——作拖延、遲疑解。明・陳汝元《金蓮記》十一〔念奴嬌序〕白：「既勞撮合，毋得逡巡。」湯顯祖《牡丹亭》九〔一江風〕白：「小姐一會沉吟，逡巡而起。便問道：『春香，你教我怎生消遣那？』」

〔27〕碧桃花——碧桃，一種供觀賞的桃樹；只開花，不結果；花多重瓣，花色豔麗無比。詳見第三齣注〔40〕。

〔28〕海仙門——謂衆仙聚會之門。佛家把衆聖的聚會稱作「海會」，意謂德深如海，聖衆會聚之多。《華嚴玄疏》一：「言海會者，以深廣故，謂普賢等衆，德深齊佛，數廣刹塵，故稱爲海。」元・李壽卿《度柳翠》一〔天下樂〕白：「蓮池海會，彌陀如來，觀音勢至坐蓮臺，接引上金階。」

〔29〕三光不夜——謂沒有黑夜，只有白晝。三光，指日、月、星。《白虎通・封公侯》：「天道莫不成於三，天有三光，日、月、星；地有三形，高、下、平；人有三尊，君、父、師。」《史記・天官書》：「衡，太微，三光之遠。」唐司馬貞索隱引宋均：「三光，日、月、五星也。」

〔30〕就裏——猶言內中。見第九齣注〔26〕。

〔31〕三番十五衆——番，次數；衆，多也。言鼇魚轉眼之多；鼇魚轉眼，舒適貌。下文「一斤十六兩白虎騰身」，言白虎騰身之輕；白虎，道教四方神之一；白虎騰身，神威貌。

〔32〕三萬丈清涼界——三萬丈，極言其廣。清涼界，指清靜無煩擾之境，亦作清涼境、清涼居。元・鍾嗣成《南呂・四景・風》散曲：「此身如在清涼界。塵慮絕，天地寬，胸襟快。」清・李漁《憐香伴》二六〔海棠春〕：「紛紛桃李都收盡，方以外尙餘仙杏，時我藥籠中，引爾清涼境。」宋・梅堯臣《留題景德寺吉祥講僧》詩：「世人日擾擾，來慕清涼居。」

〔33〕遠惡州軍——被發配充軍到的遙遠險惡之地。軍，動詞，指充軍流放。

〔34〕傍門——道家以修煉金丹，全身保眞爲正道，餘皆爲「旁門」，不能得正果。唐・呂岩《滿庭芳》詞所謂「十月脫胎丹就，除此外皆是旁門」是也。後引申泛指一切不遵循中正之道的歪門邪徑。清・無名氏《葫蘆幻》十八〔北斗鵪鶉〕：

「俺行的是紫府仙方，卻不比旁門技倆。」

〔35〕提外事貪天小品——提外事，即正道外之事，與「傍門」義同。貪天，「貪天之功」的省略，謂非出於人力，而是依靠自然的力量取得的功勞；含掠奪他人之意。小品，謂小功勞；可釋爲小人所爲也。

〔36〕出陽神——道教內丹術名詞。亦稱「出神景象」，即體內元神的活動景象。此指靈魂離開身軀，藉以形容道家修煉功夫之深奧。內丹術認爲：功夫到一定程度後，有光自臍輪外注，有香自鼻口出。陽神既出，則在太虛中逍遙自樂，收縱在我，去來自如，千變萬化，從心所欲，雖有如無，不知不覺，達眞境也。倘若陽神一出而不復收，則不堪問矣。見《青華老人語錄》。

〔37〕拋伎子散地全眞——指道教內丹功夫。道教變幻之術，通過念誦咒語、口訣，變幻出各種眞實的物體，又能使之恢復原狀，或瞬間消失。即出陽神後到達的境界。所謂「拋伎子」，即脫卻人之凡胎；道教謂「全眞」，釋教謂圓覺、圓空，指道士。道教中有全眞教，乃金代道士王重陽所創。

〔38〕跏——即「跏趺」，指釋教徒的一種坐姿。

〔39〕起——朱墨本作「豈」字，是。

〔40〕蒼顏道扮——謂面貌蒼老道家裝扮。

〔41〕八彩眉——長眉的一種，即八字眉，漢唐盛行。此指眉毛非同一般，有富貴之相。據《孔叢子·居衛》載：「昔堯身修十尺，眉分八彩。」另據傳說言，堯母慶都年十八歲尚未嫁，一天在河邊見一赤龍負一圖而來，圖上之人穿紅衣、有紅鬚，眉毛有八種顏色，後慶都懷孕生堯，與圖上之人長得很像，眉毛有八種顏色。後人便以「八彩」指堯眉，或指有帝王容顏者。

〔42〕象簡朝紳——帶著象簡，穿著朝衣。象簡，又稱象笏，是象牙製的手板，爲古代官員朝見皇帝時所執，目的是在上面記事，以備遺忘。朝紳，謂穿著朝服。

〔43〕韓湘子棄舉業——傳說韓湘子爲唐代韓愈之侄，本爲讀書人，因慕道棄舉子業而出家修行。

〔44〕樂戶官身——古以罪人及其妻子家屬沒入官府，強令以歌舞倡優爲業，視爲賤民，名隸樂籍，戶爲樂戶，承應官府，故稱「樂戶官身」。」

〔45〕挫過了殘春——此指年齡已長，未能及時婚配。挫過，即失去時機。亦作「錯過」、「蹉過」。

〔46〕演禽星——演禽，古代迷信術數之一，即以禽、星來推測人事的吉凶禍福。也作禽演。今傳《演禽通纂》二卷，不著撰者，內容是以演禽推算人的祿命。元·白樸《東牆記》二〔耍孩兒〕：「何時害徹相思病，卜金錢禱告神靈；生前禽演分明判，八卦詳推莫順情。」明·吾丘瑞《運甓記》二三〔水底魚兒〕：「卜卦、排星、觀梅並演禽、書符、解夢，啓口妙如神。」

〔47〕看卦氣——道家將六十四卦與四時、月令、氣候相配，以之預測某些將要發生

的事。

〔48〕抽添水火——抽添，謂增減。水火，指金、木、水、火、土五行中的兩種物
　　　質。這是指道家煉內丹用心火、腎水的程度。《重陽眞人金關玉鎖訣》云：「火
　　　者，眞陽，水者，眞陰。此功者，是抽添加減之法。訣曰：抽者，從上收眞
　　　氣；添者，從下進暖氣入丹田。若人腎宮暖者，萬病消除。」亦曰「抽添火
　　　候」、「進退水火」。

〔49〕點殘棋——即下棋。殘棋，指中斷的或即將結束的棋局。

〔50〕「雖則是」四句——謂雖然他們由尋常人生出，但相貌異常，有仙風道骨。受
　　　生門，指受度之人的腦門，因其如小孩腦門，故如是稱。生門，指小孩腦門。
　　　綠眼睛紅腦子，比喻相貌非同尋常。仙風道骨，謂具有神仙風範。

〔51〕按尾閭通夾脊——指煉內丹沿椎脊骨自下而上運氣，元神陞降其間的穴位。尾
　　　閭、夾脊，爲椎脊之穴位。尾閭，即尻骨，一名骶端，爲尾骶骨末節。夾脊，
　　　即橛骨，一名窮骨，爲二十四椎脊骨。其正中位即黃中，一名神寶、堂位，運
　　　氣時元神即在其位或升或降。

〔52〕換髓移筋——道教指通過修身養性改變人的骨骼形體，以達到成仙的境界。

〔53〕小可——宋元民間口語，自稱的謙辭。《水滸傳》第四一回：「小可不才，自幼
　　　學吏。」

〔54〕福力——神明賜予的福祐之力。

〔55〕無業障撾了腳——生前無罪衍而壽終正寢。業障，佛教名詞。指障礙修行的身、
　　　口、意三方面的罪孽。元・無名氏《度翠柳》二〔隔尾〕白：「絕了業障本來
　　　空，離了終須還宿債。」撾腳，猶落腳、直腳，指亡故。

〔56〕三轉身——即佛教所謂的三世輪迴。指人的前生、今生、來生，有三次輪轉。

〔57〕單注——單單注定將要發生什麼事情，意謂象徵、徵兆、標誌。元・鄭廷玉
　　　《後庭花》二〔梁州第七〕：「他兩個無明夜海角天涯去，單注他合有命，俺
　　　合妝孤。」

〔58〕祿盡衣絕——謂沒有俸祿，衣食斷絕。形容走到絕境。

〔59〕猛守的——猛然、突然之意。

〔60〕米沸湯渾——形容米飯已煮熟。

〔61〕情榾柮（gǔ duò）——指情根。榾柮，樹根部的疙瘩。宋・張端義《貴耳集》
　　　卷上云：「有一詩曰：『爭似滿爐煨榾柮，慢騰騰地暖烘烘。』」

〔62〕風鼓韝（gōu）——皮製的鼓風囊。韝，古代鼓風吹火的皮囊。

〔63〕餛飩——應爲「混沌」，本指開天闢地前的狀態；此處採用諧音，取其迷蒙之
　　　義。

〔64〕大道——道教名詞。謂能令人解脫煩惱、復歸自在之道。

〔65〕兀那——指示代詞。猶那、那個。可指人、地或事。元・馬致遠《漢宮秋》一

〔混江龍〕白：「兀那彈琵琶的是那位娘娘？」

〔66〕唐堯運——亦稱堯天、堯運。陶唐氏堯治理天下太平盛世，世人以稱「唐堯運」。唐堯，遠古時代的帝王之一，帝嚳之子，名放勳，初封於陶，後封於唐，號陶唐氏。

〔67〕甲子——古以甲子紀年，甲爲十天干之首，子爲十二地支之首，甲子相配，六十年一輪。此處指年齡、年歲。明·馮夢龍《警世通言·旌陽宮鐵樹鎮妖》：「有一女眞字曰嬰。潛通至道，忘其甲子，不知幾百年歲。」

〔68〕奈煩——猶忍受。

〔69〕人我是非——謂別人和自己之間的是是非非，指人世間的煩惱之事。

〔70〕漁鼓——道士唱道情時敲擊的樂器。以竹筒爲體，底部蒙以豬、羊護心薄皮，以手敲打。常與簡板合用。明·王守仁《歸隱·園林好》套曲：「卸下了朝簪烏帽，布袍上繫麻縧，把漁鼓簡兒敲。」

〔71〕「上鵲橋」四句——見明·李時珍《奇經八脈考》「李穎湖」條：「崔希範《天元入藥鏡》云：『上鵲橋，下鵲橋。天應星，地應潮。』」「上鵲橋」上，葉《譜》有「漁歌詞：」三字。

〔72〕金花、藥苗——金花，即金華，道教內丹藥金，指心中元陽之精。藥苗，可以入藥的草本植物。唐·鄭常《寄邢逸人》詩：「儒衣荷葉老，野飯藥苗肥。」

〔73〕青童玉女——青童，神話傳說中的仙童。道家稱跟隨眞人侍奉的童子。南朝梁·任昉《述異記》卷上：「（洞庭山）昔有青童秉燭飈飛輪之車至此，其迹存焉。」玉女，仙女。唐·李商隱《寄遠》詩：「姮娥搗藥無時已，玉女投壺未肯休。」常與「金童」對舉，指侍奉僊人的女童。《兒女英雄傳》緣起首回：「一時仙樂數聲，畫閣開處，左有金童，右有玉女。」

〔74〕癡苔漢——猶呆漢。

〔75〕回——此字原誤作「何」，據朱墨、清暉、竹林本改。

〔76〕仙眞——指得道升仙之人。唐·李白《上雲樂》詩：「生死了不盡，誰明此胡是仙眞？」宋·晏殊《拂霓裳》詞：「禱仙眞。願年年今日，喜長新。」

〔77〕收度——謂接納並度脫之，使之解脫人世苦難，達到神仙境界。清·西周生《醒世姻緣傳》第八回：「劉夫人自己領了青梅，坐轎到了庵裏。大師傅收度做了徒弟。」

〔78〕浪淘沙——此曲以下幾支曲子，葉《譜》分別名「二、三、四、五、六」。

〔79〕太歲——古視爲天界凶神。古測天象，虛設與歲星運行的相反方向爲「太歲」，以此紀年。秦漢以來，以「太歲」所在方向爲凶方。

〔80〕粉骷髏——對美貌女子的輕蔑之詞，意爲姣好容顏不過是傅粉骷髏而已。喻指夢中崔氏。元·石德玉《曲江池》一〔油葫蘆〕：「央及殺粉骷髏，也吐不出野狐涎。」《西遊記》第五四回：「我們和尚家和你這粉骷髏做甚夫妻！放我師父

走路。」

〔81〕關津——喻指仕途之路上的要害部門。關，陸路之關口；津，水路之渡口。

〔82〕鮮新——這裏指鮮血。

〔83〕階勳——官位的品級。

〔84〕數落——列舉過失指責別人的意思。也作「數量」「數說」，字異音近而義同。落、量雙聲，落、說疊韻。元・王伯成《貶夜郎》一〔賺煞〕「盡教讒臣每數量，至尊把我屈央，休想楚三閭肯跳汨羅江。」明・周朝俊《紅梅記》二四〔三臺令〕白：「小生目擊數事，甚爲不平，待要當面數落他一番，有何難哉！」

〔85〕法旨——佛、道、神仙首領的命令。佛、道兩家謂仙長的命令爲法旨。《西遊記》第八回：「今領如來法旨，上東土尋取經人去。」

〔86〕直著——相遇、相逢。

〔87〕乾坤逆旅——以天地爲旅店。乾坤，天地。逆旅，客舍；迎止賓客之所。逆，迎也。明・馮夢龍《醒世恒言・盧太學詩酒傲王侯》：「陸公見書，歎道：『翛然而來，翛然而去，以乾坤爲逆旅，以七尺爲蜉蝣，眞狂士也，』」

〔88〕掙醒來——謂掙扎著醒來。掙，竭力獲取之意。

〔89〕道——「看」或「見」的意思。此義在宋代已普遍使用。宋・楊萬里《題王季安佚老堂》詩：「造物那能惱我曹，軟紅塵裏漫徒勞。是中卻有商量處，且道青原幾許高？」元・無名氏《鴛鴦被》三〔紫花兒序〕白：「我道小娘子中注模樣，不是受貧的。」

〔90〕攛弄——安排、作弄。

〔91〕刀圭——稱量中藥的器具；亦指用藥量恰到好處。《本草綱目・序例》引南朝梁・陶弘景《名醫別錄・合藥分劑法則》云：「凡散藥有用刀圭者，十分方寸匕之一，準如梧桐子大也。」《永樂大典・神》云：「所謂刀圭者，刀頭圭角些子爾。及其成功，則千變萬化，妙不可測，非傍門小術可行而擬論也。稱之爲神，宜哉！」唐・王績《採藥》詩：「且復歸去來，刀圭輔衰疾。」

〔92〕「垂目睡加工水汞」四句——此四句用離合體，即逐字相拆合以成字，俗爲拆白道字；將某字先離後合，以表示某種意思。垂目即睡，工水即汞，自心即息，東金即鍊，心生即性，吾心即悟，一二即三，主人即住。道教煉丹術以汞、東金爲藥物，外丹術煉丹，內丹術煉精、氣、神。前二句爲入道須無晝夜靜心煉丹。道教教義以除卻一切塵垢雜念，本性不昧，方能大徹大悟；一者道也，道生一，一生二，二生三，三生萬物。唐佛教始有住持之名，意謂久住護持，即主持寺院者，後道教亦有此稱；又可引申爲本教教主，三住持即三洞教主：元始天尊、靈寶天尊、道德天尊。後二句爲修道須拋棄塵念，抱一守一，皈依教主。

〔93〕安壚作竈——安排爐竈，指做飯。壚，清暉本、竹林本均作「鑪」。

〔94〕苦眼鋪眉——「苦」爲「苫」字之誤。即擠眉弄眼不正經的樣子。亦作「苫眼鋪眉」、「鋪眉苫眼」。元・秦簡夫《剪髮待賓》三〔耍孩兒〕：「到那裏則要你折腰叉手，休要那苫眼鋪眉。」元・張鳴善《水仙子・譏時》曲：「鋪眉苫眼早三公，裸袖揎拳享萬鍾。」

〔95〕葫蘆提——「葫蘆倒提」之略語，謂糊裏糊塗。參見第六齣注〔30〕。

〔96〕欄柄子——器物的柄，即把柄也。

〔97〕朝元證聖——又稱「證果朝元」。指修煉悟道者，得道成仙後，去拜見眞仙。朝元，即禮拜神仙。證聖，指佛、道兩家門徒通過修行而證悟，或曰證果。唐・白居易《尋郭道不遇》詩：「郡中乞假來相訪，洞裏朝元去不逢。」元・鍾嗣成《雙調・淩波仙・弔陳存甫》：「錢塘人物盡飄零，幸有斯人尙老成。爲朝元恐負虛星命，鳳簫閒鶴夢驚，駕天風直上蓬瀛。」

〔98〕北沉醉東風——「北」字衍。葉《譜》作「沉醉東風」。以下幾支曲子葉《譜》分別名「二、三、四」。

〔99〕三生——道教謂三界之人有三生。《洞玄靈寶諸天世界造化經・諸天世界大洞品第四》云：「一者花生，二者化生，三者胎生。花生者，積福深厚，於蓮花中生，爲彼天人；化生者，福有神力，於變化中生；唯有胎生者，福德微淺，最爲下劣，託神肉形，年壽短促。」盧生原是胎生者。

〔100〕笑哂（shěn）——即哂笑，譏笑也。元・戴表元《少年行》詩：「童奴哂笑妻子罵，一字不給飢寒驅。」

〔101〕三臺——指中央內閣尚書、中書、門下三省。詳見第七齣注〔5〕。

〔102〕欠申——原指打哈欠、伸懶腰，這裏引申爲休息。《儀禮・士相見禮》云：「君子欠伸。」漢・鄭玄注：「志倦則欠，體倦則伸。」

〔103〕肉弔窗——借指眼皮。弔窗，可以推開弔起的窗扇。放下肉弔窗，就是閉著眼睛不理人，比喻翻臉，板起面孔；此爲元明以來習用語。今北京仍沿用之。元・關漢卿《救風塵》三〔小梁州・么篇〕白：「我今家去，把媳婦休了呵，奶奶，你把肉弔窗兒放下來，可不嫁我，做的個尖擔兩頭脫。」元・石君寶《曲江池》一〔金盞兒〕：「常則是肉弔窗放下遮他面，動不動便抓錢。」

〔104〕花營運——即錦營花陣，舊指風月場所、妓院，亦指女色或男女之事。元・無名氏《度翠柳》一〔後庭花〕：「勸你呵，我是勸著一個木頭人。哎，柳也，你則是戀著那錦營花陣。」

〔105〕行眠立盹——本指極度疲倦無精神，此喻世上人渾渾噩噩，渾沌無知。

〔106〕茱（zhū）黍——茱，茱萸，是一種植物，其香濃烈，民間於重陽節時佩戴，可祛邪避惡。黍，黍子，也是一種植物，果實俗稱黃米。「茱」字，葉《譜》作「秔」。

〔107〕閬苑──也稱閬風苑、閬風之苑，傳說中在崑崙山之巔，是西王母居住的地方。作品中常用來泛指神仙居住的地方，有時也代指帝王宮苑。唐・李商隱《九成宮》詩：「十二層城閬苑西，平時避暑拂虹霓。雲隨夏后雙龍尾，風逐周王八駿蹄。」元・李好古《張生煮海》二〔梁州第七〕：「你看那飄渺間十洲三島，微茫處閬苑、蓬萊，望黃河一股兒渾流派。」

〔108〕精魂──猶謂人之悟性、精靈。

〔109〕敢──表示推測之語，意謂「大約」、「恐怕」。

〔110〕度卻──佛、道二家稱使人脫塵世，出生死，到達所謂的極樂世界。

〔111〕則要──只要。元・關漢卿《南呂・一枝花・贈朱簾秀》散曲：「你個守戶的先生肯相戀，煞是可憐，則要你手掌兒裏奇擎著，耐心兒卷。」

〔112〕「莫醉笙歌」句──語出《全唐詩》卷535、許渾《宿松江驛卻寄蘇州一二同志》詩：「西園詩侶應多思，莫醉笙歌掩畫堂。」又，杜牧《渡吳江》詩亦有此句，原詩「畫」作「華」，見《全唐詩》卷884補遺三。

〔113〕「暮年初信」句──語出《全唐詩》卷533、許渾《滄浪峽》詩：「苦日未知方外樂，暮年初信夢中忙。」。

〔114〕「如今暗與」句──語出《全唐詩》卷598、高駢《寫懷二首》詩之二：「花滿西園月滿池，笙歌搖曳畫船移。如今暗與心相約，不動征旗動酒旗」。

〔115〕「靜對高齋」句──語出《全唐詩》卷849、曇城《懷齊己》詩：「鬢髮秋景兩蒼蒼，靜對茅齋一炷香」。